Schriften zur Ethnopsychoanalyse 3

Sven Sauter

Wir sind
»Frankfurter Türken«

Man muß auf Geschichten hören, um Innenansichten herauszufiltern. Erst dies liefert das wirkliche Verständnis für das Alltagsleben von Jugendlichen. Dieser Erkenntnis folgend beschäftigt sich Sauters Studie mit der Lebenswirklichkeit von Jugendlichen aus einer aserbaidschanisch-türkischen Folkloregruppe. Sauter führte über einen Zeitraum von zwei Jahren Einzel- und Gruppengespräche, in denen er der Verarbeitung von politischen und sozialen Situationen nachspürt.

Gleichzeitig kritisiert Sauter die vorherrschende wissenschaftliche Beschreibung der Adoleszenz und die Theoriebildung der Migrations- und Minderheitenforschung über die Adoleszenz von Jugendlichen aus Immigrantenfamilien als *Ausländerisierung*.

»Es ist nicht nur eine wissenschaftliche Publikation, sondern auch ein ›Ethno-Roman‹...« *(Frankfurter Rundschau)*

Sven Sauter, geboren 1963, Dr. phil. Studium der Kulturanthropologie, Psychoanalyse und Soziologie. Seit 1997 wissenschaftlicher Mitarbeiter am Fachbereich Erziehungswissenschaften der Johann Wolfgang Goethe-Universität Frankfurt a. M.

INHALT

VORWORT 11

BAUSTEINE EINER ANDEREN LESART VON
MINDERHEITENKULTUREN 12

    Postkoloniale Kritik 14

    Radikale Kontextualität 17

    Vorgehensweisen 18

    Die Entwicklung der Forschungsfrage 19

    Kleiner Exkurs über den Fremden 20

    Adoleszenz und Fremdheit 21

    Minderheitendiskurs und Wirklichkeitsverlust 22

    Bürgerrechte versus Integrationspolitik 24

    Auswirkungen 25

Teil I Immigrantenjugendliche: Betrachtungsweisen und Zugänge zu einer fremden Lebenspraxis

VOM (NOTWENDIGEN) VERSCHWINDEN DER BEGRIFFE.
AUSLÄNDERFORSCHUNG ALS GESELLSCHAFTLICHE PRAXIS 27

    Anmerkungen zur Identitätspolitik 30

    Das Fremde in der wissenschaftlichen Beschreibung 35

    Kultur und Persönlichkeit 42

    Die Angst vor der „zweiten Generation" 47

    Die verleugnete Trennung 51

    Auswirkungen der Vaterabwesenheit auf die Entwicklung des Kindes 55

Reflexive Wende	58
Kolonialer Kontext	60
Atomisierte Identität	64
Anerkennung und Männlichkeit	66
Zwischenergebnisse: Zauberformel Identität und Kultur als Rest	70
Fremde und Ambivalenz	73
Menschenfresser – Fremdenfresser	76

METHODEN, WAHRNEHMUNGSTECHNIKEN UND INTERPRETATIONEN

	85
Das Wagnis der Begegnung	87
Fremde und Zivilisierung	92
Die Entwicklung der hermeneutischen Kulturforschung	96
Von den „Wilden" zu Adoleszenten	98
Zur Forschungsmethode	101
Eine methodische Synthese, um Synthesen zu erforschen	111

ASSIMILATION UND AMBIVALENZ: DAS ENDE DER EINDEUTIGKEITEN. EINE THEORIE ÜBER DIE NACHTSEITE DER MODERNE. INTEGRATION ALS ORDNUNGSFAKTOR DER GESELLSCHAFT

	116
Die Angst vor der Moderne	116
Wo Kultur entsteht	122
Ethnizität als Konstrukt – oder Realität?	124
Ethnizität und die Unterscheidung in Wir- und Sie-Gruppen	126
Der Minderheiten-Diskurs als Bühne für die Fremden	127
Integration als Sozialtechnologie	129
Die Ordnung, die das Chaos schafft	132
Der Prozeß der Assimilation	133
Exkurs: Kunst und das kreative Potential der Fremden	138

„Deutschland ist die Heimat aller Deutschen" 140

Kanak Sprak 141

Freud, Kafka, Simmel: die andere Seite der Assimilation, oder: der universelle Fremde 142

Immanente rechtsstaatliche Ambivalenz der Ausländerpolitik 145

Die doppelte Lebenslüge 146

Zusammenfassung und Agenda für weitere Forschungen 149

DIE GRUPPE 154

DER RAHMEN DER GESPRÄCHE 155

DIE KRAFT DER VERFÜHRUNG, DAS ÜBERLEBEN IM FELD UND HARTNÄCKIGE ABWEHRSTRATEGIEN. ÜBER EIN SCHWIERIGES SETTING 157

Teil II Die Gespräche

ZU HAUSE IN DER FREMDE 165

    Das Gespräch 166

    In der Familie: sprachlos sein 169

    Eine Naheinstellung 170

    Die Fremden 171

    Das Unbehagen an der Multikultur 176

    Der Mainstream als eine Minderheit unter vielen 177

    Der formale Rahmen der Einwanderung 177

    Aggression und Ausländerjagd 178

    Der innere und der äußere Raum der Forschung 179

GRENZGÄNGERTUM ALS MODELL EINER PRODUKTIVEN GESCHLECHTERSPANNUNG 180

Die Frage nach dem Status 181

Kann es eine gemeinsame Sprache geben? 184

Schock und Reaktionen 186

Es geht um die Frauen 187

Grenzgänger auf dem Wege zum Verständnis 189

Ein Drehbuch für ein eigenes Leben 194

Die Ressource hegemoniale Männlichkeit 196

KONKURRENZ UND DISKRIMINIERUNG. EIN GENERATIONENKONFLIKT: INSZENIERUNG IN DREI AKTEN 199

Unwägbarkeiten 199

Zur Struktur des Gruppengesprächs 199

Das Gespräch beginnt 200

Monolog der Randfiguren 202

Die Jugendlichen setzen sich selbst in Szene 208

Von der Theorie zu den Erfahrungen 215

Dialog über Diskriminierung und Differenz 218

Schluß mit Differenz 225

DER „LEERE RAUM". TRENNUNG UND AUTONOMIE IN DER NARRATION ÜBER DIE FAMILIE 228

Wer beginnt? 228

Das Spiel der Masken 229

Das Vakuum Familie 235

Best of both worlds 239

Das Prinzip Herkunft und die Mischung 242

DAS GESTOHLENE ZIMMER UND DER TRAUM VOM GLÜCK. ÜBER ABLÖSUNGSANGST UND GRÖSSENPHANTASIEN ADOLESZENTER AUS IMMIGRANTENFAMILIEN   248

   Der Anfang ist nicht leicht   248

   Das Gespräch   248

   Die Inkonsistenz der Eltern oder das Abenteuer der kurzen Freiheit   250

   Von den unsichtbaren zu den bedürftigen Vätern   251

   Die Ehre als traditionelles Erziehungskonzept und als Mangel   255

   Die Inkonsistenz der Töchter   261

   Die Folkloregruppe als utopischer Raum und als Bühne   265

   Die Angst vor und die Sehnsucht nach dem Fremden   268

   Das Glück und das Erdbeben   271

   Kühlschränke und Kuhscheiße   275

Teil III Aushandlungsräume autonomer Lebenspraxis

ABLÖSUNGSINSZENIERUNGEN. ADOLESZENZ UND AUTONOMIE VON ADOLESZENTEN AUS IMMIGRANTENFAMILIEN   279

   Verschiedene Entwürfe – komplementäre Mentoren   281

   Maschine im Kopf   284

   Selbstreflexive Ethnisierung   286

   Der Zwiespalt zwischen Eltern und Kindern   294

DER DRITTE RAUM ALS AUSHANDLUNGSPROZESS   296

STATT EINER SCHLUSSBETRACHTUNG: SELIMS VERMÄCHTNIS 303

LITERATUR   305

Danksagung

Ein so weitreichendes und zeitintensives Projekt ist kaum ohne die Hilfe und Unterstützung vieler Menschen zu bewältigen (sonst wäre es sicher ein langweiliges und einsames Unternehmen). Daß das Buch nun vorliegt, verdanke ich vor allem einem Promotionsstipendium der *Hessischen Graduiertenförderung*. Vielfache Unterstützung erfordert vielfachen Dank. Der geht an alle, die mit mir diskutierten: Thomas Ludwig hat hier die meiste Arbeit getan und sich in zahlreichen Gesprächen kontrovers mit mir auseinandergesetzt. Conni Rohe, Urs Heiderich, Christiane Howe und schließlich Emel Schattner waren am Fortgang der Arbeit interessiert und gaben mir wichtige Anregungen. Mit Stefan Rech habe ich über seine eigenen Forschungserfahrungen mit maghrebinischen Jugendlichen in Frankreich gesprochen. Diese unverzichtbaren Gespräche haben gezeigt, wie notwendig eine vergleichende Perspektive ist.

Klaus Pammler und Sascha Michel haben Korrektur gelesen, Dimitrios Kourgierakis und Uwe Hofman vielen Dank für Hilfe in PC-Fragen.

Mein Dank geht an Kurt Heilbronn für eine effektive begleitende Forschungssupervision. Das Forschungskolloquium von Hans Bosse und Vera King hat meine Transkripte sorgfältig gelesen und interpretiert. Ich bin davon überzeugt, daß eine qualitative Studie nur in die Tiefe gehen kann, wenn eine vertrauensvolle und methodologisch versierte Interpretationsgemeinschaft besteht, die eine tragfähige Basis für weitere Interpretationen und Lesarten bieten kann. Vielen Dank an Hans Bosse, Vera King, Monika Treber, Sandra Leutner, Susanna Keval, Karin Schlücker, Roxanna Hidalgo, Inge Schubert, Annette Fricke, Thorsten Hunsicker, Georg Kömpel und Peter Nick. Auch dem Forschungskolloquium von Frank-Olaf Radtke und Isabell Diehm bin ich zu Dank verpflichtet.

Ich danke Angela Joost für ihre Geduld, Liebe und Unterstützung. Meinen beiden Söhnen Jan-Marc und Henryk verdanke ich die wichtige Erfahrung, was es heißt, die Perspektive zu wechseln, die Welt von einem anderen Standpunkt aus zu betrachten.

Cuma Yagmur, der mich auf die Folkloregruppe aufmerksam machte, bin ich dankbar für viele Gespräche, die mir seinen reichhaltigen Erfahrungsschatz über Jugendliche aus Immigrantenfamilien immer wieder öffnete. Cahit Tufan danke ich für seine Bereitschaft und auch seine Großzügigkeit, mich als Gast über eine lange Zeit in der Folkloregruppe aufzunehmen.

Schließlich gilt mein größter Dank und tiefer Respekt allen aus der Folkloregruppe, die sich mit mir auf ein Abenteuer eingelassen hatten: Tülay, Nesla, Kadriye, Ece, Gülüm, Fatma, Saladin, Serkan, Taner, Ismael, Fatih, Recep und allen anderen.

Vorwort

> Wenn kein Ort der meine ist, wo wäre dann mein wahrer Ort?
> Da ich doch lebe, muß ich wohl, irgendwo,
> anwesend sein, sagte ein Weiser.
> Vielleicht, antwortete man ihm, liegt der wahre Ort in
> der Abwesenheit eines jeden Ortes. (Edmond Jabès)

„Es fehlt uns eine große Philosophie der Mischungen und Kreuzungen, der Identitäten als Summe oder Kombination aus Andersartigem: Diskurs und Abstraktion bleiben hinter dem Körper zurück, der zu tun und zu praktizieren versteht, was der Mund nicht zu sagen vermag. Wer bin ich? Was soll dieses seltsame Wort bedeuten für den Entfremdeten, Vermischten, Bastardisierten, für den Umherschweifenden, der sich anpaßt? Was kann es außerhalb der tödlichen Zugehörigkeit bedeuten? Die zu schaffende Philosophie der Mischung verbindet Globales und Lokales auf irenische Weise und erfordert eine andere Ontologie", so urteilt Michel Serres (1993, 348) über ein lange bestehendes Desiderat der Philosophie. Aber nicht nur in der Philosophie ist eine neue Art des Nachdenkens und Forschens über Mischungen und Kreuzungen notwendig. Auch und gerade in den Kultur- und Sozialwissenschaften hat sich dieser geforderte Schritt noch lange nicht vollzogen.

In der vorliegenden Arbeit versuche ich einen Schritt in diese Richtung und habe der Forschungsfrage – Wie erleben Jugendliche aus Immigrantenfamilien ihre Adoleszenz inmitten zweier Kulturen? – ein angemessenes theoretisches wie methodologisches Rahmenwerk geschaffen, das es erlaubt, auf mehreren Ebenen zu arbeiten: hinter das Gesagte zu schauen, in Betracht zu ziehen, was der Körper spricht, wie nicht-sprachliche Äußerungen zu interpretieren sind und vor allem schließlich, wie das Gesagte in verschiedenen Kontexten zu *verstehen* ist; in einem gesellschaftlichen strukturellen Kontext und in einem lebensgeschichtlichen Kontext. Die Entstehungsgeschichten und Auswirkungen individueller Mischungen und Syntheseleistungen von Jugendlichen aus Immigrantenfamilien sind bei der vorliegenden Arbeit ein Dreh- und Angelpunkt.

Zugleich werden bestehende Kategorien und Deutungsweisen kritisch evaluiert und zu enge Begriffe und Zugriffsweisen erweitert. Es ist mir ein wichtiges Anliegen, neue Impulse für dieses Forschungsfeld freizusetzen, um Wege aufzuzeigen, sich objektadäquat und verantwortungsvoll diesem Thema zu nähern. Meine Forschung ist weder theoriegeleitet noch soll sie eine bestimmte Methodendiskussion illustrieren. Diesen beiden Punkten habe ich dennoch große Aufmerksamkeit gewidmet, da sie die dominierende Beschreibung von Adoleszenten aus Minderheitenkulturen nachhaltig beeinflussen. Das zentrale Interesse dieser Arbeit ist, etwas von der Lebenswirklichkeit zu erfahren, in der sich Jugendliche aus Immigrantenfamilien befinden, den Wechselwirkungen von inneren und äußeren Verhältnissen (Parin 1986) breite Aufmerksamkeit zu widmen und dabei Möglichkeitsräume aufzuschließen, die in der gängigen Betrachtungsweise verborgen bleiben.

Bausteine einer anderen Lesart von Minderheitenkulturen

Folgt man der etymologischen Rekonstruktion des Begriffs *Theorie*, der ein System von wissenschaftlichen Aussagen und eine abstrakte Betrachtungsweise kennzeichnen soll, geht die Etymologie auf ein Lehnwort zurück, das im 18. Jahrhundert erstmals gebraucht wurde und der griechischen Sprache entnommen ist. Nach dem etymologischen Wörterbuch der deutschen Sprache ist Theorie gleichbedeutend mit „*theoria,* dieses aus griechisch theoría (dasselbe wörtlich: Anschauen, Betrachtung), zu griechisch *theorós* Zuschauer, besonders einer, der als Gesandter einer griechischen Stadt zum Tempel, Orakel oder Festspiel eines Gottes ging. Später, besonders beim Adjektiv *theoretikós* (*bios*) Ausdruck für eine Lebenshaltung (etwa ‚reflektiert, gedanklich erfassend', entsprechend und daraus übersetzt vita contemplativa)." (Kluge 1989, 728)

Aus dieser Wortgeschichte entsteht eine weitreichende Metapher: Der Abgesandte ist Wissenschaftler[1], Betrachter einer anderen Welt. Er hat einen Auftrag bekommen. Dieser Auftrag besteht darin, daß er den Menschen zu Hause in seiner Stadt etwas über die Ereignisse mitteilen soll, an denen er teilnahm, die er ansah. Was wird er, wieder zurückgekehrt, berichten? Wo hat er gesessen? Ganz vorne und mittelbar am Rand des Geschehens oder weit hinten im Amphitheater? Nahm er alles nur aus der Distanz wahr? Was wird er weglassen, was ergänzen in seiner Erzählung? Wird er nur beschreiben oder auch interpretieren? Welche Rolle spielte dabei die Situation, in der der Abgesandte die Vorgänge, über die er berichten soll, beobachtete? Welche Erwartungen hatte der Abgesandte, wie wurde er aufgenommen? Wie wird seine Sichtweise vermittelt werden? Ist sie ein Abbild der Wirklichkeit? Diese Fragen werden in der vorliegenden Arbeit auch gestellt. Zugleich sind sie Fragen an Theorie *und* Methode. Ebenfalls wird die Kontemplation, zu der wir hier einen ersten Verweis bekommen haben, wieder erscheinen.

Kontemplation habe ich im folgenden Kapitel als ein charakteristisches Merkmal in der Mehrzahl der Arbeiten aus dem Bereich der *Ausländerforschung* analysiert. Dieser Begriff und seine spezifische Verwendung muß zunächst expliziert werden. Friedrich Heckmann führt in einem Rückblick auf die sozialwissenschaftliche Literatur zur Arbeitsmigration aus, daß sich in den Jahren 1975-1985 ein Rückgang bloß deskriptiver und untheoretischer Arbeiten, die keinem herrschenden Paradigma folgten, verzeichnen läßt und die Untersuchungen sich von der Gastarbeiter- und Ausländerforschung zur Migrationssoziologie und Soziologie der ethnischen Minderheiten umwandeln, die den gesellschaftlichen Hintergrund der faktischen Einwanderung abbilden

---

[1] Eine durchaus moderne Position des Wissenschaftlers als Abgesandter oder auch Vermittler.

(vgl. Heckmann 1987).

Ich plädiere jedoch dafür, den früher verwandten Begriff der Ausländerforschung für diese hier diskutierten Forschungen beizubehalten. Denn er bezeichnet auf seine Weise sehr genau eine bestimmte wissenschaftliche *Zugriffsweise*, die nicht nur für diese Phase der Migrations- und Minderheitenforschung Wirklichkeit ist. Der Begriff Ausländerforschung bezeichnet meines Erachtens viel präziser die impliziten Ideologien, Wahrnehmungsbeschränkungen und Konzeptionen, die das Fremde erst in seiner Beschreibung objekthaft konstituieren. Die Kontemplation wird eingesetzt um Subjekte und Objekte der Forschung getrennt zu halten – zu polarisieren – und um kulturelle Begegnungen und damit einhergehende Infragestellungen der eigenen Person und Forschungskonzepte zu neutralisieren. Dadurch wird der Forschung ein bestimmter Zuschnitt gegeben, und als Folge davon bleiben Erkenntnisräume verschlossen. Die Objektseite in diesem Paradigma bleibt strikt für die *Ausländer* reserviert. Untersucht werden die Anderen, von denen man getrennt und isoliert steht, und reines Tatsachenwissen zu produzieren sucht. Auch methodologisch ist in der Kontemplation eine Abwehrhaltung zu erkennen, was im zweiten Kapitel näher untersucht wird.

Zugleich eröffnet sich hier auch ein Blick auf meine Arbeitsweise: Ich rekonstruiere, gehe den Worten auf den Grund, hinterfrage Konzepte und Kategorien, Theorien und Methoden, versuche Aussagen hermeneutisch in ihrer Sinngebung zu entschlüsseln und den darin wohnenden Sinn zu ermitteln.

Im Zentrum der Kritik stehen in der vorliegenden Arbeit Begriffe und Konzepte aus den Kultur- und Sozialwissenschaften, die sich auf eine bestimmte Art und Weise mit den Themen Migration, Kultur und Fremdheit befassen und sich immer wieder neu reproduzieren, ohne in ihrer Relevanz und Angemessenheit überprüft zu werden. Was verschränkt Migration mit Kultur? Diese Frage wird reflektiert und als Frage an die wissenschaftliche Disziplin formuliert. Zunächst wird der Diskurs der Ausländerforschung selbst zum Untersuchungsgegenstand gemacht. Dabei wird die Perspektive umgekehrt und Kategorien und Begriffe, die in einer Krise der Repräsentation stehen, einer kritischen Prüfung unterzogen. Muß man Unterscheidungen mit sich führen, die selbst Gegenstand der Untersuchung sein sollten? Diese Frage zielt darauf ab, ob es unausweichlich erscheint, wenn Kultur und Identität, Ethnizität und andere mächtige Kategorien der Ausländerforschung in der Kritik stehen, diese Kategorien wieder neu, mit aktueller Sinnproduktion zu füllen. Bevor ich dazu komme, diese Frage zu beantworten, möchte ich eine andere Perspektive eröffnen, die sich dieser Frage widmet.

Postkoloniale Kritik

Homi K. Bhabha, Literaturwissenschaftler am Chicago Humanities Institute, erweitert oder besser: radikalisiert die Perspektive des bisher dominierenden Blicks auf ethnische Minderheiten und ihre kulturellen Repräsentationen. Die gegenwärtigen Kulturwissenschaften brauchen – so Bhabha – eine neue, „kritische" Theorie gerade dann, wenn sie kulturelle Unterschiede im Fokus haben. Diese Lücke füllt die postkoloniale Theorie durch einen konsequent interdisziplinären Zugang, der Literaturwissenschaft, Soziologie, Geschichtswissenschaft, Anthropologie, Semiotik und Psychoanalyse zusammennimmt, in fruchtbare Kooperationen überführt und ethnische/kulturelle Identitäten im Kontext von Migrationserfahrung und Rassismus zu beschreiben vermag.

„Die postkoloniale Theorie zwingt uns dazu, die grundsätzlichen Beschränkungen des konsensorientierten und abgekarteten ‚liberalen' Verständnisses kultureller Gemeinschaften zu überdenken. Mit Nachdruck behauptet sie, kulturelle und politische Identität werde mittels eines Alteritätsprozesses konstruiert. [...] Die Zeit, in der man Minderheiten mit ganzheitlichen und organischen Wertvorstellungen ‚assimilieren' konnte, ist definitiv vorbei. Schon wie wir von Kulturgemeinschaften sprechen, muß aus postkolonialer Perspektive neu überdacht werden." (Bhabha 1996, 347)

Bhabha spricht in diesem Zusammenhang von Kultur als postkolonialer Gegenmoderne, „da Kultur mindestens ebenso sehr zu einer unangenehmen, verstörenden Praxis des Überlebens und der Provisorien wird – zwischen Kunst und Politik, Vergangenheit und Gegenwart, Öffentlichkeit und Privatsphäre –, wie ihre strahlende Präsenz Lust, Aufklärung oder Befreiung verheißt." (ebd. 348)

Unter postkolonialer Perspektive versteht Bhabha nicht etwa, daß das Zeitalter des Kolonialismus überwunden wäre, im Gegenteil, es geht vor allem darum, zu neuen Wegen der Beschreibung und des Verstehens zu kommen, ohne koloniale Denkmuster und Strategien weiter zu reproduzieren. Ziel ist, einen Perspektivenwechsel zu erreichen. Kann denn noch ganz unverfänglich und unvoreingenommen von Kultur gesprochen werden, von Identität, von Ethnizität und Minderheiten? Diese Frage schließt sich hier an. Kultur ist ja alles andere als eindeutig, was ebenso für die anderen genannten Begriffe gilt. Kultur ist eine *Überlebensstrategie*. „Durch die transnationale Dimension der kulturellen Umbrüche – Migration, Diaspora, Vertreibung – wird aus dem Prozeß kultureller Verschiebung eine komplexe Form der Bedeutungsverleihung. Der natürliche oder vielmehr naturalisierte, einheitsstiftende Diskurs der ‚Nation', der ‚Völker' und ‚Volks' Taditionen, diese tief verwurzelten Mythen der Eigentümlichkeit einer Kultur haben keinen eindeutigen Sinn. Der großartige, zugleich jedoch beunruhigende Vorteil dieser Position besteht darin, das Bewußtsein dafür zu schärfen, wie sehr alle Kultur Konstrukt und jede Tradition Erfindung ist." (Bhabha 1996, 346)

Es geht in der postkolonialen Theorie um eine Rückgewinnung oder Wiederbesetzung der Begriffe und Konstrukte (Kultur, Tradition, Identität etc.), die fast alle im Wörterbuch der essentialistischen und kulturalistischen Wissenschaften Eingang gefunden haben. In diesem Sinne bietet postkoloniale Theorie Interventionsmöglichkeiten, die klassischen eurozentrischen Diskurse über Fremde als Machtinstrumente zu entlarven, um das homogene Bild des Fremden zu sprengen. Aufgezeigt wird dabei die Subversion, die als Widerstandspotential in der Ambivalenz geborgen ist. Widerstand gegen hegemoniale Deutungsmuster, die damit verbundene Autorität der Beschreibung und damit einhergehend die Demaskierung kolonialer Diskurse als Instrumente der Unterwerfung, das sind wesentliche Bezugspunkte dieser Betrachtungsweise.

Stuart Hall, ein weiterer exponierter Vertreter der postkolonialen Theorie, sieht Anerkennungsansprüche und -verweigerungen, die sich in umkämpften Feld der Kultur manifestieren als Prozesse, als Verschiebungen und Übergang vom Kampf um Repräsentationsverhältnisse zu einer *Politik der Repräsentation* (Hall 1994, 17; Hall 1997).

Dabei ist es ein zentrales Anliegen, Handlungsspielräume und Entwürfe zu rekonstruieren, die nicht mehr untrennbar mit einem schicksalhaften Verständnis von Kultur, Identität und Ethnizität verbunden werden, sondern vom Subjekt aus so gedacht werden, daß Veränderung, Unsicherheit und Unbestimmbarkeit mit in diese Überlegungen hineingenommen werden können und müssen. Differenz wird unter postkolonialer Perspektive jenseits von den üblichen Polarisierungen und Dichotomien von Fremd-Vertraut, Osten-Westen, Nah-Fern verstanden.

„Das bedeutet, daß jene für den Handlungsspielraum unabdingbaren Elemente gesellschaftlichen ‚Bewußtseins' – bestimmte Analyse und überlegte Aktion – nun außerhalb jener Epistemologie gedacht werden können, die auf der Vorgängigkeit des Subjekts gegenüber dem Sozialen beharrt oder auf einem Konzept des Sozialen als eines die partikulare ‚Differenz' notwendig unter ein Allgemeines Subsumierendem. Dieses intersubjektive Verhältnis ist aber niemals libertär oder freiflottierend [...], weil der Handlungsspielraum, der mit der Rückkehr des Subjekts konstituiert wird, der einer dialogischen Position von Berechnung, Verhandlung und Befragung ist." (Bhabha 1996, 354)

Rückkehr des Subjekts[2] heißt, daß die Spannung zwischen den lebensge-

---

[2] In seinem Essay zum 100. Geburtstag von Louis-Ferdinand Céline, der „einer der größten Dichter des Jahrhunderts war – und einer der größten Rassisten" hat Benjamin Korn (1994) im Werk von Céline aufgezeigt, wie aus Worten Waffen werden können und wie Rassismus nicht nur aussondert, sondern zugleich auch ein Gefühl der Gemeinschaft auf Seiten der Rassisten schafft. Rassismus beginnt mit Entsubjektivierung: „In Wahrheit setzt jeder Satz, der mit ‚Die Deutschen', ‚Die Engländer', ‚Die Juden', ‚Die Russen' beginnt und Aussagen über die Charaktereigenschaften eines Volkes macht, eine Lüge in die Welt; er negiert das Individuum. Er schließt alle aus, die nicht unter den Satz fallen. Er liquidiert den Menschen, erst im Denken, dann in der Tat." (Korn 1994, 55)

schichtlichen und den objektiven Wirklichkeiten nicht aufgehoben wird, daß Kultur, Identität, Ethnizität vom Subjekt aus gedacht werden. Was die postkoloniale Perspektive noch auszeichnet, ist, daß sie nicht in eine Theorie-Praxis-Polarität verfällt „und erst recht nicht die Theorie als das Vorrangige gegenüber der Kontingenz gesellschaftlicher Erfahrungen behandelt. Dieses ‚über die Theorie hinaus' ist selbst eine Schwelle für neu entstehende kulturelle Identitäten." (ebd. 350) Bhabha nimmt hier Bezug auf einen Text von Roland Barthes (Die Lust am Text, 1974), der sich sinnlichen Inszenierungen von Texten widmet, nachspürt, was sich außerhalb des Satzes abspielt.

In Barthes´ Text kann man, so Bhabha, einen subtilen Vorschlag finden, der den Raum, in dem mit Hilfe der Theorie zugleich das nur Theoretische überschritten werden soll, jenseits der Theorie nicht in dem Gegensatzpaar Theorie/Praxis plaziert, sondern in einem ‚Außerhalb', das die Artikulation beider – Theorie und Praxis, Sprache und Politik – in ein produktives, ergänzendes Verhältnis setzt (Bhabha 1996, 350).

Daß dabei keine allumfassende und harmonische Theorie entstehen kann, ist offensichtlich und beabsichtigt. Fragmente einer neu zu denkenden Betrachtung der Gesellschaft sind hier zusammengefügt. Auch dient die Empirie nicht der Untermauerung der Theorie, und die Theorie wiederum soll nicht die unterschiedlichen Lesarten der beschriebenen Wirklichkeiten begrenzen. Ein produktives und ergänzendes Verhältnis, so wie es Homi Bhabha beschrieben hat, soll zwischen Theorie und Praxis entstehen. Bhabha sprach von einer *neuen* kritischen Theorie, die zu entwickeln und festzuschreiben sei. Sein Ansatz der *Postcolonial Theory* ist dabei Teil einer größeren Suchbewegung nach anderen und weiterreichenden Lesarten, Teil der seit etwa Mitte der sechziger Jahre (durch die frühen Arbeiten von E. P. Thompson) entstandenen und durch die Arbeiten der Schule des *Centers for Contemporary Cultural Studies* (CCCS) in Birmingham fortgeführten Arbeiten[3] zu Cultural Studies.

Dieser spezifische Blick auf kulturelle Praktiken und die damit verbundene theoretische und methodologische Heterogenität hat sich in letzter Zeit weiter ausdifferenziert[4]. Galt noch in den Anfangsjahren eine Verschränkung von Marx´scher Klassenanalyse mit Jugendforschung, die nur männliche weiße Unterschichtjugendliche im Fokus hatte, als typischer Ansatz, so ist der aktuelle Trend einer rekonstruktiven Kulturanalyse und Kulturtheorie, die sich zwischen allen Ansätzen und Disziplinen ansiedelt und diese vernetzt, auf der Suche nach Bedeutungen in der Analyse der verschiedensten Segmenten der Gesellschaft zu erkennen. Gleichwohl haben die frühen Arbeiten des CCCS wichtige Impulse freigesetzt, um *Kultur* anders zu definieren, und eine Forschung unter neuen Perspektiven zu begründen: „Kulturanalyse zielt auf die Form der gelebten Praxis im Hinblick auf ihre gesellschaftlichen Bestimmungszusammenhänge. Kultur meint also die Form einer Praxis, in der die

---

[3] Vgl. beispielsweise dazu CCCS 1982; Williams 1981; Willis 1979; Clarke 1991; Hall 1994

[4] Zur Kritik an den Jugendforschungen des CCCS siehe Amit-Talai 1995, 231.

gesellschaftlichen Verhältnisse von Individuen bzw. sozialen Gemeinschaften gehandhabt werden [...]. Empirisch zugänglich ist aber nur eine lokal situierte Gruppenpraxis, die bestimmt ist durch Stilbildungen." (Bommes 1993, 63) Stile werden „gebastelt" und sind Ausdruck kreativer Verarbeitungsformen. Aber gerade eine rekonstruktive Kulturanalyse – das wird sich im weiteren zeigen – kann empirisch weiter gehen und muß nicht bei den *manifesten* Stilbildungen stehenbleiben.

Radikale Kontextualität

Aktuelle Untersuchungsgegenstände der Cultural Studies sind zum Beispiel: Fotographie als Konstruktion nationaler Identitäten, Repräsentationssysteme der Beschreibung fremder Kulturen in ethnographischen Museen, Phantasien über den ethnisierten Fremden in populären Medien, Konstruktionen männlicher Identitäten in der Werbung und der Konsumkultur, Geschlechterbilder in Fernsehserien und soap-operas[5]. Was gemeinsam in diesen unterschiedlichen Zugängen bleibt, ist der Blick auf Kultur und ihren Repräsentationen, den „signifiying practices" wie es Hall (1997) nennt. Zentrale Prämisse der Cultural Studies ist, „daß all die verschiedenen Formen von Wirklichkeit, all die verschiedenen Praktiken, durch welche die Menschheit geformt wird, erklärungsbedürftig sind. Sie können nicht auf sich selbst reduziert werden." (Grossberg 1994, 23)

Ziel des so beschriebenen Ansatzes ist es, sowohl den Essentialismus als auch den Anti-Essentialismus zu überwinden, um zu einer erkenntnisleitenden Haltung zu gelangen, die versucht, Beziehungen herzustellen, die vorher nicht gesehen wurden, Kontexte aufzuzeigen und zu analysieren. Lawrence Grossberg bezeichnet diese wichtige Haltung der Cultural Studies als „*radikale Kontextualität*" (Grossberg 1994, 21). Der Kontext ist dabei nicht nur bloßer Hintergrund, sondern Bedingung dafür, daß etwas erst möglich wird. „Der Kontext eines bestimmten Projektes ist nicht im vorhinein empirisch vorgegeben; er muß erst durch es definiert werden, d.h. durch die zur Debatte stehenden politischen Fragen" (ebd. 23). Durch Interdisziplinarität versucht dieser Ansatz eine Haltung zu etablieren, die nach „neuen Fragen, neuen Modellen, neuen Wegen des Forschens" sucht (Hall in Grossberg 1994, 32).

Interdisziplinarität verstehe ich dabei aber nicht als additive Zusammenarbeit und beliebiges Nebeneinander von verschiedenen methodologischen und theoretischen Zugriffsweisen, sondern viel eher als eine konsequente Kooperation und vor allem gegenseitige Durchdringung – als Versuch sich komplexen Wirklichkeiten mittels eines komplexen Forschungsdesigns angemessen zu nähern. In genau diesem Rahmen einer ausdifferenzierten, methodologisch und theoretisch offenen rekonstruktiven Kulturanalyse, einer kritischen und reflexiven Kultur- und Sozialforschung, die kulturelle Praxis als Praxis von Subjekten im Kontext von gesellschaftlichen Bestimmungszusammenhängen untersucht, möchte ich auch die vorliegende Arbeit positioniert sehen.

---

[5] S. dazu Hall 1997.

Vorgehensweisen

„Wenn es um Migranten geht, dann redet man gerne von *den* Türken oder *den* Schwarzen. Wenn es um einen selbst geht, dann erwartet man allerdings feine Differenzierungen. Und ganz besonders dann, wenn es sich um Subkulturen dreht." So eröffnet Feridun Zaimoglu (1996, 86) seine Kritik der Stellvertretungsansprüche subkultureller Milieus vom Standpunkt junger Migranten.

Im folgenden werde ich drei Vorgehensweisen aufzeigen, mit der zum einen Migrantenkulturen differenziert betrachtet und zum anderen die bisher dominierende Perspektive umgekehrt werden soll. Um diese Vorgehensweise zu präzisieren, habe ich eine ideologiekritische Analyse der Diskursproduktion über Ausländer/Migranten vorgenommen, die in einen Theorierahmen gebracht wird, der gegenstandsangemessen ist, um sich der *inneren Modernisierung* zu widmen. Daran anknüpfend schließt sich der Vielfalt auf der Theorieebene eine Methodenreflexion an, die ausgehend von einer veränderten Subjekt-Objekt-Beziehung darauf abzielt, eine selbstreflexive Verstehenspraxis zu etablieren, die sich aus der psychoanalytisch-sozialwissenschaftlichen Hermeneutik ableitet. Schließlich steht im empirischen Teil eine bestimmte Lebenspraxis von Jugendlichen aus Immigrantenfamilien im Mittelpunkt der Untersuchung, welche wiederum bestehende Kategorien aufbricht. Mein Forschungsinteresse widmet sich primär der Frage, wie diese Jugendlichen[6] ihr Erwachsenwerden unter den gegebenen Bedingungen erleben und reflektieren.

Die vorliegende Arbeit beschäftigt sich auf zweifache Weise mit diesen Jugendlichen: Wie ich gerade beschrieben habe, geht es mir um die wissenschaftliche Beschreibung und Theoriebildung über Adoleszenz von Jugendlichen aus Immigrantenfamilien und die dabei entstandenen Arbeiten der Ausländerforschung zur sogenannten „zweiten Generation". Ich untersuche im Anschluß daran die Lebenswirklichkeit einer Gruppe von Adoleszenten, mehrheitlich in Deutschland geborene Kinder türkischer Arbeitsmigranten, einige davon sind jedoch in der Türkei geboren und später mit bzw. ohne Eltern nach Deutschland gekommen. Sie sind als Gruppe darin vereint, daß sie sich mindestens einmal in der Woche in einer Folkloregruppe treffen. Diese Adoleszenten sind auf zweifache Weise *uneindeutig*: Sie sind weder Erwachsene, noch sind sie mehr Kinder, zugleich sind sie ebensowenig Deutsche wie Türken. Als Jugendliche aus Immigrantenfamilien stehen sie in einem Prozeß der Auseinandersetzung mit der Herkunftskultur der Eltern und der Minder-

---

[6] Im Text werden verschiedene Bezeichnungen verwendet werden: Jugendliche, Adoleszenten, Jungen, Mädchen, junge Frauen und junge Männer. Ich verwende die Begriffe je nach dem, wie mir die Gesprächspartner und Gesprächspartnerinnen erschienen, mehr als Jungen oder mehr als junge Männer, mehr als Mädchen oder mehr als junge Frauen. Daran zeigt sich, wie weit sie noch an die Kindheit gebunden sind, oder sich schon als Erwachsene entwerfen. Das läßt sich aufweisen, durch die Themen, die angesprochen wurden. Gemeinsam ist allen die Lebensphase der Adoleszenz.

heiten- und Mehrheitskultur in der Bundesrepublik Deutschland; sie stehen jedoch auch in der Auseinandersetzung zwischen Kindheit und Erwachsensein.

In diesen beiden Prozessen wird eine spezifische kulturelle Praxis erkennbar, die nur durch eine zweifache Differenzierung aufscheint: Zum einen muß, wer von Jugendlichen oder Adoleszenten redet, dahingehend unterscheiden, daß es männliche und weibliche Jugendliche gibt, sie andere sozialisatorische Erfahrungen durchlaufen und denen andere Handlungsoptionen offenstehen (vgl. Tillmann 1992). Zum zweiten geht es hier nicht um *Türken*, sondern Gegenstand der Untersuchung sind Jugendliche aus Immigrantenfamilien aus der Türkei, die jedoch in meiner Untersuchung mehrheitlich in Deutschland geboren sind.

Die Entwicklung der Forschungsfrage

Zentrierte sich am Anfang meiner Forschung die Forschungsfrage noch stark auf den Bereich der inter- oder besser : transkulturellen Identitätsbildung, so habe ich im Zuge der Gespräche und im kontinuierlichen Prozeß der Forschung immer klarer erkannt, daß diese Frage eine sehr isolierte Sichtweise beinhaltet, die sich wieder an essentialistische Sichtweisen annähert. Nur auf eine *interkulturelle* – oder wie immer man es auch nennen mag – *Identitätsbildung* abzuheben und daraus eine naive multikulturelle Schwärmerei abzuleiten, das verkennt gesellschaftliche (Macht-) Verhältnisse. Die Lebenspraxis von Jugendlichen aus Immigrantenfamilien zeigt vielmehr, vor dem Hintergrund der Ausländergesetze und legalen Restriktionen, den Kampf um Anerkennung und Gleichberechtigung, die Versuche, gesellschaftliches Subjekt zu werden. Daß dabei Ansprüche formuliert werden, die zu den Grundrechten einer pluralen und modernen Demokratie gehören, die aber dennoch verweigert oder aber nach eigenem Ermessen gönnerhaft gewährt werden, das gehört zu den alltäglichen Erfahrungen von Migranten – vor allem von hier geborenen Migrantenkindern und -jugendlichen.

Geschöpft wird hierbei aus einem reichhaltigen Reservoir an Exklusionsmechanismen, mit der Mehrheitsgesellschaften Minderheiten die Inklusion in das Gemeinwesen verwehren. Aber das wird nicht das explizite Thema der Arbeit sein. Es gibt dazu eine Reihe sehr guter Untersuchungen, die unter dieser Perspektive die aktuelle Rechtspolitik beschreiben: zuletzt die vergleichende Studie zwischen Frankreich und Deutschland von Kastoryano 1996 (vgl. dazu auch Brubaker 1994). Es existiert andererseits – von Klees „*Die Nigger* (sic!) *Europas*" (1973), bis Wallraffs Camouflage Report „*Ganz unten*" (1985) – eine Vielzahl an Betroffenheitsprosa in anklagendem Stil, die meist mit moralischen Appellen endet, wie auch auf der Seite wissenschaftlicher Arbeiten vor allem defizitorientierte Betrachtungen der psychischen Defekte bei ausländischen Arbeiterkindern (vgl. von Klitzing 1990, Schlüter-Müller 1992) diese Problemlagen thematisieren.

Der Prozeß der Forschung, die Gruppengespräche mit der Folkloregruppe, hat mir einen weiteren Horizont eröffnet. Ich habe den Forschungsrahmen kontinuierlich offen gehalten für die Themen, welche die Jugendlichen ansprachen, weil sie deren Lebensrealität und Lebenspraxis am besten reflektierten. Sie haben erzählt, was *ihnen* wichtig war, was ihre Themen bestimmte. Ich habe zugehört und ein Stück davon habe ich aufgezeichnet. Dadurch hat sich einiges relativiert: meine Vorannahmen, mein Forschungsrahmen und vor allem das Zeitbudget der Forschung. Zeit wurde zunehmend zur wichtigsten Ressource. Das Thema der Jugendlichen war nicht so sehr Identitätsbildung oder Selbstverortung – das war als Marginalie auch Thema – aber der zentrale Punkt, die eigentliche Thematik war der Prozeß der Ablösung von den Eltern sowie die Auseinandersetzung und Distanzierung von der Herkunftskultur der Eltern und Großeltern, die Suche nach eigenen Wegen der Autonomie und schließlich – je nach Verlauf – wieder die Annäherung an die Eltern und ihre Kultur.

Es gibt in diesem komplexen und vielschichtigen Prozeß keine Idealtypen, nur verschiedene Arten, damit zu leben, und Möglichkeiten, dies durchzuspielen. Einige dieser Verläufe will ich exemplarisch nachzeichnen und die Wege der Autonomie in ihrer Tragfähigkeit beschreiben. Kultur erscheint dann nicht mehr als statisches Konzept, sondern ist lebensgeschichtlich angefüllt und gesellschaftlich objektiviert als spezifische Praxis erkennbar. Diese Praxis habe ich in einer besonderen Jugendkultur rekonstruiert, in der „Ethnizität", „Differenz" und „Identität" anders eingesetzt und verhandelt wird als von Nicht-Adoleszenten oder von Adoleszenten aus der Dominanz/Mehrheitskultur. Hier stehen Adoleszenten nicht als zu pädagogisierende oder- defizitäre und in eine Kultur zu sozialisierende Objekte im Mittelpunkt, sondern als handelnde Subjekte, die sich einer bestimmen Praxis bedienen, eine eigene (adoleszente) Kultur schaffen[7].

Kleiner Exkurs über den Fremden

Kultur ist also nicht das, was einen an bestimmte Handlungsmuster bindet, Handlungsspielräume begrenzt und statisch gedacht im Kulturalismus endet. Im Gegenteil: Kultur ist Praxis, welche *Überlebensstrategien* (Bhabha) und Entwürfe spiegelt. Diese Kultur ist die Kultur der *Fremden*. Trifft die in diesem Kontext neu definierte Kategorie des Fremden noch einen kategorialen Bezugspunkt in der Sozialwissenschaft?

Der Fremde markiert seit der Etablierung der Soziologie als Wissenschaft der Moderne eine feste Größe. Mit Georg Simmels Essay über den Fremden von 1908 fand er eine erste Anerkennung. Simmels eigener Blick als Fremder in der Wissenschaft und Wanderer zwischen den Disziplinen (vgl. Lindner, Dahme/Rammstedt 1983, Bauman 1992) fand hier seinen Niederschlag. Der Fremde lebt auf der Grenze zwischen Nähe und Ferne und zeichnet sich durch eine Objektivität aus, die Simmel *die Objektivität des Fremden* nannte. Trotz

---

[7] Vgl. Amit-Talai/Wulff 1995; SPoKK 1997.

oder gerade wegen dieser Objektivität werden Fremde nicht als Individuen, sondern eher als Fremde eines bestimmten Typs wahrgenommen.

Fragen des Fremdseins und der Marginalisierung versuchte auch die sogenannte Chicago Soziologie im Zusammenhang mit der Immigration in die nordamerikanische Gesellschaft zu diskutieren. Dabei schufen Robert E. Park und Everett Stonequist eine Bezeichnung für den kulturellen Randseiter, der auf der Grenze zwischen verschiedenen Kulturen lebt, den *marginal man*.

Alfred Schütz schließlich sah im Immigranten einen Prototyp des Fremden, der verschiedene Phasen in einer Kultur durchlaufen kann, um sich zu akkulturieren. Trotzdem bleibt er ein *„kultureller Bastard"*. Schütz holte den Fremden auf einer methodologischen Ebene in die Soziologie: qua Fremdverstehen als Methode in der Intersubjektivität einen gemeinten Sinn zu überprüfen, um zu Lebenswelt-Analysen zu gelangen (Treibel 1995). Wie hat sich nach der Etablierung der Soziologie als Wissenschaft und ihrer methodischen und theoretischen Weiterentwicklung der Fremde verändert, wie und wo findet er sich wieder in der Soziologie[8]? Wie verläuft die Konstruktion der Fremden und wie – nicht nur als Reaktion darauf – äußert sich die Selbstverortung als Fremder in der Gesellschaft? Die vorliegende Arbeit versucht diesen Fragen nachzugehen und setzt damit an dem klassischen Untersuchungsfeld seit Simmel, Schütz und Park an: den Randseitern, den Immigranten und Wanderern zwischen den Welten.

In ihrer Arbeit *„Die Macht des Ethnischen"*, in der auch die Wanderer zwischen den Welten im Vordergrund stehen, hat Regina Römhild (1996) das ethnische Konstrukt einer *vorgestellten* Kultur von einer praktizierten Kultur unterschieden und dabei untersucht, in welchem Verhältnis beide zueinander stehen (Römhild 1996, 11). Der Konstruktions- und Erfahrungsraum Kultur, in ihrem Beispiel der von „deutschstämmigen Aussiedlern", in dem Ethnizität eingesetzt und zugeschrieben wird, ist ein Raum des *prinzipiellen Aushandelns*: „Im Gegensatz zu einer auf sich selbst festgelegten ethnischen Kultur ist kulturelle Praxis ein prinzipiell offenes System, das sich über die Erfahrung und den Alltag von Menschen in konkreten Lebensräumen konstituiert." (ebd. 16)

Adoleszenz und Fremdheit

Zu dieser Unbestimmbarkeit des Aushandelns von Kultur kommt eine weitere hinzu: die Unbestimmbarkeit der Verortung als Adoleszenter zwischen Kindheit und Erwachsensein. Diese doppelte Unbestimmbarkeit ist sicher ein Grund für die massiven Versuche, Klarheit in den Status und die Einordnung in bestehende Kategorien von Adoleszenten aus Immigrantenfamilien zu bekommen. Ich rede jetzt von einer wissenschaftlichen Einordnung. Es gibt aber noch eine weitere Ebene: die des Alltags – der Lebenspraxis. Wie die Lebensrealität von diesen Jugendlichen aussieht, davon habe ich viele eindrückliche

---

[8] Einen Überblick über soziologische/sozialpsychologische Fremdheitstheorien liefert Akashe-Böhme 1993.

Schilderungen bekommen.

Diese Lebensrealität wird markiert durch eine Inkonsistenz im gesellschaftlichen Handeln: einerseits wird den Jugendlichen suggeriert, daß es unter der Prämisse einer pluralen Demokratie Lebenschancen für alle gäbe, sie sich nur zu integrieren brauchten, um vollwertige Mitglieder der Gesellschaft zu sein[9]. Dennoch wird andererseits mit dem obsoleten deutschen Staatsangehörigkeitsrecht argumentiert, daß sie ja nicht deutscher Abstammung seien. Die Folge ist eine Exklusion aus den vollen Bürgerrechten, eine beschränkte Teilhabe am politischen-öffentlichen Leben. Es werden dann so unsinnige und hilflose, jedoch gesellschaftlich den Ausschluß symbolisierende Gesetze produziert, wie die Visumspflicht für unter 16-jährige aus den Einwanderungsländern vom Frühjahr 1997. Immer wieder, das zeigen nicht nur diese Beispiele, werden Jugendliche aus Immigrantenfamilien mit dem Prinzip Herkunft konfrontiert.

Die Herkunft wird (in diesem Fall die der Eltern[10]) zum schicksalhaften und bestimmenden Prinzip erklärt. Zwei Punkte markieren diese Inkonsistenz besonders deutlich: zum einen die sozialwissenschaftliche Integrationsdebatte (als Paradigma für die „Ausländerforschung", siehe dazu die Analyse in Kap. 3), und zum anderen der darin sich spiegelnde politisch-öffentliche Diskurs. Letzterer ist besonders aufgeladen mit Affekten und enthält eine absurde Logik, die gesellschaftliche und soziale Wirklichkeiten filtert und als Werkzeug kaum mehr als ein formal juristisches Instrumentarium bereithält, um der Herausforderung Einwanderung zu begegnen. „Deutschland ist kein Einwanderungsland", werden diesem Diskurs verpflichtete Politiker und Meinungsmacher nicht müde zu betonen. Die Fakten sprechen jedoch eine andere Sprache. Der Anteil der Menschen ohne deutsche Staatsangehörigkeit an der bundesrepublikanischen Gesellschaft beträgt ca. 10%, in Frankfurt am Main 30%. Die Konstruktion des Fremden läßt aber eine die aktuelle Wirklichkeit mit einzubeziehende Betrachtungsweise der Gesellschaft erst gar nicht entstehen. Die Wirklichkeit bleibt ausgespart und die Präsenz der Fremden wird symbolisch unsichtbar gemacht.

Minderheitendiskurs und Wirklichkeitsverlust

Dieser nun in Rede stehende Minderheitendiskurs, der den Immigranten einen Platz am Rand der Gesellschaft zuweist, ihnen erst recht eine Partizipation an der Gesellschaft verwehrt, ist ein Beispiel für eine besonders subtile Form des Rassismus, die ich als *akuten Wirklichkeitsverlust* bezeichnen möchte. Dieser akute Wirklichkeitsverlust entsteht nicht in der konkreten Beziehung zwischen Individuen. Er bezeichnet vielmehr die Art, *wie* im öffentlichen Diskurs über Fremde geredet wird, welche Kategorien für sie gebildet, und vor allem, wie

---

[9] Zum gesellschaftspolitischen Dilemma der Differenz siehe: Gümen 1995.

[10] Die Herkunft von deren Kindern ist ja eigentlich die Bundesrepublik, sofern sie hier geboren wurden. Nur macht das geltende Staatsangehörigkeitsrecht Ausländer aus ihnen: In Deutschland geborene Ausländer!

sie wahrgenommen werden. So wird durch eine ethnische Brille geschaut, der Blick verzerrt und ein bereits vorhandener und stetig bedeutsamer werdender Teil der in der deutschen Gesellschaft entstehenden und bestehenden Kultur der Immigranten schlicht ausgeblendet. Der akute Wirklichkeitsverlust dient vor allem der Bestätigung der Bilder über den Fremden und seiner Kultur, die in den Köpfen der Mehrheitskultur oder besser: der Dominanzkultur[11] – um diesen pointierten Begriff von Birgit Rommelspacher zu gebrauchen – existieren. Der Wirklichkeitsverlust stereotypisiert die Immigrantenkultur. Das bedeutet, daß er, ohne sich um Differenzierungen zu bemühen, immer einfache Antworten auf komplexe gesellschaftliche Situationen bietet. Das Ziel dabei ist Reduktion auf Problemwahrnehmungen. Oder anders gesagt: je komplizierter die Zusammenhänge, desto einfacher – so scheint es – die Erklärungsansätze und wirkungsvoller der Wirklichkeitsverlust.

Klaus J. Bade hat als Herausgeber des sog. „*Manifest der 60*" versucht, Ursachen und Folgen dieses politisch-öffentlichen Diskurses zu erklären und u.a. historisch zu deuten. Bade erkennt eine „mangelhafte politische Gestaltung der Migration und ihrer Folgen in Deutschland." (Bade 1994, 9) Getreu dem Motto, „das nicht sein kann, was nicht sein, darf", werden Realitäten geleugnet. Die de-jure Ausländer und de-facto Einwanderer nötigen der pluralen und demokratischen Gesellschaft der Bundesrepublik Deutschland eine Diskussion über die Gestaltung des Lebens und der Zukunft der einheimischen Ausländer auf. Aber genau diese Diskussion wird immer wieder abgewehrt. Statt dessen ist die Gestaltung der Einwanderungssituation zu einem „Versteckspiel mit der Wirklichkeit" geraten (ebd. 19). So hat sich dieser riesige blinde Fleck gebildet, eine Art tabuisierter Zone über der Migrations- und Einwanderungspolitik. Politische Antworten auf Migration und deren Folgen, vor allem solche, die den Realitäten Rechnung tragen, fehlen also weiterhin. „Mehr als ein Jahrzehnt lang galt als kleinster gemeinsamer Nenner aller einschlägigen regierungsamtlichen Statements die parteiübergreifende Lebenslüge: ‚Die Bundesrepublik ist kein Einwanderungsland'. Sie hat einen der wichtigsten und, bei Vernachlässigung, gefährlichsten gesellschaftlichen Gestaltungsbereich tabuisiert und damit blockiert. Ausländerpolitik ist keine Antwort auf Einwanderungsfragen." (Bade 1994, 20)

Ursachen und Folgen der Einwanderung sind nachhaltig durcheinandergeraten, und im Verbund mit einer demagogischen Auseinandersetzung über ungeregelte Einwanderung wuchs die Angst vor dem Fremden und nahm in den letzten fünf Jahren beinahe pathologische Züge an. Opfer wurden zu Tä-

---

[11] Dominanzkultur bedeutet – so Rommelspacher –, daß „unsere ganze Lebensweise, unsere Selbstinterpretationen sowie die Bilder, die wir vom Anderen entwerfen, in Kategorien der Über- und Unterordnung gefaßt sind." (Rommelspacher 1995, 22) Kultur wird dabei in einem umfassenden Sinn verstanden, als Zusammenspiel gesellschaftlicher Praxen und gemeinsam geteilter Bedeutungen, in denen ökonomische und politische Bedingungen der Gesellschaft und ihre Geschichte enthalten sind (vgl. ebd.).

tern gemacht, und die Täter der fremdenfeindlichen Gewalttaten wurden euphemistisch als *Modernisierungsverlierer* bezeichnet. Eine staatliche Regulierung der Minderheiten- und Einwanderungsfragen darf aber nicht verwechselt werden mit einer notwendigen und von Bade und den 60 Unterzeichnern des Manifestes geforderten politischen und konzeptionellen Diskussion.

Im Gegenteil, eher eine staatliche De-Regulierung, einhergehend mit der Gewährung der formal gleichen Bürgerrechte für alle in der BRD geborenen und lange hier lebenden Menschen würde einen Ausstieg aus dem Minderheitendiskurs und der Kategorisierung der Fremden in die Wege leiten. Konsequenterweise beinhaltete dies eine Abschaffung und Auflösung der segregierenden Sonderzuständigkeiten von „Ausländerbeauftragen", da die staatl. Verwaltung der „Ausländer" im Zuge ihrer Gleichberechtigung neutralisiert würde. Nur so kann über Minderheiten und andere Deutsche diskutiert werden, da als Ausgangsbasis Gleichheit (wenn auch nur formal garantiert) bestehen muß.

Zurück zur Realität heute: Hier sieht es anders aus. Eine hessische Kreisbehörde hatte z.B. einem 17-jährigen Jugendlichen aus der Türkei die Aufenthaltsgenehmigung mit der Begründung verweigert, daß türkische Kinder im Gegensatz zu Jugendlichen aus anderen westlichen oder östlichen Industrienationen nicht *„integrationsfähig"* seien. Dieser Beschluß wurde vom Hessischen Verwaltungsgerichthof wieder aufgehoben und die Entscheidung als offensichtlich rechtswidrig befunden (Frankfurter Rundschau 27.2.96). Dieses Beispiel ist nur eines von vielen, die sich fast täglich aus der Tagespresse entnehmen lassen. Die Ausländerpolitik wirkt vor allem im Alltag, dort ist sie beobachtbar und wirksam: Hinter dem erwähnten Beispiel steckt eine Ausländerpolitik und deren wissenschaftliche Legitimation und Kategorienbildung, die von einem Integrationsprimat ausgehend klassifiziert.

Bürgerrechte versus Integrationspolitik

Keine Integration ohne Bürgerrechte ist eine Forderung von Zafer Senocak, der dazu weiter anmerkt: „Das Angebot ‚Die Ausländer können sich ja einbürgern lassen, wenn sie dies wirklich wünschen', bleibt angesichts der Auflagen des sich an der Abstammung orientierenden deutschen Staatsangehörigkeitsverständnisses ein Hohn." (Senocak 1993, 17)

Die Begriffe Integration und Staatsangehörigkeit, die damit einhergehenden staatsbürgerlichen Rechte werden also entkoppelt. Integration ist vor allem als soziale oder kulturelle Integration verstanden, nicht aber als rechtlich-politische. Die Tendenzen der Integrationspolitik, und die darin wirkenden Ideologien hat Andrés López-Blasco vor diesem Hintergrund analysiert und zusammengefaßt. Er konnte schon in der Frühphase der Ausländerbeschäftigung bzw. der Anwerbeverträge auf die mangelnde Konzeption und besonders auf die fehlende oder verspätet einsetzende politische Diskussion hinweisen. Er führt eine Aussage des Bundesministeriums für Arbeit und Sozialordnung (welches für die Ausländerbeschäftigung zuständig war) von 1972 an, in der die Eingliederung ausländischer Arbeitnehmer thematisiert wird: Die Bundesregierung beharrte bereits damals auf der Verabschiedung von Maßnahmen für die Eingliederung der Ausländer *für die Dauer ihres Aufenthaltes* in der Bundesrepublik Deutschland und auf der Feststellung, „daß die überwiegende Zahl der ausländischen Arbeitnehmer *nicht auf Dauer* in der Bundesrepublik bleibt." (López-Blasco 1982, 8; Hervorh. von mir)

Auswirkungen

Es ist ein Kennzeichen einer Lebenslüge, das sich hier verdichtet. Diese Lebenslüge, die fest in die politische Wirklichkeit der Bundesrepublik eingeschrieben ist, hat Auswirkungen auf das konkrete Leben von Immigrantenjugendlichen. Auch auf der Seite der Einwanderer (der Elterngeneration), die sich als solche nie verstanden, existiert komplementär dazu eine Lebenslüge: Der Aufenthalt hier wurde nur als vorübergehend erachtet, man arrangierte sich mit den Dingen, die den Alltag erschwerten, und man wollte bald wieder zurückkehren in seine Heimat. Aus dem kurzen Aufenthalt wurden Jahre und Jahrzehnte, manche sind längst eingewandert, ohne dies jedoch als Realität annehmen zu wollen. In dieses Spannungsfeld wurden nun die Kinder der Migranten, der Einwanderer, die sich nicht als solche verstanden, hineingeboren oder hineingeholt. Was dies für das Großwerden bedeutet, das wollte ich in Erfahrung bringen. Wie wird in der Adoleszenz Vielfalt erlebt, wie wird mit Ambivalenz umgegangen, wie wirken ungleiche Lebenschancen und strukturelle Benachteiligungen.

Die Ausgangsfrage war, wie Jugendliche aus Immigrantenfamilien mit diesen Situationen umgehen. Dabei war es meine Absicht, Handlungsspielräume auszuloten. Das Erkenntnisinteresse bestand darin, die Strategien und Lebensentwürfe, die daraus entstehen, zu rekonstruieren und zu verstehen[12].

Eine exemplarische Kritik der Ausländerforschung – was Gegenstand des dritten Kapitels ist – legt Strategien, Zugriffsweisen und vor allem Betrachtungsweisen offen, die dieses Paradigma nachhaltig charakterisieren.

Im vierten Kapitel, das auf diese Überlegungen aufbaut, habe ich versucht, einen Weg aufzuzeigen, der der impliziten Subjekt-Objekt Trennung, die in der Mehrzahl der Arbeiten aus der Migrations- und Minderheitenforschung zu verzeichnen ist, zu durchbrechen, um für das Feld der Migrationsforschung eine Methodologie vorzuschlagen, die ein anderes Erkenntnisinteresse aufweist. Selbstreflexivität oder Introspektion wird dabei als Schlüssel erkennbar,

---

[12] Dazu habe ich ein theoretisch und methodisch offenes und kein normativ und wertaufgeladenes Konzept von Jugend und Ambivalenz unterlegt, wie es zum Beispiel bei der Studie „*Verlockender Fundamentalismus*" von Wilhelm Heitmeyer et al. (1997) überaus deutlich wird. Eine Auseinandersetzung mit dem von Heitmeyer und seinen Mitarbeitern gewählten Forschungsdesign, ihrem theoretischen und methodischen Zugriff, wäre sicherlich sehr ergiebig, konnte hier aber nicht mehr geleistet werden (vgl. dazu Sauter 2000).

der andere Lesarten generieren und aufschließen kann. Eine von den dominierenden Wissenschaftsdiskursen abweichende Lesart der Moderne und die darin aufgehobene Stellung des Fremden wird das fünfte Kapitel vorstellen. Ambivalenz, ein wichtiges Thema dieser Arbeit, wird dabei als ein grundlegender Zug der Moderne dargelegt. Der Umgang mit Ambivalenz wird in seiner modernen Variante untersucht, und es zeigt sich, daß gerade der verleugnete und verdrängte Teil eines nationalen oder ethnischen Selbstverständnisses in modernen Nationalstaaten nachhaltiger wirkt, als dies gemeinhin angenommen wird. Ab Kapitel sechs wird schließlich die Folkloregruppe vorgestellt und daran anschließend die Fallstudien dargestellt. In diesen Fallstudien habe ich die Rekonstruktionen und Interpretationen der Einzel- und Gruppengespräche mit den adoleszenten Mitgliedern der Folkloregruppe in den Mittelpunkt gestellt.

Die Fallrekonstruktionen folgen nicht dem Anspruch, die Bandbreite möglicher Verlaufsformen von Adoleszenz in einer Mehrheitskultur zu umspannen. Vielmehr ist mir wichtig aufzuzeigen, wie prototypische Verläufe die Ablösung und Wege zur Autonomie in der Adoleszenz bestimmen, wie lebensgeschichtlich und strukturell eine verleugnete Einwanderung, geronnen zu Lebenslügen, sich verdichtet in der Biographie. In den Fallstudien war es mein Anliegen, die Komplexitäten der Lebensgeschichten zu erhalten und das individuelle „Gewordensein" zu verstehen (vgl. Diem-Wille 1996).

Dabei fällt der Blick auf verschiedene Handlungsspielräume und individuelle Lebensskripte, vorgestellte Lebensplanungen und – zum Ideal erhobene Biographievorstellungen, die eine vorläufige Systematisierung erlauben.

Teil I

Jugendliche aus Immigrantenfamilien: Betrachtungsweisen und Zugänge zu einer fremden Lebenspraxis

Vom (notwendigen) Verschwinden der Begriffe. Ausländerforschung als gesellschaftliche Praxis

> Begriffe sind wie Spiegel, in die wir schauen.[13]

In seinem „Atlas des tropischen Deutschland", der die Orte benennt, wo die bundesrepublikanische Gesellschaft für Einwanderer zunehmend fremder wird, fordert Zafer Senocak, daß, ähnlich wie es Foucault für die Sexualität beschrieben hat, der Diskurs über Minderheiten in Europa untersucht und die Diskurspraktiken herausgearbeitet werden sollten. „Die Annahme, daß es in der von Kommunikationsnetzen überzogenen Erde noch stehende Symbole geben könnte, über welche kulturelle Differenzen definiert werden," schreibt Senocak, „ist selbst in den Wissenschaften und erst recht in der öffentlichen Diskussion weit verbreitet. Dies führt dazu, daß in der laufenden Diskussion von Begriffen ausgegangen wird, die nicht in der Lage sind, die Komplexität der gesamten Situation, die Verschränkungen im einzelnen zu erfassen und auszudrücken. Eine archäologische Arbeit an Begriffen findet also nicht statt. Es ist statt dessen die Rede von *Ausländern,* von *Einbürgerung,* von *Integration* und *Assimilation,* von der *zweiten Generation* usw. Doch all diese Begriffe drücken je nach Perspektive unterschiedliche Wirklichkeiten aus" (Senocak 1993, 39).

Eine Diskursanalyse im Sinne von Foucault werde ich für dieses weite Feld

---

[13] Senocak 1994, 60.

nicht erbringen, wohl aber die unterschiedlichen Wirklichkeiten, die sich hinter den Begriffen verbergen, freizulegen versuchen und auf die unfertigen oder nicht tragenden Bauten der Theoriebaustelle hinweisen. Ich werde genau hinhören, auf die Sprache achten, so wie Paul Parin, Goldy Parin Mattèy und Fritz Morgenthaler, die sich in ihrem Buch *„Die Weißen denken zuviel"* (1983) einmal als „Touristen mit den Ohren" bezeichneten, um ihre Arbeitsweise den Menschen zu erklären, mit denen sie in Afrika arbeiteten. Das wichtigste Mittel in der ethnoanalytischen Arbeitsweise sind die Ohren, das aktive Zuhören und dadurch das Zugehen auf die *Subjekte* in der Forschung. Mit dieser Methode lassen sich nicht nur fremde Kulturen beschreiben und verstehen, auch die eigene Kultur wird durch einen notwendigen distanzierten und reflektierten Blick transparenter für Dinge, die im alltäglichen Leben zu selbstverständlich erscheinen, um sie genau und kritisch zu betrachten. Hört man genau zu, hört man vor allem auf die Sprache, in der über *andere* geredet wird, dann finden sich immer wieder Wege, um zu den verborgenen Stellen einer Kultur zu gelangen. Es geht also um eine neue Form der Aufmerksamkeit, die ein genaues Hören auf Sprache und Sprecher erfordert.

So waren meine Erfahrungen gelagert, als ich mich „meinem" Untersuchungsgegenstand näherte: deutsch-türkischen Jugendlichen aus einer Folkloregruppe in Frankfurt. Ich versuchte genau auf die Sprache zu hören, zuerst auf die Sprache des offiziellen Diskurses über Ausländer, Minderheiten und das angenommene Verhältnis zu den Deutschen, dann auf die Sprache innerhalb der Minderheit selbst. Je mehr ich versuchte, das Thema „Jugendliche *in* zwei Kulturen" mit den geläufigen und das alltägliche wie wissenschaftliche Vokabular durchdringenden Begriffen zu erfassen, desto nachhaltiger zeigten sich mir die Grenzen der Begrifflichkeit. Das Ergebnis war immer eine deutliche Inkommensurabilität von Begriffen und Wirklichkeiten. Gefordert war nun die archäologische Arbeit an den Begriffen. Allein die administrative Erfindung des „in Deutschland geborenen Ausländers" oder die bislang maßgebliche Bezeichnung *zweite* und *dritte Generation* bilden nicht annähernd ab, was sich hinter diesen Begriffen eigentlich verbirgt. *Ausländer* können eigentlich nicht in Deutschland geboren sein – außer das Staatsbürgerrecht macht sie dazu. Ausländer-Sein und die *„zweite"* und *„dritte" Generation* – was ist damit genau gemeint? *Gastarbeiter* – impliziert dieses Wort nicht, daß die Gäste nach getaner Arbeit ihren Gaststatus verlieren? *Migrantenjugendliche* – wer in Deutschland geboren ist, kann nicht hierher gewandert sein. Ganz präzise müßte es heißen: Jugendliche aus Immigrantenfamilien. Ich versuche diesen Begriff im weiteren beizubehalten; wenn ich an anderer Stelle von Immigrantenjugendlichen spreche, dann verwende ich diese Formel als Oberbegriff in genau diesem Sinne.

„In dem Maße, wie die gesellschaftlichen Existenzbedingungen und das, was die unterschiedlichen Jugendlichen daraus machen, übersehen werden zugunsten der ‚Probleme der ausländischen Jugendlichen', in dem Maße gerät bezüglich der Migrantenjugendlichen das Bein aus dem Blick, mit dem sie in der Linie der Geschichte der Auseinandersetzung um Jugend in dieser Gesellschaft stehen. In diesem Sinne ist die Rede über den *ausländischen* Jugendlichen und *seine* Probleme bereits eine Ausgrenzung" so schreibt Michael Bommes (1993, 61) in seiner fundierten Auseinandersetzung mit den sozialwissenschaftlichen Arbeiten über Migrantenjugendliche. Die Betrachtung geschieht immer von der Warte der eigenen Kultur herab und hat durch eine ethnozentrische Brille hindurch nur eine verschwommene und verzerrte Wahrnehmung vom tatsächlichen Leben an den Rändern des mainstreams.

Schließlich fand ich keine geeigneten alltäglichen wie wissenschaftlichen „Termini Technici", mit denen sich mein zu beschreibendes Gegenstandsgebiet exakt und annehmbar beschreibend charakterisieren ließe. Vielleicht noch das semantisch überspannte *Einwandererkinder* – aber ich hatte mich ja vor allem mit Adoleszenten beschäftigt. So gesehen kam mir in dem Maße, wie ich mich mit dem Gegenstand meiner Forschung befaßte, immer mehr die Begrifflichkeit dafür abhanden, bzw. wollte ich die ideologisch aufgeladenen und pejorativen Terminologien nicht übernehmen und damit den Diskurs über *die* Ausländer nicht verlängern. Hinzu kam der Gedanke, daß es sich mit dem Bewußtseinsinhalt so ähnlich verhält wie mit dem Unbewußten: etwas, für das es keinen Ausdruck gibt, keine Sprache existiert, soll auch selbst nicht existieren, es ist unerwünscht und wird durch das Nicht-Benennen auch in die Schattenzone gedrängt. Hier leben die Anderen, die Fremden der Gesellschaft.

An dieser Stelle komme ich zur Kritik der bestehenden Begriffe, den dahinter stehenden Konzepten der Beschreibung und der Perspektive der Forschung. Die Politik der Repräsentation läßt sich aus der Konstruktion und Beschreibung der Fremden exemplarisch heraus aufzeigen und als kulturelle Praxis beschreiben. Wissenschaftstheoretisch und begriffsgeschichtlich zu betrachten, wie sich in der deutschsprachigen Migrations- und Minderheitenforschung eine evolutionäre und interessengeleitete Sichtweise entwickelt hat, ist nur *eine* wichtige Spur, der in dieser Forschungslandschaft bislang nur selten jemand gefolgt ist (vgl. dazu Tsiakalos 1983, Griese 1984, Korte 1987, vor allem: Treibel 1988 und Waldhoff 1995). Diese Betrachtung der Betrachter[14] enthält auch wissenssoziologische Aspekte, denen ich in diesem Rahmen nur begrenzt nachgehen kann und werde.

---

[14] Stanley Diamond hat die Beobachter beobachtet und darauf hingewiesen, daß zumindest für die Disziplin der Anthropologie (der seine Beobachtung galt, wenngleich ich diese Sichtweise auch auf andere, verwandte Disziplinen ausdehnen würde) zu konstatieren ist, daß sie im Grunde selbstgeschaffene Probleme löst, die auf eine akademische Verwertbarkeit abzielen. So hat sie sich vom ursprünglichen Impetus der kritischen und dialektischen Wissenschaft, die sie im 18. Jahrhundert noch vertrat, stillschweigend verabschiedet (vgl. Diamond 1983).

Anmerkungen zur Identitätspolitik

In seinem Essay *„Angestammte Loyalitäten, bestehende Einheiten. Anthropologische Reflexionen zur Identitätspolitik"* beschäftigt sich Clifford Geertz, der vor allem mit seiner kulturdeutenden Theorie der *dichten Beschreibung*[15] bekannt geworden ist, mit der Frage, was als „ethnischer Konflikt" bezeichnet wird, und vor allem, wie diese Formel in der *scientific community* verwendet wird. Seit den Umbrüchen in Osteuropa, aber auch viel langfristiger und global verbreiteter, sind Ausbrüche von Gewalt und Gewaltdrohungen im Umkreis der Phänomene kollektiver Identität und den oft darin implizierten Forderungen nach Anerkennung, Autonomie, Dominanz und materiellen Vorteilen zu beobachten. Eine generelle Erklärung oder gar ein Allheilmittel für diese Konflikte kann, so Geertz, weder die Anthropologie noch eine andere Wissenschaft liefern. Es ist nicht unbedeutend, wie man darüber diskutiert und ob man schließlich eine Sichtweise anzubieten hat, die der tiefen Emotionalität dieses Themas entgeht, um dadurch „ethnische Konflikte" besser verstehen zu können, vielleicht sogar besser mit ihnen umzugehen.

Geertz setzt mit seiner Kritik direkt am Vokabular an, das uns zur Verfügung steht, um diese Phänomene zu fassen. Nation, Nationalstaat, Minderheiten und Ethnizität sind Begriffe, die entstanden sind aus einem langen Prozeß der Gesellschaftsbeobachtung und -analyse. Aber seit der Hochphase der Nationalstaaten hat sich die Welt verändert und Geertz fragt ironisch: „Wenn sich beispielsweise zwischen dem Risorgimento und dem Golfkrieg soviel geändert hat, ohne daß sich die Sprache zu seiner Beschreibung ebenfalls verändert hätte, ist die Frage angebracht, ob da wirklich alles in Ordnung ist." (Geertz 1994, 393)

Diese Begriffe operieren makrosoziologisch, global und für lokale Realitäten viel zu weitmaschig, als daß die sich in ihr widerspiegelnde Heterogenität und die Vielfalt der Stimmen aus den Minderheitenkulturen abgebildet werden könnte. Eine Anregung war zu finden in den spezifischen kulturvergleichenden Arbeiten der Anthropologen: Geertz fand z.B. bei seinen Studien in Indonesien und in Marokko weder das Phänomen Nationalstaat noch einen öffentlich gebrauchten und allgemein gebilligten Ausdruck für „diese diffuse Einheit von Persönlichkeit und Politik" (ebd. 394), wie es im Vokabular des europäischen Nationalismus standardisiert ist. Ein Konzept, das sowohl Partikularismus fassen kann, als auch die Vorstellung einer „Kollektivpersönlichkeit"

---

[15] Geertz selbst steht jedoch in der Kritik, daß er essentialistische Größen neu bestimmt, so z.B. sein Verständnis von *Text*, welches sich aufbaut aus seiner Interpretation der fremden *Kultur,* und die konkrete Beziehung zwischen Subjekt und Objekt trotz seines Anspruches auf „experience-near concepts" nicht aufnimmt. So konstruiert er eine fiktionale und eindimensionale Verstehensweise, eine „hermeneutische Verstümmelung", wie es z.B. in der Kritik von Steven Webster (1982) heißt. Zur Kritik an Geertz' *thick description* am Beispiel des balinesischen Hahnenkampfes siehe vor allem: Crapanzano 1986.

meidet, hat Geertz in der Überschrift seines Essays bereits angedeutet: „angestammte Loyalitäten" (primordial loyalities). Schon in frühen Arbeiten verwandte er diesen Begriff, der von dem Soziologen Edward Shils inspiriert wurde. Shils, der „angestammte", „persönliche", „heilige" und „bürgerliche" Bande als die elementaren Bindungen des sozialen Lebens unterschied, hatte diesen Begriff ursprünglich eingeführt.

Unter „angestammten Loyalitäten" versteht Geertz heute eine Bindung, „die aus dem Gefühl der Gegebenheiten der sozialen Existenz auf seiten des Subjekts, *nicht* des Beobachters herrührt: eine besondere Sprache sprechen, einer besonderen Religion angehören, aus einer besonderen Familie stammen [...]; Grundgegebenheiten von Blut, Rede, Brauch und Herkommen, Glaube, Seßhaftigkeit, Geschichte, physischer Erscheinung usw." (ebd. S. 395). Diese Bindungen sind Veränderungen unterworfen, reagieren auf Situationen und variieren in Stärke und Dauer; für diejenigen, die diese Bindungen pflegen, sind sie eine Art essentielle Wesensverwandtschaft.

Der Vorteil seines vorgeschlagenen Konzepts besteht darin, erklärt Geertz, daß es (im Gegensatz zu dem Diskurs mit Bezug auf Nation, Nationalität oder Nationalstaat) „die bis ins Detail hinabreichende Zerlegung und Unterscheidung der Faktoren erlaubt, ja fordert, die die Identitätspolitik der Zugehörigkeit bzw. Nichtzugehörigkeit in einer Region und Periode im Gegensatz zur nächsten ausmachen." (ebd. S. 396) Das Unterscheidungsvermögen wird hierdurch nachhaltig geschärft, es lassen sich z.B. Identitäten, die politische Grenzen überschreiten (wie *arabisch, slawisch, kurdisch oder tamilisch*) oder Identitäten, die über vielfache Schauplätze verteilt sind (wie *schwarz, hispanisch, muslimisch oder türkisch*) innerhalb eines solche Rahmens genauer behandeln.

Ein weiterer Vorteil dieser Konzeption und meines Erachtens auch der wichtigste, ist der Schutz vor der verbreiteten Reduktionsbewegung einer Biologisierung bei der Diskussion vom Kampf um Identitäten. Diese Bewegung hat – so Geertz – besonders in den USA zu einem radikal dichotomischen Rassenbegriff geführt, bei dem Ethnizität auf Blutszugehörigkeit zurückgeführt wird und dabei die enorme Spannweite von Gruppenunterschieden in einem diffusen und totalisierenden biologischen Idiom verschmilzt.

Der zweite Terminus, den Geertz zur Ergänzung des bestehenden Vokabulars der „Identitätspolitik" beisteuert, die „bestehende Einheiten" (standing entities), bezieht sich auf eine Schwierigkeit bei der Definition und Anwendung des Begriffes Staat, dem zweiten Teil in dem Begriff Nationalstaat. Dieselben Schwierigkeiten, die schon für den Begriff Nation analysiert wurden, gelten auch hier: „Agglomeration, Homogenisierung und Essentialisierung; die Verwandlung einer menschlichen Konstruktion – einer historischen, kulturellen, sozialen, psychologischen – in ein natürliches Faktum." (ebd. S. 397)

Die heutige Welt teilt sich in als Staaten vorgestellte Länder auf, und es gibt bis auf wenige Ausnahmen keine Fläche, die nicht darunter zu subsumieren wäre. Staaten sind „gewachsen", haben keine „tausendjährige Geschichte" und entstehen neu oder verschmelzen mit anderen und das alles in einem jeweils spezifischen Prozeß. „Der vielleicht einfachste und verblüffendste Hinweis auf die wachsende Unzulänglichkeit der Konzeption der absoluten Landkarte – die Welt als Komplex von territorialisierten Einheiten, die als Völker dargestellt und offiziell als Staaten deklariert werden", so schreibt Geertz weiter, „ist das außerordentlich rasche Anwachsen der Zahl dieser Einheiten in den letzten Jahren." (ebd. S. 398)

Eigentlich bezeichnet dieses Beispiel die geringe Beständigkeit der Einheiten. Geertz vergleicht im weiteren Verlauf seines Essays die unterschiedliche Identitätspolitik von Marokko und Indonesien und stellt fest, daß sich in Folge davon die Länder jeweils verschieden entwickelten. Resümierend endet er in der Feststellung: „Die Identitätspolitik jedenfalls reicht über die Grenzen des Staates hinaus, liegt quer zur Nation, zum Land, von der ‚bestehenden Einheit' ganz zu schweigen; sie operiert in einem Bereich, der ganz spezifisch ihr eigener ist." (ebd. S. 403)

Auch wenn das Konzept, welches Geertz vorschlägt, einiges an Identitätskonflikten nicht unbedingt anschaulicher darzustellen vermag – ich denke hier an die besondere Situation der Identitätsbildung und Repräsentation unter der Perspektive der Vermischung von zwei und mehreren Ethnien im Kontext der modernen Metropolen, so trifft seine Kritik des obsoleten Vokabulars und der reduktionistischen Sichtweise des nationalen Diskurses zu. Es fällt auch auf, daß Geertz betont von Identitäts*politik* spricht, nicht etwa von Identitäts*problematik*. Vielleicht ein Hinweis darauf, daß „Identität" (und ihre Instrumentalisierung) schon lange zum Arsenal der politischen Strategien in einem sich homogen verstehenden Nationalstaat gehört.

So gesehen zeigt sich – und es ist eigentlich eine hermeneutische Binsenweisheit – daß, wer sich mit dem Fremden beschäftigt, zugleich das Eigene betrachtet. Das heißt, daß die Analyse der fremden Erfahrung immer auch mit der Analyse der eigenen Erfahrung verknüpft sein muß. Erdheim (1984) hat dies als Pendelbewegung zwischen der Analyse der eigenen und der fremden Kultur beschrieben und als ethnopsychoanalytischen Prozeß bezeichnet. Aber trotz des Wissens von den Bedingtheiten des Fremd- und des Selbstverstehens setzt sich wie ein roter Faden die Ausblendung der eigenen und die Konstruktion der fremden Lebensweisen in einem Großteil der wissenschaftlichen Forschung[16] fort. Die unreflektierte und unkritische bereitwillige Übernahme eines obsolet gewordenen und überdies noch ideologisch aufgeladenen Termi-

---

[16] Tullio Maranhão hat die dominierenden deskriptiven Modelle pointert zusammengefaßt und schlägt als neue Praxis eine konsequent dialogische Forschungsrichtung vor: „Contemporary anthropology, for example, has realized that cultural description is always conditioned by the spiral effects of the encounter between two dwellings (two cultural traditions), undescored by conflicting political interests, two subjects (ethnographer and native), and two languages. The meaning of the ethnographic description reflects more the *encounter* than the observation of the Other." (1990, 6, Hervorh. von mir S.S.)

nologieapparates ist bis heute ungebrochen (in der Entwicklung des Forschungsinteresses an den Adoleszenten und der von mir so bezeichneten Ausländerforschung[17] werde ich dies weiter explizieren). In diesem Zusammenhang kann man von einer *cartesianischen* Ausländerforschung sprechen.

Ist es also nichts weiter als eine Frage des Standpunktes, der wissenschaftlichen *Haltung* und vor allem des Erkenntnisinteresses, welcher Methode, welchen Vokabulars und vor allem welchen theoretischen Rahmens sich der Forscher oder die Forscherin bedient? In der Tradition einer kritischen, reflexiven Kultur- und Sozialforschung bediene ich mich eines „fremden Blickes" (Lévi-Strauss), betrachte dennoch nicht von außen die Objekte, sondern versuche die Lebenswelten von Forschungssubjekten im Dialog zu rekonstruieren und zu verstehen, gleichzeitig die eigenen, d.h. eigenen kulturellen Prozesse zu beleuchten, die bei der Betrachtung mit dem Fremden freigesetzt werden. Die notwendige Dekonstruktion[18] der Begriffe entspringt daher keiner postmodernen Laune, folgt keiner beliebigen Mode, sondern streift eher die wissenssoziologische Notwendigkeit die Standortgebundenheit des Wissens zu reflektieren und sich der eigenen Verstrickung mit und unaufhebbaren Angewiesenheit auf den Forschungsgegenstand bewußt zu sein, beziehungsweise bewußt zu machen. Nach der Dekonstruktion kann – und *muß* meiner Meinung nach – dann aus den „Trümmern" und Fragmenten etwas Neues und Tragfähiges hergestellt werden. Vor allem hat sich aus der ethnoanalytischen Arbeitsweise heraus die Einsicht entwickelt, daß es ein *Verständnis* nur geben kann, wenn es dem Forscher/der Forscherin gelingt, die erkenntnisverweigernde Macht essentialistischer Termini und vor allem Betrachtungsweisen kontinuierlich aufzulösen und daraus eine differenzierte und differenzierende Betrachtungsweise zu entwickeln, die auf Selbstreflexivität gründet.

Von daher ist das Ziel der folgenden Arbeit eine kritische, distanzierte Be-

---

[17] Knetsch/Riechwien (1983, 7) schreiben über ihre Impressionen vom Leben türkischen Kinder in der Bundesrepublik Deutschland und ihr spezifisches Erkenntnisinteresse: „Unternimmt man den Versuch, sich gewissermaßen der Schwerkraft der eigenen Recherchen zu überlassen, wird die Auseinandersetzung mit der eigenen und der fremden Kultur zur Auseinandersetzung mit der eigenen Blickrichtung, dem ‚Ansatz', der Methode, der Weise des Sich-Näherns, dem Zugang. [...] Es geht um die impliziten Theorien, die Randgruppen überhaupt erst erzeugen [...]. Wir haben eine andere Kultur ins Auge gefaßt und sahen doch nur die eigene". Ihr Plädoyer geht von daher in Richtung Selbstbeobachtung und Neugier am Fremden.

[18] Schiffauer (1991, 26) schreibt, daß die Arbeit der Ethnologie (der Arbeitsmigration, so wie er sie versteht) Dekonstruktion im eigentlichen, philosophischen Sinne ist. „Hinter dem Begriffsapparat der Sozialwissenschaften wird die ursprüngliche Erfahrung wieder sichtbar gemacht, die Erfahrung, die in einem Begriff geborgen, die aber allzuoft durch den gleichen Begriff auch verborgen ist". Die Arbeit des Ethnologen ist eine Arbeit gegen begriffliche Erstarrung. Ich würde den Anspruch dahingehend weiter formulieren, daß die Arbeit an den Begriffen auch und vor allem eine Arbeit bzw. die Freilegung an den darin transportierten Ideologien ist. Auf die Ideologiekritik komme ich weiter unter zu sprechen.

trachtung – ein Infragestellen der Begrifflichkeit oder besser: Entkategorisierung, und keine Neudefinition der von mir kritisierten Begriffe und Kategorien. Aber kommt man ohne Begriffe aus? Ein reiner Dekonstruktivismus bliebe letztlich doch wieder an kulturalistischen Kategorien hängen.

Wie im Surrealismus des Malers René Magritte ist die Frage des Spannungsverhältnisses von Bild/Begriff und Wirklichkeit überaus wichtig und kann eine Anleitung sein, mit gewohnten Sichtweisen zu brechen. Anders formuliert: Welche Wirklichkeit existiert hinter den Bildern von ihr? Eine Revision der Begriffe von Kultur, Identität, Ethnizität werde ich nicht erbringen, wohl aber ein Plädoyer für eine Neubestimmung der darin wirkenden Semantik: Es geht darum, diesen Begriffen und Kategorien ihre Verortung in einem starren Rahmen der Eindeutigkeit zu nehmen und sie dynamisch und prozeßhaft[19] anzuwenden, ihnen einen größeren Bedeutungshof zuzumessen. Das Bild, das ich entwerfe, ist mit groben Pinselstrichen gezeichnet, eine Mischtechnik, in der viele verschiedene Materialien verwendet wurden, um die Leinwand zu bearbeiten. Klare Linien werden verwischt, das Bild lebt aus der Dynamik und der Spannung zwischen Gegenstand und Abstraktion, zwischen Formensprache und Struktur. Die Beschreibung soll die Gegenstände nicht exakt darstellen, sondern die Abstraktion soll zum Nach-Denken anregen, und ich hoffe, daß dabei Perspektiven gewechselt werden und sich der Horizont erweitert.

Ich stehe vor der Aufgabe zu klären, wie diese von mir kritisch-distanziert betrachteten Begriffe positiv und erkenntniserweiternd anwendbar sind, wie mit ihnen vor dem Hintergrund der notwendigen Auseinandersetzung gearbeitet werden kann.

Wenn bei den Fallrekonstruktionen im empirischen Teil meiner Arbeit von (ethnischer) Identität, Kultur und Minderheiten die Rede sein wird, dann möchte ich diese Kategorien als dynamische, prozeßhafte Beschreibungen verstanden wissen, die selbstreflexiv benutzt werden. Selbstreflexiv meint, daß sich das Aushandeln der Kategorien situativ vollzog, in einer Gesprächssituation (in der Forschungssituation), in einer Selbstbeschreibung oder der stereotypisierten Darstellung einer Fremdzuschreibung. Beiderseitige Standpunkte (auf der Seite des Forschers und ebenso auf der Seite der Forschungsteilnehmer) standen dabei zur Debatte. Meine Forschungsschritte bewegen sich nicht im Bereich des universalistischen Wissens, sondern gehen vom *Verhältnis* zwischen Mehrheit und Minderheit (und vice versa) aus. Dieses Ver-

---

[19] Siehe zu dieser Neubestimmung auch den Aufsatz von Andreas Wimmer: „*Kultur. Zur Reformulierung eines sozialanthropologischen Grundbegriffs*" (1996), in dem er aufzeigt, daß Kultur vor allem ein instabiler und offener Prozeß des Aushandelns von Bedeutungen ist, der bei einer Konsensfindung zur Stabilisierung der Bedeutungshorizonte und zu entsprechenden Prozessen sozialer Schließung führt. Vgl. auch die Beiträge von Ulf Hannerz und Marc Augé in dem von Wolfgang Kaschuba herausgegebenen Band: „*Kulturen – Identitäten – Diskurse. Perspektiven Europäischer Ethnologie*" (1995).

hältnis unterliegt einem ständigen historischen und sozio-kulturellen Wandel. Letzte Wahrheiten zu liefern liegt mir daher mehr als fern. Begibt man sich zum Beispiel *jenseits* formal zugeschriebener Identitäten, so ergibt sich ein breites Spektrum subjektiv und positional unterschiedlicher, mehrbezüglicher Identitäten oder Verortungen. Wenn von den Begriffen Identität und Kultur gesprochen wird, dann wird dabei niemals der Bezugsrahmen, in dem Begriffe mit Bedeutung gefüllt werden, verlassen. Oder anders gesagt: Es gibt keine über den Kontext hinausgehende Bedeutung von Identität und Kultur. In meinem Verständnis lösen sich diese Kategorien in dem Moment wieder auf, in dem sie (von wem auch immer) geschaffen werden. Sie markieren nur Übergänge und stecken einen breiten Bedeutungshorizont ab.

In dem Maße, wie sich also essentialistische und kulturalistische Kategorien auflösen, eröffnen sich Zugänge zu einer „verborgenen Kultur" (vgl. Nadig 1992, Bosse/Knauss 1984) der Anderen, kann eine vielschichtige Ebene komplexeren und damit wirklichkeitsnäheren und verantwortungsvollen Verständnisses entfaltet werden.

Das Fremde in der wissenschaftlichen Beschreibung

Die Beschreibung des Fremden in der Wissenschaft betrachtete Justin Stagl (1981) in Hans Peter Dürrs Band „*Der Wissenschaftler und das Irrationale*" eingehend. In der Tat spielt das irrationale Moment gerade in der Wissenschaft von fremden oder anderen Kulturen eine große Rolle. Stagl schreibt: „Neues, Fremdes, Unvorhergesehenes inkorporiert sich die Wissenschaft zunächst mittels der *Beschreibung*. Diese ist gleichsam die wissenschaftliche ‚Urproduktion'; alles übrige ist dann Weiterverarbeitung und Transformation ihrer Produkte." (Stagl 1981 284)

Die Beschreibung, diese erste Stufe im wissenschaftlichen Produktionsprozeß, der schließlich die Analyse folgt und deren eigentliches Ziel das Verstehen ist, hat eine nicht zu unterschätzende soziale Funktion. Beschreibung, resümiert Stagl, ist schließlich „Verfügbarmachung": „Der Schreibende stellt – und das ist gerade seine soziale Leistung – seinem Adressatenkreis ein Modell eines Wirklichkeitszusammenhanges zur Verfügung. Dieses Modell ist zwar abstrahiert, typisiert und ahistorisch, aber gerade deswegen kann es ja weitergegeben, aufbewahrt, mit anderen Modellen in Beziehung gesetzt oder sonstwie manipuliert werden. Es ist ein *Ordnungsmodell*, das trotz gewisser Verluste an Komplexität und Individualität den beschriebenen Zusammenhang 'einfängt', bewußt und übersichtlich macht und so das Verhalten anderer Menschen ihm gegenüber strukturiert. Beschreibung bedeutet *Machtgewinn* über das Beschriebene." (Stagl 1981, 290)

Vier Punkte möchte ich hier festhalten, die Stagl für die Beschreibung des Fremden herausgearbeitet hat: die wissenschaftlichen Modelle sind *abstrahiert, typisiert, ahistorisch* und dienen vor allem als Ordnungsmodell einem *Machtgewinn* über den beschriebenen Gegenstand. Wie sich diese Modelle aus der Ausländerforschung ableiten, möchte ich in der dargelegten pointierten

Kritik einiger ausgewählter Studien näher hervorheben und analysieren[20]. Dabei habe ich mich vornehmlich auf die Arbeiten konzentriert, die in der Bundesrepublik Deutschland im Zeitraum von Anfang der siebziger Jahre bis heute entstanden sind und die sich expressis verbis mit Kindern und Jugendlichen der Arbeitsmigranten beschäftigen[21]. In diesem Zeitrahmen von gut zwanzig Jahren sind vor allem Arbeiten aus den Bereichen Pädagogik, Soziologie, Ethnologie und Psychologie vertreten. Es geht mir darum aufzuzeigen, wie sich hier Bewußtseinsinhalte (ab-) bilden, wie institutionell mit dem Phänomen Migration und Migrationsfolgen umgegangen wird. Die angeführten Arbeiten lese ich als Beziehungsmuster und als manifeste Zeichen eines grundsätzlichen ambivalenten und widersprüchlichen Umgangs mit *Fremdheit* in der Gesellschaft. Mich interessieren dabei latente Bedeutungsgehalte und das Wechselspiel zwischen Engagement und Distanzierung.

Warum ich die Zeitspanne in den 1970er Jahren beginnen lasse, liegt darin begründet, daß sich während dieser Zeit die Ausländerforschung – also gut 20 Jahre nach den ersten Anwerbeabkommen – als theoretische und praktische Ausländerpädagogik etablierte und einen professionellen und institutionellen Charakter angenommen hatte (vgl. Griese 1981, 10; zur Phaseneinteilung der Migrations- und Minderheitenforschung Treibel 1988, 19 ff). „Der Beginn der siebziger Jahre ist zugleich der Beginn der westdeutschen Ausländerforschung" schreibt Treibel (1988, 31). Mit zwei in ihrer Konzeption ähnlichen Arbeiten, die sich in dieser „Professionalisierungsphase" verorten lassen, möchte ich im folgenden beginnen.

Nachdem sich im Zuge der Anwerbeverträge vor allem Türken zahlenmäßig in der Bundesrepublik als nicht mehr marginale Minderheit herausstellten

---

[20] Es geht mir dabei nicht um eine zusammenfassende und alle Positionen berücksichtigende Literaturanalyse (s. dazu die ausführliche und kommentierte Bibliographie von Weidacher 1981 f. und die weiteren Arbeiten aus dem Deutschen Jugend Institut zur Sozialisation ausländischer Jugendlicher, und vor allem Treibel 1988). Ich habe eine chronologisch geordnete Zusammenstellung vollzogen. Meine Auswahl erhebt keinen Anspruch auf Vollständigkeit, da es mir darum geht, *exemplarisch* zu zeigen, wie sich bestimmte Bewußtseinsinhalte und Kategorien weiter reproduzieren und vor allem wie sich die Kategorisierung des Fremden in der wissenschaftlichen Beschreibung wie ein Filter über die Wirklichkeit legt. Die Beispiele möchte ich verstanden wissen als Ideologiekritik, als eine blitzlichtartige Ausleuchtung von begrenzten, aber wesentlichen Punkten im großen Raum der Ausländerforschung, als Markierung von Stationen auf dem Weg zu einer spezifischen Beschreibung, die sowohl eine historische Kontinuität als auch eine aktuelle zeitgeschichtliche Dimension besitzt.

[21] Cremer (1977) hatte schon sehr früh eine Literatur- und Forschungsdokumentation zu den Sozialisationsbedingungen ausländischer Kinder und Jugendlicher erstellt. Man kann mit Recht behaupten, daß dreiviertel aller von Cremer erfaßten Literatur das Wort „Identitätskrise" als Prämisse führt, bei eher wertorientierten Forschungen auch „Kulturkonflikt". Cremer konstatierte vor allem eine widersprüchliche und unsichere Ausländerpolitik: „Unter diesen Bedingungen der Unsicherheit sind besonders ausländische Kinder und Jugendliche Leidtragende." (Cremer 1977, 13)

und bedingt durch den Familiennachzug als Folge des „Anwerbestopps" von 1973 viele Familienmitglieder, die bis dahin in der Türkei zurückgelassen wurden, von den hier lebenden und arbeitenden Familienangehörigen nachgeholt wurden, konzentrierte sich das wissenschaftliche und vor allem pädagogische Interesse auf türkische Familien. Dabei spielte auch die angenommene größere Fremdheit der Arbeitsmigranten aus der Türkei eine Rolle, die vor allem aus ihren muslimischen Glauben hergeleitet wurde. Durch die Ausbreitung des „ethnologischen Blicks" in der Einwanderungsgesellschaft wurden aus den *Fremden* schnell *Allzufremde* gemacht, und die offiziellen Differenzierungen der Arbeitsmigranten deutete vor allem Türken als Problem aus: „Aus der Ethnologisierung der Betrachtung des Ausländerproblems ist im Handumdrehen eine Ethnisierung von Spannungen und Konflikten zwischen Ansässigen und Neuankömmlingen und eine versteckte ‚Rassisierung' der Zuwanderer geworden, deren Verhalten zwar nicht mehr biologistisch, dafür aber kulturdeterministisch erklärt wird." (Radtke 1996, 339)

Es entstand nun auch ein weiteres Erkenntnisinteresse in der Ausländerforschung, sich nicht nur – wie bislang – mit der Integration von Arbeitern in den Arbeitsbetrieb zu beschäftigen, also mit Erwachsenen, sondern mit Sozialisationsfragen der Kinder der Arbeitsmigranten und dem Problem der unterschiedlichen Erziehungsvorstellungen in Deutschland und der Türkei. „Erst die uns erreichenden erregenden Ziffern über die Anwesenheit von 1.1 Millionen Türken in der Bundesrepublik, darunter über 34.000 Schulkinder [...] ließen die Befassung mit dieser, den weitesten Kreisen des deutschen Volkes völlig unbekannten, Frage als völlig unabdingbar erscheinen. Die beinahe plötzlich über die Bundesrepublik Deutschland hereingebrochene Woge der türkischen Familien traf Bund, Länder und Gemeinden völlig unvorbereitet", schrieb dazu Staatssekretär a.D. Rudolf Vogel auf einer Konferenz zu dem Thema Bildungsprobleme und Zukunftserwartungen der Kinder türkischer Gastarbeiter, die 1977 in Nürnberg stattfand (In: Ronneberger 1977).

Die wertorientierte Forschung, wie sie sich am Beispiel der Arbeit von Pia Weische-Alexa: *„Sozial-kulturelle Probleme junger Türkinnen in der Bundesrepublik Deutschland"* (1977) dokumentieren läßt, steht für dieses neu gewonnene Erkenntnisinteresse, das sich nun konkret auf die Sozialisation und die (postulierten) Integrationsschwierigkeiten konzentriert. Bemerkenswert an dieser Arbeit, die sehr breit rezipiert wurde, ist, daß sie sich am Freizeitverhalten von türkischen Mädchen in der Bundesrepublik Deutschland orientiert (was die empirische Grundlage der Arbeit bildet), jedoch immer wieder den Blick wechselt auf das Leben *der* Mädchen in *der* Türkei. Der somit homogenisierende Ansatz von Weische-Alexa, der auf essentialistischen Größen basiert und Stereotypen vertieft, ist eindeutig problemorientiert: „Die fehlende Jugendphase in der traditionellen türkischen Gesellschaft und die ausgeprägte Jugendphase in der Bundesrepublik bringen die türkischen Mädchen, die hier leben, in ein Dilemma." (Weische-Alexa 1977, 126)

Vor allem die „andersartige deutsche Umwelt" bringt die Jugendlichen zu neuen Einsichten und Veränderungen, die sie von den Eltern entfremden. Ihre ethnologischen Kenntnisse *der* türkischen Kultur basieren auf zwei oder drei Sekundärquellen, die sie verdichtet zu den Werten der türkischen Kultur. „Es genügt keineswegs der Hinweis, daß die türkischen Mädchen in der Bundesrepublik in eine Minderheitensubkultur – einer türkischen Kultur mit deutschen Beeinflussungen aufwachsen. Das Mischungsverhältnis dürfte so unterschiedlich sein, daß man es nicht in den Griff bekommen kann, wenn man nicht *die ‚rein' türkische Kultur in ihren Wesenszügen* (Hervorhebung von mir) kennt." (ebd. 3)

Unverständlicherweise greift die Autorin nicht zurück auf Aussagen der türkischen Mädchen, die ja den eigentlichen Kontext der Arbeit bilden. Die Präsentation der türkischen und der Vergleich mit der deutschen Kultur und den darin vorhandenen Sozialisationsbedingungen soll die Problematik, in der sich türkische Mädchen in Deutschland befinden, verdeutlichen: die Konflikte entstehen vor allem durch divergierende Anforderungen. Daß das Zusammenleben von Deutschen und Ausländern ein Problem darstellt, ist die grundlegende Prämisse dieses Ansatzes. Das Interesse, welches darüber hinaus die Sichtweise von Weische-Alexa zu prägen scheint, ist der Verweis auf ein zufriedenstellendes Gesamtkonzept im Umgang mit der Minderheit der ausländischen Arbeitnehmer in westlichen Industrienationen. Mit Bezug auf den in dieser Zeit vorgelegten Bericht zur Ausländerpolitik der Bund-Länder-Kommision der Bundesrepublik (BLK) wird das weitergehende Interesse an einer Überarbeitung der Ausländerpolitik ersichtlich, da längere Aufenthaltsdauer, anhaltende Arbeitslosigkeit und die wachsende Zahl und Präsenz der Kinder der ausländischen Arbeitnehmer zu einer neuen Konzeption drängen.

Weische-Alexa sieht die Widersprüche in den Vorschlägen der BLK, die weiterhin davon ausging, daß die Bundesrepublik Deutschland kein Einwanderungsland ist und ihre gesamte Ausländerpolitik darauf ausrichtete. Sie umgeht dennoch die Frage nach den Ursachen dieser Strategie durch ihre Hypothese, daß es aufgrund der traditionellen Rolle der Frau in den Entsendeländern für die ausländischen Mädchen schwieriger ist als für Jungen, eine Identität in einer freizügigen westlichen Industriegesellschaft aufzubauen (vgl. S. 23). Mädchen leiden eher unter den internen Konflikten, als unter den externen Widersprüchen, die den Rahmen für ihre Lebenssituation bilden. Aus dem Blick fällt das Leiden an einer Konzeptionslosigkeit und Rechtsunsicherheit, die die Widersprüche ihres Lebens in der Bundesrepublik prägen. Das gilt dann für Jungen und Mädchen gleichermaßen.

Insgesamt bildet die Kulturkonfliktthese mit einer Betonung auf ihre defizitären Auswirkungen für die Sozialisation und Identitätsgewinnung ausländischer Jugendlicher die tragende Säule der Beschreibung von Weische-Alexa. Aus dem sich zwangsläufig ergebenden Kontakt zu Deutschen entwickelt sich bei Weische-Alexa eine zwangsläufige Konfliktsituation mit den Eltern. Türkische Mädchen geraten durch die unterschiedlichen und zum Teil entgegengesetzten Anforderungen der deutschen und der türkischen Kultur in einen

Kulturkonflikt. Mädchen – so folgert Weische-Alexa – unterdrücken von daher ihre Wünsche, um diesem Konflikt nicht zu begegnen. Dadurch wird der Konflikt verschärft, das Verhalten widersprüchlich und eine Identitätsfindung außerordentlich erschwert. Die Last der Widersprüchlichkeit tragen die Mädchen vor allem dadurch alleine, da sie „nicht wissen, was sie wollen und zum anderen nicht wissen, was sie sollen." (a.a.O., 229)

Daß den Eltern diese Konflikte nahezu unbekannt sind, hat Weische-Alexa beobachtet. Warum dies der Fall ist, bleibt unberücksichtigt und vor allem ungeklärt. So zeichnet Weische-Alexa ein Bild türkischer Mädchen in der Bundesrepublik, das geprägt ist von Resignation und Gleichgültigkeit gegenüber der eigenen Zukunft.

Ebenfalls in den Kanon der wertorientierten Forschungsrichtung läßt sich die Arbeit von Heiner Holtbrügge: *„Türkische Familien in der Bundesrepublik. Erziehungsvorstellungen und familiäre Rollen- und Autoritätsstruktur"* (1975) einordnen. Diese Studie entstand aus dem Forschungskontext der Forschungsgruppe Schrader/Nikles/Griese. Auf deren einflußreiche Arbeit, die auch den Begriff der „zweiten Generation" wissenschaftlich nachhaltig prägte, werde ich im Anschluß näher eingehen. Holtbrügge legt die Akzentuierung im Titel seiner Arbeit zwar auf die türkischen Familien in der Bundesrepublik Deutschland, sein Erkenntnisinteresse geht jedoch in eine weitere Richtung: „Für das Verstehen der Schwierigkeiten und Probleme ausländischer Kinder ist es daher von besonderer Bedeutung, zu untersuchen, welche Vorstellungen ihre Eltern über ihr gegenseitiges Verhalten und über die Ziele ihrer Kindererziehung haben, und in welcher Weise ihre Vorstellungen von denen der Deutschen abweichen. Von den von den Eltern geäußerten Einstellungen sind Rückschlüsse auf die diesen Einstellungen und den erzieherischen Verhaltensweisen zugrunde liegenden zentralen Wertorientierungen möglich, die kultur- und schichtspezifisch differieren können." (Holtbrügge 1975, 5)

Auffällig und positiv hervorzuheben ist zunächst, daß Holtbrügge den Begriff des Verstehens als zentrales Motiv seines Ansatzes benennt, auch die mögliche interne Differenz in den Werten wird in seiner möglichen Tragweite berücksichtigt. Er bleibt jedoch weit hinter seinem Anspruch zurück, zu einem umfassenden Verständnis der Lebenswirklichkeit ausländischer Kinder in Deutschland zu kommen.

Holtbrügge folgt im wesentlichen den Studien von Claessens (Familie und Wertsystem, 1973) und versteht unter Werten die spezifischen Verhaltensweisen (soziale Rolle), welche soziale Normen festlegen. Übermittelt wird das Wertesystem primär durch die familiäre Sozialisation, sekundär durch Sozialisationsinstitutionen, wie Schule, Betrieb oder peer-group. Die interkulturellen Differenzen der türkischen und deutschen Familien faßt Holtbrügge in einer streng dichotomischen Polarisierung zusammen, in der Faktoren wie z.B. partnerschaftliches Verhalten auf Seiten der deutschen Familie der starken Position des Mannes in der türkischen Familie und seiner disziplinierenden Funktion gegenübersteht.

Die Thesen von Holtbrügge orientieren sich an den „klassischen" Konzepten wie Akkulturation und Kulturkonflikt. Zielgerichtet ist der Prozeß der Assimilation dann abgeschlossen, so folgert der Autor, wenn die Werte der ehemals fremden Kultur teilweise oder ganz übernommen worden sind und sich ein Bewußtsein der Zugehörigkeit zu einer neuen sozialen Gruppe entwickelt hat. „Der Schlußpunkt dieser Assimilationsprozesse kann auch als ‚ethnische Selbstentfremdung' bezeichnet werden" Und weiter: „Der als ‚Gastarbeiter' in die Bundesrepublik gekommene Ausländer fühlt sich selbst nicht mehr als Fremder." (ebd. 39)

Diese sozialromantische Fiktion, die Holtbrügge hier reproduziert, hat vor dem Hintergrund der Ausländerpolitik und dem darin abgebildeten verrechtlichten Status der Ausländer als *Fremde* keinerlei Bestand. Vielleicht hatte Holtbrügge auch nur die Kinder der Arbeitsmigranten im Blick und hoffte auf die Wirkung kompensatorischer Maßnahmen seitens der Aufnahmegesellschaft. Für die Eltern, also die sog. erste Generation, fand Holtbrügge heraus, daß von einer Integration in die westdeutsche Gesellschaft in keiner Weise gesprochen werden kann (S. 132).

Für die Kinder gilt, daß sie durch die bei ihnen fortgeschrittene Akkulturation (und aufgrund widersprüchlicher Erwartungen und Wertorientierungen zwischen sich und den Eltern) unter negativen Folgen für die Persönlichkeitsentwicklung leiden. Die Sicherheit einer neuen und verläßlichen Orientierung ist dabei gestört.

Der Blick ist nun eingestellt, und in Richtung der Kinder von Arbeitsmigranten bewegt sich eine unüberschaubare Menge von Sozialwissenschaftlern und Sozialwissenschaftlerinnen, die eine neue Forschungslandschaft gefunden haben und mehr oder weniger moralisch argumentierend bessere Lebenschancen oder, weniger allgemein, Integrationshilfen fordern. Auch wird eine neue, speziell auf diese Klientel ausgerichtete Sozialisationstheorie erarbeitet, die eine Verbindung von der rein phänomenologischen Beschreibung mit einem angemessenen theoretischen Apparat leisten soll. Für dieses Unterfangen steht die einflußreiche und breit rezipierte Arbeit von Achim Schrader, Bruno Nikles und Hartmut Griese: *„Die zweite Generation. Sozialisation und Akkulturation ausländischer Kinder in der Bundesrepublik"* (1977). Ich denke, nicht nur die sog. zweite Generation verdankt ihre dauerhafte Bezeichnung u.a. dieser Studie, auch der Fokus auf Kinder und Jugendliche und daraus abgeleitete Sozialisationstheorien[22] haben sich hieraus ergeben, so daß eine genauere Betrachtung dieser Arbeit angebracht ist

Die Untersuchung, so schreiben Schrader et al. im Vorwort der Arbeit, ist

---

[22] Eine Reihe von Begriffen, Theorien und Forschungskonzepten entstammen aus der Tradition der Minderheiten- und Ethnizitätsforschung aus den USA bzw. anderer klassischer „Einwanderungsländern" (vgl. dazu Greverus 1978 zur Übertragung der amerikanischen Forschungstradition in der deutschen Kulturanthropologie). Ob eine Übertragbarkeit dieser Theorien und Konzepte für den bundesdeutschen Kontext sinnvoll ist, wurde selten erwogen (dazu: Elschenbroich 1986).

den Problemen dieser (der zweiten) Generation gewidmet. Die Blickrichtung scheint auf die Defizite festgelegt zu sein. Ihr Erkenntnisinteresse gehe aber weiter, als es bislang formuliert worden sei, so schreiben die Autoren mit Blick auf die kaum noch zu bewältigende Flut der Publikationen[23], die sie grob in drei Bereiche einteilen: 1) politisch-ökonomische Aspekte im Zusammenhang von Beschäftigungspolitik und Arbeitsmarkt, sowie Kapitalismuskritik, 2) sozialpolitisch-wohlfahrtspflegerischen Aspekte der sozialen Betreuung und Hilfe, 3) schulpolitische Aspekte. Wo bleibt die Betrachtung der Kinder und Jugendlichen der zweiten Generation, fragen sich Schrader et al. Genau diese Lücke wollen sie schließen. „Bezogen auf die zweite Generation", so schreiben die Autoren, „stellt sich das Problem der Eingliederung in die bundesrepublikanische Gesellschaft für uns zentral als Sozialisations- und Akkulturationsproblem." (Schrader et al. 1977, 10) Der zentrale Begriff ist der der Integration, denn, wie die Autoren richtig bemerken, ist Assimilation in den seltensten Fällen der Abschluß der Integration. Viel eher befinden sich die ausländischen Arbeiter in der Bundesrepublik in einer „Paria-Situation" (S. 25), aus welcher heraus sie die Gesellschaftstruktur unterschichten[24].

Integration geht einher mit dem Versuch, ein Konzept für die Behandlung der Ausländerfrage zu begründen. Was mit der Absicht, die Integration der Ausländer zu ermöglichen oder zu fördern, im einzelnen gemeint ist, bleibt in den meisten Fällen unklar oder nur zwischen den Zeilen herauszulesen. Vor allem als Gegenkonzept zu der in der damaligen Zeit gebräuchlichen Konzeption des Rotationsmodells, welches den ständigen Austausch der ausländischen Arbeiter und die zeitliche Begrenzung ihres Aufenthaltes vorsah, wird Integration zunächst verstanden und ist damit kritisch gegen herrschende Ausländerpolitik gerichtet. Das wesentlich Neue am Ansatz von Schrader et al. – was sich in den beiden davor beschriebenen Arbeiten als Mangel darstellte – ist, daß sie Integration weiter fassen: „Die Integration bedeutet Einheit des Sozialsystems durch Festlegung der Positionen der Elemente und ihrer funktionalen Beiträge für dieses System. Der Integrationsbegriff geht daher in erster Linie von der Blickrichtung gesamtgesellschaftlicher Zusammenhänge

---

[23] Im Vergleich zu den in den 90er Jahren entstandenen Literatur zu diesem Thema, nahm diese „Flut" eher die Gestalt einer kleineren Welle an. Insgesamt, so konnte Treibel (1988, 27) aufzeigen, wurden im Jahre 1977 zur Ausländerforschung allgemein 30 Publikationen erarbeitet. Diese Zahl nahm dann kontinuierlich ab, um dann Ende der achtziger und Anfang der neunziger Jahre wieder anzusteigen.

[24] Die These der Unterschichtung hat Hoffmann-Nowotny (1973) für die deutschsprachige Forschung zuerst aufgestellt. Die Unterschichtungsthese wurde auch von Tselikas aufgegriffen, um den Assimilationsansatz zu kritisieren. Sie schreibt: „Die Behauptung der schliesslichen Assimilation drückt [...] eher eine *Ideologie* (Hervorh. von mir) der Chancengleichheit aus, obgleich Assimilation nahezu immer nur als Unterschichtung vergleichbarer einheimischer Gruppen erfolgt. Aus einer solchen Sichtweise heraus können nicht-assimilative Entwicklungen nur als Anomalie gesehen werden." (Tselikas 1986, 26)

aus und bezeichnet – als theoretischer Ausgangspunkt der Analyse – ein weitgehend konfliktfreies und sich wechselseitig ergänzendes Zusammenwirken der Elemente." (S.42)

Dies bedeutet, daß die meisten Integrationskonzepte, die eine gesamtgesellschaftliche Perspektive zum Ausgangspunkt nehmen, die Anwesenheit der Ausländer fast ausschließlich durch die Brille des aufnehmenden Landes betrachten und die konfliktfreie oder konfliktfrei zu haltende Eingliederung in das Sozialsystem der Bundesrepublik Deutschland zum Bezugspunkt wählen. So ist zu verstehen, daß Sozialisations- und Akkulturationsprobleme der Ausländer, insbesondere der Kinder und Jugendlichen, als ‚individuelle Probleme' bisher vernachlässigt wurden und Bedürfnisse und Wünsche der Ausländer kaum auf der Grundlage ihrer eigenen objektiven Soziallage interpretiert wurden (vgl. Schrader et al. 1977, 42). Die Wendung von dieser individualistischen Perspektive hin zu einer holistischen Betrachtung entwickelt sich für die Autoren aus der Analyse des Integrationsbegriffes und seiner darin wirkenden Ideologie. Integration, so resümieren die Autoren, beinhalte zwei Perspektiven, die auf eine ambivalente Haltung der gesellschaftlichen Gruppen und Institutionen schließen lassen.

Diese Perspektiven zeichnen sich dadurch aus, daß Integration das gesellschaftliche Ziel und die handlungsleitende Maxime der Politik bleibt, die Definition der Integration aber unklar ist, und an der individuellen Anpassung der Ausländer festhält. Diese Ambivalenzen auf der Seite der Ausländer, was sie nun an Integration leisten sollen oder müssen, führte auch zu der Ambivalenz der Einheimischen ihnen gegenüber, und davon bleibt das sozialwissenschaftliche Denken nicht unberührt (vgl. ebd. S. 59). Wenn auch die Frage nach der Entstehung dieser Ambivalenzen für mich unbefriedigend beantwortet bleibt, so zeigen Schrader et al., das sei an dieser Stelle positiv vermerkt, auch einen Wendepunkt in der Ausländerforschung, der mit dieser Arbeit markiert worden ist. Dieser Wendepunkt macht deutlich, daß das Minderheitenproblem auch und vor allem ein Mehrheitenproblem ist.

Kultur und Persönlichkeit

Um von der „Leerformel der Integration oder Eingliederung" wegzukommen, entwickeln die Schrader/Nickles/Griese einen spezifischen Sozialisationsbegriff, den sie als einen wechselseitigen Prozeß zwischen Individuum und Gesellschaft bzw. Kultur verstehen. In unmittelbarem Zusammenhang mit der Sozialisation für die zweite Generation steht der kulturanthropologische Aspekt des „Kulturwechsels", der für diese Kinder und Jugendlichen kennzeichnend ist. Die Autoren verweisen in diesem Zusammenhang auf die Theorie der Enkulturation, die aus der amerikanischen Kulturanthropologie u.a. von Linton und Kardiner entwickelt wurde und welche die Grundlegung der basalen oder auch Grundpersönlichkeit bezeichnet. Sie bestimmt, so verzeichnen die Autoren, noch immer den sozialwissenschaftlichen Diskurs. Diese Theorie verbinden sie mit dem Ansatz von Claessens[25], der von der kulturellen Rolle spricht, welche in der Kernfamilie (in der primären Sozialisation) entscheidend geprägt und von dort übernommen wird. Diese Annahmen verdichten Schrader et al. allerdings zu einer schicksalhaften Formation[26], wenn sie schreiben: „Seine einmal übernommene kulturelle Rolle kann der einzelne nicht mehr abwerfen: Er ist Deutscher, Franzose, Türke oder Italiener." (Schrader et al. 1977, 58)

Im Zentrum des Interesses der Autoren steht das Phänomen des *Kulturwechsels*, und sie bemerken dazu, daß die sozialisierenden Auswirkungen des Kulturwechsels bzw. Probleme der Überlagerung und Mischung von Kulturen im deutschen Sprachraum bisher nicht theoretisch zu fassen versucht worden sind (vgl. ebd. S. 64). Wie kommt es nun zu der Durchdringung von Akkulturation und Sozialisation? Schrader et al. sehen diese Beziehung so: „Akkulturation setzt [...] immer schon ein bestimmtes Ausmaß an Sozialisation, nämlich Soziabilisierung und Enkulturation voraus. Nur wer bereits primär sozialisiert ist, kann sich akkulturieren. Akkulturation ist ein Prozeß der abermaligen Anpassung an neue kulturelle Lebensbedingungen." (S. 65)

Dieses Modell bleibt statisch bzw. kulturalistisch, da mit dem Wechsel von einer Kultur in die andere der Prozeß der Anpassung ein Ziel und ein absehbares Ende hat, nämlich Integration. Daß sich die Kultur, in die gewechselt wird, auch und immer wieder verändert, ist dabei übersehen worden. Ich komme auf diese Kritik später noch einmal zurück. Der Neuansatz, den Schrader et al. entwickeln, d.h. die Verschränkung von Akkulturation und Assimilation im Begriff und Konzept der Sozialisation, stellt das Einreisealter der Kinder und Jugendlichen, d.h. das im Heimatland erreichte Sozialisationsniveau und damit ihr schon angelegtes Basiskonzept der Identität, in den Vordergrund. „Was geschieht also, wenn ausländische Kinder ihren kulturellen Bezugsrahmen wechseln, wenn sie mit Angehörigen unterschiedlicher Ethnien interagieren, wenn sie zweisprachig aufwachsen und tagtäglich unterschiedliche Kontakte mit signifikant Anderen [...] eingehen?" (S. 69) Aus dieser Frage heraus entwickeln Schrader et al. drei Idealtypen von Akkulturations- und Assimilationsprozessen. Sie lassen sich prototypisch nachvollziehen für:

a) Schulkinder, die eine abgeschlossene monokulturelle Basispersönlichkeit bereits aufgebaut haben. Sie bleiben in Deutschland Ausländer (vgl. S. 69f.).

---

[25] Auernheimer (1988, 26) äußert die Vermutung, daß Schrader et al. die Arbeit von Claessens über Familie und Wertsystem (1972) als Sozialisationstheorie mißverstanden haben könnten. Durch die problematische Rezeption dieser Theorie, die die Grundannahmen von Claessens außer Acht ließ, wurde in einer populärwissenschaftlichen Aufnahme schließlich eine Legitimation für Beschränkungen des Familiennachzugs geliefert (ebd. 40; vgl. auch Fußnote 35). Diese Absicht lag, nach Auernheimer, Schrader, Nikles und Griese sicher fern.

[26] Siehe dazu auch die Kritik von Geiger (1991, 139) an der hypostasierenden Verwendung des Begriffs Kultur: der ‚deutschen Kultur' steht klar abgegrenzt eine ‚türkische Kultur' gegenüber.

b) Vorschulkinder, die teilweise und unter Einfluß der Heimatkultur enkulturiert sind. Ihre Basispersönlichkeit ist unvollkommen ausgebildet, der Prozeß wurde unterbrochen. Vorschulkinder bleiben Fremde im Sinne von Simmel, weisen ein Enkulturationsdefizit auf, sind diffus enkulturiert. Sie entwickeln jedoch eine bi-kulturelle Identität und werden Anpassungskünstler in der neuen Kultur. Ungewiß ist, ob sie in ihrer neuen Umgebung bleiben werden oder wieder remigrieren (vgl. S. 70f.).

c) Kleinstkinder, die in der Bundesrepublik Deutschland geboren wurden bzw. als Säugling hierher kamen. Sie wurden in einer Mischkultur enkulturiert und haben diese – der Mischkultur – Basispersönlichkeit entwickelt. Sie identifizieren sich mit der Fremdkultur oder nun ihrer Heimatkultur. Sie sind „Neu-Deutsche". Ihre Zukunftschancen liegen in Deutschland (vgl. S. 72).

Auf die idealtypische Betrachtung abzielend entwickeln die Autoren die These, „daß sich nur der assimilieren kann, der bereits unter dem Einfluß einer Mischkultur enkulturiert worden ist, wenn wir unter Assimilation auch und vor allem den subjektiven Aspekt der Identifizierung mit der Fremdkultur verstehen." (S. 69) Mit Verweis auf die polnischen Einwanderer in das Ruhrgebiet meinen die Autoren, daß eine abgeschlossene Assimilation in der Regel erst der Zweiten Generation von Einwanderern gelingt.[27]

Die zweite Generation wächst in Deutschland also größtenteils in einer Mischkultur auf, in einer Minderheitensubkultur, die ein kulturell gemischtes familiäres Sozialisationsklima aufweist (vgl. S. 87). Die Kinder werden – so beschreiben es Schrader et al. – abhängig von der Aufenthaltsdauer in Deutschland und dem Akkulturationsniveau der Eltern stärker oder schwächer von der Subkultur der ethnischen Minderheit beeinflußt. Die Identifikation mit dem Heimatland (der Eltern) ergibt sich aus diesen Variablen, wobei sich zwangsläufig eine Diskrepanz der Einstellungen der Eltern und der Kinder aufzeigen läßt. Über die Beziehung zwischen Deutschen und Türken schreiben die Autoren – und damit gleiten sie in die Ebene der kulturalistischen und wertorientierten Perspektive ab: „Wir vermuten, daß der Grund für diese starke Ablehnung der Türken durch Deutsche und damit der Grund für die soziale Distanz zwischen Deutschen und Türken, auf der ‚Fremdheit' der Türken in Werthaltungen und Verhaltensweisen beruht." (S. 93)

Da die Beziehungen zwischen zwei Gruppen nicht nur von den Fremd- sondern vielmehr von den Selbstbildern bestimmt werden, haben die Autoren die anfangs noch bezeichnete und in ihrer Bedeutung aber schließlich verkannte Ambivalenz aus den Augen verloren. Diese bildet sich in der Eltern-

---

[27] Die Einwanderung und die Assimilation der sog. Ruhrpolen wird oft als Beispiel für die geglückte Eingliederung oder Integration von ethnischen Minderheiten herangezogen. Übersehen wird dabei allerdings fast immer die Tatsache, daß die eingewanderten Polen, die fast alle Bergarbeiter waren, damals die preußische Staatsangehörigkeit besaßen und damit formal Inländer waren. Der Staatsapparat genoß ihnen gegenüber keine gesonderten Dispositionsrechte, wie es bei den *Ausländern* in dieser Zeit üblich war. Darauf hat Dohse (1981, 29) aufmerksam gemacht.

Kind-Beziehung und in der Beziehung zwischen der Mehrheit und der Minderheit ab. Schrader et al. ist der vergleichende Blick dieser beiden Ebenen nur teilweise gelungen, er ist im Ansatz steckengeblieben. Die Polarisierung der Orientierungsmuster der Kinder und Jugendlichen, die in einer Entweder-Oder-Situation enden, besteht in Wirklichkeit so nicht. Die von den Forschern vermutete bi-kulturelle Identität ist weder statisch noch eindeutig. So gesehen fallen diese Deutungsmuster weit hinter die gesetzten Prämissen der Mehr- und Minderheitenbeziehung zurück.

Das skeptische Resümee der Autoren deutet diese Uneindeutigkeit defizitär: „Der Kulturwechsel mit seiner daraus folgenden Verhaltensunsicherheit, Orientierungslosigkeit und Identitätsdiffusion für heranwachsende ausländische Kinder hat interpersonelle und individuelle Bedürfnisse zur Folge, die 'typisch Jugendlich' sind und die allein in Gruppen von Gleichaltrigen befriedigt werden können. Jugend konstituiert sich aber erst in sozialen Gruppen." (S. 181)

Die Betrachtung der vielfältigen Formen der Beziehungen in den peer-groups und deren Bedeutung für die Kinder und Jugendlichen schenken Schrader et al. allerdings keine Beachtung mehr. Ihr Ende bleibt resignativ und kulturpessimistisch: „Die *Zukunft* (kurs. i.O.) bleibt ungewiß: sicher ist ihnen allenfalls, gelegentlich wieder zum Subproletariat der Industrienationen gehören zu dürfen, wenn man sie ruft." (S. 210) Die Arbeit von Schrader et al. erfuhr ein gespaltenes Echo. Während der sozialisationstheoretische Ansatz von vielen aufgenommen und weiter ausgearbeitet wurde[28], hat ein anderer Teil diese enge Verbindung von Einreisealter und Identitätsentwicklung, vor allem die Fixierung auf die Basispersönlichkeit strikt abgelehnt. Bemerkenswert ist vor allem, daß Hartmut Griese fast 10 Jahre nach dieser Veröffentlichung eine kritische Bilanz der Gastarbeiterforschung zog, in der er sich selbstreflexiv mit Migrations- und Minderheitenforschung und Ausländerpädagogik auseinandersetzte.

Besonders von Czarina Wilpert: *„Die Zukunft der zweiten Generation. Erwartungen und Verhaltensmöglichkeiten ausländischer Kinder"* (1980) wurde der Akkulturationsansatz, der den wertorientierten Forschungen zugrunde liegt, und wie er von Schrader et al. vertreten wurde, kritisiert. Ziel der Untersuchung von Wilpert war es, die wichtigsten Faktoren zu bestimmen, die die Anpassung der Kinder ausländischer Arbeitnehmer in der Bundesrepublik

---

[28] Vgl. Albrecht/Pfeiffer 1979 und Bielefeld et al. (1982) und später die Arbeit von Cora Weber (1989) über das Selbstkonzept türkischer, griechischer und deutscher Jugendlicher in der Bundesrepublik Deutschland, die Einreisealter, bzw. Integration und Identität korreliert. Weber geht aber davon aus, daß sich das Aufeinandertreffen verschiedener kultureller Werte und Normen nicht zwangsläufig in Identitätsstörungen und psychischer Labilität niederschlagen muß (Weber 1989, 171). Ibrahim Firat (1991), der auch das Selbstkonzept bei türkischen Schülern in Deutschland untersuchte, kritisiert an Schrader et al. vor allem ihre ethnozentrische Betrachtung und die punktuelle Vorgehensweise, die seiner Meinung nach keiner Empirie standhalten.

Deutschland beeinflussen. Sie ging im Gegensatz zu Schrader et al. von der Annahme aus, daß Erfahrungen und Forschungsergebnisse aus den USA – die ja aufgrund der historisch-sozialen Entwicklung in großem Umfang vorhanden waren – auf die hiesigen Verhältnisse übertragbar seien. Aber mit dem Akkulturationsprozeß – so Wilpert – haben sich diese Arbeiten weder theoretisch noch empirisch wirklich auseinandergesetzt. „Akkulturationsstudien", schreibt Wilpert, „gehen im allgemeinen von der Annahme aus, daß sich aus der Konformität zwischen den Werten der Einwanderer und denen des Aufnahmelandes gelungene Anpassung und soziale Mobilität ergeben." (Wilpert 1980, 2)

Diese Werte werden so untersucht, als ob sie der eigentliche Grund für soziale Fehlanpassung oder des Anpassungserfolgs wären. Das Problem – falsche oder angemessene Werte – liegt also bei den Einwanderern. Dieser „*Kulturmystizismus*" dient der Rationalisierung, um Minderheitenprobleme auf negative Einflüsse von Herkunft, Familie und Kultur schieben zu können. Wilpert stellt daher das Primat von Werten der Einwanderer und der Kultur des Gastlandes zur Erklärung gelungener, beziehungsweise verfehlter Anpassung kritisch in Frage. Es gibt keinen theoretischen Ansatz, mit dessen Hilfe sich Anpassungsprobleme der zweiten Generation von Migranten voraussehen ließen. So gesehen wird auch der prognostische Gehalt der Arbeit von Schrader et al. in Zweifel gezogen. Die bi-kulturelle Sozialisation und die Frage, wo der Enkulturationsprozeß stattfindet, ist für Wilpert nicht hinreichend relevant dafür, daß Basiskultur oder ein kulturelles Ich davon geprägt, im schlimmsten Fall deformiert wird. „Wollte man Enkulturation und Basispersönlichkeit auf den ‚Idealtyp' einer reinen Kultur (einer geschlossenen kulturellen Einheit) beschränken, der angeblich entweder im Heimatland oder im Gastland besteht, hieße das zu leugnen, daß in Wirklichkeit innerhalb einer Gesellschaft Subkulturen bestehen und miteinander interagieren können, die sich gegenseitig durchaus beeinflussen und doch gleichzeitig ihre kulturelle Identität verlieren." (ebd. 13) Wilperts Untersuchung folgt der theoretischen Orientierung von Anomiestudien und untersucht Anpassungsmuster im Zusammenhang mit dem gesamten sozialen Prozeß, in dem sie entstehen.

Die Aufmerksamkeit der Studie liegt dabei auf der Rolle der Integration in ein zusammenhängendes Familiensystem, der Bindung an eine Subkultur oder des Lebens in einer deutschen Umwelt und den sich daraus ergebenden Formen der Gruppenbildung unter Gleichaltrigen. So sehr die Kritik an den kulturalistischen und wertorientierten Forschungen zutrifft, so wenig vermag Wilpert durch ihre Reduktion auf die Gruppenkonstitution bei den Kindern und Jugendlichen der Arbeitsmigranten an Tiefenschärfe zu gewinnen. Der Blick bleibt segregierend. Weniger anomisches Verhalten und Orientierungslosigkeit als vielmehr eine tiefsitzende Ambivalenz konstatiert Wilpert, die sich in den Einstellungen zur Zukunft niederschlägt. Die Zukunft ist vor allem durch hohe Ansprüche der Eltern bezüglich Berufs- und Bildungszielen schon vorgezeichnet. Für diese Erwartungen stehen die Chancen schlecht, was nicht am Akkulturationsverhalten als vielmehr an den hohen Erwartungen der Eltern und den mangelnden strukturellen Möglichkeiten liegt. Die Flucht in eine nationale Identität ist von daher ein Schutz gegen wahrgenommene Diskriminierung. Schwierigkeiten für die Jugendlichen entstehen aber genau in diesem Schutzraum. „Die ambivalenten Gefühle, die ausländische Jugendliche ihrem Ursprungsland und der Bundesrepublik Deutschland gegenüber empfinden, werden sich aller Erwartung nach mit der längeren Aufenthaltsdauer und den sich häufenden Erwartungen verstärken." (ebd. 171) Am Schluß ihrer Arbeit empfiehlt Wilpert eine Politik der sozio-ökonomischen Gleichheit und kulturellen Vielfalt. Die gefürchteten sozialen Probleme entstünden eher aufgrund fehlender Chancen als durch kulturelle Unterschiede.

Die Angst vor der „zweiten Generation"

Was Wilpert hier anspricht, die gefürchteten sozialen Probleme, die entstehen, wenn sich Unmut über die Diskriminierung in der Minderheit verdichtet und sich gegen die Mehrheit wendet, war ein starker Motor für die Ausländerforschung überhaupt[29]. Wie stark diese soziale Spannung gefürchtet wurde, zeigt überaus deutlich eine Bilanz des damaligen Ministerialrates Bodenbender im Bundesministerium für Arbeit und Sozialordnung, zuständig für die Ausländerbeschäftigung, die er anläßlich einer Konferenz über die Zukunft türkischer Kinder in Deutschland zog: „Die zweite Ausländergeneration wird ihre eigenen sozialen und wirtschaftlichen Chancen mit denen der deutschen Bevölkerung vergleichen und eine mißlungene soziale und berufliche Integration als das empfinden, was sie in Wirklichkeit ist: Als eine unerträgliche Diskriminierung." (Bodenbender 1977, 39)[30] Ihre Zukunft – so Bodenbender – ist ein neues Subproletariat, ohne Berufsbildung: Ein Problem, das sich als sozialer Zündstoff mit Zeitzünder entwickelt.[31] Und Klaus Bade, der die Entwicklung

---

[29] Geiger (1991, 143) spricht von „Bedrohungsphantasien", die Kriminalität und bürgerkriegsähnliche Zustände beschwören. Integrationsforderungen wurden dadurch unterstrichen. „Die Verbindung der Integrationsaufgaben mit Bedrohungsphantasien wirkte in der Öffentlichkeit sicher Rassismus- und Nationalismus- verstärkend. Forschern und Pädagogen wurde dadurch – allerdings auch nur vorübergehend – die Selbstdarstellung erleichtert, d.h. der Nachweis, daß MigrantInnenforschung und Ausländerpädagogik notwendig seien." (ebd.)

[30] Anzumerken ist, daß Bodenbender als offizieller Vertreter der Bundesregierung sprach.

[31] Diese Terminologie der Explosion, Sprengsätze usw. (also eine Terminologie des Krieges) ist kennzeichnendes Merkmal eines menschenverachtenden Diskurses, der zeigt, daß Worte und Texte nicht harmlos sind, sondern Handlungsbereitschaft verraten. Später hat sich diese Handlungsbereitschaft dann in ihrer Wirklichkeit gezeigt, als Mitte der achtziger Jahre vermehrt Anschläge auf Ausländer in Deutschland verübt wurden. Wie in alltäglichen Gesprächen und auch politischen Diskursen rassistische Haltungen und Handlungsbereitschaften auftreten, mit welchen Mitteln sie geäußert werden, hat Siegfried Jäger (1993) aufgezeigt und treffend als *BrandSätze* beschrieben. Für die Rolle der Bevölkerungswissenschaft hat Irmgard Pinn das hinter solchen Szenarien stehende Welt- und Menschenbild analysiert, vgl. dazu: Pinn 1992.

Deutschlands vom Auswanderungsland zum Einwanderungsland historisch nachzeichnete, fragte sich 1983: „Wie lange [...] die zweite Generation den durch anhaltende Erkenntnisverweigerung, späte Einsichten und mangelnden Grundkonsens in der Gestaltungsfrage verordneten Mangel an Lebensperspektiven noch defensiv erträgt, ohne sich zum Kampf um die eigene Zukunft gegen die sperrige Aufnahmegesellschaft zu sammeln, ist vielleicht nurmehr eine Frage der Zeit." (Bade 1983, 116)

Das Motiv der Ausländerforschung war also nicht nur die eigene wissenschaftliche Professionalisierung (vgl. Griese 1984) sondern vor allem auch eine Prognose für die aus den konzeptionslosen und nicht gestalteten Fragen der Einwanderung resultierenden sozialen Spannungen, die sich, so wurde vermutet, in der sog. zweiten Generation manifestieren sollten (vgl. Stüwe 1982, 32).

Noch einmal zurück zu der staatlichen Ausländerpolitik, wie sie in den sog. Entsendeländern vertreten wurde. Auf dem schon erwähnten Seminar sprach der Sozialreferent der Botschaft der Bundesrepublik Deutschland in Ankara, Dietrich Willers, der hervorhob, daß eine pädagogisch optimale Nationalschule als Standardmodell schulischer Betreuung von Ausländerkindern in Deutschland nicht zu realisieren sei. Willers: „Da die Bundesrepublik Deutschland, wie immer wieder auch zu recht betont wird, kein Einwanderungsland ist, auch nicht für die zweite Generation der hier aufgewachsenen und ausgebildeten Kinder ausländischer Arbeitnehmer, muß aus der vorstehend genannten Sachlage folgende Konsequenz gezogen werden: türkischen Arbeitnehmern kann nur geraten werden, ihre Kinder während der Dauer der Schul- und Berufsausbildung in der Türkei zu lassen." (1977, 176)

Aus dieser Aussage wird deutlich, daß die Ausländerpolitik zu dieser Zeit noch am sog. „Rotationsmodell" festhielt, welches den Aufenthalt der Arbeiter zeitlich befristete und immer neue „frische" Arbeiter im Wechsel nachholte. Nicht nur aus ökonomischen Überlegungen wurde dieses Modell schließlich verworfen. Erst zwei Jahre später hatte der damalige Beauftragte der Bundesregierung für Ausländerfragen Heinz Kühn mit seinem Memorandum auf die veränderte Lage der ausländischen Arbeitnehmer aufmerksam gemacht und eine Korrektur der bisherigen Steuerung verlangt.

Er definierte Integration im Gegensatz zu den bisherigen Konzeptionen einer Integration auf Zeit und plädierte für eine vorbehaltlose und dauerhafte Eingliederung der ausländischen Arbeitnehmer und vor allem deren Kinder. Integration bedeutete für Kühn keinen Sonderstatus, sondern eine volle rechtliche und tatsächliche Gleichstellung. Das Kühn-Memorandum bedeutete in weiten Bereichen die politische Übersetzung der wissenschaftlichen Ergebnisse (López-Blasco 1982, 12). Diskutiert wurde das Memorandum zwar im Bundestag, es zeitigte aber keine politischen Konsequenzen in der Kabinettsentscheidung vom 19.3.1980 zur Ausländerpolitik. Das Ausländerrecht wurde nicht novelliert, für das Diktum der Integration weiterhin keine eindeutige Definition vorgelegt (ebd. 20). Dieses Datum kann dennoch für einen Versuch in der Ausländerpolitik gelten, die Leerformel Integration mit konkreten Handlungsvorschlägen zu füllen, wenn auch an den Widersprüchen der Politik insgesamt nicht gerüttelt worden ist.

Weiterhin bestimmte die Arbeitsmarktlage die Ausländerpolitik. Die Bundesrepublik Deutschland erklärte man zum Nicht-Einwanderungsland, obwohl die Einwanderungssituation eingestanden wurde. Die Spaltung der *Ausländer* durch sozialpolitische Maßnahmen entlang ethnischer und qualifikationsbedingter Merkmale wurde kompensiert durch eine Ausländerpolitik, die versprach, das konstatierte Problem handhabbar und lösbar zu machen. Verschleiert wurde durch diese Pädagogisierung aber vor allem der Blick auf ökonomische und politische Ursachen (vgl. Griese 1981, 28).

Kritische Reflexionen über Aufgabe und Themenstellungen in der Sozialwissenschaft erfahren immer wieder eine Begrenzung durch die normative Kraft des Faktischen, d.h. die Tragweite der eigenen Reflexion scheitert an den Begrenzungen der tatsächlichen Politik und ihrer ideologischen Inhalte. Das ist auch die Begrenzung, die Franz Ronneberger widerfährt, als er über das Spannungsfeld Familie, Schule und Gesellschaft nachdenkt und die Situation der Kinder türkischer Arbeitsmigranten auf das Thema der Beziehungen, Begegnungen und Durchdringungen unterschiedlicher Kulturen lenkt. „Was legitimiert uns eigentlich", so fragt sich Ronneberger anläßlich des bereits erwähnten Seminars über türkische Kinder in Deutschland, „über die Probleme und Nöte türkischer Kinder zwei bis drei Tage lang nachzudenken, zu reden und womöglich Empfehlungen für das Handeln anderer Menschen und der staatlichen Institutionen zu geben! Müßten wir dies nicht den Betroffenen selbst überlassen? Welche Gewißheit haben wir Deutschen, daß wir wirklich etwas genaues darüber wissen, ob die türkischen Kinder und ihre Eltern unter den gegebenen Verhältnissen leiden, welches die Ursachen und Ausmaße ihres Leidens sind, und selbst wenn unsere Analysen und Schlußfolgerungen richtig sein sollten, woher nehmen wir die Gewißheit, daß unsere Vorschläge geeignet sind, diese Leiden zu mildern?" (Ronneberger 1977, 12)

Vor dem Hintergrund der Ungewißheit und der vielleicht zu dieser Zeit noch schwer zu gestaltenden Erfassung der Lebenswirklichkeit der Kinder durch direkte Befragung und Teilnahme an deren Leben, befaßte sich die weitere Blickrichtung von Ronneberger dann schließlich wieder mit der Frage des Anpassungsprozesses bzw. damit, wie die Kinder ein integrierter Bestandteil der deutschen Kultur werden könnten.

Paradigmatisch könnte für diese Annäherung an die Lebenswirklichkeit der ausländischen Kinder und Jugendlichen vielleicht die Arbeit von Gerd Stüwe (1982) stehen, der sich dem Bielefelder interaktionstheoretischen Ansatz verschrieben hatte und einer verstehenden Rekonstruktion und hermeneutischen Entschlüsselung der Lebenswirklichkeit dieser Jugendlichen nachging. Methodologisch arbeitete er mit narrativen Interviews und Gruppendiskussionsverfahren (Bielefeld et al. 1982 wendeten zeitgleich die unstrukturierten Interviews als Forschungsmethode an). Stüwe wollte explizit keine quantitative

Analyse und Deskription von Defiziten liefern. Hinterfragt wurde die Struktur des Alltagshandelns junger Türken mit dem Ziel, qualitative Maßnahmenvorschläge zur Verbesserung ihrer Lebenssituation zu entwickeln. Er bedient sich dabei eines „erweiterten Kulturbegriffs". Die Methodenkombination aus teilnehmender Beobachtung und narrativen Interviews – die Verortung in das interpretative Paradigma – hatte nicht den Anspruch, repräsentative Daten zu erheben. Aber es war der Versuch, die Perspektive auf die handelnden Subjekte zu richten[32]. So gesehen war dieser Zeitpunkt Anfang der achtziger Jahre eine Wendemarke für einen Wechsel von den Objekten zu den Subjekten (die aber in einem „naiven" Verständnis in ihrer Subjekthaftigkeit wahrgenommen wurden) in Teilen der Ausländerforschung. Das enthält freilich noch wenig Aussagekraft für die weitere Ausrichtung des Diskurses, der, wie es Foucault formulierte, ganz so, als hätte er dabei die Migrations- und Minderheitenforschung im Blick gehabt, immer mit Machtverhältnissen zusammenhängt.

Daß diese Subjekte weiterhin „mißbraucht" wurden, ist eine Kritik von Michael Bommes (1996), der versucht nachzuweisen, daß Ethnizität in der bundesdeutschen Migrationsforschung gerade mit qualitativen Methoden festgeschrieben wurde. Kultur, so Bommes, sei vor allem eine „Betrachtungsweise" (ebd., 8). Nicht nur, aber auch Autoren wie Stüwe, stehen in seiner Kritik. Sie „behandeln ihr empirisches Material als Gelegenheit, um daran Aussagen über türkische Kultur, ihre traditionalen Grundlagen und die Folgen für Persönlichkeit und Identität von Jugendlichen bzw. Frauen anzuschließen, die sie aber interpretativ nicht am Material ausweisen." (Bommes 1996, 10)

So werden statt Lesarten zu entwickeln, Ideologeme produziert und Daten in einen Text hinein- und nicht herausinterpretiert. Oder anders formuliert: Interviewauszüge müssen als angebliche *Belegstellen* für ohnehin (vermutlich) Gewußtes über z.B. *die* Türken und deren Normvorstellungen herhalten (vgl. Bommes 1993, 17).

„Den Migranten als Träger ‚fremder Kulturen' kommen in diesem Rahmen zwei verschiedene Status zu: Sie gelten als Gefangene ‚ihrer Kulturen' [...]. Umgekehrt sind die Migranten aber zugleich ‚Experten ihrer Kultur' [...]. Diesem Durchgriff liegt das in den Sozialwissenschaften übliche Ausweichen vor den Folgen der Selbsterzeugung der untersuchten Realität zugrunde." (ebd. 14) Kritisch anmerken zu Bommes´ sonst sehr zutreffender Analyse würde ich nur, daß er den Begriff der qualitativen Verfahren sehr weit absteckt. Man muß nicht zwangsläufig eine Mißinterpretation im qualitativen Paradigma annehmen, nur weil einige, die sich dieses Verfahrens bedienen, in ihren Interpretationen eigene Stereotypen wiederfinden. Dies kann auch an einer nicht konsequent durchgeführten und zu Ende gedachten Anwendung der qualitati-

---

[32] Das Verstehen der Subjekte endete bei Stüwe jedoch in Miserabilismus, und er bediente die gängigen Stereotypen, wenn er schreibt: „In der durchgeführten Arbeit, bei der erstmals auch die *normalerweise ‚eingesperrten'* türkischen Mädchen erreicht werden konnten, verdeutlichen die jungen Türken eindringlich und krass in ihrer Sprache ihre *erdrückende Lebenssituation.*" (Stüwe 1982, 9, Hervorh. von mir)

ven Methode liegen[33]. Oder an einem absolut geschlossenen theoretischen Ansatz.

Die verleugnete Trennung

Die weiter oben dargelegten Ausführungen Willers sind, außer daß sie den aktuellen Stand bzw. die Konzeptionslosigkeit der Politik widerspiegeln, noch in einem weiteren Punkt interessant. Die Forderung, daß die ausländischen Arbeiter, hier die Türken, die nach Deutschland wanderten, um eine Arbeit aufzunehmen, ihre Kinder zu Hause lassen sollten, ist jenseits ihres inhumanen Gehaltes ein zentraler Topos der Ausländerforschung. Es ist wichtig, dies hier aufzugreifen, weil es nicht behandelt wurde, sich ein weißer Fleck gebildet hatte, der genau diese Thematik ausblendete. Die (erzwungene) Trennung mit all ihren psycho-sozialen Konsequenzen wurde verleugnet. Auf diese Lesart kam ich durch zwei „Expertengespräche". Mit einem Bekannten – Metin soll er hier heißen – habe ich über seine Arbeit als Jugendbetreuer für straffällig gewordene türkische Jugendliche gesprochen. Ein besonders extremes Beispiel, das er mir schilderte, war die Geschichte eines Jungen, der von seinen Eltern während ihres Arbeitsaufenthaltes in Deutschland bei Verwandten in der Türkei zurückgelassen und erst im Jugendalter von seinen Eltern nach Deutschland geholt wurde. Die klassische kriminelle Karriere begann: in der Schule verhöhnt, von den Eltern nicht verstanden (die Mutter zu Metin: Reden *Sie* mit ihm, auf uns hört er nicht), mehrere Diebstähle, Abrutschen in die Kriminalität, das Stigma des absoluten Außenseiters vor sich hertragend, nur in der Jugendgang als Chef Autorität und Anerkennung erlangend; bis hin schließlich zu Raub mit Todesfolge. Ein absoluter Bruch in der Biographie äußert sich in extremen Reaktionen.

Ich mußte bei dem Thema „verlassene Kinder" an die Biographie eines Freundes von mir – ich nenne ihn Ingo – denken, der von den Eltern alleine bei den Großeltern zurückgelassen wurde, als diese aus der DDR in den Westen flohen. Nach drei Jahren wurde er von den Eltern wieder zurückgeholt – entführt – wie Ingo sagte. Er war den Eltern in der Folge zweifach entfremdet. Zum einen war da die Kränkung durch das Allein-gelassen-sein, dann die Zurückweisung durch die Eltern, zum anderen das Herausreißen aus der neu aufgebauten Beziehung und der Sicherheit bei den Großeltern. Eltern und Kind waren sich fremd geworden. Die ohnmächtige Wut auf die Eltern äußerte sich bei Ingo so, daß er in der Adoleszenz mit seinem Vater über zwei Jahre kein einziges Wort sprach. Die Eltern auf der anderen Seite, die ja für ihren Sohn das Beste gewollt hatten, erfuhren Ablehnung und wurden als Vertrauenspersonen – überhaupt als Personen – nicht angenommen. Sie wurden schlicht negiert. Ein Dilemma – festgefahren und ausweglos. So gesehen läßt sich vielleicht die Hypothese formulieren, daß der Ablösungsprozeß in der Adoleszenz analog zu der Trennungserfahrung in früher Kindheit verläuft: über Brüche

---

[33] Auf diese Problematik werde ich näher im Kapitel Methoden eingehen.

und radikale Schnitte. Es gibt dadurch vor allem Entweder-Oder-Situationen. Der Raum dazwischen bleibt leer.

Bei der Sichtung der Literatur zum Thema „Ausländische Kinder" ist mir immer wieder aufgefallen, daß sich keine Arbeit mit diesen speziellen Brüchen in der Biographie und dem Problem der „verlassenen" Kinder beschäftigt hat. Selbst in der, in dieser Beziehung paradigmatisch erscheinenden Arbeit von Schrader et al. fehlte genau dieser Aspekt. Ein blinder Fleck in der „Ausländerforschung"?

Nicht ganz blind, eher verschwommen, denn bei aller Ausblendung und Verdrängung hat sich immer wieder ganz unreflektiert das Thema Generativität bei den „Gastarbeitern" in Erinnerung gebracht. Schon in den ersten Jahren der „Ausländerforschung", und da ganz besonders bei den Fragen nach den Kindern der „Gastarbeiter" hat die Befürchtung, daß die BRD einen Ansturm von Kindern nicht-deutscher Herkunft erleben wird, auf die weder Bildungssystem noch sonst welche staatlichen Institutionen vorbereitet waren, geschweige denn, daß sie sich darauf eventuell vorbereiten wollten, zugenommen. Für dieses Thema war kein eindeutiges Konzept vorhanden, Ambivalenzen und Unsicherheiten werden deutlich, wie bei dem bereits dargelegten Zitat des Sozialreferenten der Botschaft der Bundesrepublik Deutschland in Ankara, Willers, aufscheint.

Sicherlich waren auch Ansätze der bikulturellen oder interkulturellen Pädagogik zu dieser Zeit in den Expertendiskussionen zu verzeichnen, wurde an eine Reform der Bildungseinrichtung Schule für alle in Deutschland zu unterrichtenden Kinder gedacht, aber diese Art der Interessenpolitik, die ein offizieller Repräsentant der Bundesrepublik darstellte, kann nur gelesen werden als Warnung an die, die da kommen wollen und nicht bleiben dürfen. Daß die Gastarbeiter nach vollendetem Arbeitsauftrag wieder zu verschwinden haben, steckt implizit in dieser Aussage. Wozu denn eine Schulausbildung, wenn diese unerwünschten Gäste nur auf Zeit hier in der Bundesrepublik Deutschland anwesend sind. So gesehen lag das Hauptaugenmerk auf Hilfen und Anregungen zur Re-Integration der Arbeitsmigranten, wurden auch in der Schul- und Bildungspolitik eher Rückkehrprobleme als Fragen der Aufnahmemodalitäten diskutiert.

Was gezeigt werden sollte, ist, daß die extreme Erfahrung der Zurückweisung in der Kindheit, dieser Bruch in der Elternbeziehung, zum einen vor dem Hintergrund der damals betriebenen Anwerbepolitik gesehen werden muß, zum andern diese Krisenerfahrung der Kinder unerforscht und unbeachtet geblieben ist, weil sie vielleicht nicht in die Kategorien der Ethnisierung der „Ausländerproblematik" paßt. Die Erfahrung ist existentiell und unabhängig von der Herkunftskultur der Eltern. Was sich allenfalls in der Betrachtung herausstellt, sind andere – vielleicht kulturspezifische – Möglichkeiten und Wege mit dieser Erfahrung umzugehen, die Kränkung zu bearbeiten.

Ich möchte diese These an der Arbeit von Werner Schiffauer: *„Die Gewalt der Ehre"* (1983) illustrieren und andere Lesarten anbieten. Schiffauer, ausgehend von einem Kriminalfall, bei dem 13 türkische Jugendliche und ein türkischer Erwachsener eine 18-jährige Berlinerin vergewaltigten, konstatiert hier einen *Kulturkonflikt* und macht sich in biographischen und ethnologischen Recherchen auf, diesen Kulturkonflikt zu analysieren.[34] Der strukturalistisch gefärbte Ansatz von Schiffauer, der implizit die Identitätstheorie, wie sie von Schrader et al. entwickelt wurde, benutzt, und Handlung direkt aus Kultur ableitet, beschreibt detailliert die Konzeption der Ehre und damit das Geschlechterverhältnis in der Türkei, d.h. in dem dörflichen Kontext, aus dem die an der Vergewaltigung Beteiligten entstammten. Auch die Analyse der Biographien, die eine große Empathie aufweisen, schildert die Spannungen, in denen sich die Jugendlichen aufgrund der Migration der Eltern befinden und die die Diskrepanz zwischen deutscher und türkischer Kultur mehr oder weniger gut bewältigen. Vor allem der Gruppenprozeß ist in diesem speziellen Fall der Motor der Tat, da die Gruppe eine „Gegenwelt" zum Elternhaus bildete und wesentlich zur Selbstbehauptung der Jugendlichen in einer ihnen feindlich gesonnenen Umwelt beitrug (Schiffauer 1983, 116).

Für mich interessant nachzuverfolgen sind die Biographien der männlichen 13 Jugendlichen, die alle eine Trennungserfahrung erlebten, bei der die Eltern oder ein Elternteil migrierte, und die Kinder bei dem verbleibenden Elternteil, meistens der Mutter oder Verwandten, meistens den Großeltern, zurückgelassen wurden. Ausgehend von der Kulturkonflikttheorie ist Kultur in dieser Analyse eine unveränderliche Struktur, die sich im Migrationsfall unvermeidlich an der neuen sozialen Wirklichkeit stößt.

Ich folge hier im wesentlichen der Kritik von Czock und Radtke (1984) an diesem „monolithischen Kulturverständnis", möchte aber die Perspektive um genau die Blickrichtung der brüchigen Biographie erweitern, die alle von Schiffauer beschriebenen Jugendlichen besitzen und eine Trennung von den Eltern in der frühen Kindheit aufweisen. Die Kultur der türkischen Arbeitsmigranten erscheint vor diesem Hintergrund, nämlich von der politischen Konzeption des Ausländerrechts und der Einwanderungspolitik, als strukturell geprägte Kultur, die als biographische Übereinstimmung diese verleugnete Eltern-Kind-Trennung als Gemeinsamkeit beinhaltet. „Unbeeinflußbar", so schreiben Czock/Radtke, „wirken die strukturierenden Muster der Kultur auf die Handlungen der 13 Jugendlichen, die beinahe unbeteiligt, zwanghaft, den Regeln ihrer kulturellen Wahrnehmung und Weltordnung folgend ein Mädchen vergewaltigen, das sie nachts alleine auf der Straße trafen." (Czock/Radtke 1884, 41)

Das Handeln der Jugendlichen erscheint so gesehen nur als bloße Ausübung von Kultur, ihrer Kultur: „Unterscheidungsvermögen, Freiheitsgrade der Entscheidung, Autonomie des Handelns werden in dieser Analyse eines

---

[34] Claude Meillasoux (1980) hatte davor gewarnt, die Problematik der Arbeitsmigration allein durch die ethnologische Brille betrachten zu wollen. Das Ergebnis dieser Reduktion kann auch an Schiffauers Arbeit abgelesen werden und besteht in der Exotisierung und Kulturalisierung der Probleme der Arbeitsmigration.

Kriminalfalls als Kategorien vollständig zurückgedrängt zugunsten eines Verständnisses von Kultur und Identität, daß mit seiner Unausweichlichkeitsannahme sich den kulturanthropologischen Vorstellungen der unauslöschlichen Basispersönlichkeit anähnelt." (ebd.)

Der verdinglichte Kulturbegriff, der eine ganze Kultur zur Norm erhebt, und als einseitig strukturalistische Kulturanalyse bezeichnet werden kann, diskriminiert die Gruppe, für die eigentlich um Verständnis geworben werden soll. Soweit die Kritik von Czock und Radtke. Ich würde hier anmerken, daß nicht *die* Kultur der türkischen Arbeitsmigranten und auch nicht *die* deutsche Kultur hier zu behandeln sind, sondern der biographische Hintergrund dieser Jugendlichen eine weiterreichende Erklärung abgeben kann für eine mögliche Analyse dieses Falls. Nicht in Betracht gezogen werden in dieser Kritik die Machtverhältnisse zwischen Frauen und Männern allgemein. Gewalt gegen Frauen ist kein Phänomen, das nur in traditionalen Gesellschaften auftritt. Um nicht auf eine Banalisierung dieser Gewaltformen hinzusteuern, muß der Blick auf ungleiche Machtverhältnisse in der Geschlechterbeziehung mit in diese Überlegungen genommen werden.

Wie ein Trennungskonflikt bearbeitet wird, in der eigenen Biographie aufgehoben ist, das sind Motive, denen nachzugehen lohnt. Dadurch eröffnet sich vielleicht ein Zugang zu den inneren Konflikten und den daraus resultierenden Handlungskompetenzen und Verarbeitungsformen dieser türkischen Jugendlichen in Deutschland. Der biographische Bruch und das Verarbeiten der Trennungserfahrung ist kein Spezifikum der türkischen Kultur, es ergab sich vielmehr aus der gemeinsamen Geschichte und Beziehung zwischen der Türkei und Deutschland. Es ist sicherlich auch ein migrationstypisches Verlaufsmuster, das, wie noch zu sehen sein wird, dann entstehen kann, wenn sich in der Migration die Lebensentwürfe der Eltern denen der Kinder entgegenstellen, oder die Eltern ihren Kindern ihre Entwürfe aufzwingen. Bei aller Gründlichkeit der Analyse der dörflichen Gemeinschaft im ethnologischen Kontext und der Darstellung der Konflikte zwischen den Generationen im biographischen Kontext haben bei der Arbeit von Schiffauer die Veränderungen, die sich aus der Migration zwangsläufig ergeben und sich in den Handlungskompetenzen und Verarbeitungsformen von Konflikten bei den Jugendlichen widerspiegeln, keinen Niederschlag gefunden. Es wurden hier zudem die Einwandererminoritäten in das starre und gängige Interpretationsschema gepreßt, das einen Konflikt zwischen den Arbeitsmigranten aus einem traditionalen Kollektivzusammenhang in der Konfrontation mit modernen Individualisierungstendenzen der Aufnahmegesellschaft annimmt (vgl. Apitzsch 1993, 13).

Migration als Prozeß zu begreifen, das heißt auch und vor allem, sich der Begegnung und Vermischung oder Trennung verschiedener Kulturen gegenwärtig zu sein. Die türkische Kultur, die Schiffauer für die sog. erste Generation der Arbeitsmigranten als Orientierungsrahmen analysierte und die aus einem dörflichen Kontext heraus entstand, transformierte sich schließlich zu einer Kultur der Türken *in* Deutschland (vgl. dazu Straube 1987).

Daß die Trennungserfahrung[35] eine von vielen möglichen – wenn auch nicht unbedingt zwingenden – Ursachen für das deviante Verhalten der Jugendlichen sein könnte, diese Perspektive hat nicht nur Schiffauer[36] außer acht gelassen.

Auswirkungen der Vaterabwesenheit auf die Entwicklung des Kindes

Der Sozialanthropologe Wassilios Fthenakis hat in seiner systematischen und deskriptiven Analyse der in- und ausländischen Väterforschung die Auswirkungen der Vaterabwesenheit auf die kognitive, moralische und Geschlechtsrollen-Entwicklung des Kindes sowie auf die Verhaltensauffälligkeit und Delinquenz beschrieben (vgl. 1988, 326ff.). Fthenakis schreibt in seiner Zusammenfassung über die Auswirkungen der Vaterabwesenheit: „Als wesentlich gilt die Einsicht, daß eine Familie ohne Vater (wie eine solche ohne Mutter) nicht per se als defizitär für die betroffenen Familienmitglieder anzusehen ist. Vielmehr erweist sich das Fehlen bestimmter Konstellationen von Rahmenbedingungen als negativ für die Entwicklung der Familienmitglieder. Damit einher geht die Erkenntnis, daß unvollständige Familien andere Stile familiärer Organisation darstellen, die nicht in allen Fällen Gefahren für die kindliche Entwicklung bergen müssen." (1988, 369)

Gerade die Einsicht, daß es keine *monokausalen* Erklärungsansätze über die Auswirkungen der Vaterabwesenheit geben kann, zeigt, daß sich hier eine Verschränkung von ethnologischen und biographischen Interpretationen *und* den Auswirkungen der Abwesenheit des Vaters auf (in diesem Beispiel) die männliche Identität bei dem von Schiffauer beschriebenen Fall als außerordentlich vielversprechend erwiesen hätte. Nicht allein die Tatsache der Vaterabwesenheit wäre ein markantes Datum, sondern die Verarbeitung dieser Erfahrung erscheint relevant. Hier wäre ein weitreichendes Forschungsfeld be-

---

[35] Keineswegs will ich die kulturalistische durch eine familiaristische Deutung ersetzen. Wenn die Interpretation immer bei der Familie endet bzw. deren Unzulänglichkeiten, dann werden weitere Erkenntnismöglichkeiten verbaut.

[36] In den „Migranten aus Subay", die Schiffauer 1991 veröffentlichte, spielt das Thema der Trennung eine große Rolle, wird aber vor allem vor dem Hintergrund der Lebensentwürfe der Migranten und deren Motivation zur externen Migration gesehen. Das Trennungsdilemma beschreibt Schiffauer darin so: „Man stünde im Alter vor der schwierigen Alternative entweder sich von den Kindern zu trennen und allein in die Türkei zurückzukehren; oder – um das Zusammenleben der Kinder willen – auf die Rückkehr in die Heimat zu verzichten; oder die Kinder zur Rückkehr in die Heimat zu zwingen und damit sehr ernste familiäre beziehungsweise persönliche Konflikte heraufzubeschwören." (Schiffauer 1991, 194) Aus der Perspektive der sog. ersten oder zweiten Generation ist dies ein Problem, welches sich ergibt aus dem Feld innerer Widersprüche, da sich die Migration in ein dauerhaftes Provisorium verwandelt hat (vgl. ebd.), die Perspektive der Kinder und vor allem der Adoleszenten findet hier keine Beachtung.

treten worden, das noch weiter auf seine Erschließung wartet.

Diese besondere Konstellation der migrationsbedingten Familientrennung hat meines Wissens zuerst Ursula Mehrländer in ihrer Studie „*Türkische Jugendliche – keine berufliche Chance in Deutschland?*" (1983) für die Ausländerforschung aufgegriffen. Darin untersuchte sie, ob die türkischen Jugendlichen im Alter zwischen 15 und 25 Jahren in Deutschland beruflich und sozial dasselbe Schicksal erleiden wie ihre Väter. Für den Familiennachzug[37] konnte sie folgendes aufzeigen: „Durch das Verlassen der Türkei und die Einreise in die Bundesrepublik Deutschland gehören die türkischen Jugendlichen einer ethnischen Minderheit an. Zwischen der Zuwanderung ihrer Eltern und ihrer eigenen Migration in die Bundesrepublik Deutschland liegen jedoch entscheidende Unterschiede vor. Die türkischen Väter sind aufgrund einer bilateralen Anwerbevereinbarung zwischen der Regierung der Bundesrepublik Deutschland und der Türkei vom Jahre 1961 zum Zwecke der Arbeitsaufnahme eingereist. Sowohl die deutsche Regierung als auch die Öffentlichkeit sind davon ausgegangen, daß die Ausländerbeschäftigung nur ein temporäres Phänomen sei. Dementsprechend hat auch der einzelne türkische Arbeitnehmer seinen Aufenthalt in der Bundesrepublik Deutschland als nur vorübergehend betrachtet. Folgerichtig haben die türkischen Väter ihre Familien im Herkunftsland zurückgelassen." (Mehrländer 1983, 165)

Und weiter: „Dieser ‚*time lag*' (Hervorh. von mir, S.S.) bei der Familiennachholung durch die türkischen Väter hat eine Reihe von sozialen Problemen sowohl für die türkischen Kinder als auch für die deutsche Gesellschaft erst hervorgerufen bzw. verschärft." (ebd. S. 166)

An die sozialen Probleme und vor allem die biographische Verarbeitung dieses Phänomens, euphemistisch bezeichnet als time-lag, gibt es in der Tat kaum eine wissenschaftliche Annäherung in der Ausländerforschung. Als Ausnahme kann der Aufsatz von Fatih Güc „*Die geteilte Familie. Auswirkungen des Wanderungsprozesses auf die Familiendynamik*" (1990) gelten. Güc schreibt, daß durch die zeitlich verschobene Einreise der Familie nach Deutschland eine Zerissenheit in der Familie und damit verbunden intra- und innerpsychische Belastungen entstünden. Schon an der Art und Weise, wie damals türkische Arbeiter nach Deutschland angeworben wurden, sei zu erkennen, welche Konsequenzen dies für die Familie haben mußte. Wie die Kinder diese Trennung erleben und verarbeiten, war eine Interessensrichtung

---

[37] In ihrem 1981 veröffentlichten Forschungsbericht zur Situation der ausländischen Arbeitnehmer und ihrer Familienangehörigen in der Bundesrepublik Deutschland fand Mehrländer heraus, daß von den verheirateten Ausländern mit Kindern etwa ein Drittel noch Kinder im Herkunftsland gelassen hat. Bei den Befragungen stellte sich heraus, daß die Mehrzahl der Kinder, die noch in den Herkunftsländern geblieben sind, nicht nachgeholt werden wollten (S. 354). Vielleicht ein Zeichen für die Mächtigkeit der Illusion auf beiden Seiten, daß der Arbeitsaufenthalt wirklich nur kurzfristig geplant und ohne die Kinder, für die es keine Versorgungsmöglichkeiten gab, durchgeführt werden sollte.

von Gücs Analyse. Er fand heraus, daß die Kinder genau wie die Eltern die Trennung mit Gefühlen, wie Trauer, Wut, Verlassenheit und Verlassenheitsängsten erleben. Die Auswirkungen und Verarbeitungsformen sind bei Erwachsenen und Kindern verschieden.

„Das Familiengleichgewicht ist ständig unter dem Einfluß von drei Kräften: Familienidentität, Trauerarbeit und Veränderung. Eine Veränderung wird erst dann möglich sein, wenn die notwendige Trauerarbeit geleistet und in die Familienidentität integriert ist." (Güc, 1990, 93)

Zwei Faktoren wirken dieser Integration entgegen: die mangelnde Gesprächsbereitschaft der Familienmitglieder um ihre unterschiedlichen Erfahrungen gemeinsam zu bearbeiten; und vor allem erweist sich der Gastarbeiterstatus als hilfreiche Möglichkeit, der notwendigen Auseinandersetzung mit der neuen Kultur auszuweichen. Als Folge bleiben die Konflikte unaufgelöst. Gesetzliche Rahmenbedingungen und persönliche Gefühle treffen hier zusammen und verdichten sich zu einem komplexen Konfliktfeld[38].

Weder bei den kriminologischen Arbeiten von Albrecht/Pfeiffer (1979) noch bei der darauf aufbauenden, die Lebenswelt ausländischer Jugendlicher rekonstruierenden Arbeit von Bielefeld et al. (1982) wird dieser Zusammenhang gesehen. Sie schreiben über die typische Verlaufsform der Einwanderung, die die Familie oft für längere Zeit trennt, in denen die Familie nunmehr als „Urlaubsgemeinschaft" besteht: „Besonders problematisch wird diese Trennung, wenn die Mutter oder der Vater alleine in der Bundesrepublik sind. Dadurch bedingte Effekte von Entfremdung zwischen den Eltern führen häufig zu Konflikten, etwa wenn der Vater die regelmäßigen Zahlungen an die Familie im Herkunftsland einstellt, weil er sich in der Bundesrepublik auf eine neue Beziehung eingelassen hat und sich um die Restfamilie weder finanziell noch emotional kümmert." (Bielefeld et al. 1982, 23)

Das riskante Unterfangen der Migration hat sicherlich mehr Konfliktfälle und Konstellationen als Möglichkeit angelegt, bei Bielefeld et al. geht es dabei vor allem um die Frage, wie die Familie sich in einem stabilen und funktionsfähigen Beziehungsgefüge erhalten kann, was für sie ungleich schwerer zu vollbringen ist als für vergleichbare deutsche Unterschichtsfamilien. „Migrationsbedingte Konflikte", so schreiben Bielefeld et al. weiter, „sind unseres Erachtens auch deshalb von besonderer Bedeutung, da sie oft ansetzen, bevor die Familie insgesamt in der Bundesrepublik ist, d.h. bereits sehr früh ist das familiäre Gleichgewicht bedroht. Dieser Zusammenhang scheint uns wichtig, da

---

[38] Die Studie von Gür (1990), die die türkischen Jugendlichen fast ausschließlich als Opfer ihrer Verhältnisse sieht, kann man wie eine Illustration der Thesen Gücs lesen. Fast alle von ihm befragten und in der JVA einsitzenden Jugendlichen weisen ebenfalls die verleugnete Trennungserfahrung auf. Darauf weist Gür jedoch nicht explizit hin. Der miserabilistisch gefärbte Ansatz von Gür würde diese Binnensteuerung der Konfliktlage sicher nicht aufgreifen. Maria Kallmünzer-Furtner (1987, 502), betont, daß die zurückgelassenen Kinder die Trennung durch Autoritätsaberkennung und soziale Distanz zu den Eltern verarbeiten.

zu vermuten ist, daß die Situation in der Bundesrepublik für eine ‚intakte Familie' auch stabilisierend wirken könnte, denn der soziale Außendruck stärkt in der Regel die Binnensolidarität. Gelingt es einer Familie hier, sich ohne offene Konflikte im Beziehungsgefüge zu etablieren, so kann sie unter Umständen eine hermetische Grenze zur deutschen Umwelt aufbauen und als ‚türkische' oder ‚jugoslawische' Familie hier existieren. Bei den von uns befragten Jugendlichen war diese Konstellation jedoch nur zweimal anzutreffen, alle anderen Familien waren ‚gebrochen', d.h. die Abgrenzung als Familie zur deutschen Umwelt gelang nicht". (ebd. 24)

Zusammenfassend beschreiben die Autoren die familiäre Situation der ausländischen Jugendlichen bedingt durch Migration und sozialstrukturelle Position in Deutschland als Situation einer Unterschicht-Familie. Daraus resultieren u.a. Konflikte, die die Familie meist nicht lösen kann, so daß sie sich häufig auflöst. Die Jugendlichen sind mit zwei sich zum Teil widersprechenden Orientierungssystemen konfrontiert, deren Integration ihnen selten gelingt (vgl. Bielefeld et al. 1982, 52). Uli Bielefeld hat sich – ähnlich wie es Hartmut Griese und Werner Schiffauer[39] taten – fast zehn Jahre später reflexiver und kritischer mit der Situation ausländischer Jugendlicher auseinandergesetzt und in seiner folgenden Arbeit eine andere Perspektive gewählt.

Reflexive Wende

Bielefeld schreibt in seiner 1988 erschienenen Arbeit über „*Inländische Ausländer*", daß die Ausländerforschung von Beginn an unter hohem Druck stand, praktische Lösungen zu entwickeln. Die Übernahme der Bezeichnung „Ausländer" bildete dabei auch Teile der vorgegebenen Perspektive ab. Hier sieht er auch seine eigene Arbeit kritisch und im Kontext der Problemwahrnehmung und -konstituierung dieser Zeit angesiedelt (vgl. Bielefeld 1988, 14). Integration wurde in der Ausländerforschung, so Bielefeld, politisch meist normativ verstanden, d.h. im Sinne sozialer Unauffälligkeit, nicht etwa als Partizipation und Eingliederung in die sozialen, wirtschaftlichen und politischen Institutionen. Von daher brauchte eine Änderung der rechtlichen und ökonomischen Bedingungen nicht zu erfolgen. Integration als das Problem der Anderen hatte keine Überlegungen zur Folge, was die eigenen Anteile dieser prozeßhaft sich vollziehenden sozialen Konfliktlage sein könnten. Daß sich in den Kritiken der kulturalistischen Ansätze eine Ausblendung der kulturell-normativen Mu-

---

[39] Die Perspektive erweitert sich durch eine Engführung an die Person, so geht Schiffauer in seiner Arbeit „*Die Migranten aus Subay*" (1991) einen anderen Weg als in seiner frühen Studie. „Es wird gefragt, wie sich die Gesellschaft im Individuum reproduziert – wie objektive Strukturen sich in subjektiven Strukturen niederschlagen. Dabei ging es entscheidend darum, hier einen mechanistischen Determinismus zu vermeiden: Die gesellschaftliche Situation wurde auf Handlungsmöglichkeiten und –grenzen hin untersucht, die bestimmte Möglichkeiten offenlassen und andere ausschließen [...]." (Schiffauer 1991, 21)

ster abzeichnete, heißt für Bielefeld, den Teufel durch den Beelzebub auszutreiben, denn „die – theoretische – Ausblendung der Herkunft und der spezifischen Geschichte dieser Bevölkerungsgruppe unterschlägt einfach eine handlungsrelevante Dimension, die auch für hier heranwachsende noch von Bedeutung ist – und wenn auch nur als Lebensform, von der sie sich abgrenzen wollen." (Bielefeld 1988, 25)

Die andere Kultur steht jetzt nicht mehr als Alteritätsmerkmal im Vordergrund, sondern stellt sich aus der miteinander verwobenen Geschichte zwischen Herkunfts- und Zielland der Migration dar. Bei Bielefeld führt diese Erkenntnis zu der Frage nach den Bewußtseins- und Mentalitätsstrukturen der türkischen Jugendlichen, die begrenzt werden durch objektive Strukturen. Wie sich diese Begrenzungen in das Leben dieser Jugendlichen einschreiben, wie sie verarbeitet werden, ist dann eine weitere Frage (vgl. S. 59). „Die Praxis der türkischen Jugendlichen in der Bundesrepublik, ihre Differenzierungen, Widersprüche, aber auch Gleichheiten mit der ‚Jugendkultur' deutscher Gruppen sind so auch im Zusammenhang der hiesigen Lebensbedingungen zu interpretieren." (Bielefeld 1988, 61)

Die Perspektive der Ausländerforschung erweitert sich damit um den eigenen Rahmen, auf die Prozesse, die sich aus der Begegnung der Kulturen und hier am Beispiel der verschiedenen Generationen und Klassen, Geschlechter und Ethnien ergeben[40]. Bielefeld arbeitet am Beispiel junger Türken heraus, wie sich ihre Beziehung zur Arbeit unter den gegebenen Bedingungen gestaltet und welche Formen des kollektiven Bewußtseins sich herausbilden. Unter den objektiven Bedingungen versteht er die strukturell eingeräumten Lebenschancen, bestimmt durch die soziale und ökonomische Lage, den rechtlich gesonderten Status und ihre Herkunft. Auf dieser Grundlage will er die Restrukturierung ihrer Einstellungs- und Verhaltensweisen während der Adoleszenz darstellen. „Diese Restrukturierung findet zwischen den Polen der Identitätsbewahrung und der Anpassung an die herrschenden Ideale und Normen – sowohl des Herkunftsmilieus als auch der aktuellen gesellschaftlichen Anforderungen statt. Die ‚Mischung' beider in den aktuellen Bewußtseinsformen, Selbstverortungen und -darstellungen interessieren mich dabei vor allem. Interpretieren will ich sie im historischen und sozialstrukturellen Kontext." (Bielefeld 1988, 67)

Bezüglich der Arbeitsorientierung hat Bielefeld herausgefunden, daß sie sich zusammen mit der nationalen Orientierung gegenseitig stabilisiert (S. 195), um die an die Jugendlichen gestellten Konformitätsanforderungen seitens der Eltern, der Gesellschaft und der Gruppe tragbar zu gestalten. „Die Widersprüche und die zentralen Konfliktfelder ergeben sich so nicht durch die Differenz zweier Kulturen, sondern werden produziert durch ein komplexes Zusammenspiel unterschiedlicher Anforderungen und Reaktionen der Jugend-

---

[40] Der Blick wird umgedreht, und im Fokus des Interesses stehen auch die „Schwierigkeiten, die wir den Migranten in der Fremde machen." (Czock/Radtke 1984, 37)

lichen auf diese" (ebd.). Interessant wäre hier die Frage, welche Strategien gerade in Zeiten der strukturellen Veränderung der Erwerbsarbeitsbiographie als gesellschaftlich normierte Standardbiographie bei diesen Jugendlichen gefunden werden. Wie sie sich jenseits der Arbeitsorientierungen in der Mischung – die Bielefeld ja zu recht hervorgehoben hat – darstellen und verorten. Welche Funktion erhält dann die ethnische Identifikation und der Migrantenstatus, wie wirkt sich dies auf die Lebenspraxis aus? Dies sind vielleicht nicht unbedingt zentrale Handlungsfelder, aber doch interessante Randphänomene. Die zentrale Ungleichbehandlung, so schreibt Bielefeld in seinem Resümee, ergibt sich aus dem rechtlich-politischen Schattendasein, in das diese Jugendlichen gedrängt werden. „Erst die rechtliche Garantie, dort leben zu können, wo man aufgewachsen ist, ist eine hinreichende Grundlage für Integrationsprozesse, verstanden als Beteiligung am gesellschaftlichen Geschehen – ohne daß damit ein konfliktfreies Zusammenleben unterschiedlicher Gruppen oder auch eine ‚Integration' im Sinne sozialer Unauffälligkeit verbunden ist." (Bielefeld 1988, 207)

Georg Auernheimer, der eine historisch-materialistische Relativierung von Kultur vornahm, konnte nachweisen, daß der sog. Kulturkonflikt eher eine ideologische Bedeutung hat. Zu zeigen, was sich hinter dieser Formel psychologisch verbirgt, war ein Ergebnis von Auernheimers Fragestellung. Er stellte diesen Konflikt allgemein als Orientierungsschwierigkeit dar, die sich psychologisch aus dem Entwicklungswiderspruch von Tätigkeitsstrukturen und Widerspiegelungsform ergibt (vgl. Auernheimer 1988, 194). Der ‚Kulturkonflikt', so schreibt Auernheimer, „besteht nicht darin, daß zwei kulturelle Welten als Totalität aufeinanderprallen, wie nicht nur das Alltagsverständnis, sondern auch manches wissenschaftliche Kulturkonzept nahelegt. Dabei wird der Schauplatz des Kampfes in einen imaginären Innenraum der Betroffenen angesiedelt. Diese *werden nicht als Subjekte begriffen* (Hervorh. von mir, S.S.), die, in ihren jeweilligen gesellschaftlichen Verhältnissen tätig, diese Verhältnisse widerspiegeln. Der Konflikt verliert den Charakter einer zwingenden Mechanik, wenn anerkannt ist, daß erstens die materielle Lebenspraxis, das System der [...] Tätigkeiten zu ständiger Orientierung und Neuorientierung zwingt, daß zweitens jede Veränderung der materiellen Lebensverhältnisse zur Arbeit am jeweiligen kulturellen Bedeutungssystem nötigt [...] und daß drittens kulturelle Systeme nichts Statisches sein können und ihren Wert nur aus ihrer Orientierungsfunktion beziehen." (Auernheimer 1988, 195)

Vor diesem Hintergrund war der Zweck der Studie von Auernheimer auch die Beantwortung der Frage nach dem persönlichen Sinn der Herkunftskultur für Migrantenjugendliche (vgl. ebd. 135). Auf diesen wichtigen Punkt werde ich später in den Fallstudien wieder zurückkommen.

Kolonialer Kontext

Als wissenschaftliche Arbeit im eigentlichen Sinne kann die Arbeit von Vassaf Gündüz „*Wir haben unsere Stimme noch nicht laut gemacht. Türkische Ar-*

beiterkinder in Europa" (1985), die sich mit der Familiensituation, dem Generationenkonflikt, Rassismus und dem Scheitern der Assimilationspolitik aus einer Innenperspektive nähert, nicht bezeichnet werden. Sie wäre eher dem antikolonialen literarischen Genre zuzuordnen. Insofern fällt sie aus dem Rahmen der bisherigen Betrachtung der Migrations- und Minderheitenforschung. Aufgenommen habe ich sie hier aber trotzdem, weil ich die Plastizität der Argumentation und zudem die Unterschiede der Binnen- und der Außensicht beeindruckend fand. Die Übersetzerin des Buches, Dilek Zaptcioglu, selbst Angehörige der sog. zweiten Generation, schreibt in ihrer Vorbemerkung, warum sie dies Buch übersetzte[41]: „Dieses Buch habe ich nicht übersetzt, damit es der Spezialisierung neues Material liefert, einer Spezialisierung, die den Menschen das Vertauen in die eigene Denk- und Handlungsfähigkeit zur Lösung ihrer eigenen Probleme nimmt. Diejenigen, denen ich die *schöne Verzweiflung* (Hervorh. von mir S.S.) des Lebens ‚zwischen zwei Kulturen' am liebsten beschreiben möchte, sind jene, die von den Jugendlichen, die nur als ein Bündel von Problemen angesehen werden, nichts anderes erwarten als Ärger und Bedrohung." (S. XIII)

Gündüz beschreibt die Situation der Kinder und Jugendlichen so: „Man sagt, daß die Kinder der ausländischen Arbeitnehmer in Westeuropa verschiedene Probleme haben und daß das wichtigste der Probleme die Tatsache ist, daß sie in zwei Kulturen zugleich leben. Tatsächlich werden die Kinder mit einer widersprüchlichen Situation konfrontiert. Auf der einen Seite verlangen verschiedene Institutionen, daß das Kind nunmehr wie ein Europäer handeln müsse, auf der anderen Seite wollen manche Mächte, daß das Kind in einem traditionellen Rahmen aufwächst. Dieser als antagonistisch anzusehende Konflikt führt dazu, daß die Kinder sich häufig von Zuhause trennen." (Gündüz 1985, 1) Wenn auch das Vokabular etwas unscharf erscheint („Mächte"), so zeigt der Autor doch, daß der Prozeß der Arbeitsmigration sich in der Binnenfamilie der Migranten abspielt. „Mächte" verstehe ich dabei als (ehemalige) Machtfülle des türkischen Vaters als Familienoberhaupt. In der Migration wird die Macht dann vermindert. Die Familienbeziehungen erfahren so eine Dynamik, die fremdbestimmt ist und die sich in einer Spannung zwischen den Generationen äußert[42], manifestiert in der Autorität des türkischen Vaters. Diese Autorität ist auch Überlebensstrategie. Besser wäre es, von einer in türkischen Familien oft festzustellenden Autorität zu sprechen, denn sonst verdichtet sich

---

[41] Ursprünglich war eine Veröffentlichung in Deutschland nicht vorgesehen. Es handelt sich um eine der wenigen Studien über Kinder und Jugendliche von Arbeitsmigranten aus türkischer Sicht.
[42] Aktas (1989) hebt hervor, daß diese Problematik der ausländischen Familien mehr ist, als nur ein normaler Generationenkonflikt. Aktas hat hier ein wichtiges Problem benannt, das sich äußert in der von ihm bezeichneten Kommunikationsstörung. Ich werde weiter unter in den Fallstudien diese Kommunikationsverweigerung noch einmal thematisieren, da ich darin ein zentrales Problem der Ablösungskonflikte von deutsch-türkischen Adoleszenten sehe.

hier wieder ein totalisierendes Idiom, das Kultur und Handlung aneinander bindet.

Das Motiv der Schuld, die nicht zurückgezahlt wird oder werden kann, die Schuld, die die Nachkommen der Migranten begleichen müssen dafür, daß sie in eine bessere Lebenssituation wechseln konnten (natürlich aus Sichtweise der Migranten der sog. ersten Generation), wird hier ebenfalls erkennbar. „Die ‚erste Generation', das heißt die aus der Türkei kommenden Eltern, ist nach der ‚Integrationspolitik' des Staates und der ‚Rettungspolitik' der fortschrittlichen Kräfte eine ‚verlorene Generation' weil sie in ihren Traditionen und Lebensweisen erstarrt ist [...]. Wissenschaftliche Untersuchungen über die Integrationsproblematik der ‚zweiten Generation' sollen den Schlüssel von Integrationslösungen finden helfen." (ebd. S. 13) Die Zukunft liegt für die Nachkommen von daher in einer Desidentifikation mit dem Vater, sie entfremden sich von ihm und schämen sich wegen ihm und seiner Herkunft.

Die europäischen Gesellschaften beschäftigten sich erst mit dem Problem der zweiten Generation, als es um die Einschulung dieser Kinder ging. Jetzt realisierten die Europäer, daß die in ihrem Land lebenden Arbeiter nicht nur vorübergehend da waren, sondern auf Dauer bleiben würden. Die für die Angleichungspolitik geprägten Terminologien wie Integration und Assimilation drücken für Vassaf die darin eingeschlossenen Tendenzen zur „Domestikation" aus (S. 149). Assimilation, so Gündüz, ist nicht eindeutig geklärt. „Man gebraucht manchmal Wörter wie Akkulturation oder Integration für Assimilation. Aber die grundlegende Einstellung ist und bleibt, daß die Arbeiterkinder sich an die europäische Kultur und Organisationsweise, an den Lebensstil anpassen sollen." (S. 167) Vassaf Gündüz legt oft verworrene Konzepte von Kultur, *den* Deutschen und *den* Türken vor, was allgemein sehr gut in ein grob vereinfachendes kulturrelativistisches Denk- und Deutungsmuster paßt. Den Boden der Realitäten verläßt er bei seiner Betrachtung einer möglichen Zukunft der Kinder und Jugendlichen von ausländischen Arbeitern in Europa. Sie seien als Reservearbeiter oder noch zugespitzter als Söldner, als neue Soldaten für Europa optioniert. „Der Westen sieht in den türkischen Arbeiterkindern nicht nur die Müllmänner der Zukunft, sondern auch die Soldaten für die eigenen Armeen. Die in der Bundesrepublik Deutschland geborenen und aufgewachsenen Arbeiterkinder sind dann nicht mehr Türken, sondern Deutsche türkischer Abstammung, je nachdem, wie gut oder schlecht die Assimilationspolitik funktioniert. Die Antwort auf die Frage, weshalb türkische Jugendliche über achtzehn Jahre, die das Alter für den Militärdienst erreicht haben, die Staatsbürgerschaft erhalten sollten, muß in diesem Licht betrachtet werden." (S. 161)

Diese Aussage klingt nach einer Konspirationstheorie und entbehrt der Grundlage der rechtlichen Disposition, so wie sie – wenn überhaupt – bisher für die Erlangung der Staatsbürgerschaft ausländischer Jugendlicher in Deutschland formuliert wurde. Vielleicht ging die Assoziationskette über die in diesem Zusammenhang oft gebrauchte Formel der „industriellen Reservearmeen" etwas zu weit. Trotz dieser kulturpessimistischen und vielleicht zu holzschnittartig wirkenden Eskapade hat sich bei Gündüz eine Blickrichtung auf die interkulturellen Prozesse der Begegnung zwischen Orient und Okzident eingestellt.

Statt von der zweiten Generation könnte man auch von verdeutschten Türken oder vertürkten Deutschen sprechen, die gleichermaßen ein Schreckgespenst in beiden Gesellschaften sein können. „Türken und Europäer, die Angst vor Veränderung haben, so bleiben wollen wie sie sind, sehen in diesen Kindern ein Zeichen ihrer Zukunft und sind ihnen gegenüber deshalb feindlich eingestellt." (S. 193) So gesehen hat sich der Prozeß der Modernisierung auch und vor allen an und in den Subjekten vollzogen, die Deutsch-Türken oder Türken-Deutschen sind eine lebendige Manifestation. Die Unsicherheiten und Ambivalenzen, der Verlust alter gültiger Orientierungen, die sich aus diesem Prozeß zwangsläufig ergeben, sind dann die Muster, mit denen den Bindestrich-Deutschen oder Bindestrich-Türken begegnet wird.

Die Entwicklung von Europa ist für Gündüz ein zentrales Motiv, bei dem er – zu Recht – immer wieder den kolonialen Hintergrund thematisiert. „Mit einer kolonialistischen Einstellung und einem metaphysischen Verstand kümmern sich alle, ob reaktionär oder progressiv, um die ‚Ausländer'. Man beschäftigt sich mit ihrer Bildung, ihren Problemen, ihrer Kulturmetamorphose usw. Kaum jemand kümmert sich um die Beiträge der Ausländer für die Entstehung einer neuen Lebensweise, einer neuen Kultur, eines veränderten Europa. Was aktuell ist, ist nicht ‚das Problem der Ausländer' oder der ‚zweiten Generation' sondern wie ein neues Europa entstehen kann, wie am besten ein pluralistisches, demokratisches Europa hervorgebracht werden kann." (S. 196) Europa, das sowohl in der Tradition von Demokratie als auch von Rassismus steht, also diese Dialektik in sich wohnen hat, benötigt eine neue Synthese, da – bedingt durch Migrationsprozesse – eine neue Gesellschaft entstanden ist. In den Kindern und Jugendlichen, so Gündüz, steckt das Potential für die Verwirklichung dieser Synthese in Europa.

Nicht genutzt werden kann dieses Potential, wenn den Kindern und Jugendlichen weiterhin mit Assimilationspolitik begegnet wird. Dann entsteht ein neuer Nationalismus, der sich gegen Assimilation wendet und den Gündüz als „reaktionären Nationalismus" bezeichnet (S. 208). Da die Assimilationspolitik aber die Andersartigen als minderwertig, rückständig und schlecht abstempelt, verstärkt sie eben diesen reaktionären Nationalismus. So akzeptieren viele Linke und Intellektuelle die Assimilationspolitik, weil sie gegenüber dem reaktionären Nationalismus als modern und human erscheint. Gündüz verwechselt hier – so scheint es – Ursache und Wirkung, obwohl er das Doppelgesicht der Assimilationspolitik richtig erkannt hat: die Assimilationspolitik hat ja ihren Ursprung im beginnenden Nationalismus und kann auch verstanden werden als Zeichen eines konsolidierten Nationalismus.

Das Szenario, welches Vassaf Gündüz entwickelt und als die einzig positive Variante darstellt, sieht so aus: „Europa könnte sich an die Seite der Dritten

Welt stellen und sich von den USA unabhängiger machen. Länder wie die Türkei würden dann ihren Platz in der Solidarität mit dem Nahen Osten und der Dritten Welt finden. Die Entstehung des multikulturellen Europa und die positive Aufrechterhaltung der Beziehungen zur Heimat der Jugendlichen können nur auf diesem Weg erreicht werden." (S. 241) Das Vokabular der Arbeiterjugend und Solidarität sowie der vorgeschlagene Kampf gegen multinationale Konzerne erinnern sehr an eine klassenkämpferische Attitüde.

Die Wut, mit der Gündüz die Erfahrungen der Migranten beschreibt, ist durchaus berechtigt und scheint mir die Schriften von Frantz Fanon zum Vorbild zu haben. Vielleicht sieht er sich in dieser Tradition und hofft auf diesem Weg der aggressiven Einmischung, der Demaskierung des Rassismus, eine Bewußtseinsänderung zu erreichen. Diese Bewußtseinsänderung wird in eine Richtung gehen, so daß niemand außer den Betroffenen selbst eine Lösung in der Hand hat. Es geht darum, zuerst einmal ein Bewußtsein seiner Lage zu bekommen, bevor dies in Selbstbewußtsein umgewandelt werden kann. Daß er am Schluß die im Westen lebenden Arbeiter aus dem Osten und deren Kinder als eine neue Ost-West-Synthese beschreibt, ist für mich ein Zeichen, daß Gündüz eine geschichtliche Dimension[43] ausgelotet hat, die bisher in der Ausländerforschung unterbelichtet blieb. Das Verhältnis zwischen Osten und Westen, zwischen dem Zentrum und der Peripherie, zwischen Kolonisierern und Kolonisierten, ist hier von Interesse. Die Beziehungen und gegenseitigen Mythen übereinander stehen genau im Zentrum dieser Problematik. Nur ein Segment – wie z.B. das der Identitätsproblematik – daraus zu analysieren, heißt sich dieser Tiefendimension nicht bewußt zu sein und letztlich zu verzerrten Ergebnissen zu gelangen.

Atomisierte Identität

Eine Segmentierung in Richtung Identität (bzw. psychologischen Kategorien zu deren Umschreibung oder Konzeptualisierung) kennzeichnet eine weitere und aktuelle Richtung der Ausländerforschung, die sich nun in weiten Teilen zu der Ausländerjugendlichen-Problematik und Sozialisationsforschung ausdifferenziert hatte. In diesem Zusammenhang verweise ich nur kurz auf die Arbeiten von Cora Weber (1989), Klaus Hoffmann (1990) und Ibrahim Firat (1992). Bei Hoffmann steht die Intention der Arbeit durchaus konträr zu den „klassischen" defizitorientierten und kulturalistischen Arbeiten der Ausländerforschung, wenn er schreibt, daß die Auseinandersetzung und Bewältigung türkischer Jugendlicher mit ‚äußerer' und ‚innerer' Realität, sowie den stetigen Zwang der Balance von ‚sozialer' und ‚persönlicher' Identität im Fokus seiner Arbeit steht. Sozialisationsprozesse will er beschreiben aus der Sicht der Beteiligten, um die individuelle Sinnstruktur und Deutungsinstanz zu erfassen. Seine Forschungsergebnisse sollen belegen, daß türkische Jugendliche durchaus ‚soziale' und ‚persönliche' Identität ausbalancieren *können*. Bewußt ver-

---

[43] Wenn auch vor dem Hintergrund eines eigenen Nationalismus.

zichtet Hoffmann auf die Analyse der Hintergründe zur sozialen Lebenslage der türkischen Jugendlichen in Deutschland. Nur: Welcher Art sollen die isolierten Erkenntnisse einer solchen Betrachtungsweise sein, die den gesellschaftlichen Kontext ausblendet, die Diskriminierung und soziale Marginalisierung zwar sieht, aber schließlich nicht für relevant erklärt? Die Atomisierung des Identitätsbegriffes in zwei oder mehrere kleinere Identitätskategorien wird nicht dabei helfen können, die Problematik der Identitätsforschung allgemein zu lösen. Letztlich bleibt bei Hoffmann der *Fremde*, also der türkische Jugendliche, nur Objekt einer ausdifferenzierten Identitätsforschung, die soziale Verhältnisse ausblendet. Im Einleitungsteil habe ich darauf verwiesen, daß die multikulturelle Identitätsdiskussion eine mehrheitskulturelle Spielart ist, die sozialromantische und exotische Sehnsüchte erfüllt. Diese Sichtweise blendet die Themen Gleichberechtigung, Anerkennung und Repräsentation konsequent aus und spiegelt somit mehr mehrheitskulturelle Vermeidungsstrategien denn minderheitskulturelle Realitäten.

Firat und Weber haben beide aus sozialpsychologischer Sicht eine Neukonzeptualisierung des Identitätsbegriffes und der Problematik seiner Erfassung zum Ausgang. Sie verwenden die Kategorie des Selbstkonzepts und das psychologische Instrumentarium zum Messen von Identität. Bei Firat erstaunt trotz seiner kritischen Beurteilung des Identitätskonzeptes als „begriffliches Chaos, dem die notwendige Definitionsschärfe fehlt" (1991, 82), die dann unkritische Übernahme von Begriffen und Konzepten wie zweite Generation, Kulturkonflikt oder Integration (er betont eine „interaktionistische Integration"). Firat schreibt zu Recht, daß „die derzeitigen kognitiv-emotionalen Systeme vieler Deutschen noch keinen Platz für einen ‚eingedeutschten Türken' vorweisen können." (ebd. S. 65) Hier wäre eine Analyse der Defizite dieser Lücke fruchtbarer gewesen als die alleinige Fixierung auf *die* türkischen Jugendlichen.

Weber legte ihrer ebenfalls empirischen Untersuchung zum Selbstkonzept den Vergleich zwischen türkischen, griechischen und deutschen Jugendlichen zugrunde. Sie lehnt sich dabei an den sozialisationstheoretischen Ansatz über den Zusammenhang von Einreisealter und Identitätsausbildung von Schrader et al. an, entwickelt ihn aber weiter. Die Autorin schreibt in ihrer bilanzierenden Kritik der Identitätsforschung: „Allen genannten Untersuchungen zur Identitätsproblematik ist gemeinsam, daß sie ihre Ergebnisse auf allgemeine Äußerungen der Jugendlichen über sich und ihre Probleme stützen, jedoch nicht auf Selbstcharakterisierungen im Sinne der für die Identität zentralen Frage ‚Wer bin ich?'" (Weber 1989, 48). Ob sich der Zusammenhang mit Identitätsausbildung und Integration über diese angeblich zentrale Frage herstellen läßt, stellt sich für mich als nicht hinreichend begründet dar. Auch ihr Resümee scheint zweifelhaft, reduziert es doch wieder Kultur zum Problem, in seiner Annahme, daß Integrationshilfen (bei Respektieren der kulturellen Eigenständigkeit der Migranten) die Entwicklung von selbstbewußten Persönlichkeiten unterstützen.

Genau die beschriebene Lücke in der Betrachtung und der damit einhergehenden Segmentierung der Realität schließt die Arbeit von Elektra Tselikas über *„Minderheit und soziale Identität. Soziale Wahrnehmung und Realitätskonstruktion bei Schweizern und Ausländerkindern"* (1986). Tselikas schreibt, daß die „Problematik der Fremdarbeiterkinder – oder auch von Minderheiten allgemein – nur in einem gesamtgesellschaftlichen Rahmen und Zusammenhang analysiert und verstanden werden kann", dies sei, „eine Tatsache, die meistens nur am Rande erwähnt wird, doch in den einschlägigen Studien keine empirische Berücksichtigung findet, eine Begrenzung, die wahrscheinlich durch den methodologischen und erkenntnistheoretischen Rahmen bedingt ist, der diesen Studien zugrunde liegt." (Tselikas 1986, 19)

Die Autorin kritisiert in ihrer Übersicht, die bis zu den theoretischen Modellen der Chicago-School von Park u.a. zurückgeht, die mechanistisch konzipierte Sichtweise, die Assimilation als zielgerichtete Form der Eingliederung versteht. Ihrer Meinung nach zeigt sich darin eine „Ideologie der Chancengleichheit" (ebd. S. 26). Die Betrachtung der Beziehung zwischen Mehrheiten und Minderheiten zeigt, daß kollektive Identitäten unilateral konstruiert werden. Die Identität der Minderheit wird nicht als kollektive Identität, sondern als kollektive Alterität durch die Kategorien der Mehrheit gebildet. Diese drückt eine binäre Opposition und Relationalität aus. Hieraus entsteht erst ein minderheitsfeindlicher Diskurs (vgl. Tselikas 1986, 251).

Das hochkomplexe Forschungsdesign, welches Tselikas vorschlägt, folgt dem sogenannten Ego-Ökologischen Ansatz und der Methode der „Repräsentationskontextualisierung", welche nach Meinung der Autorin sehr differenzierte Mittel sind, um soziale Identität zu erfassen. Es handelt sich durchaus um eine sinnrekonstruierende qualitative Methode, die ich den verstehenden, hermeneutischen Ansätzen zuordnen würde. Tselikas Resümee zeigt, daß sich Minderheiten weder passiv assimilieren, noch daß sie bloß auf ihre Umgebung reagieren. Sie werden auf diverse Weisen in ihrer sozialen Umgebung aktiv. So gesehen ist hier ein wichtiger Motor für eine Systemveränderung am Wirken, der einen sozialen Wandel in Richtung einer Pluralisierung der modernen Gesellschaft voranbringt.

Anerkennung und Männlichkeit

Zum Abschluß der kritischen Bilanz möchte ich die Arbeit von Hermann Tertilt *„Turkish Power Boys. Ethnographie einer Jugendbande"* (1996) in das Blickfeld der bisherigen Überlegungen stellen, um damit schließlich die Chronologie der Arbeiten zur Ausländerforschung in die Gegenwart zu überführen. Was die Arbeit von Tertilt auszeichnet, ist ihr Zugang zu den Jugendlichen. Die Tatsache, daß der Autor über zwei Jahre in die Lebenswelt der Jugendgang eingetaucht ist, diese Feldforschung detailliert aufgezeichnet und durch biographische Interviews ergänzt hat, verdient Beachtung[44]. Meines Wissens

---

[44] Vor allem die extrem schwierige Feldphase, in der Tertilt direkten körperliche An-

ist es auch – neben der Studie von Bommes (1993) – eine der ersten qualitativ orientierten empirischen Langzeitfeldstudien zu der Thematik ‚zweite Generation' und ‚Migrantenjugendliche'. Tertilt gelangt durch sein kulturanthropologisches und ethnologisches Vorgehen so zu Daten, die sich vor allem mit der Gruppendelinquenz und der Gewaltproblematik befassen. Die Bandenbildung und die darin verankerten Handlungen versteht Tertilt als Lösungsversuch gemeinsamer Problemlagen der zweiten Einwanderergeneration. Dabei versucht er den Zusammenhang von Bandendelinquenz und gesellschaftlichem Status von Migrantenkindern nachzuweisen. Die Hauptthese lautet „daß die Entstehung einer sich ethnisch definierenden Bande mit ihren delinquenten Praktiken auf der Erfahrung eines kollektiven Status- und Anerkennungsdefizits in der Gesellschaft beruht und daß die Bande als subkulturelle Gemeinschaft der Bewältigung migrationsspezifischer Schwierigkeiten dient." (Tertilt 1996, 171)

Dabei wird theoretisch das Subkulturtheorem verwendet. Die Turkish Power Boys definieren sich, wie der Name schon ausdrücken soll, ethnisch: „Daß sie gemeinsam ein Wir-Gefühl als türkische Jugendgruppe entwickelten, sehe ich in der Verbindung mit ihrem ethnischen und sozialen Stigma, das sie zusammenschweißte", schreibt Tertilt (1996, 22). Folgerichtig schließt sich daran eine kritische Auseinandersetzung mit den soziologischen Theorien über deviantes Verhalten in (ethnischen) Jugendgruppen an, die der Kulturkonflikttheorie oder dem Stigmatisierungsansatz folgen. Bandenbedingte Handlungen interpretiert der Autor als Mittel des Kampfes um Anerkennung und Form der Selbstdarstellung (vgl. ebd. S. 57). Somit wird eine dem Integrationsparadigma verpflichtete Sichtweise aufgebaut. Integration (als Leerformel) wäre nur – wie bereits angesprochen – eine Scheinlösung der Probleme und Lebenslagen der von Tertilt untersuchten Jugendlichen. Die Einschränkung der Arbeit und damit die Begrenzung der Darstellung aus der Perspektive der Jugendlichen, die der Autor einzunehmen versuchte, drückt sich meines Erachtens schon im Titel aus: *Ethnographie einer Jugendbande*. Tertilt *beschreibt* die Bande, zu wenig versucht er die Motive und Handlungen jenseits der Gruppenbeziehungen und -kontexte zu *verstehen*. Eine Erklärung der delinquenten Handlungen jenseits des Gruppenkontextes könnte zeigen, daß Statusprobleme und mangelnde Anerkennung (in der Gesellschaft) als Erklärung für die Verhaltensweisen der Jugendlichen nicht als alleinige Ursache ausreichen (vgl. S. 43).

Die Begrifflichkeiten, die verwandten Terminologien, wie z.B. ‚Integration' und ‚zweite Generation'[45] (die überdies nicht zutreffend ist, denn es handelt

---

griffen ausgesetzt war, und die teilnehmende Beobachtung von devianten Jugendlichen, die ein hohes Maß an „Neutralität" erfordern, machen die extremen Bedingungen aus, unter denen die empirische Arbeit durchgeführt worden ist.

[45] Bielefeld (1988, 41) kritisiert am Begriff der ‚zweiten Generation' zwei Punkte: Zum einen ist er äußerst ungenau, da gleichaltrige Jugendliche sehr unterschiedliche Biographien und Erfahrungen aufweisen. Zum zweiten verweist er – und das halte ich für wichtig – auf zyklische Integrationsmodelle. „Gerade die zweite Generation wird in

sich, in dieser Logik gedacht, bereits um die dritte Generation), tragen mitunter dazu bei, daß sich die Arbeit in die Kontinuität der Ausländerforschung einreiht. Die Jugendlichen werden auf die Opferrolle festgeschrieben, die den Blick verstellt auf die (Mehrheits-) Gesellschaft, die mehr Anteil an dieser Dynamik der Bandenbildung hat, als nur Anerkennung zu verweigern, und die die Täterrolle dann als einzig legitimierte Ausweichmöglichkeit offen läßt. Der Zusammenhang von Bandendelinquenz und der gesellschaftlichen Situation ist meines Erachtens nicht zwingend, vielmehr nur aus den einzelnen Biographien zu rekonstruieren.

Aus der Arbeit von Tertilt entwickeln sich neue Fragen, die den Raum für weitere Forschungen eröffnen. Die schon weiter oben beschriebene Trennungserfahrung in früher Kindheit weisen auch die von Tertilt befragten Jugendlichen auf. Explizit taucht diese Verarbeitung nicht in den Interpretationen auf. Man muß sie zwischen den Zeilen lesen. Was wäre denn wirklich die biographische Verarbeitung der Vater-Sohn-Beziehung und der fehlenden Anerkennung hierin, was unterscheidet sie und was verbindet sie zu vergleichbaren anderen (deutschen) Biographien von gewaltbereiten männlichen Jugendlichen? Wozu dient der Gewaltdiskurs innerhalb der Gesellschaft? Und impliziert die Annahme einer fehlenden Anerkennung, daß falls die Jugendlichen (wie auch immer) integriert wären, die Bandenbildung und die Delinquenz dann nicht stattgefunden hätte?

Zentrales Thema ist für mich das Geschlechterverhältnis, welches von Tertilt im Kapitel über Männlichkeit implizit thematisiert wurde. In den Rekonstruktionen der „Beleidigungsduelle" der Jugendlichen, die den Status innerhalb der Gruppe festlegten und ein Gradmesser für Männlichkeit waren, steckt auch ein Erklärungsmodell, welches nicht auf die Anerkennungsdefizite abhebt und damit die kausale Verkettung von Tertilts Interpretationsansatz erweitert. Männlich sein heißt in der Sichtweise der Power Boys aktiv sein, sexuell dominant und andere „anzumachen" (vgl. 189 ff.). Die Opfer der Gruppe waren in dieser Logik unmännlich, passiv, was die Jugendlichen mit *ibne* (schwul) übersetzten und in aller Regel Deutsche charakterisiert. Tertilt folgt bei der Interpretation dieses Rituals den Überlegungen von Schiffauer über den Ehrbegriff (1983) und übernimmt dabei dessen kulturalistische Deutungsmuster (siehe oben). Es ist durchaus zutreffend, daß, wie Tertilt schreibt, das Ehrkonzept in der Herkunftskultur der Eltern und der subkulturellen Lebenswelt der Jugendlichen eine nicht unerhebliche Rolle spielt; es ist darüber hinaus richtig, daß die Art der Delinquenz, die in der Gruppe entstanden ist, sich nicht aus dieser kulturellen Besonderheit ableiten läßt. Aber – und das scheint mir wichtig – die Deutung dieses Rituals alleine vor einem symbolischen Hintergrund, die eine kulturalistische Reduktion ergibt, versperrt den

---

diesen als ‚problematisch' thematisiert, aber eine fast automatische ‚Problemlösung' (Integration, Assimilation) für die dritte Generation angenommen." Ergänzen würde ich, daß der Begriff darüber hinaus ethnozentrisch gefärbt ist, da er in diesem Zusammenhang ausschließlich für Jugendliche aus Immigrantenfamilien benutzt wird.

Blick auf eine weitere Ebene der Interpretation, bei der diese symbolische Grenzziehung durch Sexualität zwischen Deutschen und Türken, so wie sie von den Power Boys errichtet wurde, als Resultat der veränderten Geschlechterbeziehung in türkischen Immigrantenfamilien erscheint.

In den biographischen Analysen hatte Tertilt die Bande in ihrer individuellen Funktion für drei Bandenmitglieder beschrieben. Bei allen drei unterschiedlichen Fällen zeigt sich, daß eine Idealisierung des Vaters und seine gleichzeitige Abwertung zu verzeichnen war. Die Ambivalenz der Väter gegenüber den Söhnen, die nicht dem väterlichen Vorbild folgen, die Ambivalenz der Söhne den Vätern gegenüber, daß diese nicht die gewünschte Stärke besitzen, um die paradoxe Lebenssituation der Migration aufzulösen, spiegelt sich unmittelbar in diesen beschriebenen Vorstellungen, Ritualen und Inszenierungen von Männlichkeit wider. Die Ambivalenz wird in den Ritualen zu neutralisieren versucht. In der Selbstethnisierung der Jugendlichen als *Türken*,[46] erfinden diese in ihren Handlungen einen starken Vater, sie wollen ihn selbst repräsentieren, seine Schwäche und seine Uneindeutigkeit, seine mangelnden Handlungskompetenzen vergessen. So findet sich ein Rückgriff auf ethnische Motive der männlichen Herkunftskultur.

Die typische Inszenierung von Männlichkeit, wie sie bei den Jugendlichen erkennbar ist, verweist meines Erachtens auf die Modernisierung der Geschlechterbeziehung, wie sie sich auch in den Familien der Power Boys qua Migration vollzogen hat. Das Konzept der Ehre hat sich nun überholt, wird aber, weil kein neues für die moderne, urbane Lebenswelt gültiges Konzept entwickelt wurde, wieder reaktiviert. Über Frauen und die Mütter der Power Boys erfahren wir wenig. Offen bleibt, ob dies den Zugang Tertilts, seinen eingeschränkten Blickwinkel oder die Lebensrealität der Jugendlichen widerspiegelt. So würde ich anmerken, daß die Ethnographie der Turkish Power Boys viel aussagt über das Spannungsfeld, in dem sich *diese Boys* befinden, nämlich in dem Anerkennungsdefizit seitens der Gesellschaft und ihrer Väter. Über Lebenszusammenhänge und Verarbeitungsformen von Statusdefiziten der Migrantenkinder allgemein lassen sich anhand des Materials und den Interpretationen wenig Aussagen und verstehende Rekonstruktionen entwickeln. Hier würde ich weitere Forschungen ansetzen, die das modernisierte Geschlechterverhältnis, die migrationsspezifische Geschlechter- und Generationenspannung herausarbeiten. Der Abschied von einer kulturalistischen Deutung wäre damit eingeleitet.

---

[46] Und nicht als in Deutschland geborene Türken. *Die* Türkei ist somit eine imaginierte, fiktive Quelle der Identitätsbildung. „Die kollektive Selbstinszenierung als ‚türkische Jugendliche'", so schreibt Michael Bommes in seiner empirischen Studie über türkische Jugendgruppen, „weist Differenzierungen eines Beziehungsstatus zurück und hält damit auf Distanz. Diese Haltung suggeriert, daß alles ein ‚Ausländerproblem' sei." (1993, 483). Die Gemeinsamkeiten zwischen *Power-Boys* und deutschen männlicher Jugendlichen (mit ähnlichen vergleichbaren Biographien) wären, so meine Vermutung, sicher größer als die vermeintlichen Differenzen.

Zwischenergebnisse: Zauberformel Identität und Kultur als Rest

Die „Obsession" der Ausländerforschung, nur Identität, Kultur und Sprache[47] im Fokus zu haben (Czock/Radtke 1994), hat sich in den bislang skizzierten Forschungsarbeiten (und den Kritiken) deutlich herausgestellt. Diese zwei Residuen, Kultur und Identität, möchte ich im folgenden noch einmal kurz in ihrer Relevanz und Wirkung in der Ausländerforschung und darüber hinaus im gesellschaftlichen Rahmen betrachten. Nachdem ich die Konstruktion des *Anderen* in der Ausländerforschung nachgezeichnet habe, möchte ich in der Zusammenfassung dies auch theoretisch unterbauen.

„Es ist schon möglich", so schreibt Lothar Baier, „daß viele Menschen hinter der Metapher Identität etwas Unbestimmtes suchen, das sie von dem Leiden an dem grauen Rauschen einer sich ständig weiter differenzierenden Gesellschaft erlöst. Doch statt es zu lindern, fügt die Identitätskultur ein weiteres Mangelgefühl hinzu, indem sie die Unlust an der Identität zum schlimmsten aller Defekte erklärt." (1985, 18)

Was hier als Orientierungshilfe Identität allgemein beschrieben wird, gilt ganz besonders für die kulturelle Identität. Das beständige Ringen um Identität, „das Auf-der-Suche-Sein" nach dem „eigentlichen Wesen" spielt eine besondere Rolle in der durch Brüche und Friktionen gekennzeichneten deutschen Geschichte, scheint eine wichtige Frage zu sein, die zuvörderst geklärt werden muß, um eine Person auf einen sicheren Stand zu heben. Es ist sicherlich als äußeres Anzeichen einer inneren Krise zu deuten, wenn bei diesen schon fast hektisch bis beschwörend sich abspielenden Identitätsdiskursen Identität als abgeschlossenes Faktum vorgezeichnet ist, das auf eine statische Fixierung hinweist; die Suche nach Ordnung, nach Eindeutigkeit, die den eigentlichen Kern der Frage nach *der* Identität ausmacht, verharrt immer im Singular.

Es gibt Identität anscheinend immer nur als Einzelstück. Billige Restposten im Ausverkauf des Supermarktes der Moderne. Identität als Thema wird immer dann aktuell, wenn man glaubt, Störungen oder Defizite entdeckt zu haben. So ist es kein Zufall, daß das Thema Identitätspolitik die aktuellen Diskurse um Einwanderung, Minderheiten sowie Nationalstaat und überhaupt einen Großteil der wissenschaftlichen Forschung an den Rändern der Gesellschaft, jenseits des kulturell-hegemonialen mainstreams nachhaltig prägt. Daß dabei kein theoretisch verbindliches und empirisch haltbares Identitätskonzept zu verzeichnen ist, der Begriff verwendet wird, wie er gerade opportun erscheint, und vor allem *nicht* als diskursiver Prozeß verstanden wird, nimmt nicht wunder. Dahinter verbirgt sich die simplifizierende Gleichung: Staat = Nation = nationale oder kulturelle Identität. Doch Identität ist nicht als kausales Ergebnis von irgendwelchen ethnischen Zugehörigkeiten abzuleiten, ge-

---

[47] Zum Untersuchungsfeld Sprache vgl. Bommes (1993), der in seiner gesellschaftlich rückgebundenen Sprachuntersuchung (die als Kulturanalyse verstanden wird) aufzeigt, daß die Rede von Migranten als Form der Artikulation der Erfahrung in der Migrationsgesellschaft zu verstehen ist.

nausowenig, wie Identität ein unumstrittenes relevantes Konzept in den Sozial- und Kulturwissenschaften wäre.

Identität, wie sie in den dominierenden kultur- und sozialwissenschaftlichen Kategorien bestimmt wird, ist eine *Leerformel*. Den Begriffen Nation, Ethnie und Volk liegt ja a priori kein naturwüchsiges oder historisches Substrat zugrunde; es handelt sich vielmehr um Konstrukte, oder besser gesagt: um imaginierte, fiktive Gemeinschaften, die erst das erfinden, was sie zu benennen vorgeben und letztlich keine Klarheit bieten können, eher noch Ambivalenzen schüren, statt diese zu eliminieren (vgl. Anderson 1988, Balibar/Wallerstein 1990). Im Spannungsfeld zwischen kollektiv thematisierter und öffentlich gelebter Identität lassen sich somit keine eindeutigen Positionen festmachen, zeigen sich in der Moderne vielfache Mehrfachidentitäten. Benötigt man daher überhaupt einen Identitätsbegriff, erzeugt man dadurch, daß man daran festhält, nicht die Illusion eines statischen Konzeptes der Person, fern jeder Veränderung durch Raum und Zeit? Und vor allem: Eine Analyse der Identitäts*politik*, so wie sie von Geertz vorgeschlagen wurde, wäre ein wichtiger Ansatzpunkt, um die gegenseitigen Verstrickungen von Identität und den Identitätsforschern wenigstens ein Stück aufzulösen.

Identität, so schrieb Claude Lévi-Strauss (1977) einmal, sei ein „*foyer virtuel*". Das ist wohl – wenn schon darauf abgehoben werden soll – der einzige tragfähige Identitätsbegriff. Dabei verweist die französische Übersetzung und auch die Etymologie des Wortes foyer auf einen feinen Doppelsinn: foyer bezeichnete ursprünglich einen beheizbaren Raum, eine Feuerstelle; einen Ort im *oikos*, der den Menschen lebensspendende Wärme gab und um den herum sich das kollektive Leben gruppierte. Diese Wurzel verweist auf die Bedeutung der Identität als Ort, wo man sich (in sich selbst) der Möglichkeit nach – das bezeichnet das zweite Wort – virtuell – zu Hause fühlt und fühlen kann. Zugleich ist das foyer dann in der modernen Bedeutung die Wandelhalle z. B. im Theater, wo man anderen Menschen begegnet, an einem Ort, wo andere Menschen auf der Bühne wiederum ein Spiel mit Identitäten treiben. Das *foyer virtuel* bleibt für alle Interpretationen offen.

Kultur erscheint, so die pointierte Analyse von Heinz Bude (1995), vor allem als Problem. Er unterscheidet im gegenwärtigen Diskurs der Sozialwissenschaften und ihren Gegenständen vier Kulturschemata.

- *Kultur als Kategorie*: „Kultur beginnt sich aufzulösen, sobald man anfängt, über ihre methodische Herstellung nachzudenken. Als Kern des Begriffs bleibt schließlich eine vage Idee des Zusammenhangs übrig. Die Kategorie der Kultur, so wie sie in den Sozialwissenschaften heute meistens verwendet wird, verdankt sich einem ethnologischen Effekt. Man nimmt eine Haltung künstlicher Dummheit an und wundert sich darüber, was die Leute tun, denken, fühlen und wollen." (Bude 1995, 775) Kulturelle Identität ist instabil, sie verschwindet in dem Augenblick, in dem sie geschaffen wird. „Wer sich also auf den Begriff der Kultur einläßt, landet mit einer gewissen Zwangsläufigkeit bei einer Haltung des kulturellen Relativismus." (ebd. 777)

- *Kultur als Recht*: Die Verwendung der Formel Kultur, der kulturellen Identität, verschafft einem automatisch Rederecht im öffentlichen Raum. Sie produziert das Gefühl dazuzugehören, da das gesellschaftliche Modell der Integration der Gesellschaft durch Arbeit nicht mehr funktioniert. Sie ist der authentische Ausdruck im Zeichen von Pluralismus, Individualismus und Differenz. „Vom Anderssein wird ein Recht des Dabeiseins abgeleitet." (ebd. 779)
- *Kultur als Ressource*: Kulturelle Assimilation verläuft, wie die Chicago-School dargestellt hat, über subkulturelle Abgrenzung, d.h. die Bevorzugung der „eigenen Leute". Das Voranschreiten der kulturellen Assimilation bedeutet persönliche Selbstverantwortung. Die Erfolgreichen in diesem System werden zu Propheten des Individualismus, die Erfolglosen aber zu Propagandisten fundamentalistischer Kulturwut, die in einer imaginären Kultur der Herkunft einen Bezugsrahmen finden (ebd. 780).
- *Kultur als Täuschung*: Das Dilemma der hochindustriellen Gesellschaft ist – so schreibt Bude mit Verweis auf Lapeyronnie/Dubet (1994) – , daß sich Kultur mit ihrem Versprechen eines expressiven Individualismus verbindet, der sich aus Traditionen und Wurzeln herleitet. Auf der anderen Seite steht der Markt mit diversen Konsumchancen und Lebensstilangeboten, die ständig wechseln und sich wiederholen. Die Immigrantenkinder der dritten Generation wollen aber beides: Rückhalt in der Herkunft und Spaß am Konsum. Aber vielleicht müssen wir gar nicht in existenzialistischer Manier dem Wunsch nach Herkunft abschwören. Wir dürfen nur nicht glauben, daß es dafür ein gültiges Bild gäbe (S. 781). Kultur ist ohne Dauer und Gültigkeit somit immer nur als Rest denkbar.

Kultur als Rest bedeutet zum einen, daß sie als immer wechselnde und unbeständige, unverbindliche Kategorie ihre Erklärungskraft verliert, zum anderen, und das scheint mir eine wichtige Paradoxie, gerade wegen der Unbeständigkeit immer wieder als Erklärungsversuch herangezogen wird. Bude zeigt auf, daß Kultur vor allem eine Semantik – also eine Bedeutungskategorie – ist und sinnstiftend eingesetzt wird. Sicher liegt das an der Funktionalität (Czock/Radtke 1984) dieser simplifizierenden Gleichung Kultur = Handlung = Identität.

Kulturalistische Erklärungsmodelle verhelfen zu einer gewissen Stabilität bei der Deutung einer im Sog der Modernisierung stehenden Gesellschaft. Sie werden als Strategien eingesetzt, um Komplexität zu reduzieren, um Ambivalenzen zu neutralisieren und ein Ordnungsmodell aufrechtzuerhalten, das den Objektcharakter der Forschungsteilnehmer zementiert. Damit kann die Ungleichheit wieder in den Vordergrund gedrängt und der Machtfaktor der eigenen Überlegenheit bestätigt werden.

Den ethnozentrischen Charakter der Kulturkonfliktthese hat Christian Giordano hervorgehoben und diese Art der Betrachtungsweise treffend als „Miserabilismus" bezeichnet (Giordano 1988, 248). Die miserabilistische Betrachtungsweise ist defizitorientiert und wird von Giordano definiert als Interpretationsweise der Migrationsphänomene, „die sich ausschließlich nach mittel-

und nordeuropäischen Standards richtet, ohne tatsächlich und präzise auf die Motive, Weltbilder und Wertvorstellungen der Handelnden einzugehen. Hier kommt eigentlich nochmals – und diesmal auf subtile Weise – die ethnozentrische Überzeugung zum Ausdruck, daß die urban industrielle Kultur konstitutionell überlegen ist und daß Gastarbeiter auf Grund ihres spezifischen kulturellen Hintergrundes im Endeffekt – wie die amerikanischen Ethno-Methodologen sagen – ‚judgemental dopes' sind. Hiermit wird aber ganz deutlich, daß sich hinter einer progressiv anmutenden Argumentation wieder einmal die Gespenster des Ethnozentrismus verstecken." (ebd.) Die Unterscheidung zwischen Einheimischen und Migranten verläuft damit entlang der Grenze zwischen „Wilden" und „Zivilisierten".

Fremde und Ambivalenz

Die Verschränkung von *Identität* mit *Kultur*[48] ergibt sich daraus, daß im sozialwissenschaftlichen und dem allgemein gültigen Minderheiten-Diskurs kulturelle Identität als kausales Resultat der Zugehörigkeit zu einer bestimmten *Ethnie* gesehen wird. Kultur wird dabei als das sauber zu haltende Terrain einer sich als ethnisch-kulturell homogen verstehenden Gesellschaft bestimmt. Das Projekt zur Re-Ethnifizierung von Politik und Gesellschaft, welches Lothar Baier hier wirken sieht, kommt aus zwei verschiedenen Richtungen daher. Eine Gleichsetzung von nationaler oder ethnischer Identität und Kultur, die Betonung von Differenzen, Identität und Kultur sind sowohl begriffliche Säulen im multikulturellen Diskurs der Linken wie auch der Argumentation der neo-rassistischen Neuen Rechten (Baier 1993, 102). Und weiter: „Die Verbindung mit dem Begriff ‚Identität' treibt der Kultur eben den Charakter des Veränderbaren und Prozeßhaften wieder aus. Indem der ‚multikulturelle Diskurs' die sozialen Konflikte, die im Zusammenhang mit der Immigration entstehen, kulturalisiert, befördert er in Wirklichkeit ihre schleichende Ethnifizierung." (ebd., 103)

Im Zusammenhang von Kultur und Identität steht auch die Kategorie der Ethnizität, die mehr oder weniger implizit in den meisten hier beschrieben Arbeiten steckt. Eckhard Dittrich und Frank-Olaf Radtke haben in ihrem gemeinsam herausgegebenen Sammelband „*Ethnizität*" (1990) den Beitrag der Wissenschaften zur Konstruktion ethnischer Minderheiten untersucht. Ethnizität als Kategorie in den Sozialwissenschaften begreifen sie als „Ordnungsmodell", das im Kampf um Deutungshegemonien eingesetzt wird. Damit wird auch soziale Realität erzeugt. In kritischer Auseinandersetzung mit der von Glazer und Moynihan (1975) vorgeschlagenen und nicht nur in den USA einflußreichen Kategorie der *ethnicity* – das die vertikale Ungleichheit zwischen ethnischen Gruppen an ein Konzept von „norm-achievement" koppelt, demzufolge die Normen einer ethnischen Gruppe den Normen einer dominanten

---

[48] Also von zwei im bisherigen Kanon der Ausländerforschung statischen und eindeutigen Begriffen.

Gruppe unterlegen sein können (vgl. Dittrich/Radtke 1991, 29) – schreiben die Herausgeber: „Vernachlässigt wird bei dieser Konstruktion der wechselseitige und dynamische Transformationsprozeß, der zwischen sozialen Strukturen und kulturellen Mustern besteht und der beide, Struktur und Kultur, permanent verändert." (ebd.)

Dittrich und Radtke, die ein kompetenztheoretisches Konzept von Identität unterlegen, sehen Ethnizität und ihre Entstehung anders: Nämlich als Ergebnis der Durchsetzung von Interessen unter Ausnutzung formeller und informeller Diskriminierungsmöglichkeiten seitens der Mehrheit. „Nicht weil die ‚Anderen' die Regeln nicht beherrschen, sondern weil man sie diese nicht lernen und sie nicht mitspielen läßt, geraten sie ins Abseits. [...] Die praktischen Konsequenzen einer so begründeten Deutung der Wirklichkeit der Diskriminierung von Minderheiten wären Anstrengungen, die Mehrheitsgesellschaft zu verändern und nicht länger Defizite der Minderheiten zu kompensieren oder ihre Identität zu modellieren – mit welcher Absicht auch immer." (Dittrich/Radtke 1990, 31)

Die Ethnisierung der Migrations- und Minderheitenforschung[49], es könnte auch heißen: die *Ausländerisierung* der ethnischen Minderheiten, verstehe ich einerseits als einen Versuch, die Prozesse, die sich aus der Migration als Folge der Modernisierung[50] von Gesellschaften ergeben, beschreibend zu neutralisieren. Neutralisiert werden muß dabei eine tiefsitzende Ambivalenz, die zum einen wissenschafts- und ideengeschichtlich rekonstruiert werden kann und eine kolonialistische Denkweise reproduziert und die Alterität aufgrund eines evolutionären Weltbildes generell zum Problem erhebt. Zum anderen sehe ich darin eine typisch moderne Reaktion auf die Wahrnehmung und Verarbeitung von *Fremdheit*. Zu berücksichtigen ist ferner, „daß die sozialwissenschaftliche Debatte [über Migration] de facto Teil eines gesellschaftlichen Diskurses ist, in dem Begründungen für politisch bedeutsame Entscheidungen über den Umgang mit Migranten ausgehandelt werden." (Bommes/Scherr 1991, 303)

Im folgenden möchte ich die ambivalenten Gefühle, die Fremdheit[51] her-

---

[49] Vgl. Bukow/Llaroya (1988) zur politischen und vor allem wissenschaftlichen Produktion der Ausländer. Integration steht unvereinbar fast immer Herkunft entgegen. Bommes/Scherr sehen die Ethnisierung der Migration als Ausdruck einer gesellschaftlichen Konstellation, in der sozialtechnische Konfliktregulierungen an ihre Grenze geraten sind. Soziale Konflikte im Zusammenhang mit Migration werden dann auf kulturelle Probleme reduziert (vgl. Bommes/Scherr 1991).

[50] Dies deckt sich zum Teil mit der These von Uli Bielefeld, der mit Bezug auf die Fichte´schen „Reden an die Nation" zeigte, daß der entstehende moderne Nationalismus in Deutschland auch als Reaktion einiger Intellektueller auf Verunsicherungen eines komplexen Modernisierungsprozesses verstanden werden kann (vgl. Bielefeld 1991, 107). Mir geht es aber vor allem um die Verwissenschaftlichung dieses Verunsicherungsprozesses, d.h. dem Auftrag an die Wissenschaft, diese Phänomene aufzugreifen und zu bearbeiten.

[51] „Sowohl für den einzelnen als auch für die gesellschaftlichen Instanzen kommt das Fremde/das Andere nicht als schlichte ‚Realität' vor, sondern nur als soziale, kontext-

vorrufen können, in einer modernen Verarbeitung (zu der auch die Ausländerforschung, wie bereits zu sehen war, gehört) beschreiben, bevor ich dann abschließend eine wissenschaftsgeschichtliche Dimension auslote.

Diese kritische Analyse der Ausländerforschung kann gelesen werden als eine theoretische Aufarbeitung der Fremdheitserfahrung in der deutschen Gesellschaft, als Zeichen der Ambivalenz und Verleugnung der Einwanderung in der deutschen Kultur. Oder auch – und das wäre meine These: Die Ausländerforschung ist ein zentraler Ort gesellschaftlicher Praxis. Hier werden die Fremden kategorisiert, eindeutig gemacht und wieder, so bearbeitet, in den gesellschaftlichen Diskurs und mehrheitsfähigen Konsens eingereiht; sie kommen in die kleinen sauberen Schubladen der Begriffe.

Nomen est Omen, auf diese prägnante Formel lassen sich die Aussagen von Dietrich Thränhardt bringen, der aufzeigt, daß Ausländer seit langem als Objekte deutscher Interessen und Ideologien fungieren. Allein die Begriffsgeschichte des Wortes Ausländer von Fremdarbeiter über Gastarbeiter, zu den ausländischen Arbeitnehmern, dann den ausländischen Mitbürgern und schließlich bis zum heute gebräuchlichen Begriff Ausländer[52] zeigt, daß die Bezeichnungen immer auch an primären Unterscheidungsmerkmalen festgemacht worden sind. „Es dürfte kaum irgendwo", so urteilt Thänhardt, „eine derart dichte Begriffsgeschichte der Ausgrenzung geben." (Thränhardt 1984, 116)

In seiner überaus reichhaltigen, wenn auch nicht vollständigen Literaturübersicht über Fremdheitsforschung kommt Alois Wierlacher zum Schluß, daß Ambivalenz und Ambiguität des Fremden ein erster Fluchtpunkt kulturwissenschaftlicher *Xenologie* sei. „Zu den forschungsleitenden Annahmen gehört die Überzeugung, daß Wissenschaft mittelbar auch etwas mit der Ordnung unseres Tuns zu tun habe, weil das Fremde [...] immer auch eine Bezugsgröße ist und Fremdheitsforschung infolgedessen eine Komponente normativer Praxeologie des Umgangs mit Fremdem und Fremden einschließt." (Wierlacher 1993, 38)

---

abhängige Deutung, die ihrerseits auf Unterscheidungen und Bezeichnungen beruht und eine Konstruktion ist", schreibt Frank-Olaf Radtke in seinem „*Lob der Gleich-Gültigkeit*" (1991, 80). Die in der Moderne von ihm positiv hervorgehobene Wahrnehmung von und Reaktion auf die Fremden, mit Nicht-Entscheidung, also mit Gleichgültigkeit und Indifferenz zu reagieren (vgl. ebd. 91), ist auf einer individuellen/intersubjektiven Ebene praktikabel, kann aber von gesellschaftlichen Institutionen nicht angewandt werden. Diese Institutionen (wie zum Beispiel eine Ausländerbehörde) handeln zumeist mit einem spezifischen Auftrag, der *den* Fremden unter ein (ethnisches) Kollektiv subsumiert.

[52] Der Begriff Ausländer hebt vor allem die Fremdheit hervor und entstammt einer staatsrechtlichen Terminologie. Der Fremde ist ein Prototyp für eine bestimmte Frage, auf die er eine Antwort anbietet. Diese Frage ist aber nicht vom Fremden gestellt, sondern wir lassen uns vom Fremden in Frage stellen. Der, die oder das Fremde kann dabei auch sehr vertraut sein. Es kommt darauf an, wie man selbst dazu steht. Kulturalisierung kann von daher auch als Scheitern an sich selbst verstanden werden (zum ‚Fremd-Machen' und der Dialektik von Abgrenzung und Integration vgl. Radtke 1996)

Die Aneignung des Fremden geschieht auch und vor allem über Kategorien der wissenschaftlichen Beschreibung derselben. „Aggressiv wird der Ideologieverdacht dort", schreibt Wierlacher weiter, „wo Aneignung im Konstruktionsprozeß von Wissenschaft als Gewalt- und Herrschaftsprozeß aufgefaßt wird; das *Be*greifen des Fremden erscheint als sich-*ver*greifen an ihm." (Wierlacher 1993, 107)

Er verweist zu dieser Sichtweise u.a. auf den Ethnologen Hans Peter Duerr, der die gesamte wissenschaftliche Translationspraxis, das Übersetzen des Fremden in das Eigene, abqualifiziert. „Das Fremde gilt als verstanden, wenn es in die vertrauten Kategorien übersetzt ist." (Duerr in Wierlacher 1993, 107) Was den Ansatz von Wierlacher auszeichnet, ist die Hereinnahme einer Hermeneutik des Fremdverstehens in die Germanistik und Literaturwissenschaft. Problematisch ist dieser Ansatz jedoch da, wo das Fremdverstehen *nur* über das Erkennen der Alterität verläuft. Das Fremde bleibt dabei als unhintergehbare Kategorie bestehen. Daß das Fremde auch und vor allem das eigene Fremde sein kann, und damit die Kulturalisierung des Verstehensprozesses aufhoben ist, wird dabei nicht reflektiert.

Der Begriff und die Praxis der Aneignung ist offensichtlich problematisch geworden. Wo – außer vielleicht in ästhetischen Kunstformen, z.B. der Literatur, Musik oder der bildenden Kunst – kann es diese Aneignung oder besser: Begegnung ideologiefrei geben, die an den beiden vorhandenen Reibungsflächen von „fremd" und „vertraut" kreative Potentiale freisetzen kann, welche schließlich auf das Fremde in einem selbst und auf die Dialektik der Kategorien von „fremd" und „vertraut" verweisen[53]. Hat Wissenschaft angesichts dieser Aufgabe, die ihr ja inhärent ist, Relevanz? Was spielt sich im Diskurs der Wissenschaften über Fremdheit ab, welche Funktionen bekommt dieser Diskurs zugeschrieben? Wo liegen immanente Defizite und Widersprüche?

Menschenfresser – Fremdenfresser

Bezugnehmend auf Levi-Strauss' „*Traurige Tropen*" beschreibt Zygmunt Bauman (1993) die vormoderne Strategie „primitiver" Gesellschaften, auf den Fremden zu reagieren. „Ihre Strategie ist die *anthropophagische*, sie essen, verschlingen und verdauen (integrieren und assimilieren *biologisch*) die Fremden, die gewaltige, mysteriöse Kräfte haben – vielleicht hoffen sie, sich diese Kräfte zunutze zu machen, sie zu absorbieren und zu ihren eigenen machen zu können. Im Gegensatz dazu verfolgen wir eine *anthropoemische* Strategie (aus

---

[53] Darauf hat Sigmund Freud in seiner kleinen Schrift „*Über das Unheimliche*" (1966) hingewiesen: Das Unheimliche geht auf das „Altbekannte" „Längstvertraute" – eigene verdrängte Unbewußte – zurück (Freud 1966, 231) Besonders augenfällig ist die Nähe und die Spannung von „unheimlich" und „heimisch", also der *Heimat* der Menschen. Das Unheimliche bei Freud bezeichnet somit eine affektive Beziehung zum Fremden, da er ein Repräsentant all dessen ist (oder sein kann), was man bei sich selbst verdrängt hat und nicht es als Eigenes zulassen will und kann.

dem griechischen *eméô*, sich erbrechen). Wir speien die Gefahrenträger aus und entfernen sie aus dem Raum, in dem das geordnete Leben stattfindet." (a.a.O., 519)

Der Unterschied zwischen historisch aufeinanderfolgenden Gesellschaften wird durch diese unterschiedlichen Strategien nicht markiert, beide Strategien sind vielmehr in jeder Gesellschaft, also auch in der modernen, gleichzeitig wirksam. „Phagische und emische Strategien werden gleichzeitig angewandt, in jeder Gesellschaft und auf jeder gesellschaftliche Organisationsebene. Beide sind sie unverzichtbare Mechanismen der Bildung sozialer Räume, aber sie sind gerade deshalb wirksam, weil sie gleichzeitig vorkommen, nur als Paar." (ebd.)

In der Moderne sind die Fremden aber allgegenwärtig und nicht mehr entfernbar. Die beiden beschriebenen Strategien helfen nicht, das „Problem" der Fremden zu lösen, es zu umgehen. Daher ist die Kontrolle über die soziale Raumbildung ein Weg, über das Phänomen der Fremdheit, Herrschaft zu stabilisieren.

Für die verworrenen, ambivalenten Gefühle, die die Fremden durch ihre Anwesenheit hervorrufen, ihren Status als unterdefinierte, unterdeterminierte Andere, die weder Nachbarn noch Fremdartige und doch potentiell beides sind, für diese Gefühle schlägt Bauman den Begriff *Proteophobie* vor. Dieser Begriff ist abgeleitet von dem Meeresgott Proteus aus der griechischen Mythologie, der sich in alles verwandeln kann, keine bestimmte Gestalt hat (vgl. 1993, 520). „Der Begriff bezeichnet die Befürchtungen, die durch diese vielgestaltigen, andersartigen Erscheinungen geweckt werden, die sich verstockt jeder Zuordnung verweigern und die vertrauten Klassifikationsraster unterminieren. [...] Proteophobie bezeichnet also die Abneigung gegenüber Situationen, in denen man sich verloren, verwirrt, entmachtet fühlt. Solche Situationen sind offensichtlich das Abfallprodukt sozialer Raumteilung [...]." (ebd.)

Erinnern wir uns an das zu Anfang beschriebene Problem der wissenschaftlichen Beschreibung des Fremden: Bei Stagl hieß es, daß die wissenschaftliche Beschreibung des Fremden als Ordnungsmodell einen Machtgewinn über den beschriebenen Gegenstand verschafft. Das bedeutet, daß die soziale Raumbildung auch über die Ausländerforschung verläuft, daß die aufgeräumten Schubladen der Begriffe dazu benutzt werden, Proteus darin zu bannen. Hier kommt als Rettungsanker auch wieder ein statisches Verständnis von Identität und Kultur ins Spiel.

Bauman schreibt, daß Raumbildung und Identitätsproduktion zwei Seiten desselben Prozesses sind: „Das Verlangen nach Identität (also nach einem unumstrittenen sozialen Raum), vervollständigt durch Xenophobie, wächst in einem Ausmaß, das in umgekehrtem Verhältnis zum Selbstbewußtsein seiner Träger steht, und es wird höchstwahrscheinlich auf dem Terrain vor Anker gehen, das ‚Kultur' genannt wird und in der Tat geradezu darauf zugeschnitten ist, die innerlich widersprüchliche Anforderung zu erfüllen." (S. 526)

Fast zwangsläufig rekurriert der ethnische Kulturdiskurs auf Konzepte wie

Lebensform, Tradition, Gemeinschaft. „Die Abweisung von Fremden mag davor zurückschrecken, sich in rassistischen Begriffen auszudrücken, kann sich aber nicht das Eingeständnis ihrer Beliebigkeit erlauben, soll sie nicht jede Hoffnung auf Erfolg einbüßen; sie artikuliert sich deshalb in Begriffen der Unvereinbarkeit und Unvermischbarkeit der *Kulturen* oder der Selbstverteidigung einer von der Tradition ererbten Lebensform. Der Horror der Ambivalenz sedimentiert sich im Bewußtsein als der Wert gemeinschaftlichen Zusammenhalts und Konsens, den einzig gemeinsames Verstehen schaffen kann." (S. 527)

Dieser Kulturdiskurs – im Zusammenhang mit der Ausländerforschung kann es auch Minderheitendiskurs[54] heißen – lebt von zuschnappenden Reflexen. Nicht die Kritik allein und die Bekämpfung der Ideologie allein bringt ihn zu Fall, ganz im Gegenteil, hier ist ein Motor für seine Verbreitung am wirken. Denn, so schreibt Bauman, „sowie man akzeptiert, das Zusammenleben bzw. die Absonderung von Rassen und Kulturen sei tatsächlich ‚das Problem', hat man begonnen, der xenophoben Ausschließung das Feld zu überlassen; sowie man, anders gesagt, die Bedeutung bestimmter Kategorien anerkennt, die genau vom Ausschließungsdenken, dem man sich widersetzen will, zum Problem gemacht werden." (S. 531)

Einen Ausweg aus dieser Sichtweise, die kulturelle Differenzen als Kraft anerkennt, die alle anderen vielfältigen Gemeinsamkeiten und Unterschiede zerstört, sieht Bauman allein in der standhaften Weigerung, die Gültigkeit des rassistischen, kulturalistischen und kommunalistischen Diskurses – sei es auch nur polemisch – zu akzeptieren[55], und im Appell an die Grundlage, von der dieser Diskurs sich abgewandt hat, die einzige Grundlage, von der aus dem Betrug widerstanden werden kann: im Appell nämlich an die unveräußerliche moralische Verantwortung des autonomen menschlichen Selbst. Wenn auch Bauman bei dieser emphatischen Äußerung die antirassistische Legitimierung vor Augen hatte, kann ich dieser vorgeschlagenen Haltung nur zustimmen, da sie die Mechanismen der Argumentationslogik dieses Diskurses sehr deutlich herausgearbeitet hat: Sobald in die Argumentation eingestiegen wird, akzeptiert man deren Gültigkeit. Für die Ausländerforschung, das hat sich bisher gezeigt, heißt dies, daß sie nicht *immanent* kritisiert werden kann.

Die wissenschaftsgeschichtliche Kontinuität eines evolutionären Weltbildes und der schon angedeuteten eurozentrischen Haltung, die zweite Kolonisierung[56] der Ausländer in der und durch die Ausländerforschung besteht darin, daß Ausländer (das stereotype Begriffsbild für Arbeitsmigranten) als *doppelte Objekte* fungieren. Als einerseits beliebig abrufbare und einsetzbare – damit

---

[54] Siehe dazu meine Ausführungen in Kapitel 5.

[55] Vgl. die kritisch konstruktive Anti-Rassismus Methodendiskussion in Argument 195, 1992, die vor den Gefahren und Fallstricken eines schwärmerischen Antirassismus ebenso wie vor einem moralisierenden Antirassismus warnt und die These von Bauman unterstützt.

[56] Vgl. Leclerc 1972 zur Verwicklung von Ethnographie und Kolonialismus.

unverzichtbare – Objekte in der modernen Ökonomie und zum anderen als (Studien-) Objekte zur Qualifikation und Professionalisierung von Wissenschaftlern (Griese 1981)[57].

Ich beziehe mich für den ersten Punkt im folgenden auf die Studie von Lydia Potts, die als eine Art Universalgeschichte der Arbeitsmigration gelten kann. Sie geht den Anfängen der Arbeitsmigration zur Zeit der Conquista bis zu den aktuellen Migrationen in die westlichen Industrieländer nach. Ihre Hauptthese stützt sich dabei auf die Existenz eines *„Weltmarkts für Arbeitskraft"*, den sie in seiner historischen Entwicklung, der gegenwärtigen Struktur und in entwicklungstheoretischer Analyse beschreibt. Die meisten klassischen Ansätze zur Erklärung von Migration erscheinen vor diesem Hintergrund sehr eindimensional und bilden das komplexe Zusammenspiel von Ökonomie, Zuwanderung und Einwanderungspolitik nicht angemessen ab.

Unter Weltmarkt für Arbeitskraft (im folgenden WfA) versteht Potts im weitesten Sinne den Transfer von lebendiger Arbeit, also Arbeitsmigration. Dabei werden historisch drei Phasen unterschieden.

Am Beispiel der verschiedenen Phasen der Einwanderung in die USA zu Beginn des Industrialisierungsprozesses und dem Beginn der Arbeitsmigration in die industrialisierten Zentren Europas, der Zwangsarbeit während des zweiten Weltkriegs und dem WfA der Gegenwart zeigt die Autorin die *Zusammenhänge* von Arbeitsmigration und Imperialismus und die ausschließenden Kriterien wie Rasse, Nationalität etc. auf dem Arbeitsmarkt: „So liegt den Wanderungen von Arbeitskräften im internationalen Maßstab eine Hierarchie zugrunde: Arbeiter/innen aus den wenig industrialisierten Gebieten Europas wandern in hochindustrialisierte Staaten, sie werden in ihrem Herkunftsland dann durch Arbeiter/innen aus den unterentwickelt gehaltenen Ländern ersetzt. Diese Tendenz ergänzt den geschilderten Prozeß der Verlagerung der Rekrutierungsgebiete in die unterentwickelten Länder, der bei den Migrationen in die hochindustrialisierten Gesellschaften Westeuropas zu beobachten ist." (S. 182)

Potts formuliert vor dem Hintergrund des WfA eine Kritik neuerer und älterer Theorieansätze (Imperialismus-, Dependenz-, Entwicklungstheorien) sowie „Klassikern" von Marx und Engels. Das abschließende Kapitel entwickelt in der Konsequenz der derzeitigen Theoriedefizite schließlich eine Theorie des WfA, die historisch untergliedert wird: „aufgrund dessen läßt sich in der Geschichte des WfA eine grobe Einteilung in zwei Hauptphasen vornehmen. Die erste Phase umfaßt die Entstehung und Entwicklung des WfA im Kolonialsystem; die zweite beginnt mit der Industrialisierung und hat die direkte Einbeziehung der kapitalistischen Metropolen in diesen Weltmarkt zur Folge. Die angeeignete äußere Arbeitskraft wird nun auch innerhalb der kapitalistischen Gesellschaften in den Produktionsprozeß einbezogen, so daß sie vor allem

---

[57] An anderer Stelle schreibt Griese. „Die Ausländerpädagogik hat die Qualifizierung der Pädagogen nicht der Ausländer zur Folge." (1984, 45)

durch die Arbeitsmigranten in den metropolitanen Gesellschaften sichtbar wird."(S. 245)

Die historische Betrachtung und die Aktualität des WfA zeigen, daß „die Ausbeutung dieser ungezählten Millionen von Arbeitskräften vor allem aus den kolonisierten Kontinenten permanenter und integraler Bestandteil der westeuropäischen wie nordamerikanischen Ökonomien war und ist, daß dies zur Grundlage ihrer Entwicklung auf das heutige Niveau wurde" (S. 269).

Die Arbeit von Vassaf Gündüz, die ich weiter oben vorstellte, hatte den kolonialen Kontext mit in die Überlegungen zur Situation von Jugendlichen aus Immigrantenfamilien einbezogen und in der Relevanz für die Ausländerforschung beschrieben. Die Migranten im WfA wurden dann in den Mehrheitsgesellschaften „beforscht".

Hartmut Griese (1984) fragte sich in diesem Zusammenhang, ob ein kritischer Sozialforscher nicht eine moralische Verantwortung für seine Studien trägt[58]. Für die Ausländerpädagogik als Spezialisierung der Ausländerforschung, schreibt Griese, sei die Legitimierung vor allem über die Thesen der Ausländerprobleme und Defizite und der völlig andersartigen Kultur der Gastarbeiter verlaufen. Der Auftrag an die Forschung lag auf Lösungsvorschlägen, Konzepten und Modellen für die „Integration". Dadurch wurden formale, strukturelle und politische Mängel pädagogisiert. Dabei entstand ein neuer Typus des Fremden: der „*gläserne Fremde*", wie Griese (1984) es pointiert formuliert hat. Folgende Punkte kritisiert er bei den „selbsternannten Experten" der Ausländerforschung:

- Jugendliche als Objekte von Forschung, Pädagogik, von Modellen und Maßnahmen; es besteht eine konjunkturelle Vermarktung der ‚Ausländerprobleme' in Wissenschaft, Pädagogik und Praxis, in Publikationen der Medien,
- die distanzierte und objekthafte Beziehung zwischen Deutschen und ‚Ausländern', Forschern und Untersuchungsgegenstand,
- die Kolonisierung von Lebenswelten,
- die enge Verknüpfung, bzw. Abhängigkeit der Ausländerforschung von der Ausländerpolitik
- und die Grenzen des wissenschaftlichen Einflusses auf pädagogische Möglichkeiten (vgl. Griese 1984, 11f).

Nach dem systematischen Durchgang durch unterschiedliche Bereiche der Ausländerforschung zeigt sich, daß auch 12 Jahre nach der Kritik von Griese wenig Veränderungspotentiale ausgeschöpft wurden, die Ausländerpädagogik

---

[58] Vielleicht hat Griese die herbe Kritik an seiner Arbeit über die zweite Generation (s.o.) mit beeinflußt, sich in einer selbstkritischen Reflexion der moralischen Verantwortung zu stellen. „Unschwer zu erkennen ist, daß diese Klassifikation von Migrantenkindern dem Bundesinnenminister z.B. die ‚wissenschaftlichen' Argumente für die menschenverachtende ‚Nachzugspolitik' liefert, mit der er alle Kinder aufgrund der schlechten Integrationsprognose vom Schulalter an aus ‚humanitären Erwägungen' von ihren Eltern fernhalten will." (Czock/Radtke 1984, 39)

zwar insgesamt an Bedeutung verloren hat, da eine Wende zu einer interkulturellen Pädagogik vollzogen wurde, die kulturelle Verschiedenheit nicht länger als Defizit verstand. Nicht überwunden wurde dabei jedoch der gruppenspezifische Blick auf Migrantenkinder, der sie als Repräsentanten einer bestimmten nationalen Kultur wahrnimmt und wiederum zu kulturalistischen Stereotypen führt (vgl. Diehm 1994, 129, Diehm/Radtke 1997). Die Perspektive der Ausländerforschung hatte sich inzwischen auch auf die anderen Disziplinen übertragen und sich als fächerübergreifendes Paradigma etabliert.

Die Ideengeschichte der Wissenschaft in der Zuschreibung der Alterität hat seine Wurzeln in der Transformationsmaschine Europa, in der Aufklärung und den Ansatzpunkten der Modernisierung. Wie sich evolutionäre und kolonialistische Denkformen in der europäischen Wissenschaftstradition herausgebildet haben, das hat Siegfried Stockhammer in seinem Aufsatz *„Schnappschüsse in Schwarzweiss, oder wo liegt Afrika?"* (1985) auf den Punkt gebracht. Darin stellte er einen detaillierten Strukturvergleich zwischen den Charakterisierungen Hegels über Afrika und den Darstellungen Freuds über das Es an.

In Hegels Geschichtsphilosophie erscheint Afrika als das Kinderland, in schwarze Farbe gehüllt, die Neger sind geschichtslos, bildungsunfähig, ohne Gewissen und ohne Über-Ich. Bei Freuds Metapsychologie gilt das Es als der dunkle, unzugängliche Teil der Persönlichkeit. An vielen Stellen entstehen in der Montage Stockhammers[59] Parallelen zwischen den dunklen Kontinenten von Freud und Hegel: „Hegels Darstellung der Weltgeschichte, und Freuds Darstellung der Individualgeschichte sind beide (wie explizit auch immer) an einem Modell orientiert, das man mit der Idee der ‚Stufenfolge', eines hierarchisch gegliederten Fortschreitens der Menschheit, wie auch des einzelnen Individuums, kennzeichnen könnte. Hegels ‚Neger', wie auch das noch seinen Triebansprüchen ziemlich unmittelbar unterworfene Kind, in seiner ganzen ‚Eshaftigkeit' stehen in dieser ‚Stufenordnung' an der untersten Schwelle, während die Europäer, bzw. das reife genitale Ich, mehr oder weniger die oberste Sprosse der Geschichtsleiter repräsentieren." (Stockhammer 1985, 13)

Beide Theorien enthalten Momente einer naiven Metaphysik, wenn sie sich mit dem ganz Anderen auseinandersetzen. Eine universelle Theorie über Fremdheit und ihre notwendige Aufhebung aber hat nur die europäische Kultur hervorgebracht und vor allen Dingen auch weltgeschichtlich durchgesetzt. „Bei der Frage, welche Bedeutung solche Theoriebildung für die Identität der an ihrer Entstehung beteiligten Kopfarbeiter haben kann, muß man sich vergegenwärtigen, *wer* diese Kopfarbeiter *sind*: erstens Angehörige jener Kultur,

---

[59] Die Montagetechnik ist nicht zuletzt deshalb problematisch, weil sie die Zitate dem Zusammenhang entreißt, dennoch verweisen gerade die Zitate auf die Grundlagen des europäischen Geistes, die sich hier exemplarisch an zwei herausragenden Denkern aufweisen lassen. Ich frage mich, ob Stockhammer Freud nicht zu selektiv gelesen hat. Gerade Freuds kulturtheoretischen Schriften stellen die „Wilden" auf eine Stufe mit den „Zivilisierten" und stellen so die Thesen Stockhammers in ein etwas anderes Licht.

die sich gegenüber allen anderen als *die* beherrschende durchzusetzen vermochte, zweitens in eben dieser Kultur tendenziell wiederum Angehörige der oberen Schichten, der Elite, drittens schließlich – von ihrer individuellen Herkunft her – meistens Klein- bzw. Bildungsbürger mit ganz spezifischen Aufstiegswünschen und Karrierephantasien." (ebd. 15)

So hat Stockhammer bei seinen Hieben auf die ‚Säulenheiligen' des europäischen und übrigens kritischen Geistes vor allem individuelle Strategien über den Umgang mit Fremdheit bei diesen Theorieproduzenten freigelegt. Daß diese Theorien dann, der emischen Strategie verpflichtet, die Begründung und geschichtsphilosophische Legitimation der Kolonisierung qua Überlegenheit der eigenen Kultur[60] geliefert haben, darauf hat auch Klaus Kreimeier (1985) hingewiesen: Die „Geophagie" Afrikas wurde in diesen Begründungszusammenhängen geboren. Hier sind die historischen Bezüge des Eurozentrismus der Ausländerforschung zu suchen. „Wir entrinnen der Geschichte nicht – am wenigsten dadurch, daß wir sie nicht zur Kenntnis nehmen" schreibt Kreimeier (1985, 111). Die Frage, die hier anzuschließen ist, zielt ab auf die Verleugnung und fehlende Erinnerung an die eigene Geschichte. Wo die Produktion von Mythen und unscharfen Bildern anfängt, da ist ein affektgeladenes Feld am Wirken, das unbearbeitet bleiben soll und desymbolisiert wird. Was aber ist die Realität hinter den Konstruktionen?

Vielleicht – und hier komme ich wieder auf die Ausgangsfrage zurück – sollte das wissenschaftliche Erkenntnisziel und seine Formulierung realistischer und damit wieder bescheidener werden. Damit meine ich, daß nicht generelle *Antworten* auf allgemeine Fragen geliefert werden können, sondern vielmehr – und genau hier liegt meines Erachtens eine Stärke der reflexiven und kritischen Kultur- und Sozialforschung – weitere *Fragen* angefügt werden. Fragen, die im Erkenntnisraum produktiver sind, weil der Prozeß ihrer Beantwortung nicht stillstehende Denkarbeit voraussetzt, verhindert ein allzuschnelles Abgleiten in komplexitätsreduzierende Strategien und läßt die Polyphonie der Stimmen bestehen. „Weder die Anthropologie noch eine andere Wissenschaft hat eine generelle Erklärung für diese [ethnischen] Konflikte, geschweige denn ein Allheilmittel. Man kann allenfalls eine Weise der Diskussion, des Redens über diese Probleme anbieten." (Geertz 1994, 393)

Oder man kann – und hier würde ich die Vorschläge von Geertz ergänzen –

---

[60] Mit Bezug auf Elias' „Studien über die Deutschen" schreibt Elcin Kürsat-Ahlers (1982, 42), daß der Kulturbegriff ganz allgemein als kollektiv wirkender bürgerlicher Kompensationsversuch gegenüber dem universalistischen Verhaltenskanon der europäischen höfischen Gesellschaft entstand. In der Tat ist hier eine mögliche Quelle des ethnozentrischen Weltbildes zu vermuten. Für die höfische Gesellschaft war zumindest die Frage der Herkunft nicht ethnisch relevant, einzig die Abstammung im Sinne der adligen Familienbezüge spielte eine Rolle. So ist das englische Königshaus eigentlich deutscher Abstammung, der „deutsche" Kaiser Friedrich der Zweite als Herrscher über das heilige römische Reich deutsche Nationen mit Sitz in Süditalien, der deutschen Sprache nicht mächtig gewesen.

Fragen zu schon bestehenden Antworten suchen. Diese Fragen reflektieren, so wie es Toni Morrison für die Entwicklung der amerikanischen Literatur gezeigt hat, das Verhältnis zu den Anderen. In ihrem Essay „*Vom Schatten schwärmen*" (1996) hat sie das Verhältnis der „weißen" und der „schwarzen" Konstruktionen in der amerikanischen Literatur untersucht und aufgezeigt, daß die Rassenfrage für die etablierten Weißen zur *Metapher* geworden ist, um über gesellschaftliche und ökonomische Probleme zu reden, ohne sich selbst zu thematisieren, ohne sich selbst in die Betrachtung mit einzubeziehen. Morrison schreibt: „Die Sklavenbevölkerung [...] bot sich als Ersatz selbst zum Nachdenken über die Probleme menschlicher Freiheit an, über ihre Verlokkung und ihre Undefinierbarkeit. Diese schwarze Bevölkerung stand zur Verfügung zu Meditationen über den Schrecken – den Schrecken europäischer Outcasts, ihre Furcht vor Versagen und Machtlosigkeit, einer Natur ohne Grenzen, Ureinsamkeit, innerer Aggression [...]. Mit anderen Worten, man meinte, diese Sklavenbevölkerung habe sich geradezu angeboten zu Reflexionen über menschliche Freiheit, und zwar nicht nur im abstrakten Sinne des menschlichen Vermögens und der Menschenrechte." (Morrison 1996, 37)

Für die Ausländerforschung kann diese Aussage in einer modernisierten Form gelten: Hier wurde auf der Folie der Verunsicherung durch die Moderne eine Reflexion über Entwurzelung, Identität, Kulturverlust und dergleichen mehr angestellt, die ausschließlich die *Anderen* betraf. Distanziert zu beobachten, damit schwindet die Fähigkeit zur Selbstreflexion. Im nächsten Kapitel werde ich diese Haltung als „kontemplative Haltung" beschreiben und ihre methodologischen Implikationen herausarbeiten. Überwindet man diese Haltung und kommt qua Selbstreflexion und Aushandeln zu einem subjekthaften Verständnis der Forschungsteilnehmer, dann gelingt es, auch wieder (eingeschränkte) Wahrnehmungsweisen und damit allzu schnelle Kategorisierungen zu überwinden. Die Verabschiedung der *–ismen*, die die Ausländerforschung so nachhaltig bestimmen: Essentialismus, Kulturalismus und Miserabilismus, wäre damit vielleicht endlich und endgültig eingeleitet.

Der britisch-pakistanische (Drehbuch-) Autor und Regisseur Hanif Kureishi hat in dem Film[61] „*Mein wunderbarer Waschsalon*" (1986) mit ethnisch geleiteten Stereotypen ironisch gespielt. Der Waschsalon, den ein britischer Jugendlicher und ein aus Pakistan eingewanderter, aber in London aufgewachsener Jugendlicher gemeinsam betreiben, wird zu einem gesellschaftlichen Mikrokosmos und spiegelt die Lebens- und Überlebensstrategien der beiden in der multiethnischen Metropole London. *Entwurzelt*, so zeigt es Kureishi im Film, ist nicht der eingewanderte, sondern der britische Junge.

Eine wenngleich prosaische, so doch seinen reichhaltigen Erfahrungsraum repräsentierende Erklärung über die Ressentiments, die Emigranten hervorrufen, hat Salman Rushdie entwickelt und zugleich auf eine wichtige Spur verwiesen. Ich möchte sie an dieser Stelle präsentieren und damit die kritische

---

[61] Stephen Frears führte Regie.

Bestandsaufnahme ausgewählter Arbeiten der Ausländerforschung beschließen. Rushdie neigt zu der Theorie, daß diese Ressentiments mit der Bezwingung der Schwerkraft in Zusammenhang stehen. „Wir haben", schreibt er, „das vollbracht, wovon seit alters alle Menschen träumen, das worum sie die Vögel beneiden; das heißt: wir sind geflogen. Ich setze Schwerkraft mit Zugehörigkeit gleich. Beide Phänomene existieren nachweislich: Meine Füße haften am Boden, und nie war ich wütender als an dem Tag, an dem mein Vater mir sagte, daß er das Heim meiner Kindheit in Bombay verkauft hatte. Doch beide sind unerklärt. Wir kennen die Wirkung der Schwerkraft, aber nicht ihren Ursprung; und um zu erklären, warum wir an unserem Geburtsort hängen, geben wir uns als Bäume aus und sprechen von Wurzeln. Schauen Sie unter ihren Füßen nach. Sie werden keine knorrigen Wurzeln sehen, die aus ihren Sohlen sprießen. Wurzeln, so denke ich manchmal, sind ein Mythos des Bewahrens, der uns an unserem Platz festhalten soll. Die der Schwerkraft und der Zugehörigkeit komplementär entgegengesetzten Mythen haben denselben Wortstamm: Flug, Flucht. Migration (lat.), die Wanderung von Individuen od. Gruppen im geographischen oder sozialen Raum (z.B. der Zugvögel). Fliegen und fliehen: zwei Möglichkeiten, die Freiheit zu suchen [...] etwas merkwürdiges an der Schwerkraft ist, nebenbei, daß man sie zwar nicht erklären kann, aber gleichzeitig niemand Schwierigkeiten zu haben scheint, sich ihren theoretischen Gegensatz zu vergegenwärtigen: die Schwerelosigkeit." (Rushdie 1983, 102f.)

Der Schwerkraft, also Zugehörigkeit, läßt sich leicht als selbstverständliches, aber letztlich nicht erklärbares Muster über die Schwerelosigkeit, also Entwurzelung, beikommen. Dem Mythos des Bewahrens, den mächtigen und hartnäckig festsitzenden Metaphern der Wurzeln, steht – und das wird sich im empirischen Teil der Gespräche mit den Jugendlichen aus Immigrantenfamilien erweisen – ein erweitertes Bild gegenüber: das der *Luftwurzeln*. Sie bilden sich aus in einem Prozeß, der die bestehenden Mythen über die Differenzen der Kulturen und Bedingungen und Ursachen von Migration negiert. Rushdie hat mit seiner Theorie über die Aufhebung der Schwerkraft durch Migration eine Spur gelegt: Die Frage nach dem Ursprung und der Kraft der Mythen.

Mindestens drei Mythen sehe ich für dieses Feld in Rede gestellt: der Mythos der ethnisch und kulturell homogenen Mehrheitsgesellschaft, die durch gezielte soziale Steuerung Assimilationspotentiale mobilisieren kann, dann auf Seite der Minderheitenkulturen der Mythos der Emigration als kurze „soziale Auszeit" (Bommes 1992, 83), das heißt nur vorübergehend die Herkunftskultur verlassen zu haben, um eine andere zumindest materiell gesichertere Zukunft zu entwerfen, und schließlich der zentrale Mythos des Ausländerforschungsparadigmas, personen- und kontextunabhängiges Wissen zu produzieren, methodisch und theoretisch mit neutralem Handwerkszeug zu operieren. Wie sich diese drei Mythen gegenseitig bedingen, was die forschungsimmanenten und lebenspraktischen Folgen für Jugendliche aus Immigrantenfamilien sind, das wird im weiteren Mittelpunkt meiner Arbeit stehen.

Methoden, Wahrnehmungstechniken und Interpretationen

> Die Kunst der Hermeneutik ist die Kunst sich etwas sagen zu lassen.
>
> Hans Georg Gadamer

Nach der Analyse der in Kapitel 3 dargestellten Arbeiten aus dem Ausländerforschungsparadigma hat sich als zentraler Punkt die Verleugnung der wechselseitigen Beziehung in der Forschungssituation und eine nachhaltige Subjekt-Objekt-Trennung, eine Negation der Subjekthaftigkeit der Forschungsteilnehmer gezeigt. Die Erkenntnisbeschränkung durch diesen methodischen und theoretischen Zugriff hält sich nachhaltig in einen Großteil der Forschungen im Bereich der Migrations- und Minderheitenforschung, und ist *eine* Folge der versuchten Negation der Dialektik von Subjekten und Objekten in der Forschung: „In der Tat ist gerade das jeweils spezifische Subjekt-Objekt-*Verhältnis* das wesentliche Unterscheidungsmerkmal der verschiedenen Grundmodelle empirischer Feld- bzw. Sozialforschung. Es ist als Schnittstelle aller sowohl konstruktiven als auch verzerrenden Einflußfaktoren zugleich der mit Abstand sensibelste Problembereich jeder Wissenschaft, den es deshalb – forschungsbegleitend – stets kritisch zu reflektieren gilt." (Dammann 1991, 27)
Hier schließe ich nun an die gängige und dominierende Forschungspraxis eine Methodenreflexion an, die vor allem die Forschungsbeziehung im Fokus hat.

Blickt man zurück auf die heftig geführte Diskussion über Erkenntnistheorie in den Sozialwissenschaften, die als Positivismusstreit bezeichnet wurde und in die Wissenschaftsgeschichte Eingang gefunden hat, dann erscheint die Trennung von Methodenreflexion und Forschungspraxis weiterhin Bestand zu haben, die Frankfurter Positivismuskritik keine nachhaltigen Folgen gehabt zu haben. So sieht es Hartwig Berger (1974, 17), der in seiner Kritik der Einstellungsmessung und anderer standardisierter Verfahren nachweist, daß diese Methoden vorrangig das an Herrschaftsverhältnisse angepaßte Sozialverhalten und Bewußtsein erfaßbar machen (ebd. 9) und statistisch verwertbare Daten erzeugt werden sollen. Diese Verfahren und die darin vorgegebenen Untersuchungsinstrumente degradieren die Untersuchten zu Forschungsobjekten. Wie und wozu eine *gegenstandsangemessene* Methode entwickelt werden kann, die diesen engen Wahrnehmungsrahmen verläßt und einer anderen Erkenntnisfrage nachgeht, das versuche ich in diesem Kapitel aufzuzeigen.

Dabei greift meine Auswahl exemplarisch auf Arbeiten zurück, die Forschungsmethoden reflektieren, um die Forschungspraxis zu verändern. Verschiedene Konzepte aus unterschiedlichen Wissenschaftstraditionen wurden dazu erarbeitet, die die Subjekt-Objekt-Beziehung als Ausgangspunkt des Verstehens nehmen. Dabei werde ich mich auf die Punkte beschränken, die

Gemeinsamkeiten und Unterschiedlichkeiten in der Veränderung der Subjekt-Objekt-Beziehung aufweisen und sie an meine Überlegungen anschließen. Hier soll pointiert gezeigt werden, wie vor allem durch eine radikale Veränderung der traditionellen Subjekt-Objekt-Beziehung Erkenntnisbeschränkungen überwunden werden können.

Der Blick auf die Subjekte der Forschung wird dabei erkenntnistheoretisch verwendet, um selbstreflexiv aufzulösen, was in der Forschungsbeziehung abgebildet ist[62]. Damit verbunden ist auch die Präsenz der Forschungsbeziehung – oder, um es mit Elias auszudrücken, die Figuration, als bestimmtes Beziehungsgeflecht, das Menschen miteinander verbindet (vgl. Elias 1986, 90). Ich stelle dabei zunächst vier ausgewählte Ansätze vor und suche nach Gemeinsamkeiten und Differenzen dieser Ansätze. Ihr Beitrag zu einer Erkenntniserweiterung, die sich der Anerkennung einer Dialektik zwischen Selbst und Anderen in der Forschung widmet, wird dabei überprüft. Diese Vorgehensweise wirft ein Schlaglicht auf die gängige Verstehenspraxis kultureller Äußerungen von Forschungsteilnehmern und -teilnehmerinnen in der Kultur- und Sozialforschung.

Zum einen sind in der Arbeit von Kevin Dwyer *„Moroccan Dialogues"* (1982) diese Überlegungen wegbereitend für die Ethnologie dargelegt worden. Zum anderen folge ich dem Vorschlag von Hans-Peter Waldhoff (1995) über die Verschränkung von zivilisationstheoretischen und ethnopsychoanalytischen Betrachtungen bei der Beschreibung des Verhältnisses von Zivilisation und Fremdheit. Dabei werde ich den wissenssoziologischen Ansatz von Waldhoff aufgreifen und mit dem von Treibel (1988) kontrastieren. Schließlich werde ich eine Erweiterung dieses Ansatzes vorschlagen, die darauf abzielt, die ethnopsychoanalytischen durch das ethnoanalytische Verfahren (Bosse 1994) zu präzisieren, da es gerade bei der Frage der Analyse der Forschungssituation eine Radikalisierung dieses Erkenntnisinteresses aufweisen kann. Damit zeige ich auf, wie der Ansatz der psychoanalytisch-sozialwissenschaftlichen Hermeneutik (Bosse/King 1998) den traditionellen Wissenschaftsdiskurs über das Fremde zu überwinden hilft und sich als gegenstandsadäquate Methode für die Migrations- und Minderheitenforschung etablieren läßt, die dadurch zu einer komplexen und kritischen, methodisch und theoretisch offenen Kultur- und Sozialforschung transformiert werden könnte.

In seiner Einführung über *„Dialogische Forschungsmethoden"* legt Jörg Sommer (1987) als eine Prämisse einer kritischen Sozialforschung dar, daß der Dialog nicht nur Forschungsgegenstand, sondern vor allem auch als Forschungsmethode verwendet werden kann, um zu mehr Reflexivität bei den

---

[62] Etymologisch rekonstruiert heißt Methode, aus der griechischen Übersetzung von méthodos, wörtlich: der Weg auf ein Ziel hin. Die Methode, die ich entwerfe, kann und soll also ein Weg sein, wieder die Subjekthaftigkeit der Forschungsteilnehmer in der Forschung anzuerkennen. Hermes ist nicht nur als Götterbote Namensgeber der Hermeneutik, ihm kommt hier eine weitere Aufgabe zu: Als Gott der Kreuzwege weist er die Richtung.

Forschungsteilnehmern und Selbstreflexivität beim Forscher zu gelangen, und damit eine angemessene Methode kritischer Sozialforschung auszuarbeiten (vgl. Sommer 1987; zum dialogischen Paradigma und den beiden Strukturprinzipien Dialog und Reflexion: Dammann 1991). Den Dialog als ethnographische Methode anzuwenden, spielt in der qualitativen Sozialforschung eine wichtige Rolle: er steht für die Begegnung zweier (oder mehrerer) Individuen. Die Stimme des „Anderen" erscheint hier als ganze Stimme, wird nicht auf Stichworte etwa beim Abfragen eines Fragebogens reduziert und erscheint im Verlauf der Forschung als Subjekt und Teil des dialogischen Prozesses. Selbst (self) und Anderer (other), die beiden Positionen im dialogischen Prozeß, stehen also nicht nur für die Individuen, die sich begegnen, sondern auch für die gesamten kulturellen und gesellschaftlichen Vorstellungen, Absichten und Handlungen, die sie repräsentieren. Selbst und Anderer sind also kein Gegensatzpaar zu Gesellschaft und Kultur, sondern in diesen beiden Teilen enthalten, die soziale und geschichtliche Begegnung dialektisch widerspiegeln (Dwyer 1979, 207).

Wie läßt sich qua Dialog eine Veränderung in der klassischen Dichotomie Selbst – Anderer in der Forschung erreichen? Zur Beantwortung dieser Frage möchte ich zunächst die Überlegungen von Kevin Dwyer anführen, da er mit seiner Arbeit *„Moroccan Dialogues"* (1982) ein neues Paradigma in der Ethnologie geschaffen hat, das die Frage der Repräsentation der Forschungsbeziehung und damit das Subjekt-Objekt-Verhältnis im Fokus hat.

Das Wagnis der Begegnung

„Anthropologie"[63], so schreibt Dwyer (1977, 143) „ist das Hauptmedium für den Diskurs über das Andere. Darin wird das Andere erschaffen und gleichzeitig objektiviert." Die Brücke in eine andere Kultur verläuft gemeinhin über den oder die Informanten. „The informant became, for the anthropologist, an instrument to aid in the pursuit of an abstract object, which we may label the ‚cultural' or ‚scientific' object depending upon which subtradition within anthropology we adopt. Here, the objectification of the informant disguises itself as his disappearance." (Dwyer a.a.O., 144) Gleichzeitig bestehen in der Anthropologie zwei verschiedene und grundlegende Möglichkeiten, die Begegnung mit Menschen einer anderen Kultur zu beschreiben und zu interpretieren: „One is to interpret the experience according to the norms of ‚science' and to create an object for study (or, as the anthropologist may say, an ‚Other') that is strictly distinct from the subject who studies it (the ‚Self'). [...] Or, the anthropologist may reject science and insist on the unique and personal aspects of the experience, trying to recount that experience subjectively, in a manner so-

---

[63] Anthropologie muß hier verstanden werden als Gesamtheit der allgemeinen Kultur- und Sozialwissenschaften. Darin angesiedelt ist ja auch, wie bereits dargelegt, die Ausländerforschung. Vielleicht sollte man, wie es Elias tat, von den *Menschenwissenschaften* sprechen.

mewhat akin to a novel." (Dwyer 1982, XV) Beide Formen hält Dwyer für nicht ausreichend, die ethnographische Erfahrung und vor allem den *Anderen* angemessen zu beschreiben.

Seine Zweifel an der akademischen Anthropologie ließen ihn einen anderen Weg für sein Marokko-Projekt einschlagen. Die Entwicklung der *Moroccan Dialogues* verlief in drei Phasen. Zuerst ausgerüstet mit dem traditionellen Instrumentarium der Anthropologie im Feld bei seiner ersten Forschung, erfuhr Dwyer vor allem Enttäuschungen über die Beschränkungen der akademischen Ausrichtung seiner Disziplin, dann verbrachte er weitere Zeit in Marokko, versuchte diese Enttäuschungen zu verarbeiten, wobei er diese weitere Forschung nicht als (klassische) Feldforschung definierte. Ohne konkreten Forschungsrahmen verbrachte er den Sommer mit Menschen, die ihm seit seiner ersten Forschung vertraut waren, blieb aufmerksam und offen für seine und ihre Bedürfnisse und Wünsche, wollte zusehen, was entsteht. Dabei machte Dwyer immer wieder Tonbandaufnahmen von Gesprächen mit einem marokkanischen Bauern. Mit diesem Bauern, Faqir Mohammed, entstanden die *Moroccan Dialogues*.

Die Quelle dieser besonderen Erfahrung waren für Dwyer zum einen die Beschränkungen der anthropologischen Ansätze und zum anderen sein Wunsch, die Stimme des Anderen aufmerksam zu verfolgen, sie nicht in einem starren Forschungsdesign zu ersticken[64]. Er kam zu einem – wie Dwyer es nannte – Aha-Erlebnis[65], aus dem sich dann seine Infragestellung der Theorie speiste und weiter führte in die Ausarbeitung der *Moroccan Dialogues*, in eine innovative Form der Repräsentation. Hier war der Ausgangspunkt für einen interaktiven Prozeß angelegt, und Dwyer fragte nach den Themen sowie den Ursprüngen dieser Themen.

Die Dialoge[66] sieht Dwyer als Prozeß, als Interdependenz von Selbst (Self) und Anderem (Other): „There is a necessary tie in anthropology between what is studied (the ‚object' or, for the anthropologist, the ‚Other') and who studies

---

[64] Auch die Ethnomethodologie von Harold Garfinkel hat ein ähnliches Anliegen.

[65] Diese Aha-Erlebnis war die erweiterte Erkenntnisperspektive durch den veränderten und nun offenen Zuschnitt der Forschung: „This perspective opens a new domain: we see societies shifting through individuals" (Kevin Dwyer: Dialogical Anthropology – Reflections and Explorations, Vortrag am 30.6.1997 im Frobenius-Institut, Frankfurt).

[66] Von den Theorien Dwyers über das Selbst, welches sich im Dialog in Beziehung zum Anderen setzt, führt ein gerader Weg zu Martin Buber, der im „*Dialogischen Prinzip*" (1984) auch einen Weg zur partiellen Integration des Fremden und Eigenen beschrieb, die in der Entfaltung der Kompetenz liegt, eine Innensicht der Außensicht einnehmen zu können. Aus der Religionsphilosophie heraus entwickelte Buber seinen Ansatz für die Pädagogik, dessen Ziel es ist, zu einer Haltung zu gelangen, die Buber als *Innewerden* beschreibt. In dem Maße, wie das Innewerden wächst, stellt sich auch das Verstehen her. Dieser Prozeß, der das dialogische Prinzip kennzeichnet, hebt die dialektische Beziehung zwischen Ich und Du (den beiden Positionen im dialogischen Prinzip) hervor und reflektiert notwendigerweise den Beziehungsaspekt im offenen Prozeß der Begegnung (vgl. Buber 1984, 153)

it (the ‚subject' or the ‚Self'): each is affected by changes in the other. And, too, because all individuals necessarily carry and express their own society's concerns, the terms *Self* and *Other* must be understood in an extended sense, as embracing yet going beyond individuals, and standing also for the cultural and societal interests expressed in individual action." (Dwyer 1982, 255) Dwyer hat hier ein klares Anliegen. Für ihn ist es eine Notwendigkeit, daß, wenn Anthropologen (oder Kultur- und Sozialforscher) ein wirkliches Interesse und die uneingeschränkte Absicht haben, den Anderen zu verstehen, das eigene Selbst und die Subjektivität mit ins Spiel gebracht werden muß. Das Selbst für den Anderen offen zu lassen, birgt immer auch ein Risiko: es reibt sich an Unvorhergesehenem, am möglichen Scheitern, die eigene Verletzbarkeit, ein offener Prozeß wird sichtbar. Aber das Ziel seines Buches, so schreibt Dwyer, „is not to treat theoretically the vulnerability and integrity of Self and Other, but to show them, as well as one can, in the anthropological encounter with the Other; not to categorize, label, and compare vulnerability and integrity, but to render them visible." (a.a.O., xxii)

Die Abwehr der Verwundbarkeit ist ein wichtiges Anliegen in der Anthropologie – also in den Menschenwissenschaften. Die Verwundbarkeit[67] wird durch das Verharren in einer *kontemplativen Haltung*[68] gebannt, die sich in der Beobachtung des Anderen (des Objektes der Forschung) ausformt. Zwei weitreichende Folgen ergeben sich aus dieser zentralen Prämisse: „Self and Other were essentially independent of one another and that ‚observation' was an objective act that in no way influenced the objects true significance that existed prior to the act of observing it [...]", und zum zweiten, „the Self's claim to objectivity places the Self beyond question: the Self may seek to refine and make more acute its vision of the other but need never examine its own vantage point." (Dwyer a.a.O., 257) Vergleichende und relativierende Positionen verhelfen dieser zentralen Prämisse und ihren Implikationen zu der sichtbaren Wirksamkeit.

Die Unterscheidung zwischen Subjektivität und Objektivität bleibt durch

---

[67] Das sich Einlassen auf den Anderen, als zentrales Motiv der Kultur- und Sozialwissenschaften, ist für die eigenen Rollen und Selbstbilder, Größen- und Allmachtsphantasien, für die ganze Person riskant. Nicht nur die Forschungsannahmen stehen zur Disposition – auch und gerade die Person des Forschers wird potentiell massiv in Frage gestellt. Diese Erfahrung ist, wie Dwyer meint „rooted in a vulnerability of the most fundamental sort, because to expose the Self and to open it to question means not merely to question the individual anthropologist on anthropology's specific hypotheses. Rather, it is to question the Self in it's extended sense: that is, the anthropological effort itself and the social system that give that effort its force." (a.a.O., 256)

[68] Ganz allgemein kann Kontemplation definiert werden als ein konzentriert-beschauliches Nachdenken und geistiges Sichversenken in etwas. Eine religiöse Konnotation versteht Kontemplation auch als Versenkung (Duden, Deutsches Universalwörterbuch 1989). Im hier verwandten Sinne bedeutet Kontemplation auch und vor allem eine Einkapselung des Ichs.

diese Haltung absolut und der Aspekt der Beziehung zwischen Selbst und Anderen wird verleugnet. Der in der Pionierzeit der Ethnographie entstandene Mythos von der unbeteiligten Möglichkeit des Aufnehmens objektiver Daten, bei der alles Persönliche außen vor bleibt und die Ethnographen quasi als „mechanische Aufzeichungsgeräte" funktionieren, wird bei Dwyer radikal in Frage gestellt (vgl. dazu Stagl 1981b, Kohl 1979, Kramer 1977 und vor allem: Clifford 1988). Die Versuche einer anderen Art der Bezeichnung und die Suche nach einer Innensicht aus der zu beschreibenden Kultur führten u.a. zum Ansatz der life-history (den Dwyer hier exemplifiziert an Radin und Kluckhohn). Aber gleichwohl bleiben Forscher und Erforschte strikt voneinander getrennt, es wird den Anderen eine Art generalisierter Subjektivität unterstellt.

Auch interpretative Ansätze, Dwyer nennt hier neben den ethnologischen Arbeiten von Bourdieu vor allem Geertz´ Ansatz der „dichten Beschreibung, verfahren nach dem bewährten Muster, die praktische und die gelebte Erfahrung von der Beschreibung zu trennen. Die Kritik an Geertz formuliert Dwyer folgendermaßen: „In Geertz´s approach, the anthropologist has again become a passive observer or recorder, and the interdependence of Self and Other is supplanted by the interdependence of the anthropologist and the text he or she constructs, a text in which the Other´s constructions are treated in isolation and as having been expressed spontaneously. The dialectical confrontation, for Geertz, does not take place during the field encounter with the Other, but is restricted to the privacy of the anthropologist´s study." (a.a.O., 263)

Die kontemplative Haltung erzeugt in den Menschenwissenschaften also eine Atmosphäre der Handhabbarmachung und Entschärfung (auch Vermeidung) der kulturellen und persönlichen Begegnung zwischen Selbst und Anderem, verleugnet die Subjektivität des Selbst, der Anderen oder von beiden zugleich. Wie die kontemplative Haltung überwunden und der Andere als ganze und konkrete Person beschrieben werden kann, das zeigt Dwyer dadurch auf, daß er den Dialog, den diskursiven Prozeß, die Konfrontation von Selbst und Anderen *als* Ethnographie präsentiert. Das Ziel der *Moroccan Dialogues* ist es, den Prozeß offenzulegen, in dem die Dialoge entstanden.

Die Rekonstitution des Anderen, das anthropologische *Wagnis*, löst die Haltung des isolierten und unabhängigen Selbst (des Forschers) völlig auf. So entspricht der formale Rahmen der „moroccan dialogues" ganz der wortgetreuen Wiedergabe der geführten Gespräche mit dem Faqir, mit allen Brüchen, Verzögerungen, (Selbst-) Reflexionen und Störungen. Davor stellt Dwyer einen allgemeinen und historischen Teil über Marokko, dies stellt den Kontext der Forschung her. Die Gespräche erhalten dadurch ihren Rahmen. Vor jedem Gespräch schildert Dwyer – er nennt dies „event-dialogue motif" – ein Ereignis, das sich davor ereignete, das den Dialog strukturierte und im Dialog reflektiert wurde. Er nennt dieses Motiv eine Metapher, es ist in seinem Verständnis kein Modell einer neu zu denkenden Anthropologie.

Durch diese Blickrichtung auf *event and dialogue* versucht Dwyer nicht der strukturellen Ungleichheit zwischen Forscher und „Informant" zu entkommen, er stellt sie reflexiv in den Mittelpunkt seiner Repräsentation, neue Fragen entstehen: „In the first place, the events and dialogues illustrate the structured inequality of the partners during their encounter: the anthropologist singles out ‚events' and poses questions; the informant answers, embellishes, disgresses, evades. The anthropologist, in part for reasons and in a manner reflecting his own society´s concerns, is pushed to impose form upon his experience, and his questions provide a skeleton designed to provoke the informant to respond [...]. The events and dialogues do not hide this inequality, but instead, help to display it [...] we gain some insight into the kind of understanding he seeks." (Dwyer 1982, xvii) Auf eindrucksvolle Art gelingt es Dwyer, aus der Begegnung mit dem Faqir einen Text entstehen zu lassen, an dem die Leser auf kreative Weise teilhaben können: Beim Lesen wiederbeleben sie die Dialoge und diese Begegnung, die aber über die persönliche Begegnung Dwyers und des Faqirs hinaus in einen erweiterten Kontext transzendiert wird.

Dwyer taucht weder als Erzähler noch als Interpret in den Texten auf, der Text ist nicht von der Erfahrung abgetrennt, die Stimme des Faqirs erscheint als ganze Stimme, er ist im Gespräch mit Dwyer ganzes Subjekt und Teil des dialogischen Prozesses. Gleichzeitig weist Dwyer die Idee der Ko-Autorenschaft[69] zurück, mit der verschiedene Ansätze in der Anthropologie versucht haben, die strukturell ungleiche Beziehung zwischen Forscher und den Forschungsteilnehmern zu harmonisieren.

Ich verstehe die Vorschläge von Dwyer als eine Möglichkeit, methodologisch die Fallstricke der geleugneten Beziehung zu vermeiden und den Erkenntnisraum der Beziehung zwischen Forscher und Forschungsteilnehmer aufzuschließen. Dabei wird die strukturelle Ungleichheit und gegenseitige Abhängigkeit zwischen Forscher und Forschungsteilnehmern, zwischen Selbst und Anderen, reflektiert. In der Anwendung bedeutet das dialogische Prinzip, einen Text aus der Begegnung zwischen verschiedenen Menschen entstehen zu lassen, in dessen Gewebe, ihre Beziehung aufscheint und reflektiert wird. In diesem Text wird nicht *über* Andere gesprochen, Andere werden nicht zum Sprechen gebracht, sondern *mit* Anderen wird gesprochen.

Diese epistemologische Rekonstitution des Anderen, der Fokus auf die Beziehung zwischen Ich und Du, Selbst und Anderem, Subjekt und Objekt der Forschung bedeutet, konsequent angewandt, eine radikale Erweiterung der bisherigen Migrationsforschung überhaupt, die sich schließlich aus der Bewußtmachung und Überwindung der kontemplativen Haltung ergibt, wie ich sie für diesen Bereich als strukturierend im ersten Kapitel beschrieben habe. Eine Türe zu öffnen zur Subjekthaftigkeit der Forschungsteilnehmer, das hat der Ansatz von Dwyer gezeigt, verläuft über den erkenniserweiterenden Einsatz von Selbstreflexivität. Diesen Ansatz möchte ich noch weiter zuspitzen und den zentralen Ansatzpunkt, die Forschungsbeziehung bzw. die For-

---

[69] Vgl. Tylers postmoderne Ethnographie und die Idee der kooperativen und kollaborativen Situation der Forschung (Tyler 1991) und die Kritik von Clifford (1988) an der Inszenierung von ethnographischer Autorität.

schungssituation, in den Blickpunkt der weiteren Überlegungen stellen. Dabei greife ich die Vorschläge Dwyers auf, der die Forschungssituation als Konfrontation und prinzipielles Aushandeln von Forscher und Forschungsteilnehmern beschrieben hat. Dies ernst zu nehmen – vor allem mit in die Untersuchung aufzunehmen – ist ein wichtiger Entwicklungsschritt, um den traditionellen wissenschaftlichen Diskurs über den Fremden aus den Angeln zu heben. Der daraus notwendigerweise folgende zweite Schritt ist die Entwicklung von Lesarten und Verständnisebenen, die aus der Forschungssituation heraus generiert und in Verbindung mit der Textanalyse gebracht werden. Das ist das zu erreichende Ziel, auf das ich hier zusteuere.

Fremde und Zivilisierung

Ich möchte an dieser Stelle überleiten zu einer Verschränkung von wissenssoziologischer Forschung, dem damit einhergehenden Blick auf Migration, deren wissenschaftlichen Beschreibung und der Analyse von Beziehungen. Bei keinem anderen Thema, das sowohl den alltäglichen, als auch den wissenschaftlichen Diskurs der letzten Zeit wesentlich prägte, sind affektgeladene Impulse und Phantasien derart offen zu Tage getreten wie bei dem Komplex Einwanderung, Asyl und Migrationsfolgen. Hans-Peter Waldhoff hat in *„Fremde und Zivilisierung"* (1995) einen wichtigen Beitrag zum Verständnis dieser Affekte ausgearbeitet, da er eine psychische Dimension einführte, die zum Verständnis dieser Affekte aufzuschließen ist. Waldhoff setzt mit seiner wissenssoziologischen Arbeit, die in der Tradition von Elias verwurzelt ist, an den Problemen an, die aus dem Ertragen und Verarbeiten von Fremdheit entstehen. Das ist ein zentrales Motiv in der Ausländerforschung.

Vor dem Hintergrund der türkischen Migration nach Deutschland benutzt Waldhoff zwei wichtige und von Elias entwickelte Modelle: zum einen das Etablierte-Außenseiter-Modell, zum anderen das wissenssoziologische Engagement-Distanzierungsmodell, um schließlich zu einem asymmetrischen Verflechtungs- und Abwehrmodell, welches auf mehreren Ebenen abgebildet wird, zu gelangen. Dieses Modell hat Waldhoff aus den beiden von Elias vorgeschlagenen Modellen synthetisiert. Das Besondere an diesen Modellen ist, daß sie zur Analyse und Erklärung der besonderen Figuration (oder: Beziehung) auf der zwischenmenschlichen und auf der zwischenstaatlichen Ebene herangezogen werden können. Die Machtunterschiede auf der zwischenstaatlichen Ebene werden mit demselben Analysewerkzeug untersucht wie die Gruppenfiguration, die Elias und Scotson in ihrer Studie *„Etablierte und Außenseiter"* (1990) in einer englischen Bergbausiedlung zuerst entwickelten. Zivilisierungsprozesse – oder als integraler Bestandteil davon auch: Modernisierungsprozesse – vollziehen sich nicht passiv, die Subjekte sind darin keine bloßen Zuschauer. Modernisierung geschieht vor allem im und am Körper und im Bewußtsein jedes Einzelnen, was Elias in seiner Arbeit über den *„Prozeß der Zivilisation"* aufgezeigt hat.

Wie sich dadurch auch das Einfühlungsvermögen der Menschen ändert –

sowohl in der Wissenschaft als auch im alltäglichen Handeln und Denken –, hat Waldhoff eindrücklich herausgearbeitet. Wird der Zivilisierungsbegriff von seinen eurozentrischen und stets phantasieaufgeladenen Gehalten entkleidet[70], dann hat er, als reiner Tatsachenbegriff, ein klares Profil, mit dem sich Entwicklungen der Trieb- und Affektkontrolle beschreiben lassen. Die moderne Nationalstaatenbildung, mit dem damit einhergehenden Druck zur Vereinheitlichung, geht, wie Waldhoff aufweist, in Richtung einer Produktion von Fremdheit und der Erfindung des Anderen. Soziale Organisationen unter der Perspektive der Hierarchisierung von Gruppenbeziehungen und Herrschaft zu sehen, bedeutet nachweisbar zu machen, daß die Ethnisierung und Kulturalisierung sozialer Gruppen immer wieder als Versuch erkennbar wird, Gruppengrenzen und Gruppenkohäsion zu Herrschaftszwecken zu verstärken.

Die Herrschafts- und Zivilisierungsdifferenzen zwischen Mehrheiten und Minderheiten, die sich, wie Waldhoff zeigt, sehr gut mit Elias' Etablierten-Außenseiter-Modell beschreiben lassen, werden hier zusätzlich erweitert durch eine psychische Dimension: Die Abwehr des Fremden hat eine enge Verflechtung mit der Abwehr eigener Affekte und Triebphantasien. Waldhoff bemerkt hierzu: „Das Fremde und das Unbewußte scheinen so wie zu identischen Chiffren einer ungreifbaren *Natur*[71] zu werden. So entsteht ein Typus von Fremdheitsgefühlen, der spezifischer modern ist als jener, der sich in den dichtgefügten, konfliktreichen lokalen Gemeinschaften einzuigeln sucht. Die auf zugleich Machtschwächere gelenkten Aggressionen der ‚Zivilisierteren' gegen ihr eigenes Disziplinierungsschicksal begleitet diese blinde Fremdheitsproduktion von nun an, wie ein Schatten. Die zivilisatorisch Ausgegrenzten tragen den wissenschaftlich weniger beleuchteten Anteil an den Kosten des Zivilisierungsprozesses." (Waldhoff 1995, 82)

Das zweite Modell, das wissenssoziologische Engagement-Distanzierungsmodell lenkt die Aufmerksamkeit auf Interdependenzen der zwischen- und innerstaatlichen Ebene, der Ebene der Beziehung der Menschen zur äußeren Natur und vor allem der Ebene der Beziehung der einzelnen Menschen zu sich selbst; zu ihrer inneren Natur. Wichtig ist hierbei, daß auch die Struktur des psychischen Apparats – also der Ausbildung von Ich, Über-Ich und Es Instanzen; von Ich- und Wir-Gefühlen auf der sozialen Prozeßebene verstanden wird. Waldhoff versucht anknüpfend an dieses Modell einige der Aspekte in der Entwicklung der Beziehung zwischen Deutschen und Türken in Deutschland zu erklären und entwickelt dabei das Etablierte-Außenseiter-Paradigma empirisch und theoretisch zu einem Mehr-Ebenen-Modell sozialer Prozesse weiter. „Die zivilisatorischen Aspekte der Probleme, die die Zuwanderung

---

[70] Dies markiert einen Punkt, bei dem Elias häufig mißverstanden wurde. Er hatte den Zivilisierungsbegriff immer in Beziehung zu früheren Stufen der Entwicklungsgeschichte verstanden, nicht als wertend, sondern als prozeßbeschreibend. Beispielhaft für dieses Mißverständnis ist Duerr (1988) über den *„Mythos des Zivilisationsprozesses"*

[71] Hervorhebung im Original.

über ein Entwicklungsgefälle auszulösen scheint", schreibt Waldhoff (a.a.O., 293) hierzu, „verweisen auf den ungelösten Übergang zu einem zivilisierteren Zivilisierungsmuster in den industrialisierten Kernstaaten selbst." Das gilt auch für die innerpsychischen Potentiale der Ausländer-Inländer Figuration.

Von den Anfängen der Migrationsforschung, die durch das Zentralmodell der *„Laws of Migration"* des englischen Demographen und Kartographen E.G. Ravenstein[72] eine erste Markierung fand, über das bis heute einflußreiche – aber hinlänglich diskreditierte „push and pull-Modell"[73] der Migration zwischen Herkunfts- und Zielgesellschaft; bis hin schließlich zur Multikultur-Debatte (vgl. Cohn-Bendit/Schmid 1992) weist Waldhoff im ersten Teil seines Buches die Entfernung der Menschen aus dem Material und die mangelnde „Selbstdistanzierung" der Migrationsforscher nach. Die Angst vor dem Fremden, vor Auflösung psychischer und sozialer Hierarchien, ist ein besonderer Typus der Anomieangst, der die etablierte Gruppe immer wieder befällt. Ebenso deutet Waldhoff die starken gesellschaftlichen Affekte und Phantasien, die das Thema Migration beherrschen, auf der wissenschaftlichen Seite mit einer gestörten Balance zwischen engagierten und distanzierten Wahrnehmungstechniken und mit mangelnder Empathie. Auf der alltagsrelevanten Ebene zeigt er, daß eigene Bedrohungsgefühle auf die Fremden projiziert werden.

Das Engagement-Distanzierungsmodell wendet auch Annette Treibel in ihrer Untersuchung über *„Engagement und Distanzierung in der westdeutschen Ausländerforschung"* (1988) an, einer Arbeit, welche die Analyse und Kritik der Ausländerforschung als einer soziologischen Disziplin voranbringen soll. Treibel geht von folgender Forschungshypothese aus: „Die soziologische Ausländerforschung in der Bundesrepublik befand und befindet sich auf einem niedrigen Distanzierungsniveau; dieses Distanzierungsniveau konnte sich während der verschiedenen Phasen der Ausländerforschung nicht erhöhen, da die Ausländer stets als soziales und politisches Problem wahrgenommen wurden." (a.a.O., 11) Nach Elias fragt der engagierte Beobachter: „Was ist die Bedeutung dieses Ereignisses für uns?"; der distanzierte Beobachter fragt: „Was ist der immanente Mechanismus dieses Ereignisses?" (Elias in Treibel 1988, 9)

Unter einem hohen Druck – so die Analyse von Treibel – waren die meisten bisherigen Betrachtungen und Untersuchungen zur Ausländerforschung moralisierend und politisierend, d.h. in einem starken Engagement involviert, Problemlösungen zu erarbeiten (a.a.O., 18; vgl. dazu auch Bielefeld 1988, 14).

Diese psychologische und symbolische Dimension sozialer Prozesse wird

---

[72] Das Modell bildet Migration nach den physikalischen Gravitationsgesetzen ab, leitet sich also aus den Naturwissenschaften her (vgl. Waldhoff a.a.O., 30).
[73] Portes und Kelly (1989) kritisieren, daß die meisten Studien zur internationalen Migration einen begrenzten Fokus haben und interne Unterschiede unter den Migrationstypen nicht genügend berücksichtigen. Desweiteren halten es die Autoren für wichtig, auf die interne Verschiedenheit der Migrationstypen zu verweisen, die allzu oft von Verallgemeinerungen aus „aggregate-level-data" verschleiert wird.

durch einseitige Distanzierungstechniken ausgeblendet. Waldhoff will demgegenüber am Beispiel von Migrationsprozessen einen Interpretationsrahmen skizzieren, der versucht, solche Wahrnehmungseinschränkungen zu vermeiden. Durch die Integration soziopsychischer Aspekte in das Etablierte-Außenseiter-Modell gelingt ihm so eine Theorie sozialer Ungleichheit. Dabei steht im Hauptfeld der Untersuchung, daß Zivilisierungs- und Dezivilisierungsprozesse in verflochtenen Gruppenbeziehungen (Deutsche-Türken) interdependent verlaufen. Besonders fruchtbar ist die Ergänzung oder besser: Erweiterung der „klassischen" Wissenssoziologie mit dem ethnopsychoanalytischen Ansatz[74], der Selbstbeobachtung und Gruppenbeziehungen zwischen Forscher und Erforschten als zentralen Gegenstand begreift. Obwohl sich die Ethnopsychoanalyse nicht explizit als wissenssoziologisch arbeitend begreift, ist die Strukturanalogie doch nicht von der Hand zu weisen. Die Verschränkung dieser beiden Disziplinen, die Waldhoff in seiner Arbeit besonders luzide in ihrer gegenseitigen Ergänzung beschrieben hat, zeigt, daß gerade die Selbstreflexivität und Selbstbeobachtung in den Wissenschaften noch lange nicht voll ausgeschöpft ist. Eine anzustrebende Balance von Engagement und Distanzierung und schließlich ein *sekundäres Engagement* würde – nach Waldhoff – eine wünschenswerte und notwendige wissenschaftliche Haltung begründen (a.a.O., 31). Demgegenüber votiert Treibel für eine stärkere Distanzierung (a.a.O., 18).

Die geforderte Selbstreflexivität setze ich aber ganz konkret in der Forschungssituation an, das heißt, daß die Selbstbeobachtung nicht nur als abstrakte Haltung im Forschungsprozeß eine Rolle spielen soll, sondern vor allem zur Entwicklung von Lesarten dient. Selbstreflexion ist dabei konstitutives Merkmal einer psychoanalytisch orientierten empirischen Forschung: „Wenn von psychoanalytisch orientierter Forschung gesprochen wird, so wird von einem bestimmten Paradigma ausgegangen, das die Kategorien der Beobachtung bestimmt, d.h. es wird nicht der Anspruch erhoben, Erklärungen *der* Realität zu geben. In einem Bezugsrahmen werden vielmehr Erklärungen von Realität gegeben." (Diem-Wille 1996, 205)

Diese Lesarten werden generiert aus der Analyse von subjektiven Irritationen, Unverstandenem, Brüchen und Störungen im Forschungsprozeß der Gesprächssituation. Hier eröffnet sich ein Übertragungsraum, der als Forschungssituation angelegt ist.

Greife ich dabei wieder zurück auf meine Ausführungen in der Einleitung über den Ansatz der *Cultural Studies*, kulturelle Praxis hinsichtlich einer Politik der Repräsentation zu untersuchen, und die dabei wesentliche Formel der *Radikalen Kontextualität*, so zeigt sich, daß sich hier methodischer und theoretischer Ansatz durchdringen. Als radikale Kontextualität würde ich ebenfalls

---

[74] Waldhoff rekurriert hier auf den ethnopsychoanalytischen Ansatz von Erdheim (1984), der allerdings die Beziehung zwischen Forschern und Erforschten nur indirekt hervorhebt. „Die Ethnopsychoanalyse untersucht das Verhältnis des Individuums zu seiner Kultur; sie gewinnt ihre Daten durch soziale Beziehungen, die sich aufgrund psychoanalytischer Gespräche ergeben." (Erdheim 1984, 33)

das charakteristische Element des methodischen Zugriffs einer ethnoanalytischen Deutungspraxis bezeichnen. Der wissenssoziologische Ansatz geht hier anders vor, er muß nun wieder eingesetzt werden, um sich den Rollen des Forschers im Forschungsprozeß mit ganzer Aufmerksamkeit zu widmen. Waldhoff hat diesen Schritt für eine Aufschließung der psychischen Ebene nicht so vollzogen, daß die konkrete Forschungspraxis eine Veränderung erfahren muß, Treibel hat nur theoretisch darauf Bezug genommen, da ihre Arbeit sekundäranalytisch angelegt war.

Beide Positionen treffen sich dennoch in einer angestrebten Haltung[75], einer zu erreichenden Perspektive, die verbunden ist mit dem Blick auf die eigene Gesellschaft, die von Simmel in seinem Exkurs über den Fremden beschrieben wurde: Es ist die „Objektivität des Fremden" mit dem distanzierten Blick, aus der Perspektive der Außenseiter. Dieser, von Lévi-Strauss auch als *regard éloigné* bezeichnete, fremde Blick des Ethnologen auf die eigene Gesellschaft, wechselt reflexiv den bisherigen Standpunkt und ist daher differenziert und differenzierend.

Erkenntnisinteresse und Relevanz der Arbeiten im Bereich der Migrationsforschung können durch das Ausschöpfen dieses von Waldhoff vorgeschlagenen Weges den *ganzen* Menschen oder besser: die Subjekthaftigkeit der Forschungsteilnehmer wieder zurückholen. Waldhoffs Plädoyer für einen gezielten Schub reflexiver Zivilisierung – dessen Tragfähigkeit er durchaus skeptisch beurteilt – betrifft somit Wissenschaft und gesellschaftliche Praxis gleichermaßen. Zu wenig expliziert scheint mir in diesem Ansatz die konkrete Forschungspraxis, die genau der Dreh- und Angelpunkt sein sollte, die gegenseitige Abhängigkeit und Verwicklung von Forscher und Forschungsteilnehmern zu thematisieren, den daraus resultierenden Themen und Affekten Raum zu geben und daran anschließend eine selbstreflexive Verstehenspraxis zu entwickeln.

Die Entwicklung der hermeneutischen Kulturforschung

Daß das Fremde keine abstrakte Kategorie, sondern eine Beziehungsgeschichte ist, die in der Beziehung zwischen Forscher und Forschungsteilnehmern widergespiegelt wird, das ist bisher deutlich geworden. Diese Erkenntnis wurde in der Psychoanalyse von Sigmund Freud wegbereitend umgesetzt. Wissenschaftgeschichtlich betrachtet hatte Freud damals als Grenzgänger zwischen verschiedenen Disziplinen eine methodologische Neuerung im Diskurs über Krankheit etabliert. Er konnte den Zugang zum Unbewußten nur durch den Einsatz der eigenen Subjektivität im therapeutischen Prozeß herstellen. Mario Erdheim schreibt dazu in seiner wissenschaftsgeschichtlichen Betrachtung von Freuds Beiträgen zur Kulturanthropologie: „Da das Problem der Subjektivität vor allem in der Literatur sprachlich bewältigt wurde, mußte

---

[75] Vgl. Treibel 1988, 226 und Waldhoff 1995, 31

Freud die tabuisierten Grenzen zwischen Literatur und Wissenschaft überschreiten, um den Patienten als Subjekt wahrnehmen und darstellen zu können." (Erdheim 1990, 140)

Blickt man auf die frühe Rezeption der Psychoanalyse durch die Ethnologie, dann fällt auf, daß diese methodologische Neuerung nicht in ihren erkenntniserweiternden Potentialen genutzt wurde. Eine Auseinandersetzung gab es vor allem mit den theoretischen Konzepten (vgl. Róheim 1974, 1977; Malinowski 1981): „In Vergessenheit geriet", schreibt Erdheim weiter, „daß der Zugang zum Unbewußten und die daraus entspringenden Theorien nur über die Neudefinition des Arzt-Patient-Verhältnisses möglich gewesen war" (ebd. 141). Auf den Punkt gebracht heißt dies: „Die entscheidende Wende erfolgte durch den Einbezug der Selbstreflexion in den therapeutischen Prozeß." (Erdheim 1984, 161)

Der darauf aufbauende wichtige Erkenntnisschritt, der darin bestand, die Interaktion des Forschers mit seinem Objekt zu verändern, geschah für die Kultur- und Sozialwissenschaften erst durch die paradigmatische Arbeit von Paul Parin, Goldy Parin-Matthèy und Fritz Morgenthaler. Für ihre Arbeit *„Die Weißen denken zuviel"* (i.O. 1963) wurden die Methoden und Techniken der Psychoanalyse im Feld und als Forschungsinstrument (also ganz im Sinne von Freud) angewandt, das zum Verstehen einer fremden Kultur und deren Subjekten (ebenso wie der eigenen Kultur und dem Selbst) führen konnte. Parin, Parin-Matthèy und Morgenthaler „sehen das Verhältnis von Ethnologie und Psychoanalyse keineswegs als komplementär, sondern dialektisch." (Haase 1996, 18) Fremdverstehen verläuft in diesem Ansatz also über das Selbstverstehen. Die Autoren schrieben dazu: „Der Sinn der Untersuchung ist der, Afrikaner so zu uns sprechen zu lassen, wie sie selber fühlen und denken, und sie dabei zu verstehen." (a.a.O., 34)

Georges Devereux begründete mit seinem Buch *„Angst und Methode in den Verhaltenswissenschaften"* (Original 1967, 1973 erschienen in deutscher Übersetzung) eine theoretische und vor allem methodologische Neuorientierung, indem er zum einen das psychoanalytische Übertragungs- und Gegenübertragungstheorem aus dem therapeutischen Rahmen herauslöste und direkt auf die kultur- und sozialwissenschaftliche Forschung bezog und zum anderen die Forschungssituation in den Rahmen der wissenschaftlichen Beobachtung hereinholte. Feldforschung schilderte Devereux als einen Prozeß, in den man als Forscher selbst miteinbezogen ist, d.h. eigene Reaktionen (wie z.B. Angst, Wut, Distanz, übermäßige Empathie usw.) und auch alle vom Beobachter hervorgerufenen „Störungen" sind Teil der Forschung. Mit der *Ethnopsychoanalyse*, wie sie von Parin et al. und Devereux ausgearbeitet und angewandt wurde, hielt die psychoanalytische *Methode* erstmals seit Beginn der Kooperation von Ethnologie/Anthropologie Einzug in die Kultur- und Sozialwissenschaften.

In dieser kurzen Chronologie der Forschungsgeschichte[76] der hermeneutischen Kulturforschung ist auch eine wichtige Weiterentwicklung der ethnopsychoanalytischen Arbeitsweise zu nennen, die von Maya Nadig in ihrer Arbeit „*Die verborgene Kultur der Frau*" (1992 i.O. 1986) entwickelt wurde. Sie nutzte zwar die Instrumente der Ethnopsychoanalyse für ihre Untersuchung des Lebens mexikanischer Bäuerinnen, ihre methodologische Erweiterung bestand aber darin, daß sie neben teilnehmender Beobachtung und der ethnopsychoanalytischen Beziehung, die sie mit fünf Frauen aus dem Dorf eingegangen ist, kein psychoanalytisches Setting herstellen wollte. „Die Gefahr der Fehlinterpretation und der Mißverständnisse durch kulturelle Unterschiede wäre zu groß gewesen. Aus diesem Grunde habe ich versucht, zwar regelmäßige Gespräche mit einigen Frauen von Daxhó zu führen und anhand der Tagebuchnotizen und meiner subjektiven Irritationen so weit wie möglich zu verstehen, entlang welcher Beziehungsdynamik sich die Gespräche entwikkelt haben, habe aber gleichzeitig auf den Anspruch auf Deutungen der *unbewußten* Psychodynamik verzichtet. Die über längere Zeit dauernden Gespräche werden also von einem gleichzeitigen Reflexionsprozeß begleitet, der allein oder gemeinsam geführt wird; deswegen nenne ich diese Art der Gespräche die *selbstreflexiven Gespräche*." (Nadig 1992, 51f.)

Dabei benutzte sie die Form der konfrontativen Fragen oder der spiegelnden Feststellungen, um aus Rollenfixierungen und Beziehungsfallen – wie z.B. als „Kommunistin", „Spion der Regierung", „Missionarin" – zu entkommen. Maya Nadig hat gezeigt, daß es eine Realität gibt, die mit den „klassischen" Methoden der Sozialforschung nur schwer zugänglich ist. Um dazu einen Zugang zu bekommen, ist die kontinuierliche Selbstreflexion und die Arbeit an der Veränderung der Subjekt-Objekt-Beziehung wichtig, so wie Nadig es für die Ethnopsychoanalyse qua Auflösung bzw. Interpretation der subjektiven Irritationen radikalisierte.

Von den „Wilden" zu Adoleszenten

Die Theorie von Mario Erdheim über „*Die gesellschaftliche Produktion von Unbewußtheit*" (1984) hat die Ethnopsychoanalyse[77] in zwei Richtungen wei-

---

[76] An dieser Stelle sei erwähnt, daß ich nicht den Anspruch erhebe, eine vollständige und wissenschaftsgeschichtlich umfassende Zusammenfassung zu liefern. Nicht aufgenommen in diese Chronologie habe ich zum Beispiel die Arbeiten der Arbeitsgruppe Bielefelder Soziologen zur Kommunikativen Sozialforschung; von Thomas Leithäuser und Birgit Volmberg die Studie: „*Psychoanalyse in der Sozialforschung*" (Opladen 1988) oder die Vorschläge zur Empirischen Hermeneutik von H.-G. Soeffner sowie die „Frankfurter Schule" der Tiefenhermeneutik und Objektiven Hermeneutik, da ich hier den Schwerpunkt auf der Tradition der Adoleszenzforschung setzen wollte, die ich anwende.

[77] Vielleicht sollte ich hier anmerken, daß es *die* Ethnopsychoanalyse nicht gibt. Sie gliedert sich heute in vier wesentliche Richtungen, die aber alle mehr oder weniger aufeinander bezogen sind und eine gemeinsame Entwicklung durchgemacht haben.

terentwickelt. Zum einen geht Erdheim von der Relevanz des Unbewußten für die kulturelle Evolution aus und zeigt die Auswirkungen von Macht und Herrschaft auf das Unbewußte: „Das Problem der gesellschaftlichen Relevanz des Unbewußten kann nicht adäquat angegangen werden, ohne das Problem der Herrschaft zu behandeln" (Erdheim 1984, 206), zum anderen – und das scheint mir wichtig – lenkt Erdheim den Blick der ethnopsychoanalytischen Forschung auf die Adoleszenz und das Verhältnis zwischen Adoleszenz und Kulturwandel. Auch wenn ich der strengen Polarisierung von Erdheim über den Antagonismus von Kultur und Familie widerspreche[78], so ist seine These, „daß es nicht die Schicksale der frühen Kindheit, sondern diejenigen der Adoleszenz sind, die die Einstellung des Individuums zur Kultur bestimmen" (a.a.O., 39) vor dem Hintergrund der Kritik an den Sichtweisen der Sozialisationsforschung, wie sie von der *Culture and Personality School* (vgl. Adler 1993; Erdheim/Nadig 1991) begründet wurde, durchaus zutreffend und richtungsweisend. Erdheim entgeht damit dem Determinismus der frühen Kindheit, die die psychoanalytische Kulturtheorie lange Zeit maßgeblich bestimmte und lenkt den Blick der Forschung auf die Adoleszenz, lange Zeit ein Stiefkind nicht nur der psychoanalytischen Forschung.

Warum bietet gerade die hermeneutische Jugendforschung ein angemessenes Instrumentarium für die Jugendforschung? Arno Combe und Werner Helsper, die hermeneutische Ansätze in der Jugendforschung nicht nur schon lange anwenden, sondern auch beständig die Methodenreflexion voranbringen, schreiben dazu: „Die Reflexion der Jugendforscher auf Methodologie und angewandte Methoden, mittels derer sie ihren Gegenstand – Jugend – erst erschließen und an einem besonders exponierten Ort sozialen Wissentransfers konstituieren, hat – trotz der festgestellten Ausdifferenzierung der Jugendforschung – erst in den letzten Jahren verstärkt eingesetzt." (Combe/Helsper 1991, 232) Wie Bilder von Jugend konstruiert werden, erst recht Bilder von Immigrantenjugendlichen, das hat sich bei der Analyse der bisherigen Arbeiten im vorigen Kapitel deutlich herausgestellt. Combe und Helsper geht es in

---

Die erste Richtung analysiert Institutionen im Hinblick auf ihre unbewußte Funktion für das Individuum und wird von Erdheim repräsentiert. Eine zweite Richtung ist die Psychoanalyse als Supervision von (ethnologischen) Forschungsprozessen und hat in der Arbeit von Gilbert Herdt/Robert Stoller einen Niederschlag gefunden (vgl. Herdt/Stoller 1987). Die Ethnohermeneutik, so wie sie von Hans Bosse betrieben wird und Forschungsgespräche unter Einschluß der eigenen Subjektivität interpretiert – dabei aber den Gruppenanalytischen Ansatz verfolgt –, wäre unter einer dritten Richtung zu verorten. Schließlich ist als vierte Ausprägung die Richtung der Ethnopsychoanalytischen Gespräche zu fassen, die den Zugang zu einer Kultur über subjektive Gespräche in einem analytischen Setting herzustellen versucht. Der Schwerpunkt liegt aber nicht auf der Interpretation zu Hause, sondern direkt im Feld (vgl. Weiss 1993 und Heinemann/Krauß 1992, S. 8).

[78] Adler schreibt über Erdheims Konstruktion des Antagonismus von Kultur und Familie, daß sie recht schematisch und starr daherkomme und sich zudem einer besonderen Art von „psychoanalytischen Biologismus" nähert (vgl. Adler 1993, 174).

ihren Überlegungen darum, aufzuzeigen, „wie über ein jeweils spezifisches Zusammenspiel von Theoriebildung, angewandten Methoden und Auswertungsverfahren Bilder von Jugend generiert werden. Dieser *selbstreflexive Bezug* des Jugendforschers auf die Voraussetzungen seiner eigenen Interpretationsleistungen und Erkenntnisgenerierung ist unumgänglich, damit die entworfenen Jugendbilder auch als Ergebnis der Anwendung spezifischer Instrumentarien begriffen werden können." (ebd., 233, Hervorh. von mir)

In der Forschung mit Adoleszenten, bei der Rekonstruktion ihrer Lebenswirklichkeit und Sinnzusammenhänge und vor allem der Einbettung in gesellschaftliche und modernisierungstheoretische Zusammenhänge hat sich – um Erkenntnisräume aufzuschließen – das ethnoanalytische Verfahren als ausdifferenzierte Hermeneutik bewährt, welches von Hans Bosse als Verfahren des Verstehens aus der Ethnopsychoanalyse weiterentwickelt worden ist (vgl. Bosse/Knauss 1984, Bosse 1984, Bosse 1994).

Im folgenden möchte ich nun die Entwicklung des ethnoanalytischen Verfahrens beschreiben, um dann zu den von mir angewandten Modifikationen dieses Ansatzes zu kommen und meine eigene methodische Arbeitsweise daran anzuschließen. Die Ethnoanalyse kann als Erweiterung der Ethnopsychoanalyse verstanden werden und ist primär als eine Modernisierungsforschung entstanden, die sich mit den Aspekten der Transformation von Bildungspolitik und dem Export (westlicher) Bildungsinstitutionen in die sog. Dritte Welt beschäftigte und dabei versuchte die „innere Kolonialisierung" herauszuarbeiten. Es gibt im Prozeß der Modernisierung Gegenbewegungen (oder Widerstände), die in der Ethnohermeneutik[79] als Logik des Widerstands besondere Beachtung finden: „Das kulturelle Überleben der vorindustriellen Gesellschaften als aktiver, kreativer Prozeß erschließt sich der Ethno-Hermeneutik, weil sie das Subjekt in einer Dimension zu verstehen vermag, die der herrschenden interkulturellen Psychologie und Sozialisationsforschung weitgehend verschlossen bleibt." (Bosse 1984, 15)

Die Ethnohermeneutik als eine „nicht-reduktionistische Untersuchung des Verhältnisses zwischen Gesellschaft und Individuum" (ebd. 25) verfolgt neben dem kritischen Impetus, den sie als Bewußtmacher von neu zu definierenden Freiräumen und einer anderen Praxis des Individuums in Institutionen aufzeigt, auch eine implizit wissenssoziologische Herangehensweise, indem sie die eigene Wissenschaft auch als Ideologie begreift (ebd. 26). Ein wesentlicher Unterschied zu den anderen ethnopsychoanalytischen Verfahren besteht in der Ethnoanalyse darin, daß sie sich der gruppenanalytischen Methode (als explizit nichttherapeutischem Forschungsverfahren) bedient. Sie geht von Gruppengesprächen[80] und dem im wesentlichen von S. H. Foulkes entwickel-

---

[79] Ethnoanalyse definiert Bosse als Gesamtheit seines von ihm entwickelten Forschungsansatzes, also des bestimmten Typus der Feldforschung (Datenerhebung) und einer bestimmten Form der Textinterpretation der erhobenen Daten (Auswertung), die Ethnohermeneutik genannt wird (Bosse 1991, 200).

[80] Die Geschichte der Gruppendiskussionsverfahren, die bereits in den fünfziger Jahren

ten Instrumentarium aus, mittels dessen der „Zusammenhang zwischen dem Verhalten der einzelnen in der Gruppe und der psychischen Gesamtkonstellation, die in einer Gruppe entsteht und sich durch die Interaktion der Mitglieder fortwährend verändert" (Sandner 1986, 25) dargestellt werden kann. Das bedeutet, daß dabei auch die Einflüsse und Widersprüche zwischen Individuum und Gesellschaft aufgezeigt werden[81]. Die Gruppenanalyse untersucht aber nicht den einzelnen in seiner Gesellschaft, vielmehr untersucht sie „transpersonale Prozesse" (Foulkes 1973), d.h. (unbewußte) Interaktionen in einer sozialen Gruppe (vgl. Bosse 1984, 76).

Zur Forschungsmethode

Der von mir gewählte methodische Zugang ergibt sich aus der konstruktiven Kritik und Ergänzung der bisherigen Ansätze und ist einer Tradition verpflichtet, die sich aus der hermeneutischen Kultur- und Sozialforschung ebenso herleitet wie aus den „klassischen" ethnologischen Methoden der Datengewinnung. Teilnehmende Beobachtung, die Verfertigung von Feldnotizen und (informelle oder ergänzende) Einzelgespräche gehören dazu, wie auch eine relativ lange Feldphase. Mein Forschungsrahmen ist die Methode des selbstreflexiven Gruppengesprächs, das einem hermeneutischen Ansatz folgt, der aus der Ethnoanalyse abgeleitet ist. Hier stellt sich die Frage, wie man als nicht ausgebildeter Gruppen- oder Psychoanalytiker die erkenntniserweiternde Arbeitsweise dieses Ansatzes nutzen kann und ohne spezifische Berufskultur psychische Realitäten untersucht. Diese Frage möchte ich nun zunächst diskutieren, um zu einem Verfahren zu gelangen, das Kompetenz durch Forschungspraxis erzielt.

Jörg Sommer hat in seinem schon erwähnten Einführungswerk über *Dialogische Forschungsmethoden* für alle dialogischen Verfahren eine „Entprofessionalisierung" vorgeschlagen: „Entprofessionalisierung[82] heißt, für eine be-

---

am Frankfurter Institut für Sozialforschung mit dem Gruppenexperiment von Pollok (1955) angewandt wurden, hat Lamnek 1989, 121ff. (rein deskriptiv) zusammengefaßt. Er läßt seine Darstellung mit Beginn der siebziger Jahre enden und erwähnt damit nicht oder nicht angemessen die wichtigen und konstruktiv-kritischen Weiterentwicklungen der Gruppendiskussionsverfahren.

[81] Über die Geschichte der Gruppenanalyse und den wegbereitenden Ansatz von Foulkes schreibt Pühl: „Foulkes war der erste Psychoanalytiker, der konsequent die soziale Gruppe, in der er ‚die menschliche Seele als soziales Phänomen' studieren konnte, in den Mittelpunkt seiner Forschung stellte. Bereits in den dreißiger Jahren suchte er nach praktikablen Wegen, psychisch kranken Menschen anders zu helfen, als es bis dahin therapeutisch üblich war. In der von ihm begründeten Gruppenanalyse sah er die Chance, die noch in Freuds Konzept angelegte Dualität zwischen Individuum und Gesellschaft, zwischen Organischem und Psychischem, zwischen Phantasie und Realität zu überwinden." (Pühl 1988, 91)

[82] Entprofessionalisierung bedeutet nicht mehr, die Deutungskunst zum Beruf zu erheben oder nur einem bestimmten Berufsstand zu überlassen, sondern sie für Forscher zu

stimmte Tätigkeit [hier: die dialogische Forschung] nicht mehr eine institutionalisierte Ausbildung vorauszusetzen – also zuzulassen, daß diese Tätigkeit *unabhängig* von der beruflichen Vorbildung ausgeübt werden kann." (Sommer 1987, 258 Hervorh. i.O.)[83] Diesem Vorschlag kann ich nur bedingt Gültigkeit zusprechen.

Weitreichender wäre es, statt von Entprofessionalisierung von einer prozeßhaften und *kontinuierlichen* Professionalisierung zu sprechen, die sich aus der Praxis der Forschung heraus ergibt. Sommer hatte sehr stark die am naturwissenschaftlichen Paradigma orientierte Psychologie im Fokus seiner Überlegungen und bezog darauf seine Methodenkritik. Meine Ausrichtung ergibt sich durch die Kritik der Verleugnung der Subjekthaftigkeit oder Aufspaltung der Subjekt-Objekt-Beziehung in der Kultur- und Sozialforschung und dem Versuch, eine gegenstandsangemessenen Methode für die Migrations- und Minderheitenforschung zu entwickeln. Eine gegenstandsangemessene Methode kann Forschungsmaterial, auf das mit starken Affekten oder ganz allgemein gefühlsbetont reagiert wird, so aufbereiten, daß professionell und kompetent damit umgegangen wird und diese Affekte in einer erkenntniserweiternden Richtung interpretiert werden. Zum Beispiel in Forschungen, in denen tabuisierte Inhalte und angstauslösende Momente auftauchen oder aber ganz im Gegenteil, wenn mit einer überbordenden Empathie reagiert wird. Einem weiter professionalisierten Ansatz kommt als psychoanalytisch-sozialwissenschaftliche Hermeneutik eine größere Anwendungsbreite zu. Bei dieser modifizierten Methode kommt es vor allem auf die Fähigkeit des Forschers/der Forscherin zur Selbstreflexion an, die der Zuspitzung und Plausibilisierung von Lesarten dient.

Die eigene Subjektivität wird nicht ausgeblendet oder verleugnet und als Störung angesehen, sondern – im Gegenteil – vor dem Hintergrund einer verstehenden Analyse mit in die Beobachtung und die möglichen Lesarten einbezogen und ist Teil der Analyse[84]. Verschiedenen Lesarten werden damit generiert und für den Verstehenskontext überprüft. Was bedeutet die Hinzunahme von psychoanalytischen Elementen und Verfahren der Gruppenanalyse für meine Forschung mit Jugendlichen aus türkischen Immigrantenfamilien?

Zum einen nutze ich den Rahmen der Ethnoanalyse[85] und wende die darin

---

öffnen, die erfahren und zuverlässig Selbstreflexivität in der Forschung als Erkenntnisverfahren nutzen.

[83] Präziser als „Entprofessionalisierung" wäre der Begriff „Entinstitutionalisierung", denn *professionell* soll die psychoanalytisch-sozialwissenschaftliche Hermeneutik auf jeden Fall sein, nur eben nicht mehr an eine Profession gebunden werden.

[84] Vor diesem Hintergrund vermeide ich auch die Terminologie und die klassische Trennung in Forscher und Erforschte. Erforscht wird auch die Person des Forschers, in dem Maße um zu Lesarten zu gelangen: Fremdverstehen beginnt beim Selbstverstehen. Aus diesem Grund spreche ich statt von Erforschten oder Forschungsobjekten usw. von Forschungsteilnehmern.

[85] Die Ethnoanalyse gibt den Rahmen der Forschung ab, die Ethnohermeneutik wird

vorgeschlagenen Methoden der Datenerhebung an. Charakterisiert sind sie durch ein über längere Zeit bestehendes Arbeitsbündnis[86] und die darin durchgeführten Gruppengespräche, die nicht durch Arbeits-, Themen- oder Fragevorgaben vorstrukturiert sind (Bosse/Knauss 1984). Es wird darauf gebaut, daß die minimale Strukturierung der Gruppengespräche durch den Forscher die Teilnehmer herausfordert, die auftretenden individuellen und kollektiven Identitätskrisen nach eigenen, adoleszenten Mustern anzugehen und zu lösen (Bosse 1992, 147). Das Setting der Gruppengespräche soll so ausgerichtet sein, daß ein Vertrauensraum geschaffen wird, in dem alle Teilnehmer und Teilnehmerinnen unzensiert und offen ihre Themen ansprechen können. Dabei kommt es darauf an, die Forschungsbeziehung kontinuierlich aufrechtzuerhalten und den Äußerungsspielraum darin zu erweitern.

Zum anderen verfahre ich aber bei der Interpretation bzw. der Rekonstruktion der verschiedenen Bedeutungsgehalte und latenten Sinnstrukturen der durch die ethnoanalytischen Methode gewonnenen Gespräche und Beziehungssituationen als nicht ausgebildeter Gruppen- oder Psychoanalytiker in einer anderen Weise, als es im Rahmen der Ethnohermeneutik üblich ist. Ich gebe im Gespräch keine Deutungen von unbewußten Prozessen ab. Gleichwohl werden Interventionen eingeschoben, die das Ziel haben, bestimmte Sachverhalte zu präzisieren, einen reflexiven Schub zu initiieren oder auf der Beziehungsebene Rollenangebote zu spiegeln. Übertragungs- oder Gegenübertragungsanalysen werden nicht den Mittelpunkt der Interpretationen bilden, sondern nur *ein* erster Schritt sein, der eine Vorstufe des Verständnisses darstellt und vor allem dazu dienen soll, das Textverständnis weiterzubringen. Das heißt Gegenübertragungen werden rein forschungsbezogen interpretiert. Daraus erschließt sich eine Rollenreflexion der Forschungsbeziehung, die zusätzliche Lesarten und Interpretationswege offenlegt. Die Nachvollziehbarkeit

---

als spezifizierte Interpretationsmethode benutzt.

[86] Dieses Arbeitsbündnis entspricht nicht dem Arbeitsbündnis eines therapeutischen Settings. Arbeitsbündnis meint hier, das ein Vertrauens- und Verläßlichkeitsrahmen hergestellt wird, in dem gemeinsam etwas ausgehandelt wird. Nicht Leidensdruck oder Krankheit, sondern Neugierde und Interesse stehen dabei im Vordergrund: „Bei der Methode des ethno-analytischen Gruppengesprächs werden die Teilnehmer vom Forscher nicht wie sonst in der ethnologischen Forschung, was durchaus legitim ist, als Auskunftsbüros – die Ethnologie spricht von Informanten – in Anspruch genommen. Der mit den Gruppenteilnehmern ausgehandelte Vertrag sieht vielmehr vor, daß beide Seiten etwas voneinander lernen: Indem die Gruppenteilnehmer spontan Phantasien zu spontan entstehenden Themen mitteilen, erfahren sie mit Hilfe der Analyse- und Deutungsfähigkeit des Forschers – etwas neues über sich, und der Forscher erfährt durch diesen Prozeß etwas neues über die fremde Kultur. Damit die Teilnehmer etwas für sie wichtiges Neues über sich erfahren können, werden die Gruppengespräche von allen Handlungszielen oder ethnologischen Informationszielen befreit." (Bosse 1994c, 5) Da es mein Anliegen ist, jenseits des analytischen Zugriffs von Deutungen, Themen zu erschließen, setze ich auf den selbstreflexiven Raum, der sich im Nachfragen und Nachdenken dieser Themen und ihrer Präsentation in der Gruppe eröffnet.

der Interpretationen wird dadurch gestärkt, sie muß aber aus dem Text heraus entstehen und am Text belegbar sein. Gleichwohl bleibt offengelegt, wie die entwickelten Lesarten entstanden sind.

Dieser in der Ethnoanalyse radikalisierte Übertragungsbegriff, das heißt die Rückbindung an den Forschungsraum ist nicht mehr eindeutig auf die im therapeutischen Kontext verwendete Definition der Wiederholung infantiler Muster und Kommunikationsformen begrenzt, sondern geht darüber hinaus: „Eine Zentrierung auf die forschungsbezogenen Übertragungsprozesse meint nun die Konzentration darauf, wie die Forschungssituation selbst nach Maßgabe des kulturellen, individuellen, intrapsychisch bewußten und unbewußten Hintergrunds ausgestaltet und transformiert wird." (Bosse/King 1998, 220) Diesem offenen Übertragungsbegriff folgt nun die Analyse des Übertragungsraumes Forschungssituation auf zwei Ebenen: Form und Inhalt werden als dialektische Einheit gesehen. Dieser Ansatz basiert auf der aus der psychoanalytisch-sozialwissenschaftlichen Ritualanalyse abgeleiteten These, „daß die Gestaltanalyse des Rituals erst einmal in allen Einzelheiten und ohne den psychoanalytischen Blick auf das Unbewußte, auf Abwehr und Abgewehrtes durchgeführt werden muß. Auf der so gewonnenen Folie läßt sich dann anschließend die Übertragungs- und Gegenübertragungsanalyse präziser und methodisch gesicherter durchführen als auf herkömmliche Weise." (Bosse 1996, 123)

Was will die Ethnoanalyse mit dieser Differenzierung erreichen? „Sie will ein Gruppengespräch auch als eine kulturelle Äußerung hermeneutisch erschließen. Dafür ist die Rekonstruktion der Gegenübertragungen des Gruppenanalytikers und der Übertragungen der Teilnehmer auf ihn nur ein erster Schritt [...]. Wir schlagen deshalb im zweiten Schritt der ethnohermeneutischen Rekonstruktion einen radikal nicht-gruppenanalytischen, nicht wirkungsanalytischen Weg ein – den der Form und Prozeßanalyse." (ebd. 135) Aus dieser Betrachtung erwächst eine Perspektive, die vor allem die in den Gruppengesprächen ausgehandelten und präsentierten Lebensskripte genauer analysiert und vor dem Hintergrund der persönlichen Sinnstiftung zu verstehen sucht. Lebensskripte sind für das individuelle und kollektive Leben verbindliche Sinnperspektiven.

Bei der Gegenübertragungsanalyse im klassischen Sinn lauert ein methodischer Fallstrick, der durch diese Erweiterung umgangen wird. So wie die Gegenübertragung im klassischen Sinne verstanden wird[87], muß nicht geklärt werden, was den Forscher oder die Forscherin in der Gegenübertragung festhält und an eine bestimmte Rolle bindet. Die Gegenübertragung ist nicht nur destruktiv, sie behindert schließlich auch und vor allem das Erkennen des Destruktiven. Eine soziologische Dimension der Gegenübertragung könnte verschiedene Elemente der Rolle des Forschers/der Forscherin benennen. Diese Rollen bewegen sich zumeist im Spannungsfeld zwischen professionellem

---

[87] Als „Gesamtheit der unbewußten Reaktionen des Analytikers auf die Person des Analysanden und ganz besonders auf dessen Übertragung", so die an die klassische Psychoanalyse engeführte Definition von Laplanche/Pontalis (1986, 164).

wissenschaftlichen Handeln und dem Wunsch nach Einflußnahme und erzieherischem Impetus, zwischen Indifferenz, Helferwünschen und Retterphantasie.

Eine soziologische Definition der Gegenübertragung erkennt die Ambiguität, die in der Forscherrolle immer eingebaut ist, benennt diese auch als Widerspruch. Da Destruktivität, unvermeidliche (strukturelle) Gewalt und Aggression wesentlicher Bestandteil der Sozialforschung ist, erscheint diese auch widergespiegelt in der Forschungsbeziehung. In der Gegenübertragung ist dieser Teil der Affekte der Forschung unbewußt gemacht worden. Die Affekte, die sich aus der Beziehung Forscher/Forscherin und „Beforschte" ergeben, erscheinen dann als unbearbeitete Inseln im Selbst des Forschers/der Forscherin (vgl. Bosse 1982).

Der Text wird in meinem interpretativen Vorgehen dadurch zum Sprechen gebracht werden, daß auf der manifesten Ebene gezeigt wird, was – qua Einfühlungsvermögen und Textverständnis – zu sehen, beobachten und zu hinterfragen ist. Ich beginne mit den manifesten Gehalten: Zuerst sehe ich mich im Garten des subjektiv gemeinten und manifest nachvollziehbaren Sinns um, bevor ich dann nach den latenten Wurzeln zu suchen beginne. Klassisch hermeneutisch gehe ich aus von den eigenen Irritationen und Störungen im Verstehen, um zu Bruchstellen im Text und im eigenen Verständnis zu gelangen. Dabei ist es immer vordringliches Ziel, den persönlichen Sinn zu rekonstruieren, der den interpretierten Szenen zugrunde liegt. Diese Lesart zielt darauf ab, herauszufinden, was der Sprecher, die Sprecherin damit sagen möchte und wie Äußerungen vor dem Hintergrund der Lebensgeschichte und dem gesellschaftlichen Kontext verstanden werden können. Wie diese Äußerungen dann ausgehend von der Forschungssituation erschlossen werden können, das ist die Erweiterung in der Lesart, die in der Ethnoanalyse ein wichtiges Erkenntnisfeld eröffnet.

Ins Zentrum der Aufmerksamkeit rückt dabei das Verhältnis zwischen Forscher und Forschungsteilnehmern, das sich in der Forschungssituation abbildet. „Es impliziert die Notwendigkeit systematischer Reflexion der Erwartungen, Vorstellungen und Reaktionen der Forscher/innen. Auch die Reaktionen der Erforschten auf die Forschungssituation selbst werden anhand der Gefühle und Phantasien, die sich bei den Forscher/inne/n einstellen, zu erfassen versucht. Der Bedeutungsüberschuß, mit dem die Person der Forscherin bzw. des Forschers belegt wird, stellt in diesem Sinne keinen Störfaktor dar, sondern immer von neuem den Ansatzpunkt der Analyse." (King 1992, 122) Der Begriff des „Bedeutungsüberschusses" kennzeichnet sehr gut das Verständnis, aus dem heraus Lesarten entwickelt werden.

Ethnohermeneutik, das ist eine Grundvoraussetzung der bisherigen Überlegungen, ist keine „reine" Textwissenschaft, auch und vor allem das Zustandekommen der Texte, die Forschungsbeziehung und die darin eingebetteten Affekte und Widerstände werden in die Analyse mit aufgenommen. Diese Erweiterung hat den Hintergrund, daß in jeder Forschung der Forscher auf lästige und zunächst nicht erklärbare Störungen in der Beziehung zu den Forschungsteilnehmern und im Verstehen der fremden Kultur stößt und sich damit auseinandersetzen muß. Das Eigentümliche des ethnoanalytischen Erkenntnisprozesses besteht nun darin, diese Störungen als *Schlüssel* zur fremden Kultur zu verstehen, anstatt sie durch Ausweichen in bequemere Fragestellungen, Methoden oder durch einen Wechsel der Forschungsteilnehmer zu neutralisieren. (vgl. Bosse 1994, 15).

Der Forscher muß sich dabei als Forschender mit in die Fallstudie aufnehmen. Er wird damit selbst zum Untersuchungsgegenstand. „Die hartnäckigsten Störungen entstehen, weil der Forscher etwas *bewußt nicht verstehen kann, was er unbewußt gar nicht verstehen will*. Was am Fremden fremd bleibt, soll fremd bleiben, weil es droht, dem Forscher etwas über seine eigene Kultur, Rolle oder Person zu zeigen, das ihm selbst in einem bestimmten Sinne fremd ist. Das eigene Fremde ist das unbewußt Gewordene oder unbewußt Gemachte oder auch das ungelebte in der eigenen Kultur oder Person." (Bosse 1994, 15, Hervorh. i.O.)[88] Die Forschungssituation wird dabei als Erlebnissituation gesehen, das heißt, daß alle Äußerungen des Forschers, sein Geschlecht, seine Ethnie, seine gesamte Person als Teil der Forschungssituation mit in die Analyse einbezogen werden.

Hier möchte ich die Metapher des transparenten Spiegels hinzuziehen, mit der sich das Wirkungsprinzip der Ethnoanalyse sehr gut kennzeichnen läßt. Dieser transparente Spiegel war auch bei der Ausstellung „*Dialog im Dunkeln* (die sich dem Erfahrungsraum blinder Menschen widmete)", die vor einigen Jahren in Frankfurt zu sehen war, installiert. Dabei handelte es sich um eine dunkel getönte Glasscheibe. Zwei Personen sitzen sich gegenüber. Blickt nun eine Person in diese Scheibe, erkennt sie sich im Spiegel. Wird aber eine über der Scheibe befestigte Lichtquelle aktiviert, dann erkennt sich die eine Person in der anderen wieder, d.h. das eigene Antlitz wird in dem des gegenüberlie-

---

[88] Das *eigene* Fremde verweist auf Devereux' Ansatz des Spannungsfeldes, in dem der Forscher sich befindet zwischen dem Verstehen seiner Selbst und dem Nicht-Verstehen-Können (oder -Wollen) seiner Selbst. Ausgelöst wird dies über das (Nicht) Verstehen der oder des Anderen. Devereux (1982, 14) führt hier eine Unterscheidung zwischen dem eigenen (idiosynkratischen) Unbewußten und dem kulturellen (ethnischen) Unbewußten ein. Die ethnoanalytische Arbeitsweise geht aber darüber hinaus, indem sie nicht nur nach den persönlichen Reaktionen des Forschers auf diese Daten sucht und die Gegenübertragungsreaktionen dazu heranzieht, sondern gerade seine eigene Geschichte auf das unbewußt Gewordene oder Gemachte mitreflektiert. Hierin ist ein Prozeß erkennbar, der retrospektiv wieder nachverfolgt werden kann, wenn auf das Veränderungspotential der Forschung verwiesen wird: „In der Forschung gibt es keine kurzen Wege. Um eine fremde Kultur zu verstehen, genügt es nicht ‚dort gewesen zu sein'. Nur wenn sich der Forscher bei der Beschäftigung mit der fremden Kultur verändert, erhält er einen Zugang zu ihren verborgenen Elementen." (Bosse 1994, 16) Dadurch erhält er auch einen Blick auf den Motor der eigenen Unbewußtmachung, die fremden (eigenen) Anteile können wieder in ihrer Bedeutung für die eigene Geschichte oder Biographie erkannt und im geglückten Fall anerkannt und integriert werden.

genden erscheinen. Die Personen jenseits der Scheibe werden durchsichtig und widerspiegelnd. Dieses Prinzip enthält auch mehr oder weniger jede Forschung: Die kulturelle Praxis der Anderen repräsentiert Lebensentwürfe, die der eigenen Kultur des Forschers widersprechen können, darin tabuisiert sind oder gesellschaftlich unbewußt gehalten werden. Diese Entwürfe können faszinierend, angstauslösend und machtvoll zugleich sein und werden vielleicht als die eigenen ungelebten Entwürfe erfahren. Diese unbewußten Entwürfe drohen nun bewußt zu werden. Sie werden transparent im Anderen.

Der Blick der Fremden gerät dadurch zu einer impliziten Aufforderung, diese Entwürfe anzuerkennen und zu übernehmen. Eine andere Kultur verstehen, heißt dann eigene Entwürfe zu entwerten und andere zu übernehmen. Dies gilt wiederum nur metaphorisch, da nicht die Verschmelzung mit dem Anderen in Rede steht, sondern die Fähigkeit, eine Innensicht der Außensicht – ein Perspektivenwechsel – einnehmen zu können. Wenn die fremden Entwürfe auch als *potentiell* eigene erlebt werden, dann ist eine wechselseitige Anerkennung erreicht, die als Vorbedingung der Forschung zu sehen ist. Diese Verstehenspraxis wird angeleitet über die Arbeit am kulturellen Widerstand gegen das Verstehen.

Wie ich oben geschrieben habe, ist diese Verstehenspraxis in der Ethnoanalyse dahingehend radikalisiert, daß das Verstehen nur soweit geht, wie ein fremder Lebensentwurf oder eine fremde Lebenspraxis auch als potentiell eigene erkannt und verstanden werden kann. Dagegen stellt sich jedoch ein ganzer Apparat an (persönlichen und professionellen) Abwehrstrategien, die dazu dienen, Eigenes unerkannt zu lassen; das Fremde will man sich in der Forschung buchstäblich vom Leib halten. Zu den professionellen Abwehrstrategien durch methodischen Zugriff und Theoriearbeit (vgl. dazu Devereux 1973) kommen unprofessionelle, d.h. persönliche Strategien, die mit Sprache, Geschlecht, Alter und Bildung in Zusammenhang gebracht werden. Dazu kommen noch Verhinderungsprogramme durch die Isolierung des Kontextes, durch kulturrelativistische Perspektiven und überbetonte Systematisierungen (vgl. dazu Bosse 1994, 64ff.). Angelegt wird dieses Spannungsfeld der Forschung vor allem in der Forschungssituation. Aus diesem Grund komme ich nun wieder auf diesen zentralen Topos zurück.

Die Forschungssituation ist – im Gegensatz zu anderen hermeneutischen Verfahren – in der Ethnoanalyse Ausgangs- und Bezugspunkt der Interpretationen. Beziehungswünsche zwischen Teilnehmer und Forscher/Forscherin (und vice versa) werden hier angelegt, angesprochen und erprobt, sei es in eine instrumentelle, in eine emotionale oder in eine andere Richtung. Aussagen der Teilnehmerinnen und Teilnehmer, des Forschers oder der Forscherin werden dann in die Forschungssituation mit hineingenommen, d. h. es werden Bilder geschaffen und Äußerungen in Szenen übersetzt. Die Forschungssituation wirkt dann wie eine Leinwand für diese Bilder.

Es kommt in der Ethnoanalyse darauf an zu klären, aus welcher Lebensrealität, aus welcher Lebenssituation heraus Äußerungen der Forschungsteilnehmer entstanden sind: Welcher persönlichen Motivation sie entsprangen und in welche lebensgeschichtlichen und gesellschaftlichen Erfahrungen sie eingebettet sind. Gleichzeitig werden dabei Handlungsspielräume exploriert. Dieser Haltung liegt die Erkenntnis zugrunde, daß es in jeder Forschung eine Wirklichkeitsdimension gibt, die sich vielleicht leugnen und durch die Negierung der Subjekthaftigkeit der Forschungsteilnehmer einfrieren, aber durch nichts beseitigen läßt. Ihren Niederschlag findet diese Dimension in der (potentiellen) Interessendifferenz, in einem Machtungleichgewicht und einem Hierarchiegefälle zwischen Forscher und Teilnehmern an der Forschung. Abschaffen läßt sich diese Realität nicht[89], wenn sie aber anerkannt wird und einen Raum in der Forschung erhält, dann ist sie gestaltbar und läßt sich aushandeln.

Das Aushandeln ist ein wechselseitiger Prozeß und spiegelt sich in der wechselseitigen Anerkennung und Angewiesenheit. Aushandeln ist per se ein dialogisches Verfahren und zeigt viel von der Konfliktfähigkeit und Vermittlungshaltung (und den darin enthaltenen kulturellen Repräsentationen) der daran beteiligten Personen auf. Diese Interaktion nicht als wichtiges Datum zu nehmen und in der Forschung zu reflektieren, hieße, aufgrund eines schematischen und starren Forschungsrahmens wesentliche und weitreichende Erkenntnisräume nicht zu betreten. Gerade durch diese Erkenntnis ändert sich die klassische Subjekt-Objekt-Beziehung in der Forschung: Die Forschungsteilnehmer werden in allen Widersprüchen, Paradoxien und Komplexitäten wahrgenommen und nicht als Stichwortgeber oder bloße Informanten gesehen. Dadurch wird Subjekthaftigkeit in der Forschungsbeziehung[90] rekonstituiert. Begreift man die Forschungssituation als *hergestellte Wirklichkeit* (Sommer 1987), dann wird die Frage, wieviel Handlungs- und Reflexionsraum den Forschungsteilnehmern zugestanden wird, zentral für das Erkenntnisinteresse. Soll die Forschung vor allem dazu dienen, unabhängige Variablen zu definieren und/oder Theorien zu verifizieren – oder soll ein Verständnis von individuellen und kontextabhängigen Lebenssituationen erreicht werden? Kennzeichen eines rekonstruktiven und dialogischen Instrumentariums ist es, daß die Forschungsteilnehmer von sich aus den sozialen Kontext zur Sprache bringen, aus dem sie handeln. Dieser Kontext wird dann wieder bei der Interpretation aufgegriffen. „Die dialogische Hermeneutik läßt der erforschten Person einen größeren Handlungsspielraum, wobei auch hier wieder die Psychoanalyse als Paradigma durchschimmert. Die erforschte Person kann die Beziehung zum Forscher selbst gestalten. [...] Diese Handlungsmöglichkeiten sind konstituierend für die Methode, nicht etwa nur eine ‚Dreingabe' oder ein ‚Zugeständnis'." (Sommer 1987, 356)

---

[89] Wird diese Realität geleugnet, dann wirken diese Affekte im verborgenen weiter, verdichtet sich bei einer heimlichen Forschungsfrage, und die Forschungsteilnehmer reagieren möglicherweise destruktiv und verweigern die Forschung.

[90] Weiter unten hebe ich dieses Aushandeln der Realität im Forschungsprozeß wieder hervor und komme dabei auf die Frage nach dem Aushandlungsraum zurück, der dieser Realität gegeben oder aber vorenthalten wird.

Damit die Subjekthaftigkeit der Forschungsteilnehmer adäquat abgebildet werden kann, wird ein komplexes Verfahren notwendig, um sich verschiedenen Realitätsebenen zu nähern. Der Forscher versteht sich in der Ethnoanalyse von daher nicht nur als teilnehmender Beobachter. Er ist nicht nur Zuhörer narrativer Gespräche, nicht nur nachträglich fallrekonstruierender Hermeneut, sondern er ist vor allem ein am Dialog selbst teilnehmender Forscher, der sein Verstehen und Nichtverstehen, seine Rollen in der Forschung mit einer Forschungsgruppe ansprechen, bearbeitet kann und dadurch zu der Bildung eines alle Beteiligten miteinbeziehenden, selbstreflexiven Diskurses beiträgt.

Mit dem bisher Gesagten wollte ich aufzeigen, daß die Ethnoanalyse einem Mehrebenen-Modell gleicht und daß es gilt, auf verschiedenen Ebenen eine Rekonstruktion vorzunehmen, bevor es zu einer gesamten Bewertung und Interpretation kommt. Dies spiegelt sich auch darin wider, daß die Methode des ethnoanalytischen Gruppengespräches einem Erkenntnisziel folgt, das weiter gesteckt ist als das der klassischen Gruppenanalyse (oder auch der Ethnopsychoanalyse). Es geht nicht nur darum, den unbewußten Anteil am Leben von Personen in einer fremden Kultur zu explorieren und den Teilnehmern an der Forschung zugänglich zu machen. (Bosse 1994, 20). Das, was unbewußt gemacht wurde oder als Ungelebtes erscheint, erschließt sich vollständig erst in der Rekonstruktion und Zusammenführung der verschiedenen Interpretationsebenen der Ethnoanalyse und kann ein tieferes Verständnis dieser Prozesse der Unbewußtmachung (z.B. als rituelle Inszenierung) liefern.

An den aus der gruppenanalytischen Arbeit entwickelten Forschungsansatz der Ethnoanalyse, den ich hier in seiner Arbeitsweise und Interpretationspraxis schildern möchte, koppeln sich also meine methodologischen Überlegungen an.

Die verschiedenen Ebenen des Verstehens und der Unterscheidung in ausdifferenzierte Sinnebenen, die sich gegenwärtig in der Ethnoanalyse finden, gliedern sich folgendermaßen in:
1. eine Ethnographische Interpretation,
2. eine Soziologische Interpretation,
3. eine Psychoanalytische Interpretation und schließlich
4. eine Gruppenanalytische Interpretation (vgl. Bosse 1994, 80ff.).

Diese vier Ebenen möchte ich aber übersetzen in den spezifisch eigenen Forschungskontext. Dazu ist anzumerken, daß die Ethnoanalyse mehr Methodologie denn Methode ist. Es besteht keine verbindliche Handlungs- und Interpretationsanweisung, jede der einzelnen Ebenen ist für sich alleine und nacheinander zu bearbeiten. Die Reihenfolge und der Zeitpunkt spielen dabei keine Rolle. Wohl aber sagt die Art, wie Interpretationen verzögert oder technisch bearbeitet werden, wiederum etwas aus über darin eingefangene Affekte und das Vezögern-Wollen dieser Zugänge. Hier ist wieder Selbstreflexivität[91] der Schlüssel, der dem Forscher hilft zu verstehen, was er wie und warum zu-

---

[91] Verstanden vor allem als Introspektion, als Selbstbeobachtung.

erst, am Ende der Forschung oder in welcher Reihenfolge interpretiert und was er vernachlässigte. Durch eine allzustrenge Formalisierung der Methode droht vor allem die Irritationsanalyse verloren zu gehen. Damit fiele das Hauptinstrument, der wichtigste Baustein der Erkenntnis und des Verstehens weg. Das heißt nun nicht, daß es im ethnoanalytischen Verstehens- und Interpretationsprozess keine Regeln zu befolgen gäbe. In der Ethnoanalyse wird dahingehend formalisiert, daß auf drei Ebenen gearbeitet wird: auf der Form-, Prozeß- und Inhaltsebene. Die wechselseitige Durchdringung dieser Ebenen mit Lesarten hat eine innere Kohärenz, bedeutet aber, daß keine Objektivierbarkeitsmodelle aus diesen Lesarten entwickelt werden.

Den institutionellen Ebenen der Forschungsbeziehung werde ich besondere Beachtung schenken. Interpretationen und daraus entwickelte Lesarten sind somit immer mit Bezug auf die Forschungssituation zu verstehen. Dabei gehe ich, wie sich bislang gezeigt hat, vor allem rekonstruktiv vor. „Der rekonstruktive Status der Analyse macht die Trennung von Analyse und Ergebnis in dem Sinne unmöglich, daß zu der Art und Weise des Verstehens des Gesagten, d.h. dem Ergebnis, untrennbar die Benennung des Weges auf dem man zu dieser Lesart gekommen ist, dazu gehört", so hat Bommes (1993, 469) in seiner Forschung mit Jugendlichen aus Immigrantenfamilien den methodologischen Zuschnitt in Richtung gegenstandsangemessener Methoden gewählt. Mein Zugang, meine Generierung von Lesarten widmet sich genau der Analyse dieser drei beschriebenen Ebenen. Rollenaspekte und Rollenveränderungen der Forschung, den inneren und äußeren Forschungsraum werde ich vor dem Hintergrund der verschiedenen Ebenen zu analysieren versuchen.

Zu 1) Die Ethnographische Interpretation übernehme ich unverändert. Hier wird sich zeigen, wie die ursprüngliche Herkunftskultur der Eltern, die zumeist einem traditionellen dörflichen Kontext entsprang, sich in und während der Migration veränderte, verharrte oder von den Jugendlichen in eine neue Bedeutung gebracht wurde. Dazu werden sowohl sekundäranalytische Untersuchungen, z.B. über die Sozialisationsbedingungen in der Türkei, als auch Aussagen der Jugendlichen selbst und Ergebnisse der teilnehmenden Beobachtung zusammengefügt.

Zu 2) Sowohl die objektiven Lebensbedingungen als auch die strukturellen Begrenzungen (z.B. durch Ausländergesetze) werden in der Soziologischen Interpretation ebenso Gegenstand sein wie die individuellen und kollektiven Familienbeziehungen und die migrationsspezifischen Veränderungen bezüglich klassischer soziologischer Untersuchungsfelder wie Alter, Geschlecht und sozialer Schichtung.

Zu 3) Wie gesagt, werde ich keine psychoanalytische Deutung unbewußter Prozesse vornehmen, aber einen wichtigen Zugang zum Verstehen über die Selbstanalyse gewinnen. Ich baue in dieses Interpretationsmuster verstärkt die Arbeit am eigenen kulturellen Widerstand des Forschers ein, die sich dem Verstehen der fremden Kultur entgegenstellt (vgl. Bosse 1994, 71). Dabei geht es auch auf der Beziehungsebene, also im Verhältnis von Forscher und Gruppe, um Beziehungsangebote, Irritationen und Störungen. Das eigene Unbewußte wird als Zugang zum Verstehen der anderen verwendet. Dabei werde ich vornehmlich auf den formalen Rahmen zurückgreifen und diesen bearbeiten. Irritationen und Bruchstellen im Verstehen sind hierbei Mittel, um eigene Hypothesen, Vorannahmen und Verstehensblockaden zu illustrieren. Die Analyse und Interpretation ist dabei ein wichtiger Einstieg, sie zeigt folgendes: Worum geht es im Gespräch? Was sind die Ergebnisse, was die Konflikte? Wie werde ich als Forscher erlebt, wie angesprochen? Was wird in mir als Forscher angesprochen? In der nachträglichen Rekonstruktion werden diese Punkte bearbeitet und in den Zusammenhang des Gesprächs gebracht. Störungen und Irritationen werden so bearbeitbar gemacht und an die gesamte Analyse angeschlossen. Hier sehe ich auch die Beziehungsebene angesiedelt; anhand deren Entwicklung und Veränderung können Aussagen über die Interaktion zwischen der Gruppe und Forscher gewonnen werden (z.B. der Forscher als Repräsentant einer als dominant erlebten Kultur).

Zu 4) Die Gruppenanalytische Interpretation übersetze ich in den Rahmen der Bedeutung der Gruppe für die Einzelnen, ihrer Funktion für die Entwicklung und Realisierung von eigenen Lebensentwürfen. Die Herkunftsmatrix der Gruppe als Minderheitensubkultur in einer Mehrheitskultur, als Adoleszente aus Immigrantenfamilien in einem verleugneten Einwanderungsland wird hier Ausgangspunkt der Interpretation. Auch die Dynamik der Beziehung zwischen Gruppe, deren Leiter und dem Forscher wird dadurch geprägt. Wer spricht? Wie entwickelt und verändert sich die Forscherrolle? Wie verläuft die Struktur des Gespräches? Gleichzeitig ist hier die thematische Engführung zu sehen: „Durch die Gruppe zieht sich wie ein roter Faden ein Grundthema, das ihre ‚dynamische Matrix' ausmacht. Aufgrund der kulturellen, sozialen, geschlechtlichen und altersmäßigen Zusammensetzung der Gruppe und aufgrund ihrer spezifischen Aufgabe (...) ergibt sich eine thematische Zuspitzung: Was möchte und darf in der Gruppe an lebenswichtigen Bedürfnissen und Vorstellungen bewußt werden und was muß unbewußt bleiben?" (Bosse 1994, 84) Was nicht thematisiert wird und unausgesprochen bleibt oder sinnlichsymbolisch inszeniert wird, taucht hier in veränderter Form wieder auf. Zu klären wird darin die Frage sein, welchen persönlichen und gruppenspezifischen Sinn eine (bestimmte) Präsentation z.B. eines Lebensentwurfes für die Teilnehmer der Gruppe in der Struktur des Gespräches hat. Der Gruppenprozeß erscheint dann als Spiegel der Auseinandersetzung. Die Darstellung einer inneren Welt in der Gruppe wird sich hier herstellen.

Eine methodische Synthese, um Synthesen zu erforschen

In diesem reflexiven Sinne hat die Arbeitsweise, wie sie von Nadig entwickelt wurde, auch für meinen Interpretationsansatz wichtige Impulse gegeben[92]. Wie

---

[92] Wenn auch dabei die Gefahr besteht, daß diese Methode zu einem „methodischen Ritual" verkommen kann, solange sie das mögliche Abwehrbündnis zwischen Forscher

ich im ersten Kapitel bei der kritischen Sekundäranalyse vorgegangen bin, spiegelt diese Arbeitsweise auch eine besondere *Haltung* wider, nämlich die der Rekonstruktion der Beziehung zwischen Selbst und Anderen/Forscher und Forschungsteilnehmern, ihre Intersubjektivität, hier in einer ideologiekritischen Weise. Die eigene Wissenschaft wird dabei auch als Institution gesehen, in der im Sinne von Erdheim etwas unbewußt „gemacht" wird und die eine bestimmte Ideologie produziert. Oder man kann, einer anderen Spur folgend – wie es von Waldhoff bei der Beschreibung der modernen Migration in der wissenschaftlichen Wahrnehmung angewandt wurde – ein bestimmtes Modell der Selbstdistanzierung aufzeigen.

Es geht dabei um Wahrnehmungstechniken und -beschränkungen. Dem wissenssoziologischen Ansatz kommt dabei die Rolle einer bewußtmachenden Kritik zu (Waldhoff 1995, 269) und mündet schließlich im Ziel, „eine Forschungstechnik [zu entwickeln,] die ihrem Gegenstand mehr Autonomie läßt, indem sie die Forscher-Erforschten-Beziehung und ihr soziales Umfeld selbstreflexiv als Einfluß auf ihre Wahrnehmung in Rechnung zu stellen lernt" und zudem über den Verzicht auf die in diesem Bereich üblichen Terminologien und Fragestellungen „sowohl verantwortlichere als auch objektadäquatere Ergebnisse erzielen [kann]" (ebd. 301). Übersetzt man die teilweise irritierende Widersprüchlichkeit des Begriffs der *Distanzierung*, wie er von Waldhoff und Treibel in Fortführung des Elias´schen Modells benutzt wird, und der Verwendung des Begriffes in der Ethnoanalyse schließlich in ein Modell der systematischen Reflexion, dann zeigt sich, wie der selbstreflexive Einsatz von Forschungshandeln als Prämisse einer veränderte Haltung gegenüber den Forschungsteilnehmern zugrunde liegt.

Hierzu hat die Ethnoanalyse den konsequentesten Ansatz entwickelt, der über die üblichen Strategien und Erweiterungen zur Erkenntnis qua Selbstreflexivität hinausgeht. Es geht dabei auch um die Frage nach dem Selbstverständnis empirischer Sozialforschung. Wie Vera King in ihrem Aufsatz *„Zur Frage von Macht und Moral im Selbstverständnis kritischer Sozialforschung"* (1992) aufgezeigt hat, unterliegt gerade eine kritische Sozialforschung der unbedingten Notwendigkeit zur Methodenreflexion. In dieser Methodenreflexion muß vor allem die Frage, wie in der Forschungsbeziehung mit der Macht-Ohnmacht-Spannung – die jede Forschungsbeziehung charakterisiert – forschungspraktisch umgegangen wird, beantwortet werden. Wie diese Methodenreflexion in einer sich kritisch verstehenden Sozialforschung ausgestaltet ist, das hat King beispielhaft an verschiedenen Modellen aus der feministischen Erkenntnistheorie herausgearbeitet. Hier ist eine besondere Brisanz ent-

---

und Erforschten nicht bewußt aufarbeitet. „Das konfrontative Gespräch dient dann selbst der Abwehr der unerträglichen Gefühle, der Forscher verharrt im Abwehrbündnis", kritisiert Bosse (1994, 48). Hier verhilft vor allem eine begleitende Forschungs-Supervision, verdeckte Fragestellungen und latente Themen offenzulegen und festgefahrene Ein- und Ansichten, Gesprächsweisen und Interpretationen wieder in eine Einsicht und Reflexivität fördernde Ebene zu bringen.

halten, weil sie sich moralisch positiver bewertet als die traditionelle „männliche" Wissenschaft. Dieser hohe Anspruch muß also methodologisch eingelöst werden.

Dieser Problemlage der Macht-Ohnmacht-Spannung und der potentiellen Interessendifferenz in der Forschungssituation wird z.B. von Wissenschaftlerinnen wie Evelyn Fox-Keller oder Sandra Harding mit einem moralischen „Liebesmodell" zu begegnen versucht. Dadurch soll das Verhältnis zwischen Forscher und Forschungsteilnehmern auf eine „herrschaftsfreie" und verstehende Ebene gebracht werden. Aber „Forschung hat [...] unvermeidlich aggressiv bemächtigende Züge. Wenn diese aggressiv bemächtigende Seite aufgrund eines in die Methodologie eingebundenen normativen Anspruchs verleugnet, peinlich verschwiegen, tabuisiert oder moralisiert wird, kann es kaum noch gelingen, die Bedeutungsüberschüsse zu analysieren, die sich an die Forschungssituation als faktisch hierarchisches Verhältnis knüpfen." (King 1992, 121)

Hier komme ich wieder an den Anfang meiner Überlegungen, die als zentralen Gegenstand die Verleugnung der Intersubjektivität hatten. Ich wollte auf eine gegenstandsangemessene Methode zusteuern, die die vorherrschende Subjekt-Objekt-Trennung sprengt.

Wie die Analyse der Mehrzahl der Arbeiten aus der Ausländerforschung gezeigt hat, war diese von mir in Anlehnung an Dwyer bezeichnete *kontemplative Haltung* Ursache und Ergebnis dieser Dichotomie. Nach welchem Muster idealtypisch die Verbindung von Subjekt und Objekt in der Forschung erfolgt, das hat King zusammengefaßt: „Traditionelle empirische Sozialforschung ist gekennzeichnet durch die Leugnung der inneren Verbindung von Subjekt und Objekt, durch die Abwehr der ‚angsterregenden Überschneidung' (Devereux). Die Beziehung zum Objekt wird über Bemächtigung und Beherrschung hergestellt, die Wahrnehmung des Objekts auf rationale Momente zugeschnitten. Kritische Sozialforschung stellt dagegen die Verbindung zum Objekt in den Vordergrund. Die Beziehung zwischen Subjekt und Objekt wird als Interaktion begriffen, Wahrnehmung wird als Zuwendung und Hingabe an das Objekt konzipiert. Die aggressiv-bemächtigenden Seiten von Erkenntnis und die Differenzen zwischen Subjekt und Objekt werden tendenziell ausgeblendet." (King 1992, 128)

Gesellschaftskritik ist – wie es Paul Parin einmal formuliert hat – eine „psychoanalytische Grundfrage". So wie er Ethnopsychoanalyse versteht, geht es um die Erforschung der „inneren und der äußeren Verhältnisse", d.h. es wird gefragt, was sich zwischen Subjekt und den objektiven Verhältnissen abspielt. „Psychologische Deutungen, die das Gewicht gesellschaftlicher Verhältnisse verleugnen, tragen vielmehr zur Verschleierung der Wirklichkeit bei. Die Ethnopsychoanalyse betreibt eine Aufklärung, die den Wirkungen der Machtverhältnisse nachgeht. Sie lehnt es ab, einer Ideologie zu dienen, die die Macht freispricht, indem sie ihre Opfer psychologisch anklagt." (Parin 1986, 152)

Das Ziel dieser so verstandenen Aufklärung verfolge ich auch in meinem Ansatz, vor allem in den hier entwickelten Überlegungen. Ich habe versucht, aus den dargestellten methodischen Traditionen und Entwicklungen eine eigene Synthese zu entwickeln, die es erlaubt, in den Subjekten gesellschaftlichen Wirklichkeiten nachzuspüren, dabei deren eigene (idiosynkratische) Geschichte nicht zu unterschlagen und in eine größere Fragestellung zu überführen, die sich wieder auf die wissenschaftliche und gesellschaftliche Ebene rückbezieht: Wie wird *Fremdheit* und *Uneindeutigkeit* erlebt und verarbeitet (in der wissenschaftlichen Beschreibung, der gesellschaftlichen Praxis), was sind gesellschaftliche Ambivalenzen und Lebenslügen, die sich überschreiben in persönliche Verhältnisse?

Schließlich ging es in einer Archäologie der Begriffe darum, die Begriffe und Konzepte in der Ausländerforschung ideologiekritisch zu untersuchen, das Unbewußte in der Wissenschaft zum Thema zu machen, um zum einen auf die eigenen blinden Flecken aufmerksam zu machen, und zum anderen schließlich, darauf aufbauend, eine andere Sichtweise zu entwickeln, die bisherige Klassifikationssysteme und daraus abgeleitete Objektivierungen des Anderen überwinden und entkategorisieren kann. Die notwendige Distanzierung ist dabei eine wichtige Voraussetzung, um nicht „problem"-zentriert auf einseitige Lösungen hinzuarbeiten, sondern eher eine theoretische und empirische Analyse durchzuführen. Diese ist nicht nur durch die von Waldhoff als notwendige Bedingung dafür beschriebene Balance zwischen Engagement und Distanzierung möglich. Einen größeren Erkenntnisraum aufzuschließen, hat sich gezeigt, geschieht vor allem durch eine Form-, Prozeß- und Inhaltsanalyse, die ausgehend von den Forschungssituationen die Dialektik von Form und Inhalt im „Übertragungsraum Forschungssituation" (Bosse/King 1996) rekonstruiert. Ich möchte diese methodische Verfahrensweise, diese Haltung, als ethnohermeneutische Rekonstruktion verstanden wissen, die den Verhältnissen von inneren Welten und äußeren Verhältnissen in ihren *Wechselwirkungen*[93] nachspürt.

Aus dem dargestellten Material und den daraus abgeleiteten Interpretationen lassen sich keine großzügigen Verallgemeinerungen oder neuen Kategorien ableiten. Als Fallstudie oder auch Einzelfalluntersuchung ist meine Studie von daher viel zu begrenzt in ihrem Ausschnitt. Es hat sich darüber hinaus gezeigt, daß eine Typenbildung wieder abstrahiert von der Einzigartigkeit der Lebensgeschichten und individuellen Bearbeitung. Als autonome Subjekte in der Forschung haben sich die Adoleszenten in den Einzel- und Gruppengesprächen jenseits der Kategorien der Wahrnehmungs- und Klassifizierungsschemata der Ausländerforschung präsentiert, darin sind sie nicht wieder objektivierbar. Zentraler Punkt bleibt, diese Repräsentationen verstehend zu beschreiben. Gleichwohl werden gesellschaftliche Verhältnisse untersucht, das Verhältnis von Mehrheit-Minderheit, Jung-Alt, Frauen-Männer usw. Dabei

---

[93] Um diesen zentralen Begriff von Simmel aufzugreifen und wieder in die verstehende Soziologie einzubringen.

wird aufzuzeigen versucht, „wie objektive Verhältnisse subjektiv erlebt, verarbeitet, verändert werden bzw. wie sie sich in Subjekten – das können Individuen, Gruppen oder auch Angehörige von Institutionen sein, verfestigen." (Bosse 1988)

Die Ethnoanalyse, in diesem Kontext verstanden als „einzelfallrekonstruktive Kulturanalyse", verfolgt hier zwei Ziele: Sie kann rückblickend zeigen, wie der Prozeß der Selbstaufklärung der Jugendlichen verlaufen ist, wo er gelungen, und wo er aufgrund der Grenzen der Forschung und der in den Jugendlichen und dem Forscher selbst liegenden Grenzen nicht gelungen ist. Das heißt, daß die Tragfähigkeit der Lebensentwürfe erwogen wird, die in den Gesprächen aufscheinen. Zum anderen kann gezeigt werden – und dies ist hier mein besonderes Interesse – wie und in welche Richtung die Begegnung zweier Kulturen sich bewegt (Bosse 1994, 84) und wie schließlich auf der Subjektebene eine Synthese[94] daraus entstehen kann. Das Interesse dieses Ansatzes speist sich nicht nur aus dem Interesse heraus, mehr über Jugendliche aus Immigrantenfamilien zu erfahren, sondern ihre spezifische Jugendkultur als Strategie zu sehen, sich mit Gleichheit/Differenz und dominanten gesellschaftlichen Realitäten auseinanderzusetzen. Insofern ist eine einzelfallrekonstruktive Kulturanalyse die Verschränkung von verschiedenen Perspektiven im Blick auf die Gesellschaft.

Nachdem ich an dieser Stelle mein methodisches Werkzeug entwickelt und vorgestellt habe, das sich auf verschiedenen Ebenen als komplexe Synthese von Ethnoanalyse und Psychoanalyse als Sozialwissenschaft versteht, möchte ich jetzt überleiten zu dem theoretischen Rahmen, in dem sich die bisherigen und folgenden Ausführungen bewegen sollen. Auch hier habe ich wieder verschiedene Stränge und Ansätze zusammen in ihrer Durchdringung und produktiven Spannung beschrieben, um – wie ich es in der Einleitung skizziert habe – das produktive und ergänzende Verhältnis von Theorie und Praxis hervorzuheben. Im Mittelpunkt stehen wird die Ambivalenztheorie von Zygmunt Bauman und der Versuch, im Zusammenhang mit den methodologischen Überlegungen eine subjektorientierte Modernisierungsforschung zu etablieren.

---

[94] Stuart Hall spricht in seiner Untersuchung über kulturelle Praktiken innerhalb der Immigrantenkulturen in Großbritannien von der Herausbildung *hybrider, kreolischer* Formen der Identitätsbildung. Hall muß also den Begriff der kulturellen Identität und den der Ethnizität nicht aufgeben, um Akteure im Kampf um Anerkennung, Gleichberechtigung und Verschiedenheit in Mehrheitsgesellschaften zu beschreiben (vgl. Hall 1994). Ähnlich verfährt auch Homi Bhabha mit seinem Konzept der *hybridity* (Bhabha 1990). An anderer Stelle werde ich diese Konzepte aufgreifen und in Beziehung zu den Aussagen aus dem empirischen Material über individuelle Synthesebildungen verschiedener Kulturen stellen.

Assimilation und Ambivalenz:
Das Ende der Eindeutigkeiten
Eine Theorie über die Nachtseite der Moderne.
Integration als Ordnungsfaktor der Gesellschaft

> Wo integriert wird, sind auch die Eliten nicht weit.[95]

Die Angst vor der Moderne

Das sich dem Ende neigende zwanzigste Jahrhundert, das als Zeitalter der Vernunft antrat, wird in der Rückschau sicherlich aus vielfacher Perspektive betrachtet werden: Aus der einer immensen Industrialisierung und Globalisierung der Ökonomie oder als eines der Kriege und Katastrophen – angefangen bei zwei Weltkriegen und unzähligen andauernden oder immer wieder aufflammenden lokal begrenzten und aktuellen Konflikten, von denen der Krieg in Bosnien das Beispiel ist, das sich direkt vor der Tür der europäischen Demokratien abspielte, die sich gerne für zivile Konfliktlösungen rühmen. Der Zusammenbruch der UdSSR, die Veränderungen in Osteuropa insgesamt und das Ende des Eisernen Vorhangs, kamen genau zu dem Zeitpunkt, als schon das „Ende der Geschichte" ausgerufen wurde. Nicht zu vergessen das Fanal, welches die Grenzen der Technik markierte und gleichzeitig das Entgrenzende einer technischen Katastrophe aufzeigte, der Reaktorunfall, der GAU in Tschernobyl. Gleichzeitig werden die noch drohenden oder nur schwer abzuwendenden Ausmaße einer ökologischen Katastrophe langsam erahnt. Diese *katastrophale Moderne* (Heinrichs 1987) wird auch als eine Zeit der Mobilität zunehmend erkannt: als Zwang zur individuellen Mobilität, um sich dem in rascher Geschwindigkeit verändernden Markt anzupassen, als eine Zeit, in der soziale Lagen, wie nie zuvor, von Unsicherheiten geprägt sind. Zwischen allen Ebenen, vertikal oder auch horizontal, ist es nunmehr möglich, sich zu bewegen oder bewegt zu werden: „Moderne ist die Unmöglichkeit an Ort und Stelle auszuharren. Modern sein bedeutet in Bewegung sein. Man beschließt nicht zwangsläufig, in Bewegung zu sein – so wie man nicht beschließt, modern zu sein." (Bauman 1994, 237)

Und schließlich hat das zwanzigste Jahrhundert neue Migrationen freigesetzt, angefangen bei den armuts- und kriegsbedingten Flüchtlingsströmen bis hin zu den „neuen Parias", dem weltweit verfügbaren Weltmarktarbeitskräfte-Austausch (Potts 1988, Bade 1992). Nun, fast an der Schwelle zum nächsten Jahrtausend stehend, ist es ein gegebener Anlaß, um einen Augenblick innezu-

---

[95] Theodor W. Adorno 1981, 137.

halten und sich die verschiedenen Diagnosen und Prognosen zum vergangenen und zum kommenden Zeitalter zu vergegenwärtigen, um sich die Zukunftsfähigkeit der Strategien und Entwürfe einer modernen Gesellschaft vor Augen zu führen.

Ich werfe nun *meinen* Blick auf die Dramaturgie der Moderne: Was sich zur Zeit nicht nur in den Metropolen der modernen europäischen Demokratien beobachten läßt, ist ein verwirrendes Spiel mit Unsicherheiten: Auf der einen Seite nimmt Gewalt und Haß zu, in den Pariser Metros und in einer Tiefgarage des World Trade Center in New York explodieren Bomben, die wahl- und ziellos töten. Jeder kann Opfer werden. In Tokio waren religiöse Fundamentalisten dabei, die ganze Stadt mit Giftgas auszulöschen, um sich als Heilsbringer in die Unendlichkeit für wenige Auserwählte zu präsentieren. Auf deutschen Straßen spielte sich eine rassistisch motivierte Menschenjagd ab, die erschreckend an nicht lange vergangene Zeiten erinnern ließ und auch vor Brandstiftung und Mord nicht haltmachte. Die Beziehungen zwischen dem Zentrum und der Peripherie sind äußerst gespannt, immer mehr gesellschaftliche Gruppen werden in das „Aus der Vorstädte" – die neuen Gettos – verbannt, wo sich die demokratische Gesellschaft unter dem Druck der sozialen Verwerfungen zu zersetzen droht (Dubet/Lapeyronnie 1994), wo Konflikte als Ausdruck eines Kampfes gegen soziale Exklusion, meist als ethnische Konflikte übertüncht, in einer bis dahin nicht gekannten Heftigkeit sich bündeln.

Gleichzeitig wächst ein neuer Markt mit Informationen und einer neuen Informationsverarbeitung, der die Grenzen des Aufnehmbaren und Bearbeitbaren verschiebt. Arbeitskraft und menschliche Produktivität werden in zunehmendem Maße entbehrlich. Die Gesellschaft atomisiert sich und zeigt als Symptom, daß sich in der Moderne die westlich-europäische Kultur selbst fremd geworden ist. Sie produziert, wie die scharfsinnige Analyse und der gleichzeitige Ausblick auf eine Anthropologie des nächsten Jahrhunderts von Marc Augé (1994) zeigt, „Nicht-Orte", an denen es keinen Aufenthalt, keine Ruhe und vor allem keine Identität gibt.

Alles scheint gleichzeitig möglich zu sein. Nichts ist mehr auszuschließen. Ein stetes Zunehmen von Zufälligkeit und Unbestimmtheit – also von Kontingenz – ist zu verzeichnen. Visionen sind ausgegangen, haben kein Gewicht mehr. In den Ländern und Metropolen der sog. dritten Welt ist ein Gemisch aus Haß, Gewalt und Krieg, angerührt aus kolonialen Residuen und moderner Intervention zu beobachten. In Algerien genügt es den Anhängern der „Islamischen Heilsfront" nur eines kritischen Wortes, noch weniger: der Umstand, das Frauen unverschleiert sich auf der Straße zeigen, um barbarisch zu morden. Nicht weniger brutal gehen die politisch legitimierten Kräfte vor. Letztlich bleibt immer unklar, wer den systematischen Terror gegen die Bevölkerung ausführt. Das Ende der Menschenrechte in der Moderne ist sicherlich in Ruanda zu verzeichnen gewesen, wo ein Genozid stattfand, der in seinem Ausmaß vielleicht (und wir werden es wohl nie genau erfahren) gleich nach der Vernichtungspolitik der Nationalsozialisten und dem Lagersystem des

Gulag kommt. Hier steht die Moderne in ihrer eigenen Tradition.

Gleichzeitig entwickelt sich überall in der Welt die alte neue Ideologie des Nationalismus, setzt ein ethnisches (völkisches) Denken[96] anstelle des pluralistischen ein, und der Wahn der ethnisch reinen Gemeinschaft taucht allenthalben in Fundamentalismen jeglicher Art verkleidet wieder in der politischen Tagesordnung auf.

Wie also wird dieses Jahrhundert in die Geschichte eingehen? Als Zeitalter der Lager? Dies fragt Zygmunt Bauman, der dazu weiter anmerkt, daß „nichts von dem, was in diesem Jahrhundert geschehen ist, weniger erwartet wurde als Auschwitz und der Gulag, und nichts konnte irritierender, schockierender und traumatischer für Menschen sein, die – wie wir alle – gelernt hatten, ihre Vergangenheit als unaufhaltsames Fortschreiten des Zeitalters der Vernunft, der Aufklärung und befreiender Revolutionen zu sehen." (Bauman 1993b, 43) Für Bauman[97] ist gerade das *gelungene* Projekt Moderne, nicht die Entgleisung davon, verantwortlich für diese Formen von Destruktivität und Gewalt. Moderne Organisationen operieren zunehmend moralisch indifferent und können so die ausgeführten Taten als moralisch neutral aussehen lassen. Daher entwickelt Bauman u.a. die These, daß jeder, der sich fragt, wie die Lager möglich waren, sich nicht die Statistik der offenen und heimlichen Sadisten, Psychopathen oder Perversen ansehen soll, sondern etwas anderes: jene eigentümliche oder erschreckende gesellschaftliche Erfindung, die es erlaubt, Handlung und Moral zu trennen (ebd. 44). Es ist also durchaus eine Errungenschaft moderner Zivilisation, daß Handlung und Ergebnis der Handlung voneinander getrennt werden, auf Distanz gehandelt wird und moralische Gehalte dadurch neutralisiert werden. Heute ist es möglich, z.B. in der modernen Kriegsführung auf Knopfdruck zu töten, und man wird seine Opfer – wenn überhaupt – höchstens auf Videomonitoren simuliert als virtuelle Realität sehen. Der „Golfkrieg", der wie ein Videoclip in die Fernsehgeräte in den Wohnzimmern übertragen wurde, hat dies vorgeführt. Für Bauman ist klar: die Destruktivität folgt gerade dem Primat der Rationalität, statt dessen Ausfall zu sein.

Ich möchte mich weiter unten ausführlicher mit den Thesen von Bauman und seiner Theorie der Moderne befassen, da sie mit der These der fortlaufenden Produktion von Ambivalenz in der Moderne und der in diesem Zusammenhang entstandenen Metapher des „Staates als Gärtner", der gestalterisch eingreift und, seinen Idealplan vom Garten verfolgend, alle Hindernisse, alles

---

[96] Dieses ethnische Denken nimmt seinen Ausgang von einem konstruierten Wir-Gefühl. Annette Treibel geht davon aus, „daß die Reaktivierung nationaler bzw. ethnischer Wir-Gefühle auf *krisenhafte Situationen* in mehr oder weniger modernen Gesellschaften hinweist. Die Menschen in diesen Gesellschaften greifen wieder verstärkt auf Stereotypen und Klischees, die sie von anderen entwickelt haben, einerseits und auf kollektive Zugehörigkeiten für sich selbst andererseits zurück, wenn sie sich verunsichert fühlen." (Treibel 1993, 317, Hervorh. i.O.)

[97] Wie schon für Horkheimer/Adorno (1969); siehe auch Fußnote 110.

„Unkraut" wegräumt, eine wichtige Wegemarkierung einer neu zu denkenden Lesart der Moderne ist.

Die Kennzeichnung des ausgehenden Jahrtausends wird vielleicht nicht mit einer Losung alleine getroffen werden können. Es bleibt vielschichtig. Ein wesentliches Kennzeichen der Moderne ist aber sicherlich die Vermischung. Vermischt werden auch diese negativen Charakterisierungen mit positiven Ansätzen, die sich eben auch aufzeigen lassen: mit Regionalismus und Entstaatlichung als Möglichkeiten von „gemeinwesenorientierten" Vernetzungs- und Aushandlungsprozessen, mit kreativen kulturellen Praktiken und anderen Veränderungspotentialen. Das alles existiert gleichzeitig, neben- und gegeneinander. Es gibt keine eindeutige Position und Wahrnehmungsweise. Meiner Ansicht nach ist dieses Jahrhundert auch als Zeit der Vermischung zu bezeichnen. Ich gebe zu, daß es schwer fällt, bei allem, was bisher in der Waagschale für die Beurteilung des Jahrhunderts liegt, von *Ver*mischung zu reden, wenn alle Zeichen auf *Ent*mischung stehen. Aber diese Entmischungen sind als Reaktionen auf bisher schon stattgefundene oder sich weiter vollziehende Vermischungen, Uneindeutigkeiten und Mehrbezüglichkeiten zu sehen. Der Philosoph Jean-Luc Nancy hat in seinem „*Lob der Vermischung*" für Sarajewo im März 1993 geschrieben, daß es die Andersheit oder Differenz *als solche* nicht gibt. „Mischungen und Identitäten lassen sich nicht fixieren, weder die eine noch die andere. Sie haben sich immer schon ereignet, sind immer schon vergangen oder stehen immer noch aus. Und zwar immer *in und als Gemeinschaft,* eine an der anderen partizipierend, und wir alle an beiden." (Nancy 1993, 5) Die Mischung *ist* nicht, sagt Nancy, sie *geschieht*, aus diesem Grund ist sie keine Substanz. „Die ‚Kulturen' – oder was man so nennt – lassen sich nicht einfach eine zur anderen addieren. Sie begegnen, vermischen, alterieren und rekonfigurieren sich. Sie kultivieren sich gegenseitig, machen sich urbar, bewässern sich oder legen sich trocken, pflegen und veredeln sich". (ebd. 6).

Sarajewo wurde auch aus diesem Grund von der Landkarte zu tilgen versucht, weil es sich der „*Ethnisierung der Gesellschaft*" (Stefanov/Werz 1994) widersetzte, weil hier ein störender Gegenentwurf zum ethnisch homogenen Nationalstaat – egal welcher Provenienz – zu finden war. Auch in Ruanda hatte die – zu Recht zum Unwort erklärte – „ethnische Säuberung" nur ein bereits von den Kolonialmächten Deutschland und Belgien gefördertes und bestätigtes Selbstbild wiederhergestellt. Eine ambivalente Kolonialpolitik, die den unbestimmten Zugehörigkeiten zwischen unterschiedlichen „Volksgruppen", die ehemals immer in wechselseitiger Vermischung lebten, den Stempel der bürokratisierten Ordnung aufzudrücken versuchte, hat hier einen Niederschlag gefunden. Und schließlich ist die massive Wiederkehr der nationalen Sehnsüchte und nationalistischen Ideologien gerade aus einem Gefühl der Überlagerung oder Unterschichtung heraus entstanden.

Wo alte Orientierungen nicht mehr greifen, werden die alten und bewährten Erklärungsmuster aus der Schublade der Geschichte geholt. Es ist also ein Wechsel des Standpunktes, der Perspektive, über Vermischung zu arbeiten, zu schreiben, zu denken und diese nicht zuletzt auch zu propagieren als gegenseitigen Austausch, wenn überall Abwehrgefechte dagegen virulent sind. Von der Seite der Betrachtung hängt es ab, was man sieht. Wenn in den aktuellen Diskussionen über Nationalstaat, multikulturelle Gesellschaft, Einwanderung und ethnisch homogene Gemeinschaften genauer nach den Begriffen gefragt wird und dahinter verborgene ideologische Gehalte gesucht werden, dann stellt sich heraus, daß sich die Kategorien alle an einem Punkt treffen: An der Scheidelinie zwischen Moderne und Gegenmoderne. Das heißt für das Thema Vermischung, daß auf die Bedingungen und Herausforderungen der Moderne mit Mustern der Vormoderne oder eben Gegenmoderne agiert oder reagiert wird. Man kann nicht – um wieder zum Thema zurückzukommen – komplexen Phänomenen wie Einwanderung oder einem notwendigen Aufweichen nationalstaatlicher Grenzen und Denkweisen vor dem Hintergrund ihrer Verleugnung oder Handhabbarmachung durch bürokratisierte Instanzen begegnen.

Wenn ich auch versuche, auf einer strukturellen Ebene die Produktion von Ambivalenz und die gesellschaftlichen Reaktionen, den gesamten Umgang damit, theoretisch zu beschreiben, so lege ich doch ein Hauptaugenmerk auf die gelebten und tatsächlich ambivalenten, weil vermischten Lebens- und Handlungsentwürfe als kulturelle Praxis. Diese Betrachtung geschieht nicht von der Warte isolierter und unabhängiger und isolierter Zuschauer, sondern inmitten einer beobachtbaren, erlebbaren empirischen und/oder biographischen und gesellschaftlichen Situation.

Für mich entstehen diese Lebens- und Handlungsentwürfe da, wo ein tragfähiger Entwurf inmitten der Unsicherheit ausgemacht werden kann, wo mit und durch Ambivalenz und Vermischung gelebt werden kann: Bei den Subjekten der Ambivalenz. Dabei sind zuallererst die *„anderen Deutschen"* (Mecheril/Teo 1994) zu nennen. In meinem Interesse stehen Jugendliche, die sich inmitten des Prozesses der Begegnung und Vermischung von (zwei) Kulturen bewegen und großgeworden sind. In meiner Untersuchung waren es deutsch-türkische Jugendliche, die ihre Adoleszenz, diese Lebensphase, in der Krisen und Brüche ein Individuum in die Gesellschaft hereinreifen lassen oder aber herauskatapultieren können, in dieser Dynamik erlebten. Welche Vorstellungen und Entwürfe nehmen diese Adoleszenten mit, welche Lebensentwürfe sind für sie charakteristisch und schließlich: welche Positionen nehmen sie selbst in den immer größer werdenden Zwängen zur Eindeutigkeit ein. Schon und vor allem auf der individuellen Ebene lassen sich die Muster der geglückten, mißglückten oder vermiedenen Entwürfe gut herauslesen.

Es gibt noch eine andere Ebene der *kulturellen Praxis*, wo die Bereiche der Kunst, Literatur und Musik angesiedelt sind. Hier kann exemplarisch gezeigt werden, wie Kulturen miteinander verschmelzen, wie sich verschiedene Stile, Haltungen und Ansichten vermischen und neue Genres geschaffen werden, ohne dabei in (postmoderne) Beliebigkeit oder bloß zusammenhangloses Mischen von Zitaten zu verfallen. Es geht dabei um nicht mehr und nicht weniger als um die Vielfalt, die sich in der Anerkennung des Anderen ausdrückt[98]. Dabei fällt mein Blick auf die Auseinandersetzung um Salman Rushdies Roman *„Die Satanischen Verse"* und seine gelungene Synthese aus verschiedenen Erzählstilen, die sein letztes Werk *„Osten, Westen"* auszeichnet. Ebenso kann das schriftstellerische und filmerische Werk von Hanif Kureishi in Betracht gezogen oder die Musik von Rabih Abou-Khalil, einem Grenzgänger zwischen Musikstilen von Orient und Okzident, in diese Überlegungen mit hineingenommen werden; wie auch schließlich in der spezifischen Jugendkultur und den darin entwickelten Musik- und Lebensstilen das Mischen und Vermischen[99] seinen Eingang in die Musik gefunden hat. Die Grenze spielt in dieser Betrachtung eine große Rolle. Aber nicht auf der einen oder auf der anderen Seite der Grenze ist mein Interesse angesiedelt, sondern genau im „Niemandsland" dazwischen. Oder besser: dem Auf-der-Grenze-Leben gilt mein Interesse.

Es geht also darum, eine Lesart der Moderne zu entwickeln, die alle diese Faktoren mitreflektieren kann, um einen Blick auf die aktiven und alltäglichen *„Grenzgänger der Moderne"* (Heinrichs 1994) zu werfen. In diese Theorie der Moderne, die dynamisch, nicht historisierend und vor allem subjektorientiert ist, versuche ich nun die Aussagen und Interpretation der Ausländerforschung (die ich exemplarisch im dritten Kapitel auf ihre immanente Wirkung hin untersucht habe) miteinzubeziehen.

Unter dieser Perspektive greifen mechanistisch oder evolutionär aufgebaute Theorien über Eingliederung, Generationenassimilation, soziale und ethnische Differenzierung, Ethnizität und Integration (vgl. López-Blasco/Hernández 1982) nicht mehr, laufen ins Leere, gerieren sich als intellektuelle und wissenschaftliche Praxis ohne Wirklichkeitsbezug. Ein wichtiger Teil der Realität bleibt ausgeblendet. Angebracht wäre jetzt, die Frage nach den Ursachen der Stabilität von Lebenslügen aufzuwerfen. Als Lebenslügen stellen sich die

---

[98] Auf ein besonderes Paradox der Anerkennung von Differenz verweist der Schriftsteller Wilhelm Genazino in einem seiner scharfsinnigen Gedankensplitter. Unter Bezug auf den Satz von Habermas. „Das Sich-unterscheiden von anderen muß von diesen auch anerkannt sein" schildert Genazino einige Fallstricke, die darin enthalten sind. „Wenn dieser Satz von Jürgen Habermas wahr ist, dann muß mein Freund S. aufhören, Gedichte zu schreiben, weil schon seine Nachbarin sie nicht mehr versteht. Meine lesbische Kollegin H. muß, weil sie ihresgleichen liebt, der Verurteilung durch ihre Familie zustimmen. Und mein vierzehnjähriger Neffe A. muß seine Kündigung, die sein giftgrünes Haar ausgelöst hat, in Ordnung finden. Das sind nur drei Beispiele aus einer wenig attraktiven Realität, die sich gleichwohl auf den oben zitierten Satz berufen könnten." Darum schlägt Genazino folgenden Umbau vor: „Das sich unterscheiden von anderen ist für diese ohne Belang. Denn im Sich-Unterscheiden liegt eine bedeutsame Quelle von Individuation, die ihr Ziel verfehlt und verfehlen muß, wenn sie den Horizont der anderen nicht überschreiten darf." (Genazino 1996)
[99] Mehr als nur eine Metapher ist die spezifische Musik- und Jugendkultur zum Beispiel des *Hip-Hop* und *Rap*, in der das Vermischen, d.h. die Sequentialisierung von (alten) Musikfragmenten und Neuzusammensetzung als eigener Stil etabliert wurde.

Verweigerungen dar, die Moderne und ihre Ausdifferenzierungen anzuerkennen und sich damit auseinanderzusetzen, ihre Produkte und Wirkungen nachzuzeichnen. Mit einem Wort: die Einwanderungsgesellschaft zu denken und zu gestalten, statt sie zu verleugnen, und Kultur als offenen Prozeß zu begreifen. Welche Ursachen und Funktionen haben diese Lebenslügen und vor allem: Was sind die Auswirkungen auf die Subjekte in der Gesellschaft? Wie und wo wirkt die Ambivalenz? Es scheint so, als ob ein verschwiegener Teil im Einwanderungsdiskurs, als Segment der Moderne, der immer schon vorhanden war, aber nicht zu Kenntnis genommen werden sollte, wieder seinen Weg ans Tageslicht zurückfindet. Es geht um die Frage, wie und wo Kultur entsteht[100] und damit auch um den Zusammenhang mit dem ausgegrenzten Teil der Modernisierung: der Nachtseite.

Wo Kultur entsteht

Hans Christoph Buch beschreibt in seinem Essay über die Geburt des Jazz aus dem Geist des Karneval die Stimmung in New Orleans vor fast hundert Jahren, in dem Franzosen, Spanier, Engländer und Amerikaner, Deutsche, Italiener und Iren auf engstem Raum zusammenlebten, mit den Natchez und anderen Indianern, den verschleppten Abkömmlingen westafrikanischer Hochkulturen wie Ashanti, Fulbe Yoruba und vielen anderen. Diese Gesellschaft war streng hierarchisch aufgebaut. Es gab eine klare Ordnung. Aber, so schreibt Buch weiter, „die Rassen und Klassen, bei Tage streng voneinander getrennt, vermischten sich bei Nacht in einer endlosen Orgie, die eine gründliche Durchsäuerung des Rassen- und Völkerteiges zur Folge hatte, wobei schwarze und farbige Konkubinen als Hefe dienten, indem sie nachts im Bett den Sieg über ihre weißen Konkurrentinnen davontrugen." (Buch 1993, 8)

Das Ergebnis dieser im wahrsten Wortsinne fruchtbaren Nachtseite war die Hervorbringung einer neuen Kultur, einer neuen Musik. „Der Jazz ist das natürliche Produkt dieser wechselseitigen Durchdringung und Vermischung, Ergebnis einer kulturellen Bastardisierung, vornehmer ausgedrückt: eines Synkretismus, dessen Grundfigur die Grenzüberschreitung ist oder vielmehr die Metamorphose." (ebd. 9)

Der schlafende, träumende Teil des Menschen beschäftigt auch Zafer Senocak, und er bezeichnet ihn als einen „Nährboden von Kultur schlechthin" (Senocak 1994, 120). Seine Gedanken über die deutsch-türkische Zukunft versuchen eine Antwort auf die Frage zu finden, warum die Begegnung mit den

---

[100] Es geht ganz konkret um eine ganz bestimmte Jugendkultur, die sich aus zwei Quellen speist: der Klärung der adoleszenten Themen, die Ablösung von der Familie und ein selbstverantwortliches und selbstbestimmtes Leben in oder außerhalb der Gesellschaft, und zum zweiten der Situation als Frankfurter Türken in einem rechtlich unsicheren und gesellschaftlich marginalisiertem Raum zu leben. Dennoch hat sich in dieser Situation eine vitale Gegenkultur gebildet, die sich auszeichnet durch einen zum Teil virtuosen Umgang mit ethnischen Fixierungen.

Anderen, in diesem Fall den Türken, zu den Ereignissen des Jahres 1994 und davor geführt hat: brennende Häuser und Morde an Türken in Deutschland. „Die Bilder vom anderen kommen aus dem Gedächtnis, aus dem unbewußten, aus dem schlafenden Teil in uns", schreibt Senocak weiter. Wenn wir diese schlafende Hälfte übersehen, verlieren, verdrängen, dann laufen wir Gefahr, Kommunikation nur auf den sogenannten „Umgang" zu reduzieren. „Dieser ‚Umgang' ist eine Quelle von Mißverständnissen, Ängsten und Aggressionen. Die Vokabel ‚Umgang' assoziiert im Deutschen die Verben um-gehen und umgehen, bedeutet also *begegnen* und *vermeiden* zugleich." (vgl. ebd.) Den schlafenden Teil zur Kenntnis nehmen, heißt in dieser Sichtweise, auch die Kultur der anderen zu erfassen, um damit den Anderen (wieder) zu begegnen.

Es ist also vor allem die Nachtseite der Kultur oder der schlafende Teil der Gesellschaft, wo Vermischung und Durchdringung stattfinden, und Kultur – die quer zum mainstream liegt – entsteht. Die Nachtseite möchte ich bei den folgenden Überlegungen näher beschreiben. Dabei interessieren zwei Fragen: Warum wird der schlafende Teil, die Nachtseite verdrängt und: Was sind die Bedingungen für ein Gleichgewicht? Oder anders formuliert: Wie tragfähig sind die kulturellen Entwürfe, die inmitten der Ambivalenz leben, um der dominierenden Tagseite eine andere Betrachtungsweise vorzulegen, die auf offene Aufmerksamkeit und Präsenz, statt unnachgiebig auf Versiegelung setzt? Damit wird auch auf die innere Logik des Widerstandes angespielt, die sich in Gegenentwürfen und alternativen Modellen äußert, jenseits und quer zu den Deutungsmustern und Klassifikationen der Ausländerforschung.

Da Kultur, wie ich es schon im ersten Kapitel aufzeigte, immer auch als ethnischer Rückzugsraum verstanden und im nationalen Diskurs als unvermischbare und einzigartige, unveränderbare Einheit gesehen wird, da außerdem kulturelle Identität geradezu als kausales Resultat von Ethnie erscheint (Bauman 1993, Baier 1993), sieht es so aus, als hätte die Moderne scheinbar keinen direkten Einfluß auf Kultur, als wären es zwei voneinander getrennte Sphären. Aber: „Kulturen ändern sich in einem unabschließbaren Prozeß. Es würde vielen unmenschlichen Praktiken der Boden für die ideologische Rechtfertigung entzogen, wenn ein dynamischer Begriff von Ethnos, Kultur, Nation usf. *allgemein* anerkannt wäre." (Kramer 1995, 150, Hervorh. von mir, S.S.) Und – das ist das Wichtige – Kultur hat, wie auch immer sie verstanden wird, eine Tag- und eine Nachtseite.

Die Tagseite ist gleichzusetzen mit der Rationalisierung, der „Entzauberung der Welt", wie es Max Weber formulierte, mit der Idee der Moderne, die eine plan- und steuerbare, rationale Gestaltung von Gegenwart und Zukunft verheißen sollte. Die Idee der Planbarkeit und Gestaltung steht auch hinter den Konzepten von Integration und Assimilation. Assimilation war und ist in der Bundesrepublik Deutschland die vorherrschende politische Strategie im Umgang mit Migration (vgl. Cross 1989). Beide Strategien, Assimilation und Integration, gehören zum Instrumentarium der Sozialtechnologie, einem machtvollen Sproß der Moderne.

Die Praxis in modernen wie auch vormodernen Gesellschaften, das Fremde und Unbekannte zu neutralisieren, habe ich mit Rekurs auf die Lesart der Moderne von Zygmunt Bauman schon vorgestellt. Er unterschied zwei verschiedene Strategien: die *emische* und die *phagische*, also die ausspeiende und verschlingende, einverleibende. Beide kommen aber durchaus gleichzeitig vor und haben sich in der Moderne verdichtet zu einer Strategie, den Fremden gleichzeitig zu integrieren und auszusondern. Bauman schlug für die modernen Strategien den Begriff Proteophobie vor, da die Fremden ohne konkrete Gestalt und schwer definierbar sind. Baumans Überlegungen, seine Lesart der Moderne, möchte ich in diesem Kapitel nun wieder aufgreifen und vertiefen. Es geht also um *Fremde*. Die Abwehr der/des Fremden kann auch eine Form der Inklusion in eine Gesellschaft darstellen, die eine Stabilisierung der Grenze nach außen beabsichtigt. Die Beziehung zwischen der Fremde und der Nähe bleibt dann asymmetrisch und durch Ungleichheit geprägt. Differenz soll über die Unterscheidung zwischen Fremden und Nichtfremden markiert werden. Nur sehr knapp möchte ich nun auf diese Differenzmarkierungen eingehen und die Mittel derer, die da draußen vor der Türe stehen und anklopfen, vergegenwärtigen. Eines dieser Mittel ist sicherlich Ethnizität. Ein umstrittenes Konzept in den Sozialwissenschaften.

Ethnizität als Konstrukt – oder Realität?

Donata Elschenbroich hat in ihrer Arbeit über ethnisches Bewußtsein und Integrationspolitik in den USA (1986) anschaulich verschiedene Formen der Ethnizität herausgearbeitet, wobei aber zwischen personaler und Gruppen-Ethnizität nicht direkt unterschieden wird:

- *optionale Ethnizität* ist im amerikanischen Kulturbetrieb der Mittelschicht vor allem im Konsum (ästhetische Ethnizität) verankert und deutet eine freiwillige Besinnung auf Elemente der Herkunftskultur an. Voraussetzung ist die vorausgegangene Integration.
- *unbewußte Ethnizität* ist eine noch nicht ins Einwanderungsland transformierte, also authentische. Anzutreffen ist sie in den Unterschichten und bei erst kürzlich Zugewanderten. Sie gilt eher als Hemmnis der sozialen Integration und gerät in Widerspruch zu den Verhaltenserwartungen des Bildungswesens und des Arbeitsmarktes.
- *reaktive Ethnizität* ergibt sich aus der Zurückweisung der mitgebrachten, unbewußten Ethnizität und ist eine offensive Rückbesinnung auf strategisch interpretierte Elemente der Herkunftskultur (z.B. Rasta-Kult in England, Algérianité in Frankreich und Re-Islamisierung in Deutschland). Gemeinsam ist diesen ethnisch-ideologischen Bewegungen ihr auslösendes Moment durch erfahrene Diskriminierung; sie werden als Gegenkulturen der Selbstbehauptung und der Ersatz-Identität dienen.
- *materiell gestützte Identität* kommt ohne Ideologie und Programm aus. Sie ist eine „selbstverständliche" Ethnizität, die dem einzelnen Lebensperspektiven bietet. Am Beispiel der ethnischen Nischen in der Ökonomie hat

Elschenbroich diese Form beschrieben, die ein kulturelles Umfeld gebildet und den Weg in den ethnischen Mittelstand bereitet hat. Diese Form der Ethnizität garantiert ein pluralistisch-gleichberechtigtes Nebeneinander verschiedener Ethnizitäten. Wenn es auch nicht unbedingt im Sinne von Elschenbroich lag, einen direkten Vergleich mit den bundesrepublikanischen Verhältnissen zu ziehen, so kann der Versuch einer Systematisierung unterschiedlicher Formen der Ethnizität – so wie sie sich hier als augenscheinlich erweist – deutlich machen, wie eng verflochten Selbst- und Fremdbilder sind.

Ein eindrückliches Beispiel einer von außen kommenden *Ethnisierung* schildern Janina und Zygmunt Bauman in einem Interview über ihre Vergangenheit in Polen, ihre Vertreibung durch die Nationalsozialisten und Verfolgung durch die Kommunistische Partei. Janina Bauman dazu: „Ich wurde nicht als Jüdin erzogen. Niemand in unserer Familie war religiös, niemand war zionistisch. Es waren die Nazis, die mich im Ghetto zur Jüdin machten." (Bauman 1993c, 18)

Und Zygmunt Bauman ergänzt: „Ich war nicht im Ghetto. Dort hätte ich vielleicht mein Jüdischsein gelernt. Den Russen der damaligen Sowjetunion konnte man allerlei übles nachsagen, aber das Problem der Nationalität war nicht sehr wichtig. Ich war ein Jude, aber niemand hat besonders darauf geachtet. Ich ging in die polnische Armee, kam nach Polen zurück und fühlte mich als Pole. Mein Jüdischsein habe ich erst 1967 wieder bemerkt. Damals gab es in Polen nicht nur eine antiintellektuelle Kampagne, sondern auch eine antisemitische [...]. Den meisten Juden in Polen erging es damals wie uns. Sie fühlten sich selbst nicht als Juden, sondern als Polen. Plötzlich mußten sie entdecken, daß das nicht stimmte. Wenn sie mich fragen, wie ich ein Jude wurde, dann ist dies genau der Weg, auf dem dies passierte." (ebd.)

Aus meinen empirischen Fallstudien läßt sich diese Beschreibung aufgreifen und bestätigen. Die Produktion der Ausländer – ich würde zugespitzt von einer Ausländerisierung [101] sprechen – muß in diesem Zusammenhang diskutiert werden: „Ich fühle mich manchmal als Ausländer, wenn ich so sehe, wie man gegen Ausländer ist. Aber manchmal sage ich: Ich bin kein Ausländer, ich fühle mich hier Zuhause." So sagte Tülay, eine Frankfurter Türkin, in einem Gruppengespräch. Auch folgende Aussage von Nesla über ihre Probleme am Arbeitsplatz kann diese These bestätigen: „Ich hab ein super Arbeitsplatz, aber ich weiß ganz genau, daß mein Chef gegen Ausländer ist. Und ich bin der einzige Ausländer in der ganzen Firma. Und ich bin trotzdem da! Und wenn er [der Chef] zu mir sagt, du bist eine Deutsche, sag ich: Stop! Ich bin Türkin. Ich bin als Türkin geboren in Deutschland. Aber es gibt Momente, da sag ich auch, ich bin Deutsche, ich bin Frankfurterin, ich bin Oberräderin. Das sag ich auch. Aber es gibt Momente, wo du das benutzen kannst, wenn man dir was als Beleidigung sagt. Dann sag ich dagegen was. Ich kann zu mir selbst Kana-

---

[101] Also von einer negativen Fremdethnisierung.

ke sagen, aber kein anderer kann mir das sagen. Kein anderer hat dazu das Recht."

Ethnizität und die Unterscheidung in Wir- und Sie-Gruppen

Bei der Beschreibung von Ethnizität und ihren Präsentationsräumen geht es vor allem um Unterscheidungen. Wer gehört zur Wir-Gruppe, wer gehört zur Sie-Gruppe? Benjamin Ringer und Elinor Lawless (1989) entwickeln in ihrem Buch „*Race, Ethnicity and Society*" die zentrale These der Dualität einer politischen und rechtlichen Konstituierung in der amerikanischen Gesellschaft. Ein direkter Vergleich mit bundesrepublikanischen Verhältnissen ist auch hier nicht ohne Probleme durchzuführen, aber es ist dennoch interessant, den hier aufgezeigten Gedanken zu folgen und nach den dahinter zu vermutenden politischen Strategien zu suchen. In der Unterscheidung des Wir- und Sie- Charakters und -Gefühls (we-ness & they-ness) von Rasse und Ethnizität liegt das Hauptaugenmerk auf den zugeschriebenen Ansichten und Stereotypen etc. gegen eine ethnische Gruppe sowie den Handlungen und Politiken, die gegen diese zielt.

Es sei nicht länger angemessen – so Ringer und Lawless –, daß ethnische Beziehungen behandelt werden, als ob sie nur aus Einstellungen und Stereotypen oder interpersonellen Beziehungen innerhalb der Gesellschaft bzw. der sozialen Ordnung hervorgegangen seien. Darum richtet sich ihr Interesse auf die Wechselwirkungen zwischen Rasse, Ethnizität und den Strukturen von Macht und Dominanz.

Die Wahrnehmung einer spezifischen „they-ness" zeigt die Ansichten der dominierenden ethnischen Gruppe und wird übersetzt in politische Handlungen; es existiert eine direkte und entscheidende Verbindung zwischen Rasse, Ethnizität und politischen Kräften und Faktoren in der Gesellschaft. Diese Verbindung hat historisch betrachtet in zwei verschiedene kausale Richtungen operiert: zum einen in die nach den eigenen Vorstellungen und Werten geprägten politischen Institutionen, zum zweiten zeigt eine dominante ethnische Gruppe – einmal im Besitz der Macht – die Tendenz, eine Politik zu verkünden, die andere ethnischen Gruppen innerhalb dieser Gesellschaft maßgeblich bestimmt[102].

Diese Dualität, als theoretisches und analytisches Konstrukt verstanden, zeigt sich am deutlichsten in der Unabhängigkeitserklärung und der *Bill of Rights*, die aus dem kolonialen Erbe heraus entstanden ist, als Befreiung und gleichzeitig als Fortsetzung von ethnisch bestimmten Arrangements, der „Netze" von Kontrolle und Zwangsherrschaft: „the basic root for all of these webs was planned in the very foundations of the same society that gave birth to remarkable people´s domain of the Constitution and Bill of Rights." (Rin-

---

[102] In seinem Buch „*We the People and Others: Duality and America´s Treatement of it´s Racial Minorities*", hat Ringer (1983) diese These zum ersten Mal aufgegriffen und als „amerikanisches Paradox" beschrieben.

ger/Lawless 1989, 124) Für die Untersuchung der Behandlung von ethnischen Minderheiten in Amerika wird vor diesem Hintergrund deutlich, daß (1) ethnische Minderheiten nicht nur quantitativ, sondern auch qualitativ einen anderen Status als die weißen Immigranten haben; (2) daß Rassismus nicht eine bloße Verirrung der amerikanischen Gesellschaft war, sondern fest in die Gründungszusammenhänge der Gesellschaft eingeschrieben ist; und (3) schließlich der amerikanische Umgang mit Minderheiten nicht einzigartig ist, sondern sich in allen Gesellschaften der (weißen) Europäischen Kolonisierung zeigt.

Es ist daher eine weitere Hauptthese des Buchs, daß: „ethnic and racial groups are not completely autonomous and self-contained entities. They are, instead, part of a larger societal system that influences, shapes, and particularly in the case of racial groups may even define their very character and determine their life circumstances." (Ringer/Lawless 1989, 31) Die mehrheitskulturell „gemachten" Fremden und die Fremden als unbestimmte Gruppe stehen sich gegenüber. Klassifikationssysteme müssen entwickelt werden. Durch Ordnung soll nun eine Unterscheidung herbeigeführt werden.

Diese Unterscheidungen zwischen *Sie* und *Wir* werden in der Moderne – so läßt sich bisher zusammenfassen – immer schwieriger, scheinen sich in Individualisierungen aufzulösen. Sighard Neckel beschreibt im Zusammenhang mit der Auflösung der traditionellen Begrenzungen des Selbst zwei extreme Ausprägungen: „Zum einen werden Lebensstile als ein artifizielles setting übernommen, das sich im Wechsel der Moden schnell wieder verändern läßt. Wer dies favorisiert, entgeht jeder Festlegung [...]. Andere erfahren die Individualisierung in der modernen Gesellschaft hauptsächlich als eine Belastung, die sich mit Unsicherheit, Einsamkeit, Schwäche verbindet. Diese treibt neben gewöhnlicher Gruppenbildung auch die Tendenz zur Selbstethnisierung der Menschen hervor, ‚Stammesdenken' und soziales Territorialgefühl. Hier gilt nur, was alle gemeinsam haben, die sich als zugehörig empfinden, und dies kann – naturgemäß – nicht sehr individuell sein." (Neckel 1993, 23) Hier wird wieder der Zusammenhang von Moderne und Ethnisierung sichtbar.

Der Minderheiten-Diskurs als Bühne für die Fremden

Ich werde die vielen unterschiedlichen und mehr oder weniger nutzbringenden Konzepte und Theorien über Integration, Assimilation und Ethnizität nicht rezipieren, sondern ein Blick auf ihre generelle Absicht und Wirkungsweise werfen, ihnen einen spezifischen Sinn unterstellen. Diesen Sinn versuche ich im Minderheiten-Diskurs zu rekonstruieren. Als Minderheiten-Diskurs bezeichne ich, in Anlehnung an die Definition von Margret Jäger (1996) über den Einwanderungsdiskurs, die gesellschaftliche, politische und vor allem wissenschaftliche Art und Weise, wie *über* die Fremden geredet, reflektiert und verhandelt wird. Jäger versteht unter Diskurs „eine gesellschaftliche Redeweise, die institutionalisiert ist, gewissen (durchaus veränderbaren) Regeln unterliegt und die deshalb auch Machtwirkungen besitzt, weil und sofern sie das Handeln von Menschen bestimmt." (a.a.O., 21) Die Autorin schließt sich an den Diskursbegriff von Foucault und in erster Linie der „Duisburger Schule" der Sprach- und Sozialforschung an. Wenn auch Jäger vor allem den alltagssprachlichen und politischen Diskurs im Blick hat, so ist durch die Definition der Institutionalisierung gerade auch die wissenschaftliche Diskursproduktion hier mit eingeklammert[103].

Eine andere – für mich weiterreichende – Definition des Minderheiten-Diskurs fragt nach dem Verhältnis von Mehrheit und Minderheit. Abdul R. JanMohammed und David Lloyd definieren in ihrer Einleitung zu den Veröffentlichungen einer interdisziplinären Konferenz zu dem Thema *„The Nature and Context of Minority Discourse"*, die 1986 in Berkeley abgehalten wurde, den Minderheiten-Diskurs wie folgt: „By ‚minority discourse', we mean a theoretical articulation of the political and cultural structures that connect different minority cultures in their subjugation and opposition to the dominant culture. This definition is based on the principle that minority groups, dispite all the diversity and specify of their cultures, share the common experience of domination and exclusion by the majority." (JanMohamed/Lloyd 1990, ix) Und weiter: „The common experience does not include any kind of homogenization, but it does provide the grounds for a certain thinking in solidarity across the boundaries of different identities – which, as often as not, are imposed rather than autonomosly constructed." (ebd.)

Das Ziel dieser Anstrengung ist klar formuliert: „We conceived the conference as a means of ‚marginalizing the center' – of permitting a theoretical and potentially practical work among minorities that did not require passage through hegemonic culture, a passage that is always ultimately assimilative and tends to restore the canonical forms of majority domination. The dialogue that could take place among minorities would entail displacing the instant ‚core-periphery' model and redrawing intellectual agendas at all levels." (ebd.) Diese Haltung erinnert mich sehr stark an Baumans Weigerung, diesen Diskurs radikal zurückzuweisen, da man sonst in Gefahr gerät, dessen Kategorien anzuerkennen und mitzureproduzieren. So gesehen werden die Begriffe Assimilation, Integration, Pluralismus und Toleranz[104] (als besondere Spielart des

---

[103] Was meiner Ausgangshypothese über die spezifische Funktion der Ausländerforschung zugrunde liegt, die ich in Kapitel 3 entwickelt habe

[104] In einem Interview hat Bauman das zentrale Problem der Toleranz auf den Punkt gebracht: „Die Frage der Toleranz wird zur zentralen Streitfrage eines ethnischen, friedlichen, zivilisierten Zusammenlebens in einer Gesellschaft der Differenzen, in der die Fremden unter uns sind und nicht mit uns verschmelzen werden. So schafft die Situation der Postmoderne zwei einander widersprechende Lebenshaltungen. Ich nenne sie ‚Heterophilie' und ‚Heterophobie'. Einerseits gibt uns die Erfahrung von Andersheit Bereicherung und Würze, sie macht das Leben interessanter, faszinierender. Andererseits schafft diese Situation eine tiefe Unsicherheit in bezug auf die eigenen Möglichkeiten und die eigene Zukunft." (Breuer 1996) In einer liberalen Theorie – die alle Auseinandersetzungen mit Toleranz dominiert – wird Toleranz als Machtmittel erkennbar. Noch einmal Bauman mit einer profunden Kritik an den liberalistischen

liberalistischen und kommunitaristischen Minderheitendiskurses) einer Nagelprobe unterzogen.

„Minority discourse", so schreiben JanMohamed und Lloyd, „must be wary of ‚pluralism', which, along with assimilation, continues to be the Great White Hope of conservatives and liberals alike. The semblance of pluralism disguises the perpetuation of exclusion insofar as it is enjoyed only by those, who have already assimilated the values of the dominant culture. For this pluralism, ethnic or cultural difference is merely an exotism, an indulgence that can be relished without significantly modifiying the individual who is securely embedded in the protective body of the dominant ideology. Such pluralism tolerates the existence of salsa, it even enjoys Mexican restaurants, but it bans Spanish as a medium of instruction in American schools. Above all, it refuses to acknowledge the class basis of discrimination and the systematic economic exploitation of minorities that underlie postmodern culture." (a.a.O., 8) Die Beschreibung der Autoren liest sich wie eine genaue Beschreibung der bundesrepublikanischen Verhältnisse unter der „sozialromatischen Ersatzreligion" des Multikulturalismus (Bade 1992, 447).

Integration als Sozialtechnologie

Integration, in seinen unzähligen Definitionen und Bedeutungen, heißt hier, die Vorstellung einer bestimmten Ordnung der Gesellschaft mit bestimmten dafür vorgesehen Mitteln durchzusetzen. Eine ganz allgemeine und umgangssprachliche Definition versteht Integration „als Wiederherstellung eines Ganzen, als Herstellung einer Einheit" (Duden, Deutsches Universalwörterbuch 1989), eine allgemeine soziologische Definition versteht Integration als „Verbindung einer Vielheit von einzelnen Personen oder Gruppen zu einer gesellschaftlichen und kulturellen Einheit." (ebd.) Hier offenbart sich schon eine Differenzierung: Die kulturelle und die gesellschaftliche, also politische Einheit müssen nicht unbedingt kongruent zueinander sein. Das Lexikon „*Ethnische Minderheiten in der Bundesrepublik Deutschland*" (1995), das von Cornelia Schmalz-Jacobsen der Beauftragten der Bundesregierung für die Belange der Ausländer, zusammen mit Georg Hansen herausgegeben wurde, verhandelt Integration im Verbund mit Segregation sehr knapp auf etwas mehr als zwei Seiten. Wenn dieses Lexikon nicht repräsentativ den Kanon herrschender Lehrmeinungen wiedergibt, so kann es doch gelesen werden als kollektives Verhandeln aus dem sozialwissenschaftlichen Diskurs über Themen wie Fremdheit, Einwanderung und Minderheiten.

Ausgehend von einer allgemeinen Definition wird dann auf eine gesell-

---

Toleranzapologeten wie z.B. Charles Taylor, Claus Leggewie u.a.: „Toleranz schließt die Akzeptanz des Wertes des andern nicht ein; ganz im Gegenteil, sie ist eine weitere, vielleicht etwas subtilere und schlauere Methode, die Unterlegenheit des anderen noch einmal zu bekräftigen, und dient als warnende Ankündigung der Absicht, die Andersheit des anderen zu beenden." (Bauman 1992, 348)

schaftliche Ebene gewechselt und festgestellt: „Ein Integrationsproblem taucht also nicht nur dann auf, wenn verschiedene Ethnien aufeinandertreffen. Vielmehr entstehen Integrationsprobleme in differenzierten Gesellschaften auch dann, wenn diese weitgehend ethnisch homogen sind." (Schmalz-Jacobsen/Hansen 1995, 192) Integration kann also ohne Segregation nicht gedacht werden, und mit Bezug auf Elias´ Studie über Etablierte und Außenseiter heißt es weiter: „Integration ist die Erwartung der relativ Mächtigeren, die sie an die relativ Ohnmächtigeren richten. Integration ist das Bemühen der Außenseiter zu den Etablierten zu gehören." (ebd., 193) Das Thema der Integration als bewußten oder auch unbewußten Auftrag an die Ausländerforschung ist hier aber ausgespart und findet keine theoretische oder auch praktische Erörterung[105].

Der Impetus der westdeutschen Migrationsforschung lag aber vor allem in der Suche nach Bedingungen und Wirkungen von Integration. Hartwig Berger, der die drei Paradigmen[106] der westdeutschen Migrationsforschung zusammengefaßt hat, zieht folgendes Resümee: „Das Integrationsparadigma hat die Forschung über Jahre dominiert. Es entstand in enger Anlehnung der Forschung an staatliche wie privatwirtschaftliche Institutionen. Begrenzung der Marginalisierung von Arbeitseinwanderern (aber nicht ihre Aufhebung) und Kontrolle ihrer möglichen dysfunktionalen Wirkungen auf das gesellschaftliche System erscheinen so als das politische Ziel von ‚Integration‘." (Berger 1990, 136) Und weiter: „Das Integrationsparadigma gliedert sich in zwei Konzepte: Der Ansatz der ‚Assimilation‘ erweist sich als wenig durchdacht und teilweise inkonsistent. Der Ansatz ‚struktureller Integration‘ kann hingegen Maße von Marginalisierung genauer fassen und vergleichbar machen. Instruktiv wird das allerdings erst im Kontext gesamtgesellschaftlicher Klassenanalyse". Berger wünscht dem Integrationsansatz schließlich die „Gnade des Vergessens" (ebd.).

Eine weitere Differenzierung vor dem Hintergrund eines geleugneten Einwanderungslandes, das aber Maßnahmen für die Integration von Arbeitsmigranten fordert und fördert, hätte hier ein wichtiges Kriterium des Integrationsansatzes deutlicher machen können (vgl. Mehrländer 1983): Integration war nämlich vor allem auch als Alternative zur Einwanderung verstanden worden (vgl. Weidacher 1983). Unter Integration wurde somit immer eine sozio-kulturelle Integration verstanden, eine politisch-rechtliche Integration wurde nicht erwogen, da die Arbeitsmigration nur als vorübergehende Erscheinung verstanden worden ist.

Lutz Hoffmann hat den Integrationsbegriff vor allem auf seine Tragfähigkeit hin untersucht, die Einwanderung zu gestalten, und merkt hierzu kritisch an: „Weder die offizielle Politik noch die öffentliche Meinung haben die zwischen 1955 und 1973 in die BRD geholten ausländischen Arbeitnehmer und

---

[105] Das Stichwort Assimilation findet gar keinen Eintrag.
[106] Berger arbeitet drei Paradigmen heraus: Das imperialismuskritische Paradigma, das Integrationsparadigma und das Minoritätenparadigma.

ihre Familienangehörigen jemals als Einwanderer angesehen. Andererseits bestand und besteht bei allen gesellschaftlich relevanten Kräften der Wille, sie nicht auf ihre Arbeitskraft zu reduzieren und sie daher nicht wie in der Vergangenheit nur als Wander- oder Fremdarbeiter zu behandeln. Der Kompromiß, den die BRD glaubte sich schuldig zu sein, nannte man *Integration*." (Hoffmann 1990, 31)

Dieses so verstandene Integrationskonzept eröffnete – laut Hoffmann – den Zugewanderten aber keine Perspektive auf eine uneingeschränkte Stellung als Subjekt in der Gesellschaft und bot ihnen vor allem keine neue Identität an[107]: „Auch wenn der Ausländer den ihm angesonnenen Integrationsprozeß vollständig durchläuft, taucht nirgendwo das Angebot einer inländischen Identität auf. Gelungene Integration ist nur ein neuer Zustand einer in ihrem Kern unveränderten Identität als Ausländer." (ebd. 33) Von daher ist es nur folgerichtig, daß „Alle Maßnahmen, die sich aus dem bundesdeutschen Integrationskonzept ergeben [davon ausgehen], daß ihre Objekte Ausländer sind und bleiben: Sozialberatung für Ausländer, Pädagogik für Ausländer, Beiräte für Ausländer, selbst das Wahlrecht für Ausländer. Was diese Maßnahmen auch bewirken mögen, der Ausländerstatus liegt ihnen unverändert zugrunde." (ebd.)

Dem Integrationskonzept fehlt also eine gesellschaftspolitische Zielperspektive, wie auch bei der Ausländerpolitik der Bundesregierung eine politische Konzeption seit jeher fehlte und weiterhin fehlt (vgl. Bade 1992, 449). Zusammenfassend kann hierzu angemerkt werden, daß Integrationspolitik und Assimilationsansätze als versuchte Steuerung des Phänomens Arbeitsmigration nicht die intendierten Folgen zeitigten, sondern vielmehr erst Ambivalenzen und Unsicherheiten geschaffen haben, Widersprüchlichkeiten hervorriefen und sich dadurch auch Lebenslügen und Wirklichkeitsdementis etablierten (vgl. dazu: Mehrländer 1983, Bade 1992 und 1994, Cremer 1977, Walz 1980, Stüwe 1988).

Diese Widersprüchlichkeiten kompensieren oder der verfehlten Politik etwas entgegensetzen konnte auch die (wissenschaftliche) Integrationsforschung in der Bundesrepublik Deutschland nicht, da sie vor allem *lösungsorientiert* war, wie die ausführliche, aber doch nicht unbedingt systematische und begriffsklärende Literaturanalyse hierzu von Jesús Hernández und Andrés López-Blasco (1982) zeigt[108]. Auch Hermann Korte (1987) hat dieses Thema untersucht und die ambivalente und widersprüchliche Situation der Migration

---

[107] Offen bleibt hier aber, ob diese Identität, wenn sie denn angeboten worden wäre, auch Akzeptanz gefunden hätte. Vielleicht ist es gar nicht so wichtig, auf vorgefertigte mehrheitskulturelle Identitätshülsen zurückzugreifen. Leider führt Hoffman diese Gedanken nicht zu Ende.

[108] Korrekt müßte es heißen: Integrationsforschung und ihre Anwendung in der Bundesrepublik Deutschland, da auch klassische theoretische Modelle, wie z.B. von R. E. Park, S.H. Eisenstadt und R. Taft und anderen, aus der amerikanischen Forschung und Literatur referiert werden, und zur Anwendung kommen.

und Einwanderung in Deutschland in deren wissenschaftlichen Aufarbeitung nachgezeichnet und sich besonders auf die Ansätze von Hoffmann-Nowottny (1979), Heckmann (1981) und Esser (1980) bezogen. Korte, der in seiner Kritik bisheriger Ansätze konstatierte, daß trotz teilweiser theoretischer Neuorientierung kein wesentliches Neuland beschritten wurde, plädierte in seinem Ausblick für eine Öffnung des Forschungsblickes und eine Autonomie der Forschung gegenüber politischen Interessen: „It is not enough to illustrate even more clearly through new surveys the social situation of foreign workers and their families. It is more cogent to examine and constantly to query the inseparable connection between politics and social research. Particularly exemplified by migrant labour and participation of foreigners in the work force, and to accept this fact as a basis concept of research." (a.a.O., 188)[109]

Die Ordnung, die das Chaos schafft

In diesem Abschnitt möchte ich die Aufmerksamkeit auf die integrierenden Strategien lenken, die die Tagseite der Moderne, die Rationalisierung und Gestaltung der Gesellschaft bezeichnen. Integration, Assimilation, Akkulturation oder wie auch immer die sozialwissenschaftlichen Terminologien heißen, bezeichnen also eine bestimmte Vorstellungen von Ordnung, einen Plan, wie Gesellschaft aufgebaut ist, wie sie zu gestalten sei. Diese Ordnung hat vor allem immer zum Ziel, Ambivalenz zu eliminieren.

Ambivalenz entsteht, wie schon erwähnt, auch und vor allem durch die Anwesenheit von Fremden, die nicht in eine der beiden klassischen Kategorien *Freund* oder *Feind* passen. Daß die Vorstellung von Ordnung und die dafür eingesetzten Strategien auch immer das Gegenteil davon beinhalten, die Ordnung auch das Chaos erschafft, darauf hat vor allem Bauman hingewiesen[110]:

---

[109] Der Anwendungsbezug und damit die Frage nach einer Forschungsethik sehe ich hier auch als eine implizite Fragestellung (vgl. dazu Griese 1981, 10).
[110] Zuerst entwickelt hat Bauman diesen Gedanken in „Dialektik der Ordnung. Moderne und der Holocaust" (1992), worin er aufzeigt, daß der Genozid und die Vernichtung der europäischen Juden keineswegs ein *Betriebsunfall* der Moderne war, sondern im Gegenteil, das Ergebnis einer rationalen und kühlen wissenschaftlichen Planung und Gestaltung der Gesellschaft. In diesem Punkt ist Bauman oft mißverstanden worden (z.B. von Dan Diner während des Kolloquiums „Moderne, Antisemitismus und Vernichtung" am 29.4.1994 in Frankfurt. Diner warf Bauman vor, nur mit großen Themen und Begriffen zu hantieren). Es ging Bauman nicht darum, den Genozid der Nationalsozialisten als eine spezifisch jüdische Angelegenheit zu schildern. Vielmehr versuchte er eine theoretische Beschreibung der Moderne zu liefern, in der der Kampf gegen das Ambivalente und Unbestimmte durch die Erfindung des „konzeptuellen Juden" einen Höhepunkt erreichte. Ulrich Bielefeld hat dies so beschrieben: „Es ist das Verdienst Zygmunt Baumans, eine doppelte Beunruhigung erzeugt zu haben. Indem er die Analyse des Holocaust wieder an das Allgemeine heranführt, holt er das Thema in die Soziologie zurück, und indem er den nationalstaatlichen ‚Krieg gegen die Ambivalenz' paradigmatisch und exemplarisch an die Situation der Juden in Deutschland koppelt –

„Probleme werden durch das Problem-Lösen geschaffen, neue Gebiete des Chaos werden durch die Ordnungs-Aktivität erzeugt." (Bauman 1992, 28)

Für Bauman ist die Moderne mit ihren Versprechen, Klarheit, Transparenz und Ordnung zu schaffen, gescheitert. Gesetzmäßige Zusammenhänge und verbindliche Erklärungen haben mehr denn je ihre Gültigkeit verloren. Nichts ist mehr eindeutig. Der Diskurs über Minderheiten muß in diesem Zusammenhang mit den Bedingungen der Moderne und einer weltgesellschaftlichen Gleichzeitigkeit von Ungleichzeitigem verknüpft werden. Das heißt: Neo-Tribalismus (Maffesoli 1988), Nationalismus und Trends zur Selbst-Ethnisierung sind als Versuche zu sehen, dem gesamtgesellschaftlichen Paradox in der Moderne von gleichzeitig produzierter und geleugneter Differenz zu entkommen. Nach den Ursachen von Rassismus, Xenophobie und ethnischen Konstruktionen von Ungleichheit gefragt, scheint sich zu bestätigen, daß nicht die Mißerfolge der Modernisierung, sondern, wie schon erwähnt, viel eher die zivilisatorischen Fortschritte an sich, also die *gelungene* Modernisierung ihre Schattenseite präsentiert.

Genau diese Ansicht vertritt Zygmunt Bauman, der die Schattenseiten des Projekts der Moderne, entstanden aufgrund ihrer nicht eingelösten Versprechen, an deren Rändern betrachtet. Diese Ränder sind die Orte, wo sich die Fremden aufhalten. Zugleich ist aber der Kampf gegen alles Ambivalente ein Kennzeichen der Moderne: „Die typisch moderne Praxis, die Substanz moderner Politik, des modernen Intellekts, des modernen Lebens, ist die Anstrengung, Ambivalenz auszulöschen: eine Anstrengung, genau zu definieren – und alles zu unterdrücken oder zu eliminieren, was nicht genau definiert werden konnte oder wollte." (Bauman 1992, 20) Der Kampf gegen Ambivalenz stellt sich bei näherer Betrachtung auch und vor allem als Kampf gegen das Fremde (weil das Uneindeutige) dar. Dieser Kampf wird mit dem Instrumentarium der Assimilation ausgetragen.

Der Prozeß der Assimilation

Eine Fallstudie zur Soziologie der Assimilation hat Bauman in „*Moderne und Ambivalenz*" erarbeitet und zugleich eine sehr fruchtbare theoretische Annäherung an eine Theorie der Moderne geliefert. Die Falle der Ambivalenz, die sich unausweichlich für den stellt, der auf die Angebote des modernen Assimilationsangebotes eingeht, das „seine Opfer mit Eintrittskarten in eine Welt, die frei vom Stigma des Andersseins ist, ködert und sie dann in einem Zustand der chronischen Ambivalenz *lockt*" (Bauman 1992, 133) ist das große Thema seiner Arbeit. Bauman spielt im Titel seines Kapitels nicht zufällig auf die Studie von Geoff Dench „*Minorities in the open society. Prisoners of Ambivalence*" (1986) an, die ich hier kurz erwähnen möchte, da sie den Blick auf

---

und dies verallgemeinert – beginnt er eine systematische Soziologie des Fremden. Ausgehend von ihren Opfern formuliert er seine Kritik der ‚Moderne'." (Bielefeld 1993, 34)

die Konflikte von Minderheiten in modernen, offenen Gesellschaften schärft und für die Beschreibung von Baumans Überlegungen insofern nützt, als sie an einigen Punkten präziser und damit empirisch unterstützter an die Wirklichkeit von Minderheiten in modernen Gesellschaften geht.

Dench beschreibt die vielfältig verflochtenen Interessen hinter den öffentlichen (moralischen) Bekenntnissen, Minderheiten in modernen Gesellschaften zu integrieren. Angehörige nationaler Minderheiten sehen sich – so Dench – gewaltigen Widersprüchen ausgesetzt: zum einen gibt es das demokratische Versprechen der gleichen und freien Teilhabe an der Gesellschaft der Individuen, zum anderen sind sie konfrontiert mit der Realität des „communalism"[111], wobei sich Gruppen nach Maßgabe von Ursprung, Rasse oder Kultur identifizieren. „Because of their subjection to this ambiguos treatement", schreibt Dench, „minorities are obliged to adopt a higly ambivalent attitude towards the national majority and the state it controls. These figure together as the source both of promise of freedom and equality, and of the obstacles to their attainment. In the last analysis I think it is this ambivalence which does much to keep minorities quietly in their place in modern societies, and to prolong ethnic hierarchies without obliging majority groups to displace the full force of communalism." (Dench 1986, 8)

Der empirische Hintergrund seiner Studie bildet die Gemeinschaft der Malteser in Großbritannien, bei deren Untersuchung Dench auf Unzulänglichkeiten in der theoretischen Beschreibung der ethnischen Minderheiten stieß. Für Dench ist Assimilation entgegen allen Beteuerungen nicht der einfache Weg in Richtung persönlicher Freiheit und Teilhabe an der Gesellschaft, eher ein Weg in Richtung ambivalenter und mehrfacher Identitäten. Er analysiert vor diesem Hintergrund den dualen Charakter moderner Gesellschaften, der diese Ambivalenz untermauert. Die repräsentierten Werte gelten als universalistisch, sind aber an nationale Interessen gebunden.

Dench kommt zu dem Schluß, daß die Diskriminierung von (nationalen) Minderheiten per se noch keine große Bedrohung der sozialen Ordnung ist, da sie als integraler Bestandteil des modernen Weltsystems (Wallerstein) fungiert, auf die sich Gesellschaften und ihre Eliten aufbauen. Diskriminierung geht also durchaus mit einer liberalen Sozialordnung einher; es zeigt sich schließlich, daß öffentliche Bekenntnisse, sich für die Belange nationaler Minderheiten einzusetzen, lediglich eigennützige Interessen als Antrieb haben. „They express a committment to abolish ethnic hierarchies. But their underlying effect it to protect them, by offering an acceptable face to the rest of the world." (S. 251) Hier zeigt sich auch die Rolle der Sozialwissenschaften[112]

---

[111] Kommunalismus verstanden als Regierungssystem nach Gemeindegruppen; allerdings sind die Unterschiede zum Konzept der Ethnizität nicht explizit, obwohl Dench hierauf aufbaut.

[112] Ich würde anmerken: der reflexiven *kritischen* Sozialwissenschaften, da schon aufgezeigt wurde, wie eng die Ausländerforschung als Teil der allgemeinen Sozialwissenschaften mit dem Minderheitendiskurs und der Integrationstechnologie verflochten ist.

(social theory): „theory does not exist for its own sake, but to help to inform and transform action. As long as the objects of social analysis can intercept and react to theories being formulated about them, and interaction occurs between behaviour in the ‚real' world and codes adopted by specialists for understanding it, there will be opportunities to issue predictions which help to coax nature into imitating art." (S. 253)

Was wir also brauchen, um von einer reduzierenden zu einer realistischen Sichtweise zu gelangen – so folgert Dench – sind *Innenansichten aus der Minderheit:* „approaches which place the risks of self-defeat by idealist formulae on an equal footing with those of self-fulfilment by more realistic accounts. Only this can produce an adequate diagnosis of the difficulties that minority groups experience." (S. 257) Auf die Rolle der Innenansichten bin ich im Kapitel über die Ausländerforschung zu sprechen gekommen. Sie können durchaus dabei helfen, Wahrnehmungsverzerrungen und „Verluste der Realitätserkenntnis" (Geiger 1991, 144) zu beheben. Es gilt auch, sich von einem moralisierenden und an einen abstrakten Gemeinsinn appellierenden Diskurs zu verabschieden: „Theorists will have much they could learn about society from members of minority groups. We will understand more, and be more useful, if we moralize less", schreibt Dench (S. 261).

Bauman ist in seiner Theorie der Assimilation jedoch der Meinung, daß es für die Beschreibung der Situation von Minderheiten angemessener sei, die Metapher der *Falle* anstatt – wie Dench folgerte – die des Gefängnisses zu benutzen (Bauman 1992, 133). Eine Falle ist für Bauman die stärkere Metapher für die Ergebnisse seiner Studie zur Soziologie der Assimilation. Überhaupt deutet sich in Baumans metaphorischer Sprache ein Vokabular an, mit dem man das Projekt der Moderne adäquat beschreiben und analysieren kann. Ein immer wiederkehrendes Bild ist das des Staates als Gärtner. Diese zentrale Metapher benutzt Bauman, um die Ambition des modernen Staats zu beschreiben, qua Sozialtechnologie soziale Probleme zu lösen oder eine bestimmte Ordnung durchzusetzen. Der Staat trennt, scheidet und vernichtet schließlich das Unkraut, um die gesunden, nutzbringenden Pflanzen zu schützen und zu mehren. Was als gut und böse, nutzbringend und schädlich angesehen wird, unterliegt einer hegemonialen Definitionsmacht. Der Staat[113] als Gesetzgeber und die Wissenschaft als Definitionsmaschine wirken hier zusammen und konstruieren Ambivalenz als Bedrohung.

Wie kam Bauman zu dieser Themenstellung? Zum einen durch den Einfluß des Buches seiner Frau Janina Bauman (1986) über ihre Erlebnisse als Mädchen Warschauer Ghetto. Zum anderen verlief der Weg über die Wahrnehmung (bzw. dem Verlust der Wahrnehmung) intellektueller Einflüsse auf das Thema Antisemitismus und der schließlichen Vernichtung der europäischen Juden. „Ich habe mich", sagte Zygmunt Bauman, „wie die meisten Soziologen, darum nicht gekümmert. Viele, äußerst differenziert denkende, bekannte So-

---

[113] Und Bauman meint damit zuallererst immer den modernen Nationalstaat.

ziologen haben nie darüber nachgedacht. Es war nur ein marginales Ereignis für sie, eine Ausnahme von der Regel. Nun, ich kam zu anderen Ergebnissen. In der Tat ist Ambiguität und Ambivalenz, der Schrecken und die Angst vor der Ambivalenz das zentrale Thema der modernen Zivilisation, nicht nur ein Randphänomen." (Bauman 1993c, 19) Insofern gilt es, die Soziologie wieder an dieses Thema, das ihr lange abhanden gekommen war, heranzuführen[114]. Genau hier liegt auch Baumans Verdienst.

Baumans Fallstudie zur Soziologie der Ambivalenz arbeitet vor dem Hintergrund der Geschichte der deutschen Juden als geradezu prototypischen Verlauf der Ambivalenz. In der Tat ist die Begegnung der Juden und der Deutschen in Mitteleuropa keine beliebige Episode in der Geschichte zweier Völker, sondern ein „welthistorisches Ereignis" (Sombart 1991, 262). Nach der Gründung des Deutschen Reiches durch Bismarck, der ersten Deutschen Vereinigung, erlebte der Rekurs auf die nationale Identität der Deutschen eine enge Allianz mit dem immer wieder virulent gewordenen Antisemitismus (s. dazu Anderson 1988; Alter 1985)

Eng mit der Vorstellung des deutschen modernen Nationalstaats, für den das Auseinanderklaffen in Kultur- und Staatsnation immer eine Wunde war, hatte sich nun die Vision und das Programm der Assimilation[115] verbunden. Die Assimilation war hier eine wichtige Waffe im Bemühen des gerade erstarkten modernen deutschen Nationalstaates, den Zusammenhalt und die Widerstandskraft derjenigen konkurrierenden Institutionen sozialer Kontrolle weiter zu untergraben, die seinen Anspruch auf absolute Souveränität beschränkten oder hätten beschränken können (vgl. Bauman 1992, 138). „Assimilation war ein Angebot, das über die Köpfe der kommunalen und korporativen Mächte hinweg und in direktem Widerspruch zu ihnen gemacht wurde. Assimilation war deshalb ein Versuch der Diskreditierung und Entmachtung der potentiell konkurrierenden, kommunalen oder korporativen Quellen gesellschaftlicher Autorität." (ebd.)

Die Falle der Ambivalenz wirkt dergestalt, daß zum einen das Assimilationsangebot an – in diesem Falle – deutsche Juden die Bürgerrechte durch kulturelle Konformität in Aussicht stellte, dieses Angebot schließlich aber

---

[114] Seit Horkheimer/Adorno die „Dialektik der Aufklärung" beschrieben, liegt dieses Thema der Soziologie vor, gleichzeitig jedoch auch lange brach. Bauman versucht nun „historisches und soziologisches Fleisch um das Skelett der Dialektik der Aufklärung zu hüllen" (a.a.O., 32) und geht dabei über die Aussagen von Horkheimer und Adorno hinaus.

[115] Die Wortführer der nationalen Bewegungen hatte das Nationalstaatsprinzip jedoch wenig reflektiert oder politisch begründet, schreibt Peter Alter (1985, 114): „Bei den Politikern des Nationalismus läßt sich allenfalls ein dumpfes Gefühl dafür nachweisen, daß die angestrebte nationale Homogenität letztlich nur auf dem Wege der erzwungenen Assimilierung, der Umsiedlung, der Vertreibung, ja der ‚Liquidierung' fremdnationaler Minderheiten zu gewinnen ist". Das läßt sich dafür um so stärker bei Carl Schmitt nachweisen, der die Unterscheidung zur politischen Theorie erhob, s.u.

doch nicht aufrecht erhielt und es in das Gegenteil verkehrte[116]; zum anderen hat der Assimilationsdruck eine spezifische deutsch-jüdische Kultur hervorgebracht. „Tatsächlich hatte der Assimilationsdruck", schreibt Bauman allen Reduktionen auf eine eindeutige Opferperspektive zum Trotz, „der auf die europäischen Juden wirkte, nicht einfach zerrissene Seelen, zerbrochene Leben, Mutlosigkeit und Verzweiflung zur Folge. Noch stellte er seine Opfer einfach vor die Wahl, einen Krieg gegen eine doppelzüngige Gesellschaft zu führen oder jene Doppelzüngigkeit nachzuahmen und aus jener Gesellschaft an einen fernen und hoffentlich sicheren Platz zu entführen, wo sie aus einem Zeichen jüdischer Schwäche in ein Werkzeug jüdischer Stärke umgewandelt werden konnte. Gewiß, die Assimilationsepisode tat all diese Dinge. Aber sie erreichte mehr als das. Ohne jede Absicht, eher mangels als mittels eines Plans, brachte der assimilatorische Druck einen sozialen Kontext hervor, der durch ein einzigartiges und kreatives Potential gekennzeichnet war." (a.a.O., 192)

Dieses kreative Potential beschreibt Bauman nun anhand der in ihrer Präzision und zielsicheren Knappheit beispiellosen biographischen Skizzen von u.a. Freud, Kafka, Simmel. Warum rekurriert Bauman gerade auf diese drei? Es wird im folgenden durchaus verständlich, daß sich diese von Bauman genannten geradezu aufdrängen. Es fällt auf, daß die Texte von Sigmund Freud und Georg Simmel eine ungeheure Aktualität besitzen, was ihre wissenschaftliche Bedeutung und Tragfähigkeit für eine Theorie der Moderne betrifft.

Bei Freud ist es zum Beispiel – trotz aller Kritik an seiner Betrachtung und Einschätzung von Weiblichkeit – so, daß er in seinen Fallstudien eine für seine Zeit hoch differenzierte Analyse zur lebensgeschichtlichen Entstehung von Männlichkeit geliefert hat, die in den Sozialwissenschaften bis heute Gültigkeit besitzt (vgl. Connell 1995; Chodorow 1994). Bei allen Rückversicherungen und Selbstvergewisserungen durch die psychoanalytische Theorie bleibt seinen Deutungen immer ein Rest Potentialität erhalten, die auf eine ungelöste Spannung hinweist, auf eine Ambivalenz, einen Widerspruch, vielleicht ein Paradox. Diese Spannung läßt Freud in seinen Deutungen – und ich glaube nicht unbeabsichtigt – bestehen. Sie wird nicht zugunsten einer glatten und harmonischen Lesart aufgegeben. Gerade diese in ihrer Möglichkeit immer mitenthaltene andere Lesart, diese letztliche Unbestimmtheit zeichnet seine Texte aus. Sie liefern Deutungen und keine Wahrheiten, am besten noch: Annäherungen an individuelle und/oder gesellschaftliche Wirklichkeiten.

Das gleiche gilt für Simmel, der auch als der erste Soziologe der Moderne

---

[116] Die Tagebücher von Victor Klemperer (1995), für mich ein Prototyp des deutschen assimilierten Juden in vielerlei Hinsicht, können hier als minutiöse Beschreibung dazugelesen werden: wie es von den hetzerischen Reden der Nationalsozialisten, zu Boykottaufrufen und der Entlassung jüdischer Staatsbediensteter zu den fatalen Folgen der Aussonderungspolitik kam. Dies alles betraf auch und vor allem jüdische deutsche Bürger und Bürgerinnen, die sich gar nicht als gesellschaftlich außenstehend betrachtet hatten.

bezeichnet wurde (Frisby 1984, 10). Seine Ansichten der Moderne weisen genau wie bei Freud auf Prozeßhaftigkeit und den stetigen Wandel hin. In Simmels Theorie der Moderne spielen die Begriffe Sozialstruktur, Sozialsystem und soziale Institutionen als Totalgebilde eher eine untergeordnete Rolle. Für ihn sind die Wechselwirkungen und die darin enthaltenen Vergesellschaftungsprozesse interessanter und wertvoller für ein Verständnis der Moderne als Erfahrens- und Erlebensweise. Baumans Betrachtung der Biographien von Simmel, Freud und Kafka und die Verknüpfung mit einem wichtigen Kontext: dem des Kampfes gegen Assimilation, liefert eine Erklärung für diese eigenartige Faszination. Er lichtet den Nebel der Zufälligkeit und kann nun das Werk dieser drei Autoren, ihre Eigentümlichkeit in den Zusammenhang mit Moderne, Assimilation und ihrer jüdischen Herkunft stellen.

Exkurs: Kunst und das kreative Potential der Fremden

Hier möchte ich einen kleinen und aktuellen Exkurs einfügen, der die Annahmen von Bauman über das kreative Potential und die Entstehung moderner Kunst/Kultur als Gegenbewegung aufzeigt und bestätigt.

Michael Rutschky erzählte auf einer Veranstaltung im Frankfurter Literaturhaus im März 1996, bei der ein Buch über eine türkische Jugendgang vorgestellt und mit den ehemaligen Mitgliedern der Gruppe diskutiert wurde (vgl. Tertilt 1996), bezugnehmend auf das Thema Integration und nachfolgende Generationen der Kinder von Einwanderern, sinngemäß folgendes: „Wir warten noch auf den großen Roman in deutscher Sprache von einem Autor nichtdeutscher Herkunft". Die Beobachtungen über die Wirklichkeitsblindheit deutscher u.a. Intellektueller, die kaum über den eigenen Tellerrand zu sehen vermögen, wurden hier wieder einmal bestätigt (vgl. Senocak 1993, 64; Baier 1993, 97 und Kreimeier 1985, 101). Gerade bei einem sonst so scharfen Beobachter des Alltags wie Rutschky vermutet man bei diesem Thema eigentlich keine weißen Flecken auf seiner Topographie der Literatur und Kunst von Einwanderern und anderen Autoren deutscher Sprache und zugleich nichtdeutscher Herkunft.

Was bedeutet eigentlich diese Unterscheidung in Herkunft und Ursprung? Ist es nicht bei der Kunst und Literatur so, daß sie eine universale Ausdrucksmöglichkeit ist, die keine nationalstaatliche Bindung oder ethnische Kategorienbildung nötig hat, um zu gelten, um etwas mitzuteilen. Autoren und Autorinnen wie Aras Ören, Franco Biondi, Gino Chiellino, Yoko Tawada, Saliha Scheinhardt, Emine Sevgi Özdamar und viele andere mehr sind aus der deutschen Literatur nicht mehr wegzudenken, sie bringen die Sprache weiter, indem sie sie neu erfinden. Poesie und Prosa sind nicht gebunden an das Herkunftsprinzip, gerade da, wo es uneindeutig wird, entsteht auch und gerade „große Literatur" wie z. B. die von Salman Rushdie. José F. A. Oliver (1995, 1158) schreibt dazu und bringt es auf den Punkt: „In meinem Sprachschatz nicht zu Hause, wurde ich Dichter."

Eine Rezeption von Kunst und Kultur von Minderheiten in Deutschland fängt an bei der sogenannten *Gastarbeiterliteratur*, wie die Literatur von nicht-deutschen Literaten in deutscher Zunge noch bis vor kurzem geringschätzig bezeichnet wurde. Meist hört es aber dann auch dort schon wieder auf. Wer sich für weitere Kunstformen von Minderheiten und Immigranten interessiert, tut dies meist nicht aus einen originären Interesse an der Kunst, sondern weil der Produzent ein *Ausländer* ist. Das Interesse ist somit „sozialarbeiterisch" oder zumindest exotisch und fern aller ästhetischen Kategorien. Noch einmal Senocak: „Betrachtet man die mangelnde Rezeption der Kunst von Einwanderern durch deutsche Medien, dann fällt auf, daß die deutsche kulturelle Szene ein Spiegelbild der politischen ist, wenn es darum geht, die Anwesenheit von Einwanderern in Deutschland zu ignorieren." (Senocak 1993, 65)

Die Formel, daß Deutschland schließlich kein Einwanderungsland sei, ist hier ebenso verbreitet wie an den Stammtischen. Es ist daher kein Wunder, daß die Schriftsteller und Künstler nicht-deutscher Herkunft, aber deutscher Sprache gegen den mainstream schwimmen und sich mit den wohlwollenden oder ablehnenden Meinungen der Kritiker wegen ihrer vermeintlich fremden Kultur auseinandersetzen müssen. Das fängt ganz harmlos und eigentlich gut gemeint an, aber sehr schnell entblößt sich der wahre Blick: „Solange man hierzulande glaubt, einem deutschsprachigen Schriftsteller ein Kompliment zu machen, wenn man sein gutes Deutsch lobt, verkennt man die wirkliche Tragweite der Migration in diesem Land." (Senocak 1993, 75)

Ich bleibe vorerst noch bei diesem Beispiel. Der Wirklichkeitsverlust geht weit, so weit, daß die Literatur des Zentrums allein im Blickpunkt steht. Wer kann sich vorstellen, daß Marcel Reich-Ranicki im Literarischen Quartett[117] den Roman von Aras Ören „Berlin Savignyplatz" (und viele andere Werke aus diesem Kontext) positiv bespricht? Die Peripherie wird nicht bemerkt oder besser: verschwiegen. Aber es ist tatsächlich so, daß die Literatur der „Gastlinge", wie José F. A. Oliver schreibt, nicht am Rande steht, im Gegenteil: „Die Ränder des Fremden befinden sich im Inneren. Die ausländischen Autoren bringen es nur zur Sprache." (Oliver 1995, 1158) Die Sprache, die uns die anderen Autoren nahe bringen, ist also unsere eigene Sprache, verkleidet, in einem anderen Gewand kommt sie daher, und wir können sie nicht als unsere eigene Sprache erkennen. Sie bleibt uns fremd, weil sie uns so vertraut ist. Wir erkennen uns selbst nicht. Oder ist das Ausblenden dieser Wirklichkeit in Wahrheit ein Erschrecken vor uns selbst? Wieso gestehen wir den Immigranten(kulturen) keine Geschichte, Entwicklung, Modernität und auch und vor allem Poesie zu? Die wirkliche Tragweite der Migration in Deutschland, in Europa überhaupt, von der Senocak sprach, bedeutet eine ungeheure Vielfalt und Vermischung in den Lebensbereichen, wie auch in allen kulturellen Segmenten, von der Subkultur im Getto bis hin zu den Ebenen der sogenannten

---

[117] Der einmal freimütig bekannte, daß er Eurozentrist sei, da die europäische Literatur (die US-amerikanische mit eingeschlossen) einfach die Bedeutendste sei.

schönen Künste. Hier – so scheint es aber – wird das Terrain ethnisch homogen gehalten. Eintritt für Ausländer verboten!

Zum Stereotyp gehört der Ausländer als Arbeiter, der deutschen Sprache nicht mächtig und nur am Fließband der Automobilwerke zu gebrauchen. Es ist an der Zeit anzuerkennen, daß sich die deutsche Gesellschaft gewandelt hat und stetig wandelt. Die Kultur der Einwanderer hat sich schon unübersehbar gemacht, entsteht aus der Mitte der Gesellschaft heraus. Vermischung ist für mich ein Zeichen von Kultur (nicht nur der Moderne), eine ständige Bewegung, die neue Elemente hervorbringt, entstanden aus der Vermischung von eigenen und fremden Ursprüngen.

„Deutschland ist die Heimat aller Deutschen"

Die Vorstellungskraft, die von dem akuten Wirklichkeitsverlust so drastisch beschränkt wird, geht davon aus, daß Deutschland ein ethnisch homogener Nationalstaat sei. Deutsche sind Deutsche. Minderheiten kommen darin nicht vor. Wie tief verwurzelt diese Wahrnehmungstrübung im deutschen Selbstverständnis ist, zeigt sich immer wieder an scheinbar Alltäglichem. Hier ein Beleg aus dem Bereich der Politik, der komplementär zu dem Beispiel aus der Kunst ist:

Ich fand in der Frankfurter Rundschau vom 18.1.1996 folgende Notiz: Der Präsident der Bundeszentrale für politische Bildung, Günter Reichert, hatte anläßlich des Besuches des israelischen Staatspräsidenten Weizmann[118] in der Bundesrepublik Deutschland dem Vorsitzenden des Zentralrates der Juden in Deutschland, Ignatz Bubis, zu der guten Rede *seines* Staatsoberhauptes gratuliert. Bubis reagierte empört und erklärte, daß sein Staatsoberhaupt Bundespräsident Herzog sei. Ich unterstelle dem Präsidenten der Bundeszentrale für politische Bildung nun keineswegs antisemitische Haltungen. Er spiegelte nur eine bestimmte Haltung wieder, die so etwas ist wie eine kollektive Einstellung einer Mehrzahl von Deutschen den *Fremden* gegenüber zu sein scheint. Ebenso ist im Frankfurter Magistrat zu beobachten gewesen, daß dem Magistratsmitglied Michel Friedmann gegenüber, der zugleich kulturpolitischer Sprecher und Vorstandsmitglied der jüdischen Gemeinde in Frankfurt ist, Betroffenheitsbekundungen wegen des Krieges in *seinem* Land geäußert wurden.

Reichert und die besagten Mitglieder des Frankfurter Magistrats führten implizit eine Unterscheidung durch: Deutsche können keine Juden sein und umgekehrt. Juden können keinesfalls Deutsche sein. Ihr Staatspräsident heißt Weizmann. Genauso verhält es sich mit den Einwanderern. Wenn sie durch die Mühlen der Bürokratie, die im Falle der Einbürgerung besonders langsam und schwerfällig arbeiten, in den Besitz der deutschen Staatsbürgerschaft gekommen sind, dann bleiben sie Ausländer – Ausländer mit deutschem Paß.

---

[118] Weizmann selbst hatte aber in seiner Rede, die nicht in Israel lebenden Juden indirekt kritisiert und aufgefordert zu emigrieren. Paradoxerweise teilten Weizmann und Reichert damit dieselbe Perspektive.

Kann jemand mit dem Namen Chiellino oder Özdemir Deutscher sein, kann ein Jude Deutscher sein?

Kanak Sprak

Feridun Zaimoglu (1995) hat die neuen Mißtöne vom Rande der Gesellschaft aufgezeichnet und die „*Kanak Sprak*" ins deutsche Bewußtsein geschrieben. Er hat damit einen Disput eröffnet, der in seiner verstörenden Offenheit und radikalen Zuspitzung die hegemonialen Deutungsmonopole nachhaltig ins Wanken bringt. Ali, 23, Rapper von *da crime posse*, die mit anderen türkischen Rappern das *Cartel* – ein Sprachrohr der deutsch-türkischen hip-hop Szene bilden – beschreibt in der Kanak Sprak seine Sicht von dem Leben unter den Deutschen: „Der einheimische hat für´n kümmel ja zwei reservate frei: entweder bist du´n lieb-alilein, ´n recht und billiger bimbo eben, der doch wunderschön seine kopfsteuer an´n staat blecht und die pranken in´n schoß bettet, und denn warten auf´n magischen akt, auf´n madonnenwunder. Da kommen denn die förderfreunde und geben dir´n klaps auf die schulter, und die sagen dir: mann, das betrifft mich jetzt volle kante, daß du´n armes schwein bist. So´n lieb-alilein ist der wahre kanake, weil er sich dem einheimischen zwischen die ollen arschbacken in den kanal dienert, und den kakaoüberzug als ne art identität pflegt. [...] Dann gibt´s noch´n zweites reservat, in dem der fremdländer den part des verwegenen desperados übernimmt, ein richtiger mannskerl eben, der wie´n blitz aus der hüfte schießt, und sonst auch´n feiner stecher is, und in diesem reservat lümmeln sich die goldkettchen-bimbos und die schneuzerkümmel und machen jagd auf blonde weibchen, weil die krücken brauchen und jede menge stützgeräte, um auf den beinen zu bleiben. In beiden fällen, bruder, wirst du als luschengaul ins tote rennen geschickt, und du mußt da auch nicht die zielgerade erreichen, wichtig ist nur, daß du deine meilen lahm abtrabst, und dann steckt man dir mürbe zuckerwürfel ins maul und krault dir herrisch an der mähne." (Zaimoglu 1995, 31)

In den Reservaten, in denen sich in der deutschen Gesellschaft die Ausländer zu versammeln haben, herrscht keineswegs Sprachlosigkeit. Im Gegenteil: hier entsteht eine neue Sprache, ein neues *Kreolisch*, eine Mischung aus diversen Zutaten, eine Sprache aus dem Untergrund, hier erwächst ein neues kreatives Potential als Gegenbewegung zu dem Druck der Assimilation. Die Botschaft ist klar: es geht um ein neues Selbstbewußtsein, ausgedrückt in einem Zur-Sprache-Kommen, einer Zertrümmerung der Sprachlosigkeit – um nichts weniger als die sichtbare Markierung der Existenz.

Hier wird in einer spezifischen Jugendsprache, die soziale Verhältnisse abbildet und wie ein Rapstück erscheint, ein Stück der Realität aufgezeichnet, wie sie von deutsch-türkischen Jugendlichen erlebt wird. Zaimoglu versteht seine Portraits nicht nur als Literatur, sondern vor allem auch als Sozialreportage, als „Nachdichtung", die die *Person* des *Kanaken* darstellt, ihre Lebenswut reflektiert[119] und nicht den Anspruch erhebt, wie es die „Neckermann-Ethnologen" tun: Ansichten aus der Exotik-Kultur zu liefern und mit stilisierten Kategorien aufzuwarten. Die an den Rand gedrängten und vielleicht bewußt randständig Lebenden bedienen sich nicht eloquenter Redeweisen oder geschliffener Sprache. Sie benutzen vor allem „four-letter-words", die aber nicht ablenken dürfen, daß es dabei vor allem um Inhalte und Lebensweisen und Überlebensstrategien geht. In der Musik und auch in der Sprache direkt hat sich eine Verarbeitungsform herausgearbeitet, die diese Realität widerspiegelt. Alle Versuche der Kategorisierung von Kunst im Minderheitendiskurs haben sich aber als unzulänglich erwiesen und versuchen die Vielseitigkeit und Vielstimmigkeit der Immigrantenkulturen in ein eindeutiges Ordnungsschema zu pressen.

Freud, Kafka, Simmel: die andere Seite der Assimilation, oder: der universelle Fremde

Wie ich in diesem kleinen Exkurs aufgezeigt habe, steht dem Druck der Ambivalenz ein Gegendruck der Minderheit entgegen. Die Minderheit verharrt nicht sprachlos und fügt sich in eine Opferrolle. Der Gegenangriff der Ambivalenz verlief und verläuft also von hier aus. Drei bedeutenden Figuren der Moderne, stellvertretend für viele weitere aus Wissenschaft, Literatur und Kunst, stellt Bauman in das Zentrum seiner Überlegungen zu der Rache der Ambivalenz. Statt wie die Nachbarn zu werden, ununterscheidbar zu sein, wandten sich Freud, Simmel und Kafka gegen den Druck der Assimilation und schufen so eine neue moderne Kultur. Alle drei hatten als bürgerliche Juden in der Gesellschaft Schwierigkeiten, Anerkennung zu finden; alle drei versuchten, diese Anerkennung dennoch zu bekommen und ihren je eigenen Weg des Dazugehörens zu finden. Die biographischen Spuren zeigen, daß sie zu einer besonderen Generation gehören: „Generationen, die schon von ihrer Wurzel abgeschnitten, aber von der neuen Mischung noch nicht aufgesogen waren." (Bauman 1992, 202)

Kafka sprach von solchen Generationen als von vierbeinigen Lebewesen, deren ‚Hinterbeinchen' noch am Boden klebten, während die ‚Vorderbeinchen' keinen neuen Halt fanden (vgl. ebd.). Vor dem Hintergrund der Erfahrung der Ambivalenz hat sich, so Bauman, im Werk dieser drei Autoren ein Ausweg angebahnt. Gleichzeitig hat sich die Erfahrung der Ambivalenz in ihr Werk eingeschrieben. Bei Freud war es u.a. die Nutzung der Wissenschaft als Raum, um über die Wirkung der Ambivalenz nachzudenken, Begriffe „auf und zwischen den Grenzen zu verorten, so daß sie der Unterscheidung zwischen psychisch und somatisch, innen und außen, Sinn und Unsinn trotzen" (Bauman 1992, 232), bei Kafka war es, die Schwierigkeit des Benennens und die The-

---

[119] Wie sehr Zaimoglu dabei den Nerv der Zeit getroffen hat, zeigt die Reaktion der Kieler Ausländerbeauftragten, die nach Erscheinen des Buches dem Autor vorwarf, *er sei Rassist* (pers. Kommunikation, Lesung von F. Zaimoglu am 30.1.97 in Frankfurt).

matisierung der Unsicherheit der Existenz, bei Simmel[120] schließlich – wie schon erwähnt – die Herabstufung der Gesellschaft auf das Spiel der Vergesellschaftung; anders als zum Beispiel die Soziologie von Weber, die nicht nach Vergesellschaftung, sondern nach der Gesellschaft – also nach dem Ordnungsrahmen – fragte. „Simmels Soziologie", schreibt Bauman, „ist eine Soziologie über die Kunst des Bauens – statt über großartige, harmoniebewußte architektonische Entwürfe." (a.a.O., 229) Freud, Kafka und Simmel (Bauman nennt noch Schestow, Jabès und auch Derrida) haben die Moderne über ihre Entwicklung von Konzepten, Vorstellungen und Techniken reflexiv gemacht (vgl. Waldhoff 1995, 92).

Und genau in diesen Gedanken und Entwürfen wurde eine spezifisch moderne Erfahrung gelebt, eine moderne Kultur geboren. Entgegen allen Versuchen der Homogenisierung und Assimilationsbestrebungen ging hier eine andere Richtung hervor. Nicht allein der „kreativ-Vermischte" ist qua seiner Position kritisch, sondern sein Status ist eine Beunruhigung, er stört die Ordnung als unruhiger Beunruhiger. Wer der Einladung oder der Aufforderung zur Assimilation folgt, bestätigt letztlich die Dominanz der Schicht oder Klasse[121], von der dieses Angebot ausgeht, und damit die eigene Andersheit. Also kann dieses Angebot auch gleich ausgeschlagen werden, da die Andersheit auch ohne Assimilation schon Thema war. Dies reflektiert die andere Seite der Assimilation: „„...das moderne Bewußtsein, das gegen die Bedingungen der Moderne ankämpft und so seine Maßnahmen entlarvt. Es war die innere perverse Logik der Zwangshomogenisierung, die in der *Situation der universellen Fremdheit* ihrer Opfer widerhallte; eine Situation, der die Regeln der modernen Kultur entnommen wurden." (Bauman 1992, 236, Hervorh. i.O.) Die Bedeutung des universellen Fremden – das ist der Prototyp des Fremden, der als Individuum keine Rolle mehr spielt – und die damit verbunden Zwänge zur Ununterscheidbarkeit, zu seiner Assimilation drängen hier noch eine weitere Sichtweise in das Blickfeld der Untersuchung, wie sie von Nicolaus Sombart in seiner Untersuchung „*Die Deutschen Männer und ihre Feinde*" (1991) entwickelt wurde. Der Zwang zu unterscheiden beinhaltet als logische Konsequenz auch den Zwang zum Entscheiden, den der Staatsrechtler Carl Schmitt zur politischen Theorie erhoben hatte.

Schmitt, der prototypisch für eine bestimmte Ideologie von Sombart mit allen hermeneutischen Interpretationstechniken, in allen Chiffren seines Diskurses seziert wird, steht für diese Haltung, dieses Weltbild des *Dezisionis-*

---

[120] Gerade bei Simmel zeigen sich die Grenzen der Assimilation sehr anschaulich anhand seiner Biographie. Seine Eltern, beide jüdischer Herkunft, traten früh zum Christentum über. Simmel selbst wurde protestantisch getauft. Dennoch wurde ihm zweimal eine Professur in Heidelberg (trotz der Fürsprache von Max Weber) u.a. mit der Begründung verwehrt, daß sich seine jüdische Abstammung in Erscheinung und Geistesart zeige (vgl. Korte 1993, Dahme/Rammstedt 1983).
[121] Meist jedoch gehen diese Angebote und Aufforderungen von der Mehrheitskultur aus.

mus. Vorherrschend sind bei Vertretern dieser Ideologie eine signifikante Aggressivität und Intoleranz. Sombart spricht hier von einem „deutschen Männlichkeitswahn". Carl Schmitt und andere Vertreter dieser Ideologie „definieren ihre Identität in der Negation. Was sie treiben, ist immer ‚Kulturkritik' auf der Basis eines spezifischen Sendungsbewußtseins, eines Begriffs von Kultur, der sich wesentlich als Ablehnung der ‚Moderne' definieren läßt. Sie stehen damit auf dem Boden eines ‚ethnischen Fundamentalismus'." (Sombart 1991, 16) Sombart geht nicht nur der spannenden Frage nach, was geschehen wäre, wenn sich nach der (letztlich gescheiterten) Revolution von 1848 die Anliegen der *Citoyen* und nicht die Idee des monarchischen Soldatenstaates durchgesetzt hätte, und was damit für eine politische und gesellschaftliche Ordnung in Deutschland hätte entstehen können. Er benennt und betrachtet in diesem Zusammenhang auch und vor allem „die deutsche Ideologie" und ihren Zusammenhang mit dem Antisemitismus.

Hier zeigt sich auch die tiefere Wirkung der Assimilation, die Bauman bei seiner Beschreibung im Blick hatte. Viele Juden hatten sich an den Idealen der Menschenrechte und dem liberalen, weltbürgerlichen humanistischen Konzept von Freiheit und Frieden weiterhin orientiert, während sich die meisten Deutschen schon wieder wandelten und sich von diesen Werten langsam verabschiedeten: „Die Deutschen haben es verraten, die Juden sind ihm treu geblieben." (Sombart 1991, 272) Das geschah vor allem in und nach der Gründung des deutschen Reiches durch Bismarck. Der Nationalstaat als spezifisch moderne Variante, eine (künstliche) kollektive Identität zu prägen, war hier als maßgebliche Kraft beteiligt (Bauman 1992, 93). Hier wurden die Werte und Einstellungen geprägt, die das „Deutschsein" ausmachen sollten, und die ohne einen Antipoden nicht auskamen. „Den Deutschen erschienen ihre Juden jetzt als Repräsentanten all dessen, was sie zur Etablierung ihrer nationalen Identität bekämpfen zu müssen glaubten. Sie waren im Land die ‚Fremden' und es war leicht, sie mit allem zu identifizieren, was als fremd empfunden wurde. Der deutsche Antisemitismus wurde so zur Dominante einer Ideologie trotziger Selbstbehauptung, der ‚Jude' zu dem Feind schlechthin, unter den alles Feindliche subsumiert wurde." (Sombart 1991, 272)

Sombart geht bis an die Wurzeln des Rassismus in der Entstehung der nationalen Idee (ausführlich dazu: Poliakov 1993), wenn er in den Schriften Schmitts aufzeigt, wie sich die Abwehr des Fremden zu einer politischen und staatsrechtlichen Theorie[122] verdinglicht hat, in der der Feind als der Andere erscheint, den es schließlich zu vernichten gilt. Schmitt schreibt: „Das Anderssein des Fremden muß abgewehrt und bekämpft werden, um die eigene seinsmäßige Art vom Leben zu bewahren." (zit. nach Sombart 1991, 278) Gleichzeitig zeigt sich eine tiefsitzende Ambivalenz und Widersprüchlichkeit in der Theorie von Carl Schmitt, die seine berühmte Formel „*Der Feind ist unsere eigene Frage als Gestalt*" beinhaltet. Sombart hegt nicht den geringsten Zwei-

---

[122] Und in diesem Beispiel als Fall einer typisch „männlichen" Theoriebildung.

fel, daß dieser Spruch von Schmitt zum einen auf die Juden bezogen ist und zum zweiten seinen eigenen Widerspruch spiegelt (vgl. Sombart 1991, 287). Gebündelt liegt dieser Theorie und dieser Haltung eine zutiefst antimodernistische und patriarchale Orientierung zugrunde, die vor allem darauf abzielte, Veränderungen zu bannen. Schmitt steht hier also als Exponent einer bestimmten Mentalität, eines Denkstils, der die Geschichte Deutschlands und die politische Kultur ebenso nachhaltig, wie verhängnisvoll prägte und noch immer als Ideengeber einer politischen Theorie im Einwanderungsdiskurs ausgemacht werden kann.

Immanente rechtsstaatliche Ambivalenz der Ausländerpolitik

Eine weitere, in unserem Fall nicht weniger wichtige Dimension der Ambivalenz hat Knuth Dohse aufgezeigt. In seiner Studie „*Ausländische Arbeiter und bürgerlicher Staat*" (1981) untersuchte er Entstehung, Entwicklung und die aktuelle Praxis der staatlichen Regulierung der Ausländerbeschäftigung. Seine Fragestellung ist insofern für meine Überlegungen interessant, als er versuchte zu klären, inwieweit die ambivalente Rechtsstellung des ausländischen Arbeiters Ausdruck einer *grundsätzlichen* oder aktuell entwickelten Ambivalenz des liberalen Rechtsstaats selbst sein könnte. Dohse geht zum einen von einer Definition der Staatsangehörigkeit aus. Hier zeigt sich eine wichtige Spezifizierung: „Der rechtliche Begriff ‚Ausländer' zielt weder auf ethnische noch auf kulturelle, noch auf sprachliche Unterschiede zu ‚Inländern' ab, sondern bezeichnet die spezifische Rechtsposition von Personen, die sich eben darin von anderen, von den ‚Inländern' unterscheiden." (Dohse 1981, 11) Der Ausländerbegriff ist also eine staatsrechtliche Konstruktion[123]. Als Maßnahme gegen den Pauperismus ist er im Staatsangehörigkeitsrecht historisch aus der Abweisung und Ausweisung von Armen, Bettlern und Vagabunden entstanden. Die Herausbildung der Arbeiterklasse und die Entwicklung eines rechtlichen Ausländerbegriffes sind für Dohse zwei miteinander verwobene, parallele Prozesse (a.a.O., 26).

Die politischen Rahmenbedingungen vor dem ersten Anwerbeabkommen 1955 mit Italien sahen so aus, daß die Kompetenz zur Ausländerzulassung zentralisiert und verstaatlicht war. Die wichtigste Befugnis über die Zulassung ausländischer Arbeiter zum deutschen Arbeitsmarkt lag bei dem Bundesarbeitsminister. Gesellschaftlich relevante Gruppen, wie zum Beispiel Gewerkschaften u.a., konnten nicht mitwirken. Neben dem Ausgleich des Arbeitskräftemangels und der großen Nachfrage nach frei verfügbarem Arbeitskraftpotential für die damals prosperierende Wirtschaft gab es ein weiteres Motiv für das staatliche Interesse an der Ausländeranwerbung. Als Einflußmaßnahme

---

[123] Das Staatsbürgerrecht wird aktuell immer stärker aufgrund von Herkunftsmerkmalen und spezifischen kulturellen Merkmalen definiert. Darauf hat Mathias Bös (1993) hingewiesen und spricht vor diesem Hintergrund auch von einer „Ethnisierung des Rechts".

auf die Lohnpolitik und als Regulativ der Marktkräfte sollte die Arbeitskräfteanwerbung ein Instrumentarium der Steuerung und Flexibilisierung herstellen.

Das „Ausländergesetz ist Ausdruck der Tatsache, daß es dem Staat nach wie vor darauf ankommt, über Ausländer einen möglichst breiten Dispositionsspielraum zu behalten." (S. 248) Hier entwickelt Dohse nun die These, daß die Entwicklung der staatlichen Disziplinierungsbefugnisse zentral auf die Disziplinierung und Kontrolle ausländischer Arbeitskräfte abzielte, wenn sie später auch am deutlichsten und wohl am härtesten politisch aktive Intellektuelle trafen (S. 278). Beispielhaft nennt Dohse die Berufsverbote und die Angst vor kommunistischer Unterwanderung in den 1970er Jahren. Auch heute zeigt sich – und das mag als Beleg für die These von Dohse gelten –, daß die geplanten Veränderungen im Ausländer- und Asylrecht, die eine leichtere Abschiebung von Ausländern bei Straftaten nach sich ziehen, auch eine allgemein wirkende und damit Deutsche und Ausländer betreffende Verschärfung des Versammlungsverbotes umfaßt.

In den Jahren 1963 bis 1965 – das zeigt Dohses historischer Längsschnitt – wurde das Ausländerrecht neu konzipiert. Dabei griff man auf die nationalsozialistische Ausländerpolizeiverordnung aus den Jahren 1938/39 zurück und gab wichtige rechtsstaatliche Grundsätze auf. Die relativ liberale preußische Ausländerpolizeiverordnung aus dem Jahre 1932 wurde nicht in die Neukonzeption miteinbezogen. Als Ergebnis dieser Politik, die sich bis heute als Politik der Rechtsunsicherheit in eine kontinuierliche Linie fassen läßt, sieht Dohse, daß das Ausländerrecht als Paradigma der Inländerbehandlung eine staatliche Ambivalenz gegenüber dem klassisch-liberalen Rechtsstaat impliziert.

Die doppelte Lebenslüge

Ich kehre wieder zu meinem Ausgangspunkt zurück und frage, wie theoretische Ansätze zur Integration oder Assimilation von Einwanderern zu verstehen sind – von den klassischen Modellen der Chicago-School, dem *race relations cycle* Modell bis hin zu neueren sozialtechnologischen Vorstellungen –, wenn sich die Gesellschaft, in die die Migranten gekommen sind, nicht als Einwanderungsgesellschaft versteht und über eine Vielzahl an rechtlichen Möglichkeiten verfügt, Migranten in den unklaren Raum der Randseitigkeit – und damit der Ambivalenz – zu bannen. Darüber hinaus verstehen sich die Einwanderer vielleicht gar nicht als solche, sind nicht bewußt eingewandert und haben sich im Gehäuse einer geschlossenen, ethnischen Kultur eingerichtet. Rückkehr (in das Herkunftsland) erscheint dann als Ende der eigentlich nur kurzfristig gedachten Wanderung. Die Verleugnung der Einwanderung hat sozialpsychologisch gesehen dann für das Individuum folgende entlastende Funktion:

„In der Rückkehrphantasie werden die faktische Einwanderung verleugnet und die mit ihr verbundenen traumatischen Erfahrungen bearbeitet im Sinne einer Entlastung von desorientierenden Gefühlen. So wird Mithilfe der Verleugnung der Einwanderung die faktische Trennung von der heimischen erweiterten Familie für das Bewußtsein ungeschehen gemacht; die bedrohlichen Ängste vor Verlust, Isolation oder Bestrafung bleiben dem Bewußtsein entsprechend entzogen." (Bosse/Kontos 1993, 19)

Diese Illusion der Rückkehroption trifft auf und ergänzt sich komplementär zu der Illusion der einwanderungsfreien und ethnisch homogenen Gesellschaft, die in Deutschland fleißig genährt wird. Beide Illusionen haben sich mittlerweile zu Lebenslügen verdichtet (Bade 1994, 20). Ethnischen Identitäten, die sich entlang des Einwanderungsdiskurses konstruieren, sind jeweils aufeinander bezogen, d.h. dem Druck der Assimilierung und Integration seitens der Mehrheitsgesellschaft steht ein Gegendruck seitens der Minderheit gegenüber. Der Gegendruck aus der Minderheit wird meist mit Begriffen wie kulturelle Eigenständigkeit, ethnische Identität und Ethnizität umschrieben. Tatsache ist aber, daß in beiden Fällen die Beteiligten von einer Illusion ausgehen, die sich darin äußert, daß uneingeschränkt davon ausgegangen wird, (kulturelle) Identität sei ungebrochen und das kollektive Identitätskonzept eine Art Staatsreligion, indirekt ableitbar aus einem nationalstaatlichen formalen Rahmen.

Daraus ergibt sich eine doppelte Ambivalenz (Esser/Friedrichs 1990, 11)[124]: die erste Ambivalenz entsteht, weil auf der einen Seite die Mehrheitskultur die Einwanderung leugnet und versucht, der realen Einwanderung mit formal-juristischen Mitteln zu begegnen, d.h. einen Riegel vorzuschieben, auf der anderen Seite jedoch Assimilationsangebote macht und eine gut funktionierende „Integrationsindustrie" (Hoffmann 1990, 35) unterhält. Weil diese Assimilationsofferten aber nicht durchgehalten werden (können und wollen), verlängern sie die von der Mehrheitsgesellschaft erzeugte Ambivalenz innerhalb der Minderheitengesellschaften in bezug zur dominanten Gesellschaft ins Unendliche, obwohl sie doch gerade durch die Assimilationangebote abgebaut werden sollte.

Die zweite Ambivalenz entsteht innerhalb der Minderheitenkultur selbst. Für sie bedeutet das Assimilationsangebot eine große Verlockung. Dabei entsteht die Situation einer Identitätsperspektive, bei der man entweder zwei Kulturen gleichzeitig angehören kann oder aber die/eine eigene Kultur verleugnen muß. Beide Ambivalenzfallen haben den gleichen Ursprung. Eine Mehrheitskultur ethnisiert sich selbst positiv und setzt sich einer als antagonistisch verstandenen Minderheitenkultur gegenüber; diese wird mit negativen Vorzeichen „fremdethnisiert". Daraus resultiert ein dialektischer Prozeß: Auch die Ethnizität innerhalb der Minderheitengesellschaften, d.h. das Bewußtsein

---

[124] Diese doppelte Ambivalenz in der Situation der Arbeitsmigration beschreiben Esser/Friedrichs (1990, 11) so: „Für die Regierung sind die ausländischen Arbeitnehmer im Prinzip noch immer ‚rotierende' Arbeitskräfte, die bei sinkender Beschäftigung in der Bundesrepublik Deutschland in ihre Heimatländer zurückkehren sollen. De facto sind es jedoch Einwanderer". Für die Einwanderer gilt die andere Ambivalenz: „Sie leben hier, ihre Kinder sprechen oft die Heimatsprache schlechter als Deutsch, dennoch sparen sie – vor allem die ältere Generation – für ein Leben im Heimatland und erhalten den Gedanken an eine Rückkehr aufrecht."

und die Instrumentalisierung der Zugehörigkeit zu einer als anders definierten Kultur entsteht erst *aufgrund* der Ethnisierung durch die Mehrheitsgesellschaft.

Diese beiden Ambivalenzen äußern sich vor allem in der Entstehung und Verfestigung von Lebenslügen. Statt von einer doppelten Ambivalenz wäre es also angebrachter von einer doppelten Lebenslüge zu sprechen. Diese ist komplementär, und zumindest die Lebenslüge auf Seite der Mehrheitsgesellschaft trägt einen Gutteil zu der Entstehung und Verfestigung der Lebenslüge seitens der Minderheitenkultur bei. Leggewie plädiert von daher für eine neue Einwanderungspolitik, die beginnt mit einem Ende der Lebenslügen (Leggewie 1994, 55). Ethnizität erscheint vor diesem Hintergrund vor allem als Reaktion auf mangelnde Anerkennung und Diskriminierung und als Instrument der Sichtbarmachung von Existenzweisen; schließlich als Verweigerung der Minderheit angesichts einer Homogenisierung, die einen hohen Preis einfordert.

Ich möchte hier nicht in Rede gestellt haben, daß es so etwas wie eine Assimilation *an sich* gar nicht gäbe, es nur eine Illusion sei[125]. Es ging mir darum zu zeigen, daß Assimilation und Integration als Instrument der Sozialtechnologie in modernen Nationalstaaten – also als Gestaltungskriterium der Gesellschaft – nicht nur erwünschte Folgen mit sich bringt und Klarheit schafft. Die klassischen Arbeiten aus der Chicago School haben ja gerade auf die Bedingungen für ein Aufgehen von Fremdheit in einer Mehrheitsgesellschaft aufmerksam gemacht. Ich habe am Anfang dieses Kapitels von der Nachtseite gesprochen. Die Nachtseite[126] sehe ich als die andere Seite der Assimilation an, die Produktion und Verfestigung von Ambivalenz und Unsicherheit entsteht hier. Der verstörenden These von Bauman liegt ja nicht zugrunde, daß die Durchsetzung von Ordnung zwangsläufig und in allen modernen Staaten zwangsläufig zu den Ergebnissen des Völkermordes führen *muß*. Er entwikkelte nur eine mögliche Lesart, diese Vorgänge soziologisch, prozeßhaft und nicht historisierend zu beschreiben und vor allem zu verstehen. Bauman geht es nicht um eine Erklärung von Auschwitz oder dem Gulag, sondern vor allem um die Beschreibung der Bedingungen, unter denen sie möglich wurden (vgl. Hausmann 1993, 38). Als Einwand auf mögliche Kritik räumt er auch ein, daß er vielleicht die nicht nationalen Gründe für die Entstehung des Holocaust überbetone, daß es gerade keine spezifisch *deutsche* Frage sei.

---

[125] Ein Beispiel von vielen: Emre Gültekin (1983) hat aufgezeigt, daß die Beziehungen zwischen Deutschen und Türken keineswegs erst mit den Anwerbeabkommen 1961 begann. Eine dreihundertjährige Geschichte steht im Blickfeld seiner historischen Spurensuche. Die ersten Türken aber sind in Deutschland keine Fremden geblieben, sie haben sich vermischt, und es sind Spuren geblieben: ein muslimischer Friedhof oder bestimmte (Familien-) Namen, z. B Türk oder Feik, die noch an die türkische Herkunft erinnern.

[126] Die sich darstellt in der Umkehrung der Rationalität, in der störenden Unordnung und vor allem im Nährboden von neu geschaffener dynamischer Kultur und Kreativität.

Verständlicher wird Baumans Insistieren auf der Folie der Moderne vielleicht an der Debatte um die Thesen von Daniel Goldhagen (1996) und seiner Arbeit über die ganz gewöhnlichen Deutschen und den Holocaust. Goldhagen konstatierte ja einen „eliminatorischen Antisemitismus", der fest in der deutschen Geschichte eingeschrieben sei und Antisemitismus allgemein als nationales Projekt führe. Goldhagen illustriert so genau die Kritik von Bauman an der Soziologie, die eben gerade dieses Ereignis Holocaust immer wieder mit nationalen Gründen engführt. Dagegen wendet sich Bauman entschieden: „Aber ich wollte sagen, sage es immer noch und wiederhole es bei jeder Gelegenheit: seien Sie nicht beruhigt, seien Sie nicht selbstzufrieden, die Wurzeln dieses Ereignisses sind überall, sie warten nur darauf, befruchtet zu werden und Früchte zu tragen." (Bauman 1993c, 22) Diese Wurzeln liegen in der Idee, die in der Metapher vom Staat als großen Gärtner bildhaft aufgehoben ist, in einer auf eine Utopie hin gestalteten Gesellschaft.

Zusammenfassung und Agenda für weitere Forschungen

Ich habe versucht, verschiedene Theoriestränge über die Verarbeitung und gleichzeitige Produktion von Fremdheit und Ambivalenz zusammenzuführen. Die Lesart und Theorie der Moderne von Bauman erscheint mir vor dem Hintergrund des Hauptthemas der Ambivalenz als besonders geeignetes Analysewerkzeug, um auf verschiedenen Ebenen die moderne Ambition der Sozialtechnologie als Hebel der Ordnung aufzuzeigen. Daß diese Versuche, Ordnung herzustellen, immer wieder genau ins Gegenteil umschlagen, liegt nicht nur daran, daß diese Versuche immer nur eindeutig auf die „produzierten" Fremden angewandt wurden und werden, nicht aber auch auf eine Veränderung und Gestaltung der eigenen Gesellschaft. Ein zentraler Gedanken Baumans faßt die Moderne auch als eine Vorstellung von Gesellschaft und deren Gestaltung zusammen. Bauman spricht in diesem Zusammenhang von der „Ordnung als Aufgabe" (1992, 16) als einem höchst wichtigen Zug der Moderne. Für einen Ausblick auf die weitere Forschung jenseits assimilationistischer und integrationistischer Tendenz ist es wichtig, einen Rahmen zu berücksichtigen, in dem sich die zunehmende Fragmentarisierung, Verlagerung und Auflösung des Selbst bzw. der kulturellen Identität in der Moderne vollzieht, wie es Bauman beschrieben hat.

Im Spannungsfeld dazu steht die Gleichzeitigkeit einer neuen Politik des *Identitätsmanagement* (Greverus 1981), zu der Nationalismus und Rassismus ebenso gehören, wie der Diskurs des Multikulturalismus, die Praxis der Einwanderungsgesellschaft und die Errichtung von neuen Barrieren vor dem ‚Wohlstandsparadies Europa' gegen die Migranten aus allen Richtungen, die das Ziel haben, an diesem Wohlstand und einem demokratischen Modell teilzuhaben und vor allem ihre Lebenschancen auf einen westeuropäischen Level zu bringen.

Es ist erkennbar, daß nicht nur die sogenannte Globalisierung der Ökonomie durch neue Kommunikationssysteme, Automatisierung und multinationale

Konzerne die Entwicklung in Richtung post-industrieller Gesellschaft schon lange eingeleitet hat. Dieser Veränderung mit neuen und veränderten Arbeitsplätzen und Arbeitskräftenachfrage – damit also neuen Wanderungsbewegungen – hat auch zusammen mit den bislang aufgezeigten Unzulänglichkeiten der traditionellen Analysewerkzeuge eine neue theoretische Orientierung nach sich zu ziehen. Vor allem wegen der Ungleichzeitigkeit, dem seltsamen Paradox, daß sich gleichzeitig die Idee der Nationalstaaten und des ethnischen Nationalismus durchzusetzen scheint, wo er sich allenthalben auflöst. Die Verabschiedung des Gedankens an eine alles erklärende und damit statische Theorie zugunsten eines Erklärungsmodells, das einiges aber nicht alles zu deuten vermag, hilft weiter, der Komplexität und Polyphonie des Gegenstands gerechter zu werden.

Es geht schließlich um eine verbindende Perspektive, die eine Innen- und auch eine Außensicht zueinander in Beziehung setzen kann. Eine Aufhebung der Trennung zwischen mikro- und makroanalytischen Ansätzen ist zu verzeichnen bei Arbeiten von Autoren wie z.B. Ersan Yücel (1987). Er untersuchte die türkisch-deutsche Migration aufgrund ihrer historischen Wurzeln und lieferte gleichzeitig qua teilnehmender Beobachtung und weiterer qualitativer Methoden eine lebendige Fallstudie, die aus der Innensicht – welche vielfach gefordert wird – heterogene Migrantengruppen innerhalb ihrer sozialen Netzwerke beobachte. Diese Migrantengruppen reproduzieren spezifische Arbeitsformen und- verhältnisse und vollziehen schließlich eine Adaption an die vorherrschende Form der Warenproduktion.

Auch die Studie von Marylin Hoskin (1991) zeigt, wie sehr Immigration als ein Geflecht von ökonomischen, sozialen und politischen Bedingungen zu analysieren ist und die Verantwortung, Minderheiten „sichtbar" zu machen, in der Hand der demokratischen Systeme selbst liegt, die Herausforderung an die Demokratie selbst ist. Die Zielrichtung für ihre Untersuchung legt Hoskin wie folgt fest: Trotz reichhaltiger Literatur über Immigration existiert eine Lücke in Hinsicht auf eine vergleichende Perspektive, wie aufnehmende Gesellschaften auf ökonomische, soziale und politische Herausforderungen der Immigration reagieren. Wie Hoskin schreibt: „The host environment, in fact, links the comprehensive concerns of macro-level research to the focus on individual outcomes which caracterizes mirco-level research. It is fitting, therefore, that variations in the concept and reality of host environments be examined to understand their central role in all levels of theory." (Hoskin 1991, 41)

Außerordentlich wichtig ist es, eine Balance zwischen einer „systemischen" Orientierung (die internationale, interregionale und interethnische Faktoren berücksichtigt) und den Handelnden selbst, hier: den Immigranten und deren Nachkommen, den Akteuren im Spiel mit der Ambivalenz, zu halten. Ein weiteres Plädoyer schließt eine notwendige Unvollkommenheit der Begriffe, Kategorien und Konzepte mit ein. Wenn die Forschung wieder einmal mehr den Geist der Frankfurter Schule atmete, dann käme die verleugnete Erfahrung der Welt wieder ans Tageslicht. Stefan Müller-Doohm hat in einem Gespräch über Adorno dieses eigentümlich philosophische Denken so bezeichnet: „Die Offenheit für Erfahrungen meint bei Adorno, daß man sich freimacht vom Druck der Wissenschaften, sofort alle Phänomene begrifflich zu klassifizieren. Durch den methodischen Zwang zu subsumieren, hält man sich die Dinge eigentlich vom Leib, statt sie erfahrend zu verstehen. Das heißt, zu verstehen, was die Sache von sich aus sein will, wie es Adorno sinngemäß formuliert hat." (Müller-Doohm 1996)

Als eine erweiterte theoretische Perspektive schlage ich von daher vor, daß sich das Erkenntnisinteresse der Minderheitenforschung statt sich an statischen und mechanistischen Identitäts- und Ethnizitätskonzepten und -konstruktionen zu orientieren, in Richtung einer situativ auszuhandelnden und offenen Selbstverortung der Minderheitensubjekte öffnet. Dies impliziert eine doppelte Differenzierung.

1. Für die empirische Jugendforschung gilt es eine Differenzierung vorzunehmen, die bei der bisherigen Theorieproduktion zu wenig beachtet wurde: „Jugendliche kommen real als Mädchen oder Jungen vor. Dies ist ein trivialer Sachverhalt, der von den Jugendtheoretikern allerdings seit langem weitgehend ignoriert wird. Die ‚großen Theorien' des Jugendalters, ob aus pädagogischer, aus psychoanalytischer, aus struktur-funktionaler oder aus kommunikationstheoretischer Sicht, sie alle sprechen überwiegend von ‚den Jugendlichen', um aber – explizit oder implizit – vor allem die jungen Männer zu meinen." (Tillmann 1992, 7) Vor allem bei der Subkulturforschung wurden immer männlich dominierte Lebenswelten und damit Prozesse geschlechtstypischer Sozialisation behandelt. Dieses Defizit bei Forschung und Theoriebildung liegt für Tillmann offen zu Tage: „Die Situation von Mädchen in geschlechtgemischten Subkulturen ist genauso dürftig erforscht wie Annäherungsprozesse und Verkehrsformen zwischen Jungen und Mädchen." (ebd. 8) Mein Forschungsblick richtet sich von daher auf die Unterschiede weiblicher Sozialisation in geschlechtgemischten Subkulturen, schaut auch nach den Annäherungsprozessen und Gemeinsamkeiten. In den Fallstudien wird dies deutlich werden.

2. Es hat sich gezeigt, daß, wenn der Minderheiten-Diskurs nur vor dem Hintergrund einer undifferenzierten und damit statischen (kulturalistischen) und sich ethnisch homogen verstehenden deutschen Nationalkultur geführt wird, eine Identität der Anderen nur durch Assimilation und/oder Integration möglich und tolerierbar erscheint. Darüber hinaus erscheint der Andere immer wieder konstruiert entlang der Differenzen, die sich aus der wissenschaftlichen Erforschung (also der Festschreibung von Ethnizität, vgl. Dittrich/Radtke 1990) ergeben.

Der Assimilationsdruck führt aber zu durchaus anderen Ergebnissen: eine Selbstverortung oder eine Identität, die sich hier entwickeln kann, muß, und das hat Bauman aufgezeigt, nicht mehr nur in Richtung Ununterscheidbarkeit

(Anpassung) gehen. Der Horror der Ambivalenz sedimentiert sich mehr in der Angst vor der Ununterscheidbarkeit als in der sichtbaren Differenz der Anderen. Diese Angst – so Bauman – besteht nicht gegenüber den Fremden, sondern vielmehr vor dem Unvermögen, das Fremde zu erkennen, und der befürchteten Vermischung und Grenzüberschreitung (Bauman 1994c).

Die Ausländerisierung dieses Diskurses ist dabei eine deutlich sichtbare Ebene. Eine weitere Ebene erschließt sich dann, wenn versucht wird zu ergründen, wie sich eine andere Art der Selbstverortung bei den Akteuren aus der Minderheit selbst rekonstruieren läßt. Ihre Handlungsspielräume und Überlebensstrategien, die darin bestehen, sich in verschiedenen Bezugssystemen zu verorten, umspannt eine weit größere Bandbreite, als dies „klassische" Untersuchungskonzepte aufzuzeigen versuchen (und mit Begriffen und Kategorien einengen).

Die Möglichkeiten der Positionierung und Selbstverortung steigen – das ist meine These – exponentiell zu den gegeben Rahmenbedingungen (oder objektiven Lebensbedingungen). Das heißt, wenn ich hier auf meinen empirischen Rahmen zurückkomme, daß sich deutsch-türkische Jugendliche aus Immigrantenfamilien in Frankfurt definieren (können) als Frankfurter, als Deutsche, als Frankfurter-Türken, als Bockenheimer, als Türken [127]. Das soll nicht bedeuten, daß sich diese Jugendlichen am Morgen nach dem Aufstehen fragen, welche „ethnische Identität" sie heute schablonenhaft aus dem Kleiderschrank nehmen, gleichsam wie eine Hülle überwerfen. Vielmehr ist zu fragen, was welche kulturelle Repräsentation, Selbstpräsentation oder Positionierung für das Subjekt konkret bedeutet, welche Ursachen, Wirkungen und Hintergründe, welchen persönlichen Sinn und (Lebens-) Geschichte sie haben könnte.

Als Versuch einer Modernisierungsforschung, die subjektorientiert verläuft, deutet sich damit die Möglichkeit an, nach einer *inneren Modernisierung* (Bosse 1994) zu fragen. Diese innere Modernisierung sehe ich in der Fähigkeit und Virtuosität angelegt, Ambivalenz – die ein Kennzeichen der Moderne ganz allgemein geworden ist – auszuhalten, zu bearbeiten und in tragfähige Entwürfe, in eine Lebensform zu überführen. Ein Stichwort hierfür wäre, die Ambiguitätstoleranz, die sich aus den präsentierten Lebensgeschichten und Entwürfen ableiten läßt, in einen erweiterten Kontext zu stellen, der eine gesellschaftliche Dimension miteinschließt. Aber auch das Scheitern der Entwürfe und biographische Brüche gehört notwendigerweise hierzu. Ich frage von daher nach der Möglichkeit, mit ununterdrückbaren Differenzierungen und Ambivalenzen zu leben, und entwickle in diesen Überlegungen ein Konzept, das sich der *selbstreflexiven Ethnisierung* widmet. Ambivalenz in der Gesellschaft ist eine soziale Realität, die selbstreflexive Ethnisierung *ein* Prozeß, wie damit umgegangen wird. Selbstreflexive Ethnisierung kennzeichnet ein Spiel mit ‚Identitäten'.

---

[127] Maßgeblich wird hier dann eine Trennung von „diversity" und „difference", wie es Homi Bhabha (1990) sehr feinsinnig aufgezeigt hat.

Max Frischs[128] Romanfigur Stiller, der die eigene Identität fragwürdig geworden ist und die deshalb aus ihren engen Fixierungen ausbricht, ist ein – wenn auch eingeschränktes – Beispiel für dieses Spiel mit Identitäten. Ich sehe in den Lebensentwürfen und Biographien von Jugendlichen aus Immigrantenfamilien diese Potentiale entstehen, wirken und sich ausbreiten. Dieses Potential der selbstreflexiven Ethnisierung, seine Entstehungsorte, Bedingungen und möchte ich nun, nachdem ich einen dafür geeigneten theoretischen Rahmen aufgezeigt habe, empirisch nachzeichnen.

---

[128] Der dieses Thema in vielen seiner Romane bearbeitete.

Die Gruppe

Die Gespräche mit der Folkloregruppe aus dem Migrantentreff fanden entweder in den Übungsräumen im *Casa di Cultura* oder im Büro des Migrantentreffs statt. Die Folkloregruppe ist fester Bestandteil des Konzeptes für Jugendarbeit im Treff. Wie die Folklore in der Jugendarbeit des Treffs verankert ist, schildert die Konzeption des Treffs zur Jugendarbeit: „Jugendliche Einwanderer der 2. und 3. Generation empfinden Folklore nicht exotisch wie viele deutsche Jugendliche. [...] Folklore sichert die Erleichterung im Prozeß der Entwicklung der spezifisch eigenen Identität der Emigrantinnen und auch eine Erleichterung im Prozeß der gegenseitigen Annäherung von Deutschen und Nicht Deutschen." (Einwanderertreff, Konzept Jugendarbeit S. 12) Wenn auch der Auftrag der Folklore eng umrissen ist, so besteht doch ein viel größere Spielraum, wie dieses Angebot von den Mitgliedern der Gruppe persönlich genutzt und definiert wird.

Die aserbaidschanische Folkloregruppe besteht seit nunmehr 7 Jahren und wird seit Anfang an von Cahit Tufan geleitet. Jeden Sonntag wird ab 14.00 Uhr geprobt, vor Auftritten auch Mittwochs nach 20.00 Uhr und nach Bedarf. In den zwei Jahren meiner Forschung habe ich zwei Folklorewettbewerbe und mehrere öffentliche Auftritte der Gruppe verfolgt, bei der die Gruppe in blauen und weißen Kostümen, angelehnt an die traditionelle kaukasische Tracht, auftrat. Gruppengespräche habe ich geführt mit den Mädchen: Tülay, Nesla, Bengü, Kadriye, Gülüm, Fatma, Ece und den Jungen: Serkan, Taner, Saladin, Murat, Fatih, Recep, Ismael.

Dann gab es noch eine Menge Pfadfinder und Pfadfinderinnen (die leider ungenannt bleiben, da sie sich im Gespräch nicht vorstellten), die in einem Gruppengespräch ungeplant dazukamen, ein paar Gäste, die an zwei Gruppengesprächen teilnahmen: Ali und Hüseyin. Mit den anderen Mitgliedern der Folkloregruppe führte ich bei den Proben und danach vor allem informelle Gespräche.

Was die Gruppe auszeichnete war eine große Heterogenität bezüglich Bildungsabschlüssen und Berufsverläufen. Einige hatte die Hauptschule abgebrochen und waren ohne Abschluß, arbeitslos oder auf der Suche nach Ausbildungsplätzen. Andere hatten Realschule, Fachhochschulreife, Studienkolleg und Abitur in deutschen Schulen gemacht. Wiederum andere hatten in türkischen Gymnasien einen Abschluß gemacht und hier studiert. Von der angelernten Aushilfe, Friseuse, Ärztin bis hin zu Flughafenarbeitern, Studenten und Schülern war eine große Bandbreite von Bildungskarrieren und Berufen in der Gruppe vorhanden. Vereint waren sie als Kinder türkischer Arbeitsmigranten. Kurioserweise stellte sich heraus, daß die Mädchen alle in Deutschland geboren waren, die Jungen aber mit wenigen Ausnahmen in der Türkei und später von den Eltern oder einem Elternteil nachgeholt wurden.

Der Rahmen der Gespräche

Die Gruppengespräche mit der Folkloregruppe und daran anschließend die Einzelgespräche mit einzelnen aus der Gruppe fanden im Zeitrahmen von März 1994 bis März 1996 statt. Eine empirische Forschung mit einer Adoleszentengruppe ist immer ein riskantes Unterfangen: Eine Kontinuität herzustellen und ein Arbeitsbündnis aufrechtzuerhalten, damit es zu mehreren Gesprächen kommen kann, erscheint als große Kunst. Eine weitere spezifische Schwierigkeit war, daß sich die Gruppe beständig wandelte. Von der Gruppenzusammensetzung, die noch im März 1994 bestand, war nur noch ein kleiner Teil ein Jahr später erhalten.

Nach dem zweiten oder dritten Gespräch kam es zu einer internen Auseinandersetzung in der Gruppe: Es war ein heißer Tag im Mai, die Sonne brannte vom Himmel, und die Jugendlichen wollten lieber ins Schwimmbad, zum Fußball oder sich ausruhen, weil einige von ihnen am Abend ein Konzert besuchen wollten. Aber es stand ein Auftritt bevor und der Leiter der Folkloregruppe, Cahit Tufan, verlangte äußerste Konzentration und Disziplin. Verärgert über die Unkonzentriertheit der Gruppe wies der Leiter sie mehrmals etwas barsch zurecht. Es kam zum Krach: Wütend packte Cahit seine Sachen und verließ den Raum. Verärgert über die Launen ihres Leiters beratschlagten die Jugendlichen, was jetzt zu tun sei. Nach und nach erzählten einige über ihren Frust immer Samstags proben zu müssen, nach einer anstrengenden Woche voller Arbeit. Murat hatte, als er kam, noch Farbe an Kleidung und Haaren. Er kam gerade von der Arbeit, hatte nicht einmal Zeit gehabt sich umzuziehen. Es sei Cahit so wichtig die Folklorewettbewerbe zu gewinnen, sagen einige. *Er* wolle die Anerkennung. Für die Jugendlichen war es nicht so wichtig erster zu sein.

Nach einiger Zeit machte jemand den kleinen Gettoblaster wieder an, und einige tanzten mit viel Spaß und (in den Augen des Lehrers sicherlich mit vielen Fehlern) weiter. Es war allen klar, daß Cahit das nicht gut finden würde. Einige verschwanden in das Nebenzimmer, in das sich Cahit wütend zurückgezogen hatte und wollten mit ihm reden. Nach einiger Zeit erschien er wieder, und alle versammelten sich im Pausenraum. Ich habe heute Knatsch mit den Jugendlichen wegen des Folklorewettbewerbs, sagte Cahit. Er warf mich höflich aber bestimmt hinaus. Ohnehin hatte ich schon genug von der Auseinandersetzung mitbekommen. Komme doch nächste Woche wieder zur Probe und vor allem zum Wettbewerb, sagt Cahit, als ich gehe. Nach diesem Vorfall hatte sich die Gruppe zum Teil aufgelöst und wieder neu konstituiert.

Was zunächst als Problem erscheint, war aber bei näherer Betrachtung eine Chance: Die Gruppe hatte – so meine Vermutung – eine bestimmte Aufgabe für die Jugendlichen zu erfüllen. Diese Aufgabe besteht nicht nur in der Bereitstellung von Räumen für ihre Treffen und die Schaffung einer eigenen Lebenswelt, vor allem in Hinblick auf die adoleszente Trennung vom Elternhaus und die Freilegung der eigene Autonomie erfüllt sie einen wichtigen Zweck.

Nachdem sich einige der Jugendlichen gegen den Ehrgeiz ihres Lehrers durchgesetzt hatten, war es ihnen ein Stück leichter gefallen, einen eigenen erwachsenen Lebensentwurf zu erarbeiten. Sie verließen die Gruppe, und neue kamen hinzu. Andere blieben. So konnte ich immer wieder neu diese wichtige Phase des Kommens und Gehens beobachten, war mitten im Geschehen adoleszenter Ablösung.

Vor allem auf drei Kräfte habe ich gebaut, um diese Kontinuität herzustellen: Respekt, Neugier und Beharrungsvermögen. Respekt vor der Gruppe, vor den einzelnen Mitgliedern und ihren Lebensrealitäten und Lebensgeschichten, glaube ich, hat der Gruppe gezeigt, daß es mir nicht darum ging, sie nach irgendwelchen Maßstäben zu beurteilen. Sie anzunehmen, wie sie sind, war dafür Voraussetzung. Neugier ist der eigentliche Motor der Forschung. Dazu gehört auch Offenheit für noch ungeklärte Fragen, für das Aushandeln der Forschungssituation, Neugier auf die Geschichten der einzelnen Subjekte, die Geschichte jedes einzelnen, die Geschichte der Gruppe, Neugier auf eigene Reaktionen und Veränderungsprozesse. Beharrungsvermögen schließlich ist gebunden an Selbstreflexivität und meint das beständige Wiederkommen und Dabeibleiben.

Mehr als einmal hatte ich die Erfahrung gemacht, eigentlich nicht dazuzugehören, von der Gruppe in die Position des Randseiters gedrängt zu werden. Das war dann wie ein Spiegel ihrer gesellschaftlichen Realität, in den ich dann sehen konnte. Aber nach und nach wurde mir klar, daß ich eine Grenze überschritten hatte, nicht mehr nur Forscher war und eigentlich gerne mehr sein wollte, Freund der Gruppe, Fan oder einfach nur Ratgeber und Ansprechpartner der Jugendlichen.

Eine Gefühl der Gruppe etwas schuldig zu sein, stellte sich bei mir ein. Sie gaben mir ihre Geschichten, sehr offenen Gruppengespräche, etwas mußte doch nun auch von mir zurückgegeben werden. Ich werde diesen Punkt gleich weiter ausführen. Es war etwas wie ein Spiel mit Nähe und Distanz: Bei einem Treffen mit der Gruppe erzählte mit Serkan, daß ich einem türkischen Schauspieler sehr ähnlich sähe. Wenn die Gruppe nicht wüßte, wer ich sei, hätte sie mich vielleicht mit ihm verwechselt. Er macht eine Geste, so als ob das in Ordnung sei.

Dann überwog wieder die Konfrontation mit der Ablehnung, wenn es trotz Verabredung zu keinem Gespräch kam, wenn ich nur dabei saß, während die Gruppe tanzte, und wenn die Jugendlichen danach, weil sie erschöpft waren oder keine Lust mehr hatten zu reden, nach Hause eilten.

Nach einer solchen Sitzung meinte Ece zu mir: „Wenn alles vorbei ist, wirst du keine Doktorarbeit geschrieben haben, aber Du hast Türkisch gelernt". Bei allen Schwierigkeiten ging es doch immer darum, einen Raum zu finden und zu bewahren, in dem über das Thema Jugendliche in zwei Kulturen, über Familie, Freunde und den eigene Lebensweg nachgedacht und reflektiert werden konnte. Daß sich dieser innere Raum oft an den Bedingungen des äußeren

Raums störte, war das größte Problem bei den kontinuierlichen Gesprächen. Angewiesen war ich dabei auf die zeitlichen Ressourcen der einzelnen Gruppenmitglieder, die Räumlichkeiten und den Zusammenhang der Gruppe. An der Art, wie das erste Gespräch begann, wie die Türe, die den Pausen- von dem Übungsraum trennte, vom Folklorelehrer eingehängt wurde und damit die Trennung von zwei verschiedenen Welten symbolisierte, so war der Rahmen der Gespräche markiert: Hier ist die Grenze. Aber es gab einen Durchgang.

Die Kraft der Verführung, das Überleben im Feld und hartnäckige Abwehrstrategien. Über ein schwieriges Setting

Die Folkloregruppe Tufan, die ich am Anfang des Jahres 1994 zum ersten Mal kontaktierte, um Gruppengespräche mit Jugendlichen, die in zwei Kulturen leben, vorzubereiten, wurde mir von Cuma Yagmur empfohlen, der den Migrantenverein leitet. Dort hatte ich schon einige Gespräche – informeller Art – über Jugendliche aus Immigrantenfamilien geführt. Nachdem ich Cuma zur Situation von Migrantenjugendlichen in Frankfurt befragt hatte, sagte er mir, daß die Folkloregruppe bestimmt sehr interessant wäre, um die Thematik, Leben in zwei Kulturen – Leben ohne/mit Ambivalenz – mit den Jugendlichen zu diskutieren. Ich bereitete einen ersten Kontakt vor.

Zu dem verabredeten Treffen am darauffolgenden Sonntag kam ich wieder gegen 14 Uhr ins Hinterhaus. Die Musik dröhnte laut aus dem kleinen Gettoblaster. Ich begrüßte alle, setzte mich dazu und schaute mir die Probe an. Es war schon nach 18 Uhr, als plötzlich, die Probe war gerade zu Ende, eine merkwürdige Unruhe entstand. Einer nach dem anderen verschwand, Taschen wurden gepackt und auf einmal waren fast alle verschwunden. Ich fragte, was denn der Grund für ihre hektische Verabschiedung sei. Es sei gerade Ramadan, und da gingen die Jugendlichen gleich nach der Probe nach Hause, weil sie hungrig und vor allem durstig seien und das Fastengebot für den Tag gleich zu Ende sei, so sagte Cahit. Also ein Zeichen unprofessionellen Vorgehens, hatte ich gedacht, warum mache ich mich nicht vorher kundig. Aber die Gruppe hätte mir ja auch etwas sagen können, wir waren ja eigentlich für heute verabredet. War das ein Hinweis auf unterschiedliche Vorstellungen von Verbindlichkeit?

Es kam dann noch Cuma kurz zu Besuch vorbei, mit dem ich dann noch *über* die Gruppe redete. Aber lieber hätte ich *mit* der Gruppe geredet. Komm doch das nächste Mal wieder, sagte Cahit. Dann machen wir das mit den Gesprächen. Was auffällig war, daß Cahit und ich uns mit „Du" anreden. In der ersten Vorstellung hatte er mich gleich geduzt, was ich in Ordnung fand, also hatte ich ihn auch mit Du angeredet. Die Jugendlichen hatte ich ebenfalls mit „Du" angeredet. Diese allerdings sagten strikt „Sie" zu mir. Das kam mir zuerst wie eine unangemessene Distanzierung vor, dachte ich doch, ich könnte noch einigermaßen als „Jugendlicher" auftreten. Aber für die Jugendlichen war ich schon einer der „Alten". Ich hatte beim ersten Treffen auch extra Turnschuhe angezogen, damit ich ein Zeichen setze: ich bin auch noch jung in Kleidung und Habitus. Aber mein Wunsch ging nicht auf. Für sie war ich eindeutig auf der Erwachsenenseite angesiedelt.

Nach dem ersten Mißverständnis klappte dann ein Gruppengespräch am 6.3.94. Cahit hatte die Türe zwischen dem Probenraum und dem Nebenzimmer eingehängt und so einen abgegrenzten Raum geschaffen, verließen wir das Gespräch durchführen konnten. Es blieben nur die Mädchen, die Jungen verließen bald das Gespräch. Das Gruppengespräch verlief ganz gut, trotzdem hatte ich kein gutes Gefühl und war unzufrieden. Ich hatte mich in eine undurchsichtige Rolle begeben und wollte eigentlich ganz vorsichtig Fragen formulieren (als ob die Gruppe ganz klein und verletzlich wäre), statt dessen zeigte ich eine offensive und eindringende Gesprächsführung. Irgendwie störte mich die Präsenz von Cahit, der mich vereinnahmte und die Fäden in der Hand behielt. Er wollte mir – so mein Eindruck – die Gruppe nicht abgeben. Überhaupt schien unsere Beziehung eine besondere Dynamik zu haben, so als ob wir als Leiter um die Gruppe konkurrierten.

Wir verabredeten, gemeinsam zum Folklorewettbewerb nach Dreieich zu fahren. Davor hatte ich mir die Gruppe bei einer öffentlichen Veranstaltung in Nieder-Eschbach angesehen, wo sie im Rahmen einer kleinen Feier der Volkshochschule tanzte.

In Dreieich schließlich hatte es die Gruppe von Cahit nach einem spannenden Wettbewerb doch geschafft, den begehrten Pokal zu gewinnen. Am Abend nach dem Wettbewerb wurde in den Übungsräumen gefeiert. Ich weiß nicht mehr genau, wer mich noch fragte mitzukommen. Ich sagte zu und kam noch mit in die *Casa di Cultura*, hatte aber eigentlich das Gefühl, daß es das Fest der Jugendlichen sei. Auf den Tischen waren Coladosen und Knabberzeug angehäuft. Die Stimmung war ausgelassen, und immer wieder wurde der Pokal herumgereicht. Ich kam mir dann ziemlich verloren vor, alle redeten türkisch, es wurde gesungen, und ich verstand von allem kein Wort. Hier war *ich* nun ein Fremder. Kurz hatte ich mich mit Cuma und Hüseyin unterhalten. Ich wurde aber das Gefühl, ein ungebetener Gast zu sein, nicht los und verabschiedete mich – verärgert – von der Gruppe.

Nach dem Wettbewerb und dem Fest war dann kurze Pause, es wurde nicht mehr geprobt, die Gruppe kam also nicht mehr zusammen. In dieser Zeit fiel die Gruppe nach und nach auseinander, der Streit hatte doch seine Nachwirkungen. Insgesamt war es im ersten Teil der Forschung schwierig, mit der Gruppe ein Gruppengespräch durchzuführen, immer hatte ich das Gefühl, keinen geschützten Raum bieten zu können. Das hing zusammen mit der Rolle von Cahit und die als Konkurrenz erlebte Beziehung, die sich zwischen uns aufbaute. Er sah mich – so meine erste Vermutung – als potentiellen Konkurrent um die Gruppe und schirmte mich ab. Es war es kaum möglich, einen zusätzlichen Gesprächstermin zu finden, so daß wir während der Proben sprachen. Das war dann nur möglich, wenn nicht getanzt wurde oder wenn einige nicht tanzen mußten/wollten. Diese Struktur änderte sich auch nicht wesentlich, als ich wieder im Spätherbst 1995 mit der neu gebildeten Gruppe Kontakt aufnahm, um die Gespräche fortzuführen. Von der alten Besetzung waren nur noch wenige dabei, viele neue dazugekommen.

Ich besuchte die Gruppe an einem Sonntag mittag bei der Probe im Nachbarschaftsheim in Bockenheim, stellte mich wieder vor, erzählte, daß ich schon vor einem halben Jahr mit der Folkloregruppe geredet hatte und ich gern mit ihnen über ihr Leben reden wolle, wie es sei, als junger Türke oder junge Türkin in Deutschland zu leben, ob und wie sie in zwei Kulturen leben und sich zu Hause fühlen. Ich erzählte, daß ich an der Uni Frankfurt arbeitete und daß ich ein Buch schreiben wolle, das sich mit diesem Thema auseinandersetzte, meine Doktorarbeit.

Ich war gespannt darauf, wie sich nach der Pause die Arbeitsbeziehung wieder gestalten würde, und hatte Bedenken, daß die Gruppe kein Interesse mehr haben könne. In der Zwischenzeit hatte ich nur in der Bibliothek gearbeitet und die Literatur zum Thema Ausländerpädagogik und Minderheiten gelesen und durchgearbeitet. Nur ein oder zwei Mal hatte ich Saladin, Taner und Tülay aus der Gruppe gesehen und kurz mit ihnen geredet. Jetzt schien der Anfang wieder gemacht. Und ich hatte vieles gelernt und neue Sichtweisen auf das bereits vorliegende Textmaterial erschlossen. Mir schien nun klar zu sein, daß es bei den Gesprächen trotz „guter" Ergebnisse und den spannenden und ergiebigen Themen strukturelle Schwierigkeiten gab. Also wollte ich meine eigenen Positionen diesmal besser vertreten. Das Rahmenthema hatte ich klarer erklärt als beim ersten Mal, so hatte ich nichts im vagen und unklaren gelassen, ich hatte gegen Cahit Position bezogen, der mir anbot, mit den Neuen in der Gruppe kurz zu reden, während die anderen tanzen.

Ich lehnte ab, wollte meine Arbeitsbedingungen durchsetzen und die Gruppe bei den Gesprächen gerne ganz zusammenhaben, jedenfalls diejenigen die Interesse hatten. Vielleicht war dies ein Ergebnis der geglückten Aufarbeitung der bisherigen Konkurrenzsituation mit Cahit. Ich wollte ihm deutlich machen, daß ich nicht mit ihm die Gruppe aufteilen, sondern ich ganz allein mit ihnen reden wolle, während er ganz allein und ungestört mit ihnen tanzen könne. Nachträglich ist mir dazu eingefallen, daß es auch die „elterliche Sorgfaltspflicht" sein könne, die Cahit so vorsichtig machte: er mußte seine Schützlinge ja erstens in seinem Einflußbereich halten und hatte zweitens Verantwortung den Eltern gegenüber. Das hatte ich zuerst nicht in dieser Konsequenz bedacht.

Da ich nach den ersten Gesprächen das Gefühl hatte, der Gruppe und Cahit etwas „schuldig" zu sein, und mir Cuma von den Problemen mit den zu kleinen Übungsräumen erzählte, sagte ich der Gruppe, daß ich von einem großen Raum einer Kirche in Bockenheim wisse, den die Kirchengemeinde gerne einer Gruppe aus dem Stadtteil zur Verfügung stellen würde, weil die Kirche sich mehr dem Stadtteil öffnen wolle. Der Raum wäre doch bestimmt für die Gruppe interessant. Ich hatte mich darum bemüht, bei einem Mitlied im Kirchenvorstand nachgefragt und wollte auch damit zeigen, daß ich mich für die Gruppe über die Gespräche hinaus interessierte, und daß ich etwas zu bieten habe. Das Angebot wurde aber nicht angenommen, ich hatte Cahit die Telefonnummer der Kirche gegeben, einen Kontakt vermittelt, damit er direkt nachfragen könnte. Es war aber nichts geschehen. Aber in der Nachbetrachtung und Reflexion kam mir immer mehr die Falle in den Blick, die sich als unausweichlich dargestellt hätte, wäre ich auf die Helferrolle eingeschwenkt. Wollte ich „Sozialarbeiter" oder Helfer sein und nicht Forscher, hätte ich der Gruppe und den Jugendlichen etwas Konkretes zu bieten gehabt. Aber die Möglichkeit, mehr über die Gruppe zu erfahren, Lebensgeschichten und Lebensentwürfe zu rekonstruieren und zu verstehen, wäre dabei nicht aufrecht zu erhalten gewesen. Etwas anderes hatte ich als Forscher zu bieten: Ein offenes Ohr, die Möglichkeit einen Raum zu eröffnen, in dem Geschichten aus der Gruppe ihren Platz hatten und geteilt wurden. Der Forschungsraum war geprägt von einem selbstreflexiven Verhandeln adoleszenter Themen. Was ist jetzt wichtig? Über was soll geredet werden? Was ist unser Thema? Diese offenen Fragen beantworteten die Jugendlichen aus der Gruppe. Interesse und Anerkennung waren die Mittel, die ich bieten wollte und konnte.

Am Mittwoch nach meiner Kontaktaufnahme fuhr ich nach Bockenheim zum Migrantenverein und kam etwas zu früh, viertel vor sieben. Um sieben ging die Probe los. Es war aber noch keiner da, die Türe verschlossen. Hatte ich mich im Datum getäuscht? Kurz überlegte ich, ob ich zum Nachbarschaftsheim gehen sollte, wo sonntags geprobt wurde, vielleicht waren sie heute dort? Unentschlossen blieb ich vor dem Westbahnhof stehen und sah gerade Cahit um die Ecke kommen. Wir gingen gemeinsam in den Migrantenverein. Die Gelegenheit war gut und ich erklärte noch einmal ausführlich, daß es mir nicht darum ging, die Gruppe zu spalten oder eine Konkurrenzsituation entstehen zu lassen. Es sei eine Folkloregruppe und sollte es auch bleiben. Darum wollte ich unabhängig von Zeit und Ort der Probestunden mit der Gruppe Gespräche führen. Cahit sagte, daß es zur Zeit ganz ruhig wäre, keine Wettbewerbe anstünden. In der Zeit, in der geprobt würde, könnte ich also im Nebenraum des Migrantenverein Gespräche führen.
Ich war erst einmal offen für diesen Vorschlag, da es unendlich schwierig war, alle aus der Gruppe (zumindest die Interessierten) zu einem Termin zusammenzubringen. Überhaupt erschien immer noch Cahit als die zentrale Figur, ohne seine Zustimmung würde es keine Gespräche geben. Er bestimmte Rahmen und Zeit und ob überhaupt die Jugendlichen kamen. Die Phantasie entstand bei mir, daß er den Jugendlichen heimlich Anweisungen gäbe, ob und wann sie mit mir reden sollten. Das Beispiel von den Umständen, unter denen

das Gespräch mit Fatma/Gülüm zustande kam, schien dies zu bestätigen, zumindest die Phantasie zu nähren: Nach dem letzten Gruppengespräch hatte ich das Gefühl und den Eindruck, daß Gülüm noch voller Energie war und eine Menge mehr erzählen wollte als im Gruppengespräch möglich war. So fragte ich sie, ob wir uns nicht weiter unterhalten wollten. Ich hatte nach den Gruppengesprächen die Absicht, mit drei Jungen und drei Mädchen aus der Gruppe Einzelgespräche zu führen, die mehr biographisch orientiert sein sollten. Mit Taner, den ich zuerst fragte, kam nach einen Termin, den wir verschoben hatten, ein Gespräch zustande, danach mit Serkan. Nun wollte ich die Mädchen befragen.

Wir machten einen Termin aus. Zu dem verabredeten Termin erschien Gülüm aber nicht. Insgesamt hatte sie mich vier Mal versetzt. Nach dem letzten Termin, den ich verabredet hatte, gab ich ihr noch einmal meine Telefonnummer und, auf einem Zettel notiert, Uhrzeit, Datum und Ort unseres Gesprächstermins. Ich wartete im Migrantenverein. Wir wollten uns vor der Probe treffen und eine Stunde reden. Gülüm erschien wieder nicht. Als dann Cahit kam, erzählte ich ihm, daß ich schon vier Mal von Gülüm versetzt worden sei. Er erzählte, daß es ihm auch schon so ähnlich gegangen sei und daß er dann sehr sauer reagierte und sie (die Jugendlichen) ausschimpfte. Ich erwiderte, daß die Treffen ja freiwillig seien und ich sie nicht schimpfen könne und wolle. Eine Dreiviertelstunde später trafen Gülüm und Fatma ein. Sie taten so, als ob wir keinen Termin verabredet hätten. Cahit redete auf sie ein, ermahnte sie und schimpfte mit ihnen auf türkisch. Alles klar, sagte er, ihr könnt ins Büro gehen und jetzt euer Gespräch machen.

Wir zogen uns eine gute Stunde zurück ins Büro, und vor allem Gülüm erzählte über Mädchen in der schwierigen Lage, aus der traditionellen Erziehung und der „Gewalt der Ehre" einen Weg heraus zu finden. Wieder war es Cahit, der das Gespräch eigentlich erst ermöglichte. Vielleicht ging es nicht anders als über diese Schiene. Seine uneindeutige und unmißverständliche, paternalistisch-autoritäre Art ist es wohl, die die Jugendlichen erst als verbindlich ansehen. Meine Art zu fragen, ob wir uns treffen können, die Möglichkeitsform wurde vielleicht mißverstanden. Sollte ich auch Befehle erteilen? Stand eine Konkurrenz im Raum zwischen dem Bild des türkischen Vaters und dem des deutschen Vaters? Wenn ja, dann müßte ich konkrete Angebote dazu liefern.

Ein wichtiges Treffen, mit dem ich meinen Status in der Gruppe etablierte, war ein Mittwoch im Februar 1996, als alle aus der Gruppe versammelt waren und sehr ausgelassen das Ende des Ramadan feierten. Es wurde an diesem Abend nicht geprobt. Alle hatten etwas zu essen und zu trinken mitgebracht, und es war sichtbar, daß diejenigen, die gefastet hatten, eine Anspannung verloren, die sie während des Ramadan die ganze Zeit über gefangen hielt. Es wurde viel gelacht, erzählt und getrunken. Ich saß zuerst mit den Mädchen zusammen, dann mit einer Gruppe von Jungen. Serkan, Taner, Dünda und ich waren schon bei der zweiten Flasche Raki angelangt. Taner ging los und organisierte noch eine weitere Flasche. Wir hatten an diesem Treffen etwas Wichtiges miteinander geteilt, die Freude, die Zeit des Fastens überwunden zu haben und vor allem das Feiern der Gemeinschaften, die im Ramadan unter den gläubigen Moslems eine große Rolle spielt. An diesem Abend war ich nicht mehr nur Gast der Gruppe, es war so, als wäre ich durch eine *rite de passage* gegangen und nun mehr als bisher Teil der Gruppe geworden.

Mit Saladin hatte ich auch mehrere Male versucht, einen Gesprächstermin zu finden. Er war eine Art „Trickster" der Gruppe, von den Jungen der Jüngste, hatte aber eine wichtige Funktion in der Gruppe. Saladin wollte mir etwas von seinen Problemen in der Schule erzählen. Auf der Suche nach einem konkreten Termin sagte er aber, daß er *nie* Zeit habe, er arbeite immer, wenn er nicht in der Schule sei. Nach den Proben gehe er gleich nach Hause oder mit den anderen weg. Also fragte ich ihn, wann es denn gehe. Eigentlich nicht, antwortete Saladin. Mit meinen Terminvorschlägen lief ich ins Leere. Nun wartete ich, bis er vielleicht wieder Interesse signalisierte. Eines Mittwochabends kam er wieder mit Schulaufgaben zur Probe. Es ging um Zeitungsberichte, die für die Politik oder Gemeinschaftkunde Unterrichts-Stunde am nächsten Tag zusammengefaßt werden sollten. Irgend jemand meinte, daß ich das doch am besten könne, also wandte sich Saladin an mich. Ich stimmte zu und half ihm bei der Zusammenfassung. Saladin stellte sich so ungeschickt an (das war seine Methode), daß ich ihm schließlich die Berichte diktierte, er sie nur aufschreiben mußte. Nachdem er fertig war, sagte ich, daß er mir nun etwas schuldig sei. Also mindestens das Gespräch, um das ich ihn gebeten hatte, nun fällig sei. Saladin redete sich heraus, daß er ja keine Zeit habe und so weiter. Das Gespräch hat nie stattgefunden.

Genauso verhielt es sich mit dem Einzelgespräch, daß ich schon seit längerer Zeit mit Nesla führen wollte. Ich hatte das Gefühl, daß sie das Gespräch schon interessierte, aber den Zeitpunkt selbst bestimmen wollte. Zur dieser Zeit lag ihre Mutter schwer krank im Krankenhaus. Also objektive Gründe, die gegen ein Gesprächstermin sprachen. Immer wieder sprach ich sie auf das Gespräch an, sie habe es nicht vergessen, erwiderte Nesla dann, aber zur Zeit gehe es ihrer Mutter wieder sehr schlecht. Das Gespräch mit Nesla fand ich sehr wichtig, weil sie am längsten in der Gruppe war, ich sie schon seit gut zwei Jahren kannte, sie immer sehr reflektiert bei den Gruppengespräch dabei war und sie in einer Diskussion einmal mit Serkan schließlich in Streit über türkischen Nationalismus geriet. Ich sagte Nesla, daß ich sehr gerne mit ihr darüber reden wolle.

Das Gefühl, immer wieder ungebetener Gast in der Gruppe zu sein, war auf Dauer kränkend, und ich fragte mich dann, welche Rituale ich durchlaufen müsse, um mit Neugier, Interesse und Respekt aufgenommen zu werden, so wie ich den Jugendlichen gegenübertrat. Handelte es sich hier um ein ‚kulturelles Mißverständnis'? Schiffauer schrieb, daß in der traditionellen Türkei Fremde nach einem sehr ritualisierten Muster empfangen werden. Die asymetrische Beziehung, die der Fremde zum Gastgeber unterhält, wird in den Grußformeln unterstrichen (1983, 72). Wie wurde meine Fremdheit in der Gruppe neutralisiert? Welche Rolle spielte meine Forschungsfrage als Vorannahme? Und schließlich: Wie weit arbeiten die Jugendlichen ihre Vaterkonflikte und die defizitäre Elternbeziehung an mir und durch mich ab? Mußte ich dazu ein klares Bild von meiner Arbeit bieten? Wie konnte ich ihnen einen Raum geben, in dem offen und vertraulich diskutiert werden konnte, ohne Tabus zu brechen?

In der begleitenden Forschungssupervision kam ich diesen Fragen näher. Es wurde immer klarer, daß ich ein konkretes Bild meiner Arbeit liefern mußte. Was machte ich mit den Jugendlichen – mit den Interviews? Was war mein Interesse? Diese Fragen mußten transparent werden. Sie blieben lange Zeit zu implizit und versteckt hinter meinem allgemeinen Interesse am Leben und Großwerden türkischer Jugendlicher in Deutschland.

Am besten ist es, so dachte ich, die kompletten Transkripte mitzunehmen und als gemeinsames Stück Arbeit vorzustellen und dazu noch einmal meine Absicht erneuern, mit ihnen über ihre Situation und ihr Leben zu reden. Mit Cahit wollte ich reden und Absichten und Arbeitsbedingungen meinerseits noch einmal ansprechen. Ihn mit einbeziehen, seine Strukturierung als gegeben annehmen, war nun meine Vorgehensweise. So entwickelte sich mein Vorgehen für die weiteren Gespräche.

Insgesamt hatte sich aber im Zeitverlauf der Feldforschung eine bedeutsame Veränderung ergeben. Es war zu einer Phasenverschiebung gekommen, in der die Jugendlichen nun in eine neue Position kamen, die eindeutig gekennzeichnet war von einer Loslösung in Richtung Adoleszenz und eine Bewegung weg von den Eltern signalisierte. Daß ich nun das Arrangement der Gespräche verändert hatte, daß ich nun mit der Gruppe alleine und ohne „Kontrolle" durch Cahit reden konnte, war ein Zeichen einer gewachsenen Autonomie bei den Jugendlichen, die sich in ihren Lebensskripten sicherer geworden waren. Diese neu gewonnene Sicherheit spiegelte sich denn auch im Setting wider. Die Kraft der Verführung, die von den Gesprächen, dem Angebot zum Dialog überhaupt ausgeht, hatte mich in die Position des Übersetzers gebracht. Übersetzen meint hier nicht, daß ich die fremde Sprache der Jugendlichen in eine bekannte übertrage, vielmehr geht es in den Gesprächen vor allem darum, daß die Lebensskripte, Vorstellungen und Wünsche der Jugendlichen einen Raum bekommen.
Dieser Raum verlängert sich aus der Sphäre der Träume in die Ebenen der Realität. Es wird geprüft, wie sich diese Skripte bewähren können, wie sie Bestand haben und wie sie gegen die harten Kanten der Realität, die immer noch von den Vorstellungen der Eltern repräsentiert werden, verteidigt werden können. Insofern waren und sind die Gespräche die Übersetzung der Skripte in das reale Leben, in den selbstverantwortlichen, machbaren Gestaltungsraum der Jugendlichen.

Wir alle an der Forschung Beteiligten hatten uns verändert, und das ist als ein gutes Zeichen einer gelungenen Forschung zu deuten. Aus der Phase der Abhängigkeit traten wir in eine Phase der Loslösung: die Jugendlichen, die nun ihre Lebensentwürfe gegen Angriffe verteidigten, Cahit, der nicht mehr eine Konkurrenz von mir fürchten mußte und seine Autorität in der Gruppe nicht gemindert sah. Und schließlich hatte ich gelernt, die Rahmenbedingungen leichter zu akzeptieren, die hießen, daß die Gruppe eine Repräsentanz hatte, die vom Folklorelehrer abgebildet wurde. Er arrangierte und stabilisierte die Gruppe. Ich konnte mich nun mit ihm über die Gruppe verständigen, aber auch – und das ist das wichtigste – mit der Gruppe alleine in Beziehung treten.

Dies war erst möglich, als ich akzeptierte, daß die Gruppe und ihr Repräsentant unteilbar waren. Diese Einheit machte schließlich die Geschlossenheit der Gruppe aus und bildete den für die einzelnen Mitglieder so wichtigen Schutzraum, in dem Freundschaften und Affekte gepflegt werden konnten, die sonst nur ungenügend befriedigt wurden.

So bestand die Gruppe als Familie und als Schutz- und Versorgungsgemeinschaft (als „Gegenwelt" beschreibt Tertilt 1996, 189 die Funktion von peer-groups für Jugendliche aus Immigrantenfamilien). Für Cahit – soviel greife ich hier schon einmal voraus – schien ich eine personifizierte Verführung zu sein, sich auf eine Seite zu schlagen, sich als *Deutscher* zu identifizieren. Der Identitätsarbeit, die er anbot, stand diese Identifizierung gegenüber. Er wollte die Jugendlichen auf seiner Seite sehen. Die Jugendlichen nahmen das aber nicht als Verführung wahr, sie sahen eher, daß die Gesellschaft uneindeutig ist, ihre Situation erst produziert. Viel von diesen Problemaufrissen und Reflexionen wird deutlich werden vor dem Hintergrund der Gespräche. Die Gespräche zeigen vor allem eine bestimmte kulturelle Praxis und, gebunden an die Herkunftsmatrix der Gruppe, eine spezifische Thematik: die der Auseinandersetzung mit der Migrationsgeschichte der Eltern, die die Ablöseprozesse der Adoleszenten unmittelbar beeinflußt.

Eine These, die sich immer stärker konturierte, ist die des *unbewußten Auftrages*, den die Eltern aus den Immigrantenfamilien ihren Kindern erteilten. Dieser Auftrag lautet: Klärt ihr, die ihr in dieser Gesellschaft besser als wir zurechtkommt, unseren Status, unsere Gegenwart und Zukunft in dieser für uns ungastlichen Gesellschaft. Insofern könnte man den Satz „Jede Migrationsgeschichte ist eine Auseinandersetzung von Individuen mit Modernisierungsprozessen, die sie bereits in ihrer Herkunftsgesellschaft erlebten" (Apitzsch 1993, 12), erweitern und präzisieren: Die Auseinandersetzung setzt sich fort von der einen Generation zu der nächsten und wird erst enden, wenn die Brüche und Zäsuren innerhalb der Familie die durch das Projekt Migration entstanden, zu Sprache gebracht werden können, einen Raum erhalten und gemeinsam bearbeitet werden.

In der ersten Fallstudie, die sich nun anschließt, kann diese These nachgezeichnet werden.

Teil II

Die Gespräche

Zu Hause in der Fremde

Mitten in der Fremde: Frankfurt Bockenheim, ehemals ein selbständiges Dorf vor den Toren Frankfurts, dann eingemeindet und Handwerker- und Arbeitervorort, der sich heute durch seine Vielfalt an Lebensstilen und Kulturen hervortut. Es ist Sonntag – kurz vor 14 Uhr. In einem Hinterhof liegt das *Casa di Cultura*, eine Szenekneipe, darüber die dazugehörige italienische Sprachschule und mittlerweile auch ein Repetitorium für BWL-Studierende. In den Räumen der Casa Sprachschule probte zwei Mal in der Woche die aserbaidschanische Folkloregruppe des Migrantenvereins, mit der ich mich für heute zu einem Gesprächstermin verabredet hatte. Als ich in der zweiten Etage ankam, war nur ein Mädchen, Tülay, anzutreffen, Musik lief. Tülay tanzte schon alleine, bevor die anderen kamen. Ich stellte mich vor und erklärte, daß ich gerne mehr über Jugendliche erfahren wollte, die in zwei Kulturen leben, in der deutschen und der türkischen. Darüber wollte ich gerne mit ihnen, den Jugendlichen aus der Tanzgruppe reden. Tülay sagte spontan zu.

Nach und nach trafen weitere Leute der Gruppe ein, alle waren sehr müde und die Nachwirkungen der Geburtstagsfeier von der Nacht davor noch deutlich sichtbar. Die ausgelassene Stimmung von der Party setzte sich fort, es wurde gescherzt und viel gelacht. Francesca, eine Italienerin, tanzte auch gerne mit der Folkloregruppe, weil ihr die aserbaidschanische Musik und Folklore so gut gefiel, und sagte zu mir: „Ich bin die einzige Ausländerin hier, sonst sind alle Türken." Das stimmte nicht ganz, denn der einzige „Ausländer" hier im Raum war ich – inmitten einer türkisch-italienischen Insel, einer Art exterritorialem Raum, in einer sonst als ethnisch homogen angesehenen Gesellschaft. Mittlerweile traf auch der Folklorelehrer, Cahit Tufan, ein. Ich stellte mich ihm ebenfalls vor, sagte, daß mir der Leiter des Migrantenvereins die Gruppe empfohlen habe, und erzählte über mein Vorhaben, mit den Jugendlichen über das Thema ‚Leben in zwei Kulturen' zu reden. Cahit Tufan sagte, ohne lange zu überlegen, zu. Nach der Probe könnten wir 20 Minuten zur Verfügung stellen, sagte er. Ich meinte, daß ich lieber die Gespräche vorbereiten wolle und dafür einen extra Termin vereinbare. „In Ordnung", sagte Cahit.

Nachdem alle Jugendlichen eingetroffen waren, stellte ich mich der Gruppe vor und erzählte von meinem Vorhaben. Murat sagte, als ich ihn ansprach und zur Teilnahme an den Gruppengesprächen einlud: „Über was reden?" Ich sagte: „Über das in zwei Kulturen leben." „Über Ausländer?" fragt er. „Bist du ein Ausländer?" fragte ich zurück. „Nein, die anderen sagen das. Die Ausländer werden gemacht. Ich bin kein Ausländer." Die Gruppe war interessiert an den Gesprächen, wir vereinbarten, daß ich nächste Woche wiederkomme und wir nach der Probe eine Stunde zusammensitzen und ein Gruppengespräch durchführen wollten. Das Arbeitsbündnis schien geschlossen zu sein. Mit dem Abschluß des Arbeitsbündnisses ging ich aber – noch ohne es zu ahnen – eine Auseinandersetzung ein: Eine Auseinandersetzung zwischen dem Folklorelehrer und mir um so etwas wie die Mentorfunktion in der Gruppe. Daß mir auch eine Mentorfigur zufiel, wurde mir erst im Verlauf der Gespräche immer klarer. Dieses Thema werde ich gesondert aufgreifen, da mein Verständnis der Aussagen in der Gruppe und der besonderen Lebenssituation der Jugendlichen erst umfassender wurde, als ich diese Spiegelfunktion und ihre Bedeutung erkannte. In fast allen folgenden Gruppengesprächen wird sich diese Dynamik entfalten. Eine Folkloregruppe, die türkische Folklore in Deutschland zum großen Teil hier geborenen türkischen Jugendlichen anbietet, schien mir ein interessantes und wichtiges Feld zu sein, da es in der Literatur bislang kaum beachtet wurde – gleichzeitig störte mich der enge Rahmen der Folklore etwas. Bei Folklore mußte ich unweigerlich an Exotik denken.

Der erste Eindruck, den ich von der Gruppe hatte, war, daß es eigentlich ganz „normale" Jugendliche waren, sie trugen Turnschuhe, wie viele andere Jugendliche auch, sprachen unverkennbar einen frankfurterischen Akzent. Aber es war auch der Eindruck vorhanden, daß es ungeheuer starke Jugendliche waren, ihre Energie, vermittelt vor allem durch den Tanz, war förmlich zu spüren. Der Folklorelehrer schien mir anfangs etwas mißtrauisch, zwar hatte ich durch die Vermittlung von Cuma eine Art Vorschußvertrauen, aber er war freundlich distanziert. Nach ungefähr einer Stunde, ich hatte die Probe bisher mitangesehen, machte der Tanzlehrer eine Pause und übte danach mit den Jungen alleine weiter. Er sagte den Mädchen, daß sie jetzt mit mir in den Pausenraum gehen sollten und wir mit dem Gespräch beginnen könnten. Die Türe, die beide Räume trennte, war ausgehängt und wurde nun wieder befestigt. Die Musik, die draußen sehr laut aus dem kleinen Gettoblaster dröhnte, drang jetzt gedämpft in den kleinen Raum.

Das Gespräch

Sven: Was ich wissen wollte von euch, was mich interessiert, ist, wie ihr das Tanzen erlebt, was bedeutet das Tanzen für euch?
(Lachen)
Sven: Ist es etwas besonderes für euch? Ist es eine Verbindung zur Heimat,

	würdet ihr das so sehen – eine Tradition, die ihr fortführt? Schwierige Fragen?
	(Mehrere gleichzeitig)
Tülay:	Ja, kann man so sehen, kann man auch sagen Heimat.
Tülay:	Aber ich würde sagen mehr – es macht mir sehr viel Spaß hierher zu kommen, und naja so – das hat auch mit Heimat zu tun...
Sven:	Mhm.
Tülay:	... mit unserer Kultur halt und mit den Freunden so zusammen sein immer, und naja, Spaß – es ist ein Hobby für mich.
Sven:	Ja.
Tülay:	Da weiß man, daß man einmal in der Woche immer hierher gehen kann und mit den Freunden, wenn man Probleme hat, das zu erzählen, daß ist nicht nur das Tanzen. Also ich komme nicht nur wegen des Tanzen her, sondern auch wegen meiner Freunde. Das was ich manchmal draußen nicht finden kann, finde ich hier drinnen.
Sven:	Ja.
Tülay:	Deswegen bin ich meistens auch hier. Das macht mir halt Spaß.

Die Folkloregruppe war für die Jugendlichen mehr als nur der Raum, das Einüben und Proben der Tänze. Es war auch und vor allem *ihr* Raum: „Das was ich manchmal draußen nicht finden kann, finde ich hier drinnen", sagte Tülay. Er schafft Nähe und befriedigt Gefühle nach Schutz und Geborgenheit. So fragte ich nach dem Ort, der ihnen wichtig erscheint, ihre Heimat symbolisiert.

Sven:	Würdet ihr dann sagen, eure Heimat ist hier oder wo ist Heimat für euch?
Sevgi:	Wir sind nirgends mehr zu Hause.
Sven:	Ihr seid nirgends zu Hause?
Gönül:	Also, das ist 'ne schwierige Frage – wo ist deine Heimat?
Tülay:	Also, viele sind hier geboren und leben da drüben – also die haben da gelebt und als sie noch klein waren, schon lange her. Jetzt sprechen die gemischt. Heimat ist da, wo ich mich am wohlsten fühle. Ich mein, ich bin jetzt vielleicht hier. Ich kann die Gruppe als meine Heimat bezeichnen, weil ich mich halt hier wohl fühle und wenn ich im Urlaub in der Türkei bin, ähm, da wohl fühle, natürlich. Das ist für mich Heimat. Aber manchmal ist es ja ganz anders, manchmal frage ich mich, wohin ich eigentlich gehöre?
Sven:	Ja.
Tülay:	Manchmal kommt es mir vor, das ist schwer zu entscheiden. Ich bin hier, ich fühle mich hier mit meinen Freunden sehr wohl und ich fühle, daß ich hierher gehöre...
Sven:	...ja...
Tülay:	...aber, wenn ich auch in meiner Heimat bin, bin ich einesteils auch fremd, ja? Ich fühle mich zwar sehr wohl da, aber ich fühle mich auch sehr fremd da.

Sven: Ja.
Tülay: Es kommt wahrscheinlich daher, weil ich hier aufgewachsen bin und hier geboren bin; ich fühle mich mehr hier.
Sven: Ja.
Tülay: Ich habe auch mehr Freunde und mehr, also, Verbindungen hier als wie da drüben. Deswegen meine ich mehr, daß ich mich hier fühle.
Sven: Und der Tanz ist dann die Erinnerung an die Türkei?
Tülay: Nein, nicht, das ist geteilt. Das eine Teil erinnert mich an meine Heimat und das andere Teil erinnert mich an, wie ich gesagt hab, an meine Freunde und daß ich hier Zeit verbringen kann; und das ist ein Platz, wo ich meine Probleme und ... da halt mit meinen Freunden... [besprechen kann].

Die Folkloregruppe als Treffpunkt, als sozialer Raum für die Jugendlichen erfährt eine wichtige Bedeutung. Hier ist vor allem ein Ort der Kommunikation. Vor dem Hintergrund dessen, was Akpinar et al. in der Frühphase der Ausländerforschung einmal als „strukturellen Sozialisationskonflikt" beschrieben haben, der die Familiensituation in Immigrantenfamilien präge (Akpinar/López-Blasco/Vink 1977, 66), ist zu fragen, ob nicht viel eher die Kompetenz, Konflikte in der Binnenfamilie zu thematisieren und kommunikativ zu bearbeiten, eine vielleicht migrantentypische Problematik widerspiegelt. Diese Problematik spiegelte sich auch in der Folkloregruppe als Gegenwelt zur Familiensituation. Die Sozialisationserfahrung ausländischer Familien – so schreiben die Autoren – ist widersprüchlich und keineswegs einheitlich, Familie wird als „gebrochenes Sozialisationsfeld" (ebd. 67) bezeichnet.

Die „Gastarbeiterfamilie" als neuer Typus, die weder mit der im Heimatland noch mit der einheimischen Familie im Aufnahmeland vergleichbar ist, zeichnet sich dadurch aus, daß sie von Erinnerungen und Traditionen des Heimatlandes lebt, an dem Wandel, der in den Heimatländern stattfindet, aber nicht teilnimmt. Einst erlernte und an die Kinder vermittelte Verhaltensstrategien haben bei einer eventuellen Rückkehr keine Gültigkeit mehr. „Das was man draußen nicht finden kann, finde ich hier drinnen", sagte Tülay und meinte damit auch ihre Familie. Hier in der Folkloregruppe fühlte sich Tülay am wohlsten, hier war ihre Heimat. Tülay sprach viel von Gefühlen: Sie fühlte sich am wohlsten in der Gruppe, sie fühlte sich hier in ihrer Heimat wohl, fremd und zugleich vertraut in der Türkei. „Wenn ich auch in meiner Heimat bin, bin ich auch einesteils fremd." Heimat? Sagte Tülay nicht gerade, daß sie sich *mehr hier fühlt*, also hier in Frankfurt Bockenheim, in Deutschland? Heimat ist *auch* die Türkei. Aber auch ‚hier' (und ‚hier' meint die Gruppe, Frankfurt-Bockenheim).

Zwei Bezugspunkte machen den Begriff uneindeutig. Sevgi brachte dieses Gefühl auf den Punkt: „*Wir sind nirgends mehr zu Hause.*" Der Ortlosigkeit der Innenwelt steht aber diametral die Verortung der Außenwelt gegenüber. Es wird sich im weiteren zeigen, daß alle Versuche, sich als Grenzgänger zwischen den Welten, als uneindeutig ethnisch definierbar zu positionieren, erschwert werden durch einen starken Druck zur einer einheitlichen und klar definierbaren ethnischen Kategorie. Seitens der Gesellschaft besteht kein Spielraum für Uneindeutigkeiten.

In der Familie: sprachlos sein

Die defizitorientierte und nach Wertorientierungen operierende Sichtweise aus der Frühphase der Ausländerforschung schafft einen einheitlichen Migrantentypus und homogenisiert die Vielzahl der Möglichkeiten der Sozialisation in Immigrantenfamilien. Es wäre zu fragen, ob nicht Familie *an sich* als gebrochenes Sozialisationsfeld beschrieben werden kann und muß, da die Richtung der Sozialisation immer eindeutige Ordnungsgedanken verfolgt, von oben nach unten, d.h. von den Erwachsenen auf die Kinder linear ausgerichtet ist. Die Erziehungspraktiken müssen aber nicht unbedingt immer mit Wertorientierungen korrespondieren. Wichtig ist, um aus der defizitorientierten Sichtweise zu gelangen, damit nicht aus Vereinfachungen und Stereotypen weiter kompensatorische Maßnahmen für angeblich defizitäre Sozialisation abgeleitet werden können, eine Erweiterung der Perspektive. Trotzdem ist es nicht unbedingt falsch, von einem neuen Typus Familie zu sprechen. Wie sich dieser Typus darstellt, wird im folgenden noch zu klären sein.

In Immigrantenfamilien ist zu beobachten, daß sich die Kinder durch eigene und neugeschaffene Kompetenzen auszeichnen – das reicht von der Übersetzungsarbeit der Kinder bis zu deren zum Teil reflexiven Auseinandersetzung mit der Einwanderungs- und aktuellen Lebenssituation der Eltern. Die mangelnde Gesprächsbereitschaft der Familienmitglieder, ihre unterschiedlichen Erfahrungen und Erwartungen in der Migration gemeinsam in der Familie zu bearbeiten, ist ein Phänomen, das durchaus häufig anzutreffen ist (vgl. Güc 1990).

Das, was Aktas (1990) als Kommunikationsstörung für Immigrantenfamilien beschrieben hat, zog sich als Thema wie ein roter Faden durch alle Gruppengespräche mit der Folkloregruppe. Diese „Kommunikationsstörung" ist de facto eine Sprachlosigkeit in der Familie, eine fehlende Anerkennung von und aufgeschobene Auseinandersetzung mit den Eltern, die die Jugendlichen so schildern:

Gönül: Ich mein, es ist aber auch so, man hat überhaupt keine Möglichkeit mit den Eltern irgendwie zu reden, weil, ähm, die gehen morgens aus dem Haus arbeiten, die Kinder gehen in die Schule und abends kommen die nach Hause, und vielleicht haben die nebenbei noch einen Job oder so was...
Sven: ...mhm...
Gönül: ...weil die wollen so schnell wie möglich also Geld verdienen und wieder zurück und da haben die überhaupt keine Zeit mit den Kindern überhaupt irgend etwas zu unternehmen oder zu ....

Mehrere: ...machen was...
Nesla: ...manche gehen zur Frühschicht und dann früh ins Bett...
Sven ...ja...
Nesla: ...weil man am nächsten Tag wieder früh aufstehen muß. Hier kümmern sich die Jugendlichen mehr selber um die Probleme, als jetzt mit den Eltern mal weggehen, oder mit denen mal zu reden...
Sven: ...ja...
Nesla: ...weil die Eltern haben keine Zeit und, ich weiß nicht, es ist aber auch so, die Jugendlichen, die hier geboren sind, die hier aufgewachsen sind, ja, sind irgendwie in dieser Kultur und so, sind die alleine...
Nesla: ... sie stehen alleine und die wollen ihre Probleme alleine lösen.
Tülay: Verantwortung zu übernehmen.
Mehrere: Die haben mehr Verantwortung.
Sven: Ja.
Nesla: Sind mehr selbstbewußter.

Die Gruppe erscheint hier als Ersatz für die Familie, als Umgebung von Gleichaltrigen, die sich über ihre Probleme unterhalten können und dem Alleinsein, das sie in dieser Kultur erfahren, entgehen. Ihre Eltern teilen diese Erfahrung nicht, machen andere Erfahrungen – oder anders gesagt – sie entgehen dem Gefühl des Alleinseins durch eine scheinbar eindeutigere Orientierung an das Herkunftsland, durch eine diffus aufrechterhaltene Rückkehrabsicht und die Fixierung auf ihre Erwerbsarbeit. Zwangsläufig fällt den Kindern und Jugendlichen die Verantwortung zu, ihre Probleme in eigener Verantwortung anzugehen und in der Gleichaltrigengruppe nach Lösungen und Hilfestellungen zu suchen. Trotz dieser zum Teil konflikthaft angelegten Elternbeziehung präsentiert sich die Gruppe aber nicht als Opfer, sondern als starke Gruppe, die selbstbewußt ihre Probleme alleine lösen kann. „*Mehr* selbstbewußter" kann heißen, mehr *als* (und hier ist die fehlende Bezugsgruppe einzusetzen) z.B. die Eltern oder gleichaltrige deutsche und nichtdeutsche Freunde.

Eine Naheinstellung

Tülay ist eine Deutsche. Sie ist in Frankfurt geboren, zur Schule gegangen und arbeitet jetzt als Verkäuferin. Eine ganz normale Jugendliche. Nur waren ihre Eltern Einwanderer aus der Türkei, die nach über dreißig Jahren Arbeit in Deutschland für sich dort keine Zukunft mehr sahen und in die Türkei zurückkehrten. Dieses Bild der Normalität wird durch die Tatsache gestört, daß Tülay keinen deutschen Paß besitzt. Sie ist mit einem jederzeit widerrufbaren Aufenthaltsrecht hier in diesem Land, das doch eigentlich ihr Land ist. Aber das andere Land, die Türkei, ist auch ihr Land. Trotzdem sagt Tülay, wenn man sie fragt, woher sie denn kommt: „*Ich bin ein Frankfurter Mensch.*" Tülay lebt in zwei Kulturen. Probleme tauchen da auf, wo die Grenzen der Gemeinschaft nur allzu schnell gezogen werden: „Ich fühle mich manchmal als Ausländer, wenn ich so sehe, wie man gegen Ausländer ist. Aber manchmal sage ich: Ich bin kein Ausländer, ich fühle mich hier zu Hause." Diese Kategorie „Frankfurter Mensch" will in keinen formalen und ethnisch definierten Bezugsrahmen passen.

Wie sieht sich beispielhaft Tülay, wie sehen sich türkische Jugendliche der sogenannten zweiten und dritten Generation hier in Deutschland, wie bewerten sie ihr Zusammenleben mit den Deutschen, mit anderen, im multiethnischen Geflecht der Stadt? Kann man denn überhaupt von Multikultur, Ethnizität, ethnischen Konflikten sprechen – und damit eine enge Kategorie an diese unterschiedlichen Lebensentwürfe und -realitäten anlegen, so wie sie von den Jugendlichen aus der Folkloregruppe aufgezeigt werden, oder verhält es sich so, wie Tülay es sagte: Sind das alles letztlich nur „Frankfurter Menschen"? Diese im Anspruch recht universalistisch anmutende Einbeziehung in eine kleine (nicht die kleinste) Einheit eines territorialen Bezugrahmens, verweist auf die Probleme, die sich ergeben, wenn man versucht, das Zusammenleben in einem städtischen Vielvölkergemisch zu beschreiben, auf Konflikte, die sich daraus unvermeidbar ergeben, und auf die Schwierigkeiten, hierzu Lösungsvorschläge zu erarbeiten. Allein die sprachliche Unsicherheit im Hinblick auf die Jugendlichen nichtdeutscher Eltern zeigt, daß sich so absurde und semantisch unsinnige Formeln wie das behördensprachliche „in Deutschland geborene Ausländer" oder weniger ethnozentrisch: Migrantenkinder, zweite Generation oder einfach ausländische Jugendliche nur vor dem Hintergrund einer sich homogen gebenden Mehrheitskultur entwickeln können.

Wie sich die Jugendlichen selbst definieren[129], wo sie ihren Platz in der Gesellschaft sehen und wo sich Konfliktlinien mit Deutschen und anderen Ethnien abzeichnen, will ich im weiteren aufzeigen. Daraus resultiert eine eigene Standortpositionierung im Gespräch.

Die Fremden

Was das Selbstbild der deutsch-türkischen Jugendlichen angeht, so zeigt sich eine sehr reflektierte Haltung gegenüber Themen der eigenen Verortung. Ich will wissen – und frage bewußt nach deren Heimat –, wo sie sich zu Hause fühlen. Die Antwort überrascht im ersten Moment: *„Wir sind nirgends mehr zu Hause."* Diese symbolische Heimatlosigkeit wird aber aufgefangen durch

---

[129] Stefan Rech, der mit einer Tanz- und Theatergruppe von (‚Beur') Jugendlichen aus Immigrantenfamilien in Frankreich forschte, hat das Problem der Darstellbarkeit ähnlich beschrieben: „Besonders bei der ‚zweiten Generation' wird deutlich, daß es weniger die Unfähigkeit des wissenschaftlichen ‚Apparats' ist, sein Forschungssubjekt eindeutig zu definieren. Es ist vielmehr schon ein Ergebnis, daß jede Eindeutigkeit negiert wird." (Rech 1992, 18) Er kommt zu folgendem Schluß: „Auf die Frage, was ein Fremder für ihn sei, antwortet ein Jugendlicher: ‚Einer, der mein Nichts sucht'. Dies ist die Antwort eines Jugendlichen, der seinesgleichen ‚Ausländer in beiden Richtungen' nennt – eine Formulierung, die nicht nur Zerrissenheit, sondern auch Kompetenz bedeuten kann. Auf die Frage, ob sie sich ‚von nirgendwo' (de nul part) fühlen, antwortet ein anderer Jugendlicher: ‚Eine Null (nul), das weiß ich nicht'." (ebd. 88)

ein Prinzip Heimat, das sich zusammensetzt aus anderen Bezugsgrößen, nicht im Sinne territorialer Einheiten, sondern eher aus psychosozialen Elementen. Heimat ist da, wo man sich am wohlsten fühlt, und das kann der Freundeskreis sein, die Folkloregruppe, mit der die Freizeit geteilt wird oder auch die Familie. „*Wir sind nirgends mehr zu Hause*" ist eine Beschreibung des Ortes, der nicht existiert, keine eindeutige Zuordnung durchscheinen läßt. Aber dieser Zustand wird nicht beklagt, sondern in einem fortwährenden Prozeß ständig und situativ mit *Sinn* gefüllt. Es entstehen Fragen, Fragen, die aber nicht eindeutig zu beantworten sind und auf keine Antwort warten. „Aber manchmal ist es ja ganz anders, manchmal frage ich mich, wohin ich eigentlich gehöre?", so Tülay. Die erste ‚Identität ist' dann (in diesem Beispiel) die der Türken, die zweite die der Deutschen und die dritte schließlich die der *Fremden*. Was die bisherige Klassifikation (als Deutsche-Türken oder Türkische-Deutsche) ausmachte, wird aufgelöst, die Bindestrich-Identität fällt zugunsten des *Inmitten* der beiden Leerformeln; der Ort der Jugendlichen ist also eher der Bindestrich als eine formal nationalsstaatliche Zugehörigkeit vor oder nach dem Bindestrich. Identität entsteht nicht entweder in einer Kultur der Mehrheit oder in einer Kultur der Minderheit der Migranten, sondern gerade in diesem Bereich des *nirgendwo mehr zu Hause sein*. Dieser Ort, inmitten der Kulturen, ist die Fremde. Fremd sein heißt nicht oder nicht mehr, in dieser Kultur fremd zu sein, vielmehr heißt es, sich von der Entscheidung zu einer eindeutigen Verortung verabschiedet zu haben.

Tülay: Die wollen dich ja auch manchmal nicht. Du gehst in die Türkei, in deine eigene Heimat, da bist du auch fremd.
Sven: Ja.
Tülay: Deine eigenen Leute fühlen – fühlst du dich auch nicht wohl. Die meisten meinen so, ja du bist in Deutschland geboren, du bleibst auch da und kommst nur einmal im Jahr hierher und dann denkst du, du bist hier Türkin oder was? Ja...
Sven: ...mhm..
Tülay: ...ich hab das oft erlebt. So oft erlebt. Wie meine Oma zu mir gesagt hat: Ach ja, du hast dich doch gar nicht – wie eine Deutsche benimmst du dich und so, du hast dich auf das eingelassen. Passiert auch mal.
Sven: Das ist enttäuschend?
Mehrere: Mhm, ja...
Tülay: Ja, enttäuschend. Und da kann man sicher auch nicht Einfluß nehmen, ich versuch das ja, aber wenn das nicht klappt.
Sven: Ja.
Tülay: Weil man in zwei Kulturen aufwächst. Das ist es.
Sven: Mindestens zwei.
Mehrere: Mindestens (Lachen).
Gönül: Es bringt ja auch was – ich mein nicht nur die deutsche Kultur kriegt, ich mein, wir gehen zum Italiener essen, zum Chinesen gehen wir es-

	sen ... und was weiß ich alles, es bringt alles mögliche, einfach die Umgebung bringt einem total viel.
Sven:	Ja.
Gönül:	Und da nimmt man immer die ganzen Kulturen mit in den Urlaub und dann stellt man die Frage eben halt: Was ist jetzt die richtige? In dem Augenblick.
Sven:	Mhm.
Mehrere:	(Lachen)
Sven:	Gibt es überhaupt eine richtige?
Mehrere:	Mhm, ja.
Gönül:	Ich meine, die Eltern versuchen es eigentlich, daß wir nur in einer Kultur aufwachsen...
Sven:	Mhm, genau...
Gönül:	...aber wir gehen eben halt in Deutschland in die Schule, machen unsere Lehre oder was weiß ich, was wir alles noch machen; und das paßt eben halt nicht in dieses Bild hinein: nur türkische Kultur oder was ich jetzt für eine...
Sven:	...ja..
Gönül:	...das kriegt alles eine – einfach nur die Haustür aufzumachen, das reicht ja schon. Ich mein, unsere Nachbarn sind Thais, und nebenan haben wir Deutsche und oben drüber sind was weiß ich welche; also einfach ist es nicht.

„Weil man *in* zwei Kulturen aufwächst", sagte Tülay, sie sagte nicht: *zwischen* zwei Kulturen. Das kennzeichnet eine andere Bewertung des Aufwachsens als Adoleszente aus Immigrantenfamilien. In diesem Spannungsfeld vollzieht sich die schwierige Gratwanderung zwischen Scheitern und einem gelungenen Lebensentwurf. Dabei werden die „eigenen Wurzeln als etwas fremdes bestaunt, und die Fremde wird als das Eigene wahrgenommen. Keine Mumifizierung althergebrachter Identitäten, sondern virtuoser Umgang mit Standpunkten und Perspektiven." (Senocak 1993, 15) Diese Formulierung von Zafer Senocak, der selbst ein Beispiel ist für eine Existenz zwischen allen Kategorien (als Deutscher, Türke, Intellektueller und Poet), die in ein positives Inmitten überführt worden sind, beschreibt die Fähigkeit zur selbstreflexiven Ethnisierung am besten und läßt die verschiedenen Konzepte der Person im soziokulturellen Leben gegen die stereotypen und homogenisierten Fremdbilder durchscheinen.

Wie Salman Rushdie (1995) in seinem Erzählband *Osten, Westen* schreibt, ist der wichtigste Bestandteil des Buchtitels das Komma. Denn dieses Komma, so schreibt Rushdie, ist er selbst. Er kann und will sich nicht entscheiden, zwischen den kulturellen und ethnischen Zugehörigkeiten, die er als „Stricke um den Hals beschreibt". Zu wählen ist unmöglich, sich ausschließlich von einer Kultur besetzen zu lassen ist für ihn keine Lösung. Er entscheidet sich für keine *und* für alle beide. So gesehen ist er ein Komma zwischen Orient und Okzident, ein Grenzgänger. Genau diese Metapher gilt auch für die Jugendlichen aus der Folkloregruppe, so wie sie sich hier darstellen. Sie sind Türken *und* sie sind Frankfurter. Gleichzeitig und uneindeutig.

Als Frankfurter Türken leben sie genau auf der Schnittstelle zwischen allen Anforderungen, die von zwei Seiten auf sie einwirken. Die Eltern verlangen ein Bekenntnis zur Tradition und einer ethnischen Herkunft, die selbst für die Eltern schon nicht mehr mit der Kultur identisch ist, die sich jetzt in ihrem Herkunftsland gebildet hat. Die deutsche Gesellschaft verlangt Integration, ohne daß sie die Weichen dafür stellt, ohne daß diese Leerformel irgendwie und vor allem konsistent definiert wäre. Die Bedeutung von Konzepten wie „nationaler Identität" oder „Nation" – die bisher mit Fremdheit gleichgesetzt wurden – wird neu bestimmt, ihnen kommt nun kein trennendes Merkmal der Gesellschaft mehr zu, vielmehr werden sie als integraler Bestandteil der Gesellschaft angesehen. Türken gehören nun mal zu Deutschland: „Wir leben hier! Wir sind hier geboren und aufgewachsen", so beschreiben diese Jugendlichen ihren Anspruch und behaupten sich in diesem für sie uneindeutigen Raum.

Die Identität der Jugendlichen ist mehrbezüglich, nicht statisch und weder defizitär noch beschädigt. Sie ist, wie Deleuze es bezeichnet hat, *fluid*. In der Türkei als ‚Almanci' meist abschätzig, als nicht *richtige* Türken bezeichnet, in Deutschland als ‚Ausländer' ausgegrenzt aus der Gesellschaft, zumindest aber aus der demokratischen Teilhabe daran, fühlen sich viele doppelt fremd: *„Wenn ich in meiner Heimat bin, bin ich einesteils auch fremd"*, und in Deutschland erzeugt der Ausschluß aus der Gesellschaft ein entgegengesetztes Wir-Gefühl, es verbündet sich mit den anderen Ausgegrenzten.

So ergab es sich – und diese Szene spiegelt auch den Status der Marginalisierten wider –, daß es bei einem Folklorewettbewerb verschiedener Folkloregruppen trotz des starken Konkurrenzkampfs und der eindeutigen Stimmung für die jeweils eigene ‚Ethnie' zu einer Solidarisierung und Verbindung von Menschen ohne Rücksicht auf Volk, Nation oder ethnische Zugehörigkeit kam: Ein Fan nahm kurzerhand alle Fahnen, die türkische, italienische, spanische und portugiesische zusammen und schwenkte sie in seiner Hand. So als wolle er bedeuten: wir sind gleich, vereint als ‚Ausländer' in Deutschland. Aber wir sind wer! Die eigene Gruppe spielte in diesem Moment nicht mehr die alles beherrschende Rolle, und nicht wenige Leute, die diese symbolische Geste genau verstanden hatten, applaudierten.

Wie ich bereits weiter unten schon als Beispiel für die schwierige Kategorisierung angeführt habe, ist die *lokale Identität* ein Kennzeichen für ein Unbehaust-Sein in einer dem ethnischen Denken verpflichteten Gesellschaft. Dennoch ist und kann Heimat die Stadt Frankfurt sein, die das unmittelbare Umfeld stellt und die aus diesem Bezugsrahmen herausgelöst wird. Die Jugendlichen sind Frankfurter und formal keine (was sie nicht sein dürfen) Deutsche. Die Jugendlichen wachsen als Fremde und Vertraute in zwei Kulturen auf und können sich darin jeweils situativ zurechtfinden, nicht wie ein Chamäleon, das nur seine Farbe wechselt, sondern eher wie ein Reisender mit seinem Schatten:

„Und dann nimmt man eben die ganzen Kulturen mit in den Urlaub und dann stellt man die Frage: Was ist jetzt die Richtige?" So gesehen ist die Hinwendung zu einer Kultur vor allem geprägt von den Erwartungen und Haltungen gegenüber ihren Repräsentanten, also kurz und einfach gesagt: gegenüber den Menschen und nicht über abstrakte Stereotypen oder Fremdbilder. Gönül: „Ich hab auch griechische Freunde oder so, die kommen zu mir und manche fragen da: die Griechen und die Türken sind doch Feinde – wie ist es mit euch?" Und entschieden wenden sich die Jugendlichen gegen diese vereinfachten Sichtweisen von *den* Türken. Nesla: „Bei vielen Leuten, die denken, daß zwischen zwei Ländern irgend etwas mit Politik da ist, Konflikte und so, die denken, daß das Volk das auch übernimmt" und weiter: „Hauptsache man ist Mensch und mir ist es z.B. egal aus welchem Land man kommt oder wie einer aussieht und was seine Hautfarbe ist – Hauptsache Mensch und einen guten Charakter."

Die Differenzierungen, die die Jugendlichen machen und die ihnen wichtig sind, vermissen sie aber auch gleichzeitig bei anderen. Sie machen Politik und Medien verantwortlich für ein Klima der Fremdenfeindlichkeit und der zunehmenden Ignoranz. Nesla: „Die forschen gar nicht mehr nach, stimmt das überhaupt?" Sie wehren sich dagegen, ein ganzes Volk ‚abzustempeln', ohne den einzelnen zu sehen. Alles was mit ‚Ausländern' zu tun hat, ist für sie auch ein Angriff auf ihr Selbstverständnis, da sie, die bereit sind zu unterscheiden, dann homogenisiert werden mit denen, die z.B. an der Hauptwache Drogen verkaufen. Tülay: „Die Leute sollte man auch abschieben. Ist mir egal, ob die Marokkaner oder Türken sind – oder Italiener oder was weiß ich, ja, die sollten bestraft werden."

Anhand ihrer Aussagen und Reflexionen zeigen die Jugendlichen, daß die verschiedenen Kulturen, denen sie angehören, sich untereinander ergänzen, vermischen und daß es ein situatives Wechseln der ethnischen Identitäten und Selbstverortungen gibt. Zuallererst steht jedoch immer eine soziale oder auch lokale (d.h. nicht ethnische) Identität im Vordergrund. Ein Beispiel für die Vermischung ist auch das Wechseln der zwei (oder mehreren) Sprachen beim Reden, sie rechnen und fluchen zum Beispiel in der Elternsprache, erzählen auf Deutsch weiter. Was ist denn überhaupt für diese Jugendlichen die Muttersprache? Die Sprache der Mutter ist es nicht, denn viele Mütter dieser Jugendlichen können meist kaum Deutsch, reden in der ethnischen Kolonie fast immer die Sprache ihrer Herkunftsländer. Das deutsche Idiom ist eher so etwas wie eine Brücke zwischen den Kulturen, das Verständigung ermöglicht, gleichzeitig ist es auch Fremdsprache.

Inmitten von zwei Sprachen und zwei Kulturen zu leben, ist ein besondere Kompetenz dieser Jugendlichen, die die Chancen und Möglichkeiten des Zusammenlebens in einer pluralistischen Demokratie hervorheben. Tülay: „Alles Mögliche ist jetzt hier in Deutschland: Aserbaidschan, Türkisch, Japanisch mit Amerikanern, das alles sind jetzt verschiedene Kulturen – sonst würde das bestimmt nicht vorkommen." Diametral gegenüber steht diesem Verständnis vom Zusammenleben in einer pluralistischen Demokratie das ethnische Denken, welches von einer homogen gedachten Mehrheitskultur ausgeht, die sich gegen fremde Einflüsse zu behaupten sucht. Aber das ist ein Mythos, die Mainstream-Kultur ist alles andere als homogen. Das zum politischen Kampfbegriff und Programm mutierte Schlagwort ‚multikulturelle Gesellschaft' suggeriert ja, daß es die Potenzierung einer monokulturellen Gesellschaft sei.

Das Unbehagen an der Multikultur

Kann eine Gesellschaft aber überhaupt *nicht* multikulturell sein? Das Wort Kultur mag singulär überhaupt nicht zu denken sein: *die* Kultur. Kultur ist immer mehrdeutig, plural und mehrbezüglich und vor allem prozeßhaft. Eine (statische) Monokultur existiert nur in künstlichen Gebilden und ist wenn überhaupt nur begrenzt lebensfähig. Sein „Unbehagen am Kulturbegriff" formulierte Zafer Senocak so: „Der Kulturbegriff ist an eine bestimmte Wahrnehmung der Welt, des Menschen und seiner Geschichte gebunden. Wenn von ‚Kulturkonflikt' gesprochen wird, hat man die Grenzen des eigenen Kulturbegriffs erreicht. Der Blick auf den Anderen fällt auf einen selbst zurück. Auf der Grundlage der eigenen ‚Kultur' werden Differenzen festgestellt, die beseitigt werden müssen, um den Konflikt zu lösen. Ansonsten droht die Aufgabe der eigenen Identität, zumindest aber eine Identitätskrise." (Senocak 1994, 59)

Wie kann man sich diesem Sachverhalt stellen? Senocak schlägt unter anderem folgendes Verfahren vor, ein Verfahren, das, wie bereits aufgezeigt, auch von den Jugendlichen aus der Folkloregruppe angewendet wird. „Man verabschiedet sich vom Begriff der Kultur und begreift die eigene Sprache nicht als Mittel der Auseinandersetzung mit anderen ‚Kulturen'. [...] Haben wir einmal erkannt, daß unsere Sprachen unbrauchbar sind, verabschieden wir uns vom Definierenmüssen des Anderen, um uns selbst zu definieren. Wir müssen ihn nicht fesseln um uns zu befreien." (ebd. 62)

Sich selbst definieren zu müssen, davon hat Tülay Abschied genommen. Aber das Definieren wird von anderen benutzt. Der formale Rahmen, die Grenzen des Staatsbürgerrechts definiert Tülay und die anderen Jugendlichen, die in Deutschland geboren sind, als Ausländer. Sie selbst fühlen sich nicht als Ausländer, sie sind keine Ausländer, werden aber so behandelt. Tülay: „Also, ich fühle mich eigentlich manchmal als Ausländer, wenn ich so sehe, ja, wie man gegen Ausländer ist. Aber manchmal sage ich, ich bin kein Ausländer, ich fühle mich hier – also ich bin ein Frankfurter Mensch, ich bin in Frankfurt geboren. Aber wenn man rausgeht, ist es ganz anders, dann denkt man nicht mehr so. Dann hat man meistens auch Angst davor. Vielleicht würde mir etwas zustoßen, wenn ich rausgehe und wenn da, also Ausländerfeindliche zu mir kommen oder Rechtsradikale [...] was da die letzte Zeit in Solingen und so alles passiert ist, ne, das macht einem schon Angst."

Der Mainstream als eine Minderheit unter vielen

Wie sich Kulturen gegen Selbstbegrenzungen und Standardisierungen wenden und vermischen, hat der britische (Drehbuch-) Autor Hanif Kureishi beschrieben. In seinem Roman „*Der Buddha aus der Vorstadt*" hat er die Beziehungen zwischen den verschiedenen Ethnien im kulturell und ethnisch heterogenen London genau wiedergegeben und pointiert beschrieben. Kultur ist fragmentiert, sagt Kureishi: „Auch der Mainstream ist wahrscheinlich nur eine weitere Minderheit. Wenn ich mir einen weißen, nicht mehr ganz jungen Schriftsteller aus der Mittelklasse vorstelle, dann ist er selbst doch auch eine Minorität, er lebt doch auch in einem Getto. Wir alle sind Minderheiten, wir alle leben in unterschiedlichen Gettos. Am liebsten würde ich die Gesellschaft so sehen: viele Fragmente, viele Teile, die aber zusammenhalten. Und diese Fragmente bewegen sich, verschieben sich und tauschen sich ständig untereinander aus." (Kureishi 1994)

Vor dem Hintergrund der *mehrbezüglichen* Identitäten und der starken Bedeutung einer lokalen Identität ist es weiterhin interessant, die Erfahrungen gerade von Jugendlichen zu betrachten, die sich in einer Mehrheitskultur ein Leben inmitten zwei verschiedener Identitäten eingerichtet haben. Wann kommt es zu welcher Ethnisierung, wer versteht sich wann als Deutscher, wann z.B. als Türke? Wie wirkt sich das Wir-Gefühl als Ausländer im Hinblick auf das Herausbilden einer ethnischen Kolonie aus? Gibt es ein Aufgreifen von Fremdbildern für das aktuelle Selbstbild der „Ausländer"? Als Fremde ohne Heimat sich selbst zu beschreiben, stellt sich als spezifische (Jugend-) Kultur dar, und genau dieses Fragment wird neben anderen Fragmenten der Mehrheitskultur angesiedelt. Dies ist eine Tendenz, die sich bisher abzeichnet. Auf der anderen Seite zeigt sich dadurch auch der Trend zur stärkeren (Selbst-)Ethnisierung, der hervorgerufen wird durch eine restriktive Einwanderungspraxis und vor allem durch ein fehlendes Einwanderungsrecht. Nicht Rassismus würde durch eine Änderung des formalen Rahmens abgebaut werden, das zu glauben wäre eine Illusion. Aber es geht um nicht weniger als eine Normalisierung und Harmonisierung der interethnischen Beziehungen in modernen Gesellschaften.

Die Schärfung des Blicks auf die *sozialen* Konflikte, die im Zusammenhang mit der Immigration entstehen, kann verhindern, daß sich der Diskurs hierüber weiter *kulturalisiert* und damit die Betroffenen pauschal ‚ethnisiert'.

Der formale Rahmen der Einwanderung

Wie Anthony Richmond in seiner vergleichenden Untersuchung über Immigrationstrends und ihre Auswirkungen auf die interethnischen Beziehungen in Canada und Großbritannien geschrieben hat, ist es entgegen der weitverbreiteten Ansicht so, daß durch eine Verschärfung und bessere Kontrolle der Immigration *keine* soziale Übereinstimmung und Harmonisierung in der Gesellschaft erreicht werden kann. Es ist eine „liberale" Migrationspolitik, die zusammen mit einer Politik der Chancengleichheit in bezug auf Arbeitsmarkt und Wohnungsvergabe eine „Integration" von existierenden Minderheiten in der Gesellschaft vorantreiben kann (vgl. Richmond 1990). In eine breitere Fragestellung überleitend, bedeutet diese Sichtweise die Frage nach der Bedeutung des nationalen Konsenses und des Beharrens auf einem Nationalstaat, der durch das „ius sanguinis" definiert ist, für die Entwicklung von Tendenzen der Zuwendung zu anderen gegennationalistischen Vorstellungen und letztlich der Hinwendung zu nationalistischen Bewegungen. Erst die Ethnisierung der deutsch-türkischen Jugendlichen als Ausländer als Türken bereitet eine breite Identifikation mit dieser marginalisierten Position vor, oder anders formuliert: erst im Moment der Ethnisierung entsteht überhaupt erst das Bewußtsein, sich dieser Ethnie zu ‚zugehörig' zu fühlen. Diese Differenzmarkierung produziert die zu unterscheidende Gruppe. Man kann auch wie Gérard Noiriel mit Blick auf die Situation in Frankreich emphatisch behaupten: „Les jeunes d´*origines immigrée* n´existent pas" (Noiriel 1989, 211), da es keine realen und faktischen Eigenschaften gibt, die dieser Gruppe zu eigen wären, außer dem Stigma der Andersartigkeit. „Le seul critère pertinent pour définir les jeunes d´origine immigrée tient dans le *regard* que portent les autres sur ceux qui sont perçus comme différents d´eux." (ebd., 215)

Aggression und Ausländerjagd

Ein schreckliche Markierung fand das Jahr 1994 mit all seinen rassistischen und aggressiven Überfällen und Anschlägen auf und gegen „Ausländer". Am Himmelsfahrtstag 1994 machten deutsche Jugendliche, Skinheads, Jagd auf alles, was fremd war oder zu sein schien. Magdeburg hat sich eingereiht in die Namen der Städte, die längst zu Chiffren geworden sind für die rassistischen Taten, die Morde, die sich ereigneten in den Jahren davor und danach in Rostock, Hoyerswerda, Mölln und Solingen, Lübeck und so weiter. In dieser angespannten Atmosphäre, die sich auch im Verhältnis zwischen Deutschen und Türken widerspiegelt, begann ich die Gruppengespräche. Diese Spannung hatte sich auch – ohne daß darauf Einfluß zu nehmen war – in die Gespräche eingeschrieben. Vor dem Hintergrund dieses zeitgeschichtlichen Kontextes war ich im Gruppengespräch überaus vorsichtig und versuchte den aggressiven Charakter, der Teil jeder professionellen Forschungsbeziehung und -begegnung ist, möglichst unbewußt zu halten. Der Affekt der Aggression aber blieb zunächst unbeobachtet und unbearbeitet, wirkte aber im verborgenen weiter. Durch Vermeidung läßt er sich nicht eliminieren. Es war in der Beziehung zwischen der Gruppe und mir zu einem unbewußten Bündnis gekommen, wir erarbeiteten uns ein Abwehrbündnis, d.h. destruktive und aggressive Gefühle wurden auf beiden Seiten nicht gezeigt und angesprochen. Es war im ersten Gespräch noch kein Raum vorhanden, sich diesen Gefühlen zu nähern, sie zu thematisieren und ein konstruktives Verhandeln zu finden.

Das Arrangement des Gespräches aber hatte viel von der Umkehrung des Verhältnisses Ausländer-Inländer. Wie ich schon anfangs geschildert hatte, begab ich mich auf eine Insel. Was ich nun fühlte, waren Dinge, die Ausländer in der Fremde fühlen: Verlassenheit, Desorientierung, mangelnde Sprachkenntnisse und zum Teil auch Angst. Vielleicht hatte dieses Arrangement, so meine Phantasie, der Tanzlehrer unbewußt arrangiert. Oder handelte es sich um eine Inszenierung der Gruppenmitglieder? Ich verstehe die Abtrennung des Nebenraumes als Inszenierung von einer bestimmten Rolle, die ich auszufüllen hatte. Diese Rolle war bestimmt durch ein nur vordergründiges Interesse an der exotischen Folklore. Aber nur einen kurzen Moment lang hatte sich dieser Erwartungshorizont abgezeichnet. Wir sind schon mitten im Thema: Die *Fremden*. Daß sich diese Fremden nicht unbedingt durch historisch gewachsene und geographische exakte sowie ethnisch konsistente Parameter konstituieren ist bisher deutlich geworden.

Der innere und der äußere Raum der Forschung

Vor dem Hintergrund der beschriebenen Fakten und Interpretationen möchte ich nun wieder an den Ausgangspunkt der Interpretationen zurückkehren und den äußeren Raum der Forschung noch einmal genauer ansehen. Die Forschungssituation ist immer der Ausgangspunkt der Interpretationen, legt die Beziehung zwischen Teilnehmer und Forscher fest (vgl. dazu Kap 4. Methoden...). Der äußere Raum der Forschung wurde markiert durch das Einhängen der Türe, das ‚Abordnen' der Mädchen zum Gespräch und dem Verbleiben der Jungen bei ihrem Tanzlehrer. Es wurde eine Grenze markiert und gleichzeitig ein Übergang eröffnet. Was sagt nun der äußere Raum der Forschung über den inneren Raum der Forschung aus: Wie wirkt dieses Arrangement auf die Forschungssituation allgemein?

Daß die Mädchen sich auf die Fragen einließen, hat viel damit zu tun, daß sie – so meine Beobachtung – viel reflektierter ihre Lebenssituation schilderten. Nimmt man ihre spezifische Jugendkultur als Medium dafür, Differenz und Anerkennung auszudrücken, die Fähigkeit sich einen eigenen Kulturraum zu schaffen, und sich zu artikulieren, dann ist die Gruppe für die Mädchen ein wichtiger Rahmen. Wer sind wir? Wo stehen wir? Nach außen zu sprechen und nach innen zu wirken, das ist für die Mädchen in der Gruppe ein wichtiges Motiv der Gruppenzugehörigkeit. Für die Jungen ist das anders.

Die Jungen bleiben außen vor im Gespräch, das hat sich aus dem ersten Gruppengespräch mit der Folkloregruppe ergeben. Warum habe ich nur einen unverbindlichen Zugang zu den Jungen bekommen? Gibt es so etwas wie ein Geheimnis, das sie vor mir hüten wollen? Im darauf folgenden Gruppengespräch zeichnete sich ein erster Deutungsversuch ab, der als Ausgangspunkt des Verstehens die konkurrierenden Männer- bzw. Vaterfiguren nimmt, die zwischen mir und dem Leiter der Folkoregruppe entstanden sind. Schließlich wird ein unterschiedlicher Kampf um Autonomie vom Elternhaus zwischen Jungen und Mädchen erkennbar, der unmittelbar damit zusammenhängt.

Grenzgängertum als Modell einer produktiven Geschlechterspannung

Das Arbeitsbündnis mit der Folkloregruppe schien besiegelt zu sein. Vier Wochen nach dem ersten Gruppengespräch trafen wir uns wieder in der *Casa di Cultura* zu einem weiteren Gruppengespräch. Auf der sichtbaren Ebene des Gruppengesprächs geht es um Gewalt und Aggression, um die Schwierigkeit einen Dialog zu finden und vor allem um die Geschlechterspannung, die sich in den Entwürfen der weiblichen Adoleszenten äußerte. Aber die Konflikte, die sich hier verdichteten, können noch in eine andere Richtung gelesen werden. Als den zentralen Gegenstand des Gespräches sehe ich die Präsentation und Verhandlung von unterschiedlichen Lebensskripten: Wer bin ich als Frau, als Mann? Wie möchte ich als Frau oder Mann gerne sein? Wie ist die eigene reale Lebenssituation? Das Wagnis der Adoleszenz scheint in diesen verschiedenen Erzählungen und Vorstellungen vom eigenen Leben durch. Etwas war in diesem Gespräch in Bewegung, die Verlaufsstruktur änderte sich kontinuierlich.

Diesen Prozeß möchte ich nun nachzeichnen und das Gesamtgespräch erfassen, das auf drei Ebenen analysiert werden soll: die erste Ebene wird von der Geschlechterspannung bestimmt, die zweite fragt nach der Bildung und Verfertigung von Lebensskripten (und deren Bestätigung im Gespräch), die dritte schließlich beschäftigt sich mit der Re-Ethnisierung bzw. einem spezifischen Entwurf als türkischen Frau in Deutschland. Unter Geschlechterspannung verstehe ich unter impliziter Bezugnahme auf die theoretischen Arbeiten von Reimut Reiche (1990) und Vera King (1995) die Spannung zwischen dem männlichen und dem weiblichen Pol der eigenen Geschlechtlichkeit. Geschlechterspannung wird von Reiche definiert „als innere Beziehung *im* Mann und *in* der Frau [...]. Das andere Geschlecht ‚hat etwas‘, was dem eigenen mangelt, und die aus dieser Differenz sich ergebende Spannung hat vielfältige historische, kulturelle, ökonomische und psychische Erscheinungsformen." (Reiche 1990, 7)

Die Nähe zum fremden Geschlecht und die Fremdheit dem eigenen Geschlecht gegenüber, sowie die Anziehung und Abstoßung des anderen Geschlechts sind komplementäre Form ist darin beschrieben. Es kann auch so dargestellt werden, daß durch eine Geschlechterspannung das jeweils andere Geschlecht komplementär in einem selbst aufgenommen ist. Damit werden die traditionellen sozialisationstheoretischen Rollenkonzepte[130] um die wichtige Dimension der inneren Beziehung erweitert und die Komplexität innerhalb der Kategorien von Männlichkeit oder Weiblichkeit kann erfaßt werden. Als

---

[130] Zur Kritik der „Geschlechtsrollen"-Theorie siehe auch Connell 1995 und 1995a

Mann können passive Anteile – um mit Stereotypen zu sprechen – männlich belegt und angenommen werden und als Frau ebenso aktive Teile als weiblich angenommen werden. „Ein gelungener Umgang mit dieser Geschlechterspannung geht von der Anerkennung der wechselseitigen Angewiesenheit der beiden Geschlechter aufeinander als Ausgangspunkt einer je individuellen oder gemeinsamen Identität aus", so Hans Bosse (1995, 97) über die Geschlechterspannung. Diese Angewiesenheit spiegelt eine wichtige Seite der Geschlechterbegegnung wider, weil die Anerkennung zuerst über die Anerkennung des anderen Geschlechtes verläuft.

Die Frage nach dem Status

Der Initialszene, also dem Beginn und der ersten Sequenz des Gespräches, kommt in der ethnoanalytischen Forschung, wie in allen reflexiven und hermeneutischen Forschungsmethoden, eine besondere Bedeutung zu. Hier kristallisiert sich die Beziehung zwischen Forscher und Informanten heraus, hier ist der eigentliche Ort der Beziehungsaufnahme zu suchen. Die gesamte Potentialität des Gespräches entfaltet sich bereits in der Initialszene. Die Erstszene möchte ich zunächst in den Fokus stellen und aufzuzeigen versuchen, wie sich hier ein Konflikt abzeichnet, der geprägt ist von der Auseinandersetzung um unterschiedliche Skripte: Auf der einen Seite stehen potentielle und offene Skripte, auf der anderen definitive und geschlossene. Wie dieser Konflikt gelöst wurde und welches Konzept in der Gruppe angenommen wurde, was die Folgen daraus waren, das werde ich nun in verschiedenen Lesarten freizulegen versuchen. Beim zweiten Gruppengespräch waren anwesend Cahit Tufan, der Leiter der Folkloregruppe, vier Jungen, die sich (bis auf ein oder zwei kurze Statements) nicht am Gespräch beteiligten und nach einer Weile den Raum verließen. Später kam Hüseyin hinzu, der nicht zur Gruppe gehörte und nur zufällig vorbeischaute. Tülay und Kadriye beteiligten sich engagiert, Ayse als drittes Mädchen saß nur da und hörte zu.

(Unruhe, mehrere reden türkisch und lachen)
Sven: Können wir zusammen sitzen?
Cahit: So, Schhh!
Sven: Ja, ich hab das letzte Mal – ich hab das alles aufgeschrieben und kann es mal mitbringen, worüber wir geredet haben...
Mehrere/Tülay: Mhm, ja. Mit uns.
Sven: Das war sehr interessant. Waren tolle Stellen dabei, wo ich denke, da wäre es interessant, da weiter zu reden.
Mehrere: Ja, Ja..
Sven: Weil ihr gesagt hattet, was mich auch so besonders interessiert, (unverständlich, Lachen) wo ihr sagtet, mit dem Heimatgefühl, ja, was für euch das ausmacht. Hier sein in Deutschland, was sind die Probleme in Deutschland, was habt ihr erfahren, was erfahrt ihr jetzt. Es

ist eine Menge passiert in der Zeit dazwischen, ne, und ich weiß nicht, ob das ein Punkt zum Nachdenken ist? Hierbleiben, wieder zurückgehen, oder ich weiß nicht was, da ist eine Menge, was zum Nachdenken anregt. Also zurück ist ja eigentlich auch kein zurück. Worüber wir das letzte Mal geredet haben, da hattet ihr gesagt, daß ihr fast alle aus Frankfurt kommt. Und das sind ja auch Sachen, wo viele von euch überlegt hatten, wenn meine Heimat hier ist, dann will ich wirklich auch hier beteiligt sein, und dann will ich auch richtig mit allem ausgestattet sein, hier wählen können und solche Sachen.

Mehrere: Ja, Ja

Sven: Also mit den vollen Bürgerrechten ausgestattet, was im Moment nicht so aussieht, als ob sich das ändern könnte. An dem Punkt hatten wir auch aufgehört. Das war eurer Wunsch richtig dazugehören zu dürfen und können, ne, aber das war nicht so leicht zu verwirklichen. Da würde ich gerne mit euch weiter drüber reden. Was ihr euch vorstellt, wie ihr was ändern könntet, wie ihr euren Weg dazwischen macht.

Kadriye: Ja, also ich denke, daß man vor allem diese doppelte Staatsbürgerschaft auch verwirklichen kann.

Sven: Mhm.

Kadriye: Und das wir auch, was sehr wichtig ist, wählen können. Das ist ja das wichtigste. Wir leben hier, wir sind hier geboren, ich meine wir sind ein Teil dieser Gesellschaft.

Sven: Ja.

Jemand: (lacht)

Als eine erste Lesart der Initialszene stelle ich die Frage nach der Autorität, der Leiterposition, in den Blickpunkt der Interpretation. Die Einleitung, die ich präsentierte, war lang, machte starke Vorgaben. Diese Form entstand aus der Unsicherheit heraus, ob überhaupt ein Gespräch mit der Gruppe entstehen kann, ob die Forschungsbeziehung Bestand haben wird. Können wir an das erste Gespräch anknüpfen? Ich lockte mit interessanten Stellen. In meine Unsicherheit mischte sich die Macht und Autorität von Cahit Tufan, dem Leiter der Folkloregruppe, der in patriarchalem Ton die Gruppe zur Ordnung rief. *Schhh!*, das Zeichen zu schweigen und zugleich Symbol der Macht des Folkloregruppen-Leiters. Zu Beginn des Gespräches schienen zwei Leiter anzutreten, die um die Gruppe konkurrierten. *Schhh!* hieß auch: wir fangen an, wenn ich es bestimme. Meine Frage zielte auf die Möglichkeit: „*Können* wir zusammen sitzen?", und war als Frage an die Gruppe adressiert. Können wir an Bestehendes anknüpfen, können wir auch heute miteinander reden? Der Kampf um die Leiterrolle, als Kampf unter Männern, zeigte auf der Beziehungsebene einen Konflikt zwischen Cahit und mir an, der noch ungelöst war. Kann und will er mir die Gruppe überlassen, mir die Leitung anvertrauen? Welche Leitung ist gemeint? An der bestehenden Leitung der Tanzgruppe sollte nichts verändert werden, mir ging es um eine Gesprächsgruppe. Das wurde von mir jedoch nicht expliziert.

Aus der fehlenden Klärung des Rahmenthemas, das ich Cahit – aber vor allem auch der Gruppe – im ersten Statement eindeutig nicht vermittelt habe, resultierte vielleicht auch das Entstehen dieses Statuskonfliktes. Cahit und ich, wir haben beide unsere Machtkompetenz zum Ausdruck gebracht, in der Absicht, die Gruppe leiten zu wollen. Aber beide auf verschiedene Weise. Es ging dabei aber noch nicht um die Jugendlichen selbst. Betrachtet man die strukturelle Ebene und nimmt als Ausgangspunkt den historischen Ort in der Geschichte zwischen Deutschen und Türken, dann erscheinen Männer unter sich als Motor der Geschichte: Deutsche Männer, türkische Männer. Wer bestimmt, wer hat die Macht, nicht nur Fragen zu stellen? Wer ist mächtig, wer ohnmächtig?

Nachdem aber die Auseinandersetzung um die „Vaterfigur" die Gruppe gespalten hatte, zog der Folklorelehrer Cahit Tufan sich aus dem Gespräch, und dann aus dem Raum zurück und es folgten ihm die Jungen. Sie folgten dem „mächtigen" Vater. Sie enthielten sich jeglichen Beitrages zum Gespräch und verließen schließlich, einer nach dem anderen, den Raum. Cahit überließ mir die Mädchen. Später kam Hüseyin hinzu, der als dritter Leiter den Versuch machte, die Gruppe zu lenken und den Konflikt um die Leitung noch einmal – ohne davon zu wissen – aktualisierte. Diesmal ging es aber nach einem anderen Verlauf über in eine Situation, in der die Jugendlichen das Konzept bestimmten. Hier sprach Kadriye einen rechtlichen Diskurs an. Sie plädierte für eine doppelte Staatsbürgerschaft und das Wahlrecht für EinwanderInnen. „Wir leben hier, wir sind hier geboren, ich meine, wir sind ein Teil dieser Gesellschaft" ist eine Aussage, die die Spaltung, die sich hinter dieser exklusiven Zuteilung der Bürgerrechte verbirgt, überwinden sollte.

Eine zweite Lesart der ersten Szene verweist auf meine Angst als Forscher, daß eine Beziehung scheitern könnte, und beleuchtet damit zugleich eine strukturelle Angst, die jeder Forscher, jede Forscherin im Moment der Beziehungsaufnahme durchläuft. Georges Devereux hat diese Angst in einer Vielzahl von Fallbeispielen immer wieder zum Gegenstand seines Interesses gemacht und aufgezeigt, daß diese Angst unvermeidlich ist. „Je mehr Angst ein Phänomen erregt, desto weniger scheint der Mensch in der Lage, es genau zu betrachten, objektiv über es nachzudenken und angemessene Methoden zu seiner Beschreibung, seinem Verständnis, seiner Kontrolle und Vorhersage zu entwickeln." (Devereux 1976, 25) Es geht nach Devereux darum, diese Angst in ihrer verzerrenden Wirkung zur Kenntnis zu nehmen und sie schließlich produktiv zu nutzen, um wichtige Daten über die Beziehung zwischen Forscher und Informanten zu bekommen. Die Beziehung zwischen Forscher und ‚Informanten', also hier zwischen der Gruppe und mir, steht im Zentrum der ethnoanalytischen Forschung, an ihr werden die relevanten Daten gewonnen; nicht an deren Verleugnung und Ausblendung. Reicht die Kraft der Neugier aus, um die Gruppe weiterbestehen zu lassen? Die beiden Kräfte Neugier und Respekt schienen mir nicht ausreichend zu sein, um die Jugendlichen dazu zu bewegen, sich weiter auf die Forschung, d.h. die Gespräche einzulassen. Die strukturell gestörte Beziehung zwischen Deutschen und Türken, die sich im Jahr 1994 zu einem virulenten Rassismus verdichtete, der weder vor Brandstiftung noch vor Mord zurückschreckte, wollte ich nicht zwischen unsere Beziehung geschoben sehen.

Wohin mit meiner Wut auf jene Deutschen, die sich in den rassistischen und mörderischen Gewalttaten ausagierten. Wohin mit der Wut der Jugendlichen, die ich empathisch nachvollziehen konnte? Über Gewalt zu reden, war in dieser Szene nicht leicht. Die Angst, daß Forscher und Jugendliche die Aggression, die in der Luft lag, nicht aushalten konnten, war Zeichen dieser schwierigen Suche nach einer Möglichkeit, in der Beziehung einen verläßlichen Raum abzustecken, in dem diese Affekte ausagiert und aufgehoben sein können. Ein Dilemma, in dem sowohl ich als auch die Jugendlichen steckten; wir wußten beide nicht, wie verläßlich unserer Beziehung bereits war und werden würde. Konnten wir diesen Themen Raum geben, Ängste und Kränkungen ansprechen, würden wir es schaffen zu differenzieren? Diese Fragen waren noch nicht geklärt.

Kann es eine gemeinsame Sprache geben?

Wenn die Wirklichkeit verworren, die Beziehungen unsicher und von Angst durchsetzt, der Diskurs vielstimmig ist, dann reagiert der Forscher – einen Ausweg suchend – meist regressiv. In der Initialszene betonte ich das Vergangene, die letzte Gruppensitzung, und versuchte mit dem bereits Gesagten und dem, was ich schon *besaß,* sicheren Stand zu gewinnen, der unsicheren Gegenwart zu entkommen. Die Gegenwart blieb so aber leer und noch unausgefüllt. Gleichzeitig verlockte ich auch die Jugendlichen mit den *tollen Stellen* und zeigte mein Interesse. Gleichzeitig lobte ich die Gruppe und zeigte Respekt. Dabei geriet jedoch sowohl meine Forschungsfrage als auch mein Subjekt aus der Szene. Das heißt: ein Konflikt, sei es um die Leiterrolle oder um die Aufnahme und Vertiefung der Beziehung, wurde von mir nicht ausgetragen. Mein Engagement für das Thema konnte ich nicht verständlich machen. Kein Konflikt, keine Unsicherheiten – so war mein Vorgehen. Dabei hatte ich die Situation durchaus aggressiv erlebt und hätte einen Konflikt provozieren wollen. Denn die gesamte Szene spielte sich so ab, als wäre der Forscher im Ausland, als hätte ich mich in die Fremde begeben und wäre nun abhängig von meine Übersetzern (was ja tatsächlich auch der Fall war). Eine klassische ethnographische Situation zwischen dem Forscher und seinen „Informanten" schien sich herzustellen. Daß die Jugendlichen nur türkisch sprachen, was ich nicht verstehe (nur einzelne Worte oder Sätze blieben hängen), ist sicher auch ein versteckter Hinweis an mich gewesen, *wer* hier der Fremde sei. Auf diese „Zurückweisung" konterte ich mit meinen „Besitztümern", der deutschen Staatsbürgerschaft und dem Aufgeschriebenen der letzten Sitzung. Noch kennzeichnete Polarisierung das Gespräch. Diese Szene zeigt, daß sich am Anfang des Gespräches noch keiner für die Sprache entscheiden konnte, in der geredet werden sollte. Damit meine ich nicht die tatsächliche Sprache, also

Deutsch oder Türkisch. Sondern eher die Sprache, die den Diskurs über die Fremden prägt, die Art und Weise, *wie* über sie geredet wird. Aber auch die Sprache, die eine gemeinsame Voraussetzung für einen Dialog ist, in der jenseits des herrschenden Diskurses jeder sich und den anderen in der Beziehung reflektieren kann, anerkennt und damit die Basis für ein gemeinsames Verstehen liefert. Jeder beharrte aber zunächst auf seiner Sprache – ich auf der Sprache der Deutschen über die Fremden und die Gruppe auf der Sprache der Opfer. Es kam daher vorläufig zu einer babylonischen Vielstimmigkeit, zu einem Nichtverstehen. Auch kam es zu verschiedenen Ebenen des Diskurses: den Rechtsdiskurs, in dem über Staatsbürgerschaft, Aufenthaltsrecht geredet wurde.

Dann gab es einen narrativen Diskurs, der beschreibend die Situation der Jugendlichen in ihrer Lebenswirklichkeit präsentierte und auch auf ihre Eindrücke vom Bild der Türkei Stellung bezog. Schließlich kam in expressiver Form, die mehr als nur die kognitiven Elemente enthält, eine Inszenierung zu Tage: Die Aufteilung der Gruppe in geschlechtergetrennte Gruppen und die Auseinandersetzung um die Leitung. Beide Formen haben sich immer wieder nach mehr oder weniger dem gleichen Muster vollzogen. Diese Formen kann man als Ritual bezeichnen.

Im klassischen Ansatz, Rituale zu verstehen, findet die kulturhermeneutische Perspektive keine Beachtung, die nach der sinnhaften Deutung und der gelebten Praxis einer dem Ritual inhärenten Widerstandskultur fragt.

Hans Bosse hat in seinem Aufsatz über *„Die Öffentlichkeit des Intimen"* (1996) einen kulturwissenschaftlich-hermeneutischen Zugang zur Analyse von Ritualen vorgelegt, der bisherige Ansätze zur Ritualanalyse und damit zum Verstehen kultureller und individueller Sinnhaftigkeit erweitert. Er geht „von der These aus, daß die Gestaltanalyse des Rituals erst einmal in allen Einzelheiten und ohne den psychoanalytischen Blick auf das Unbewußte, auf Abwehr und Abgewehrtes durchgeführt werden muß. Auf der so gewonnenen Folie läßt sich dann anschließend die Übertragungs- und Gegenübertragungsanalyse präziser und methodisch gesicherter führen als auf herkömmliche Weise. Erst über diesen Weg läßt sich auch der ritualinhärente Kampf zwischen Unbewußtmachung und sinnlicher Expressivität, zwischen Abwehr und Spiel erschließen und die jeweilige dominante Bedeutung bestimmen." (Bosse 1996, 125) Gerade die nicht-sprachliche Ebene gerät vor diesem Hintergrund stärker in das Interesse der ethnoanalytischen Forschung.

Wie sich der weitere Verlauf in Richtung eines gemeinsamen Verstehens und vor allem einer gemeinsamen Sprache entwickelte, werde ich im folgenden zeigen. Vielleicht wird ein möglicher Ausweg aus den Stereotypisierungen und festgeschriebenen Täter-Opfer-Haltungen und den darin zu Tage tretenden Herrschaftsbeziehungen sichtbar. Eine konsistente Analyse und ein tieferes Verständnis der folgenden Szene erschloß sich mir erst über die eben aufgeführte Lesart. Die Jungen hatten den Raum verlassen, ein dritter heimlicher Leiter (Hüseyin) versuchte sich im Gespräch zu zeigen. Was waren hier die Spannungen zwischen Unbewußtmachung, sinnlicher Expressivität?

Schock und Reaktionen

Der Weg zu einem Verständnis und zu einer gemeinsamen Sprache verlief aber nicht geradlinig, eher in Brüchen und über unerwartete Wendungen. Die Mädchen redeten in der folgenden Szene und davor über die Schwierigkeit, eine Aufenthaltserlaubnis zu bekommen und ihren zum Teil ungesicherten Status, der sie zu Fremden macht. Ein Thema, das für sie im wahrsten Sinne des Wortes existentiell ist. In diese Beschreibung bringe ich nun zwei Schockgeschichten ein. Ich rufe zum einen den Fall in Erinnerung, in dem eine Freundin der anwesenden Mädchen, eine 16-jährige Schülerin, einige Wochen zuvor gewaltsam in die Türkei abgeschoben worden ist. Der Fall ging durch die lokale Presse und erregte große Aufmerksamkeit.

Tülay: Ich versuche seit Monaten meine Aufenthaltserlaubnis zu kriegen. Ich kriege dauernd immer nur zwei Jahre, nur zwei Jahre, obwohl ich hier geboren und aufgewachsen bin.
Sven: Mhm.
Tülay: Schon mit dem Aufenthalt das ist wichtig, das wär für mich, wenn ich das kriege.
Sven: Ja, da war ja die schlimme Geschichte mit Canar, die abgeschoben wurde...
Tülay: Ja, ja
Sven: Ich glaub, da wird auch ein Schock versetzt, das war schon ziemlich schlimm.
Tülay: Ich hab auch ziemlich Angst davor, daß ich jetzt mit meinem unbefristeten Aufenthalt, daß da was passieren könnte, ja, ich weiß ja auch nicht mehr wo ich hingehöre! Wenn ich in meine Heimat geh, bin ich ja auch fremd, ne.
(Kurzes Schweigen)
(Einige Jungen sagen etwas auf türkisch, Lachen)
Sven: Was habt ihr denn für ein Gefühl gehabt, als sich da die Jugendlichen verbrannt hatten, auf der Autobahn. Das waren ja zwei junge Mädchen? War schlimm das in Mannheim.
Tülay: Das war in Wiesbaden...
Sven: Oder in Wiesbaden, ich weiß es nicht so genau.
Tülay: Ich mein, okay, man kann seine Heimat verteidigen, aber sich verbrennen, das ist – da muß man Vorwürfe machen – mit so körperlichen – das ist nicht das Richtige.
Sven: Mhm.
Deniz: Mit Gewalt kann man eh nichts erreichen, wir wollen ja mit Frieden nicht mit Gewalt was machen.
Mehrere, leise: Mhm.

Die zweite Schockgeschichte bezog sich auf die Kurdendemonstrationen, die Frühjahr 1994 Aufsehen erregten und in der Tagespresse die Frage nach dem sogenannten ethnischen Terrorismus in Deutschland auf unheilvolle Weise schürte. Mein offensichtlicher Tabubruch, das Thema Gewalt so direkt anzusprechen, hatte zum einen die Reaktion provoziert, daß meine Kompetenz direkt in Frage gestellt wurde. Die Ereignisse fanden ganz woanders statt als von mir geschildert, so wurde ich belehrt. Auch eine wütende Reaktion war hier zu bemerken. Wut auf den Forscher, der da indirekt nach dem Gefühl der Heimat fragte, überhaupt etwas wissen wollte, das mit so vielen Affekten verbunden ist. Wut auf die Deutschen war spürbar. Spürbar wütend entgegnete Tülay, daß sie auch in ihrer Heimat fremd sei. Wo eigentlich gehöre sie hin, so fragte sie. Das war ursprünglich auch gar nicht meine Frage. Vielmehr wollte ich nach dem spezifischen Raum fragen, wo sich die Jugendlichen sicher bewegen konnten, wo sie sich selbst verorten, abseits der dafür vorgesehen und doch nur vagen Kategorien. Die Aggression hat aber den Weg dahin erst einmal verbaut. Die Stereotypisierungen mit einer Festlegung auf die Opfer nahm nun ihren Lauf, und mit der abschließenden Bemerkung von Deniz, daß nicht mit Gewalt, sondern mit friedlichen Mitteln etwas erreicht werden sollte, verließen nach und nach die Jungen den Raum, um in einem Nebenraum weiter Tanzfiguren für den bevorstehenden Folklorewettbewerb zu üben.

Die Deutschen haben den Türken auch nur *schlimme Geschichten* zu bieten, so meine Aussage. Ohnmächtig und von Wut gelähmt konnte ich die eigentliche Frage nach der *anderen* Beziehung zwischen Deutschen und Türken nicht mehr formulieren. Die Falle der Polarisierung schnappte zu: jetzt gab es nur noch böse Deutsche und die Opfer, die Türken. Daß als Reaktionen auf die Konflikte zwischen Deutschen und Türken nur die (Selbst-) Ethnisierung der Jugendlichen entstand, ist eine ebenso verständliche wie triviale Beobachtung. Nationalismus provoziert/erzeugt Nationalismus. Aber wollte ich nicht zwischen die Zeilen schauen, die verborgenen Gehalte und versteckten Linien freilegen, die in den Entwürfen der Jugendlichen aufschienen? Nun war ich doch wieder bei dem allgemeinen Diskurs angekommen. Wie sollte es zu der gemeinsamen Sprache kommen, wenn die Gräben so tief zu sein schienen? Die beschriebene Szene endete mit einer Pause. In der ethnoanalytischen Betrachtung sind Pausen immer ein Zeichen für Affekte, die aber noch nicht sprachlich geäußert, nur sinnlich-symbolisch inszeniert werden können; das Schweigen am Ende dieser Szene zeigte, wie das eben Erzählte noch weiterwirkte, die Jugendlichen beschäftigte und Affekte freigesetzte. Kadriye brachte das Gespräch auf eine andere Ebene: „Was haben sie denn noch für Fragen?" Die *eine* Frage blieb unbeantwortet.

Es geht um die Frauen

Ich hatte in den Schockgeschichten und auch in der Initialszene nach den Frauen gefragt, als Ergebnis blieben die Frauen unter sich, erzählten ihre Erfahrungen und formulierten ihre Wünsche als Türkinnen, als Deutsche, als junge Frauen. Es zeigte sich in ihren Geschichten aber, daß die Aggression im Gespräch nicht aus dem Gespräch selbst heraus entstanden war, vielmehr spiegelte sich die Gewalt in ihrer Lebenssituation massiv wider. Themen wie Gewalt, Rassismus und Rechtsunsicherheit sind den Jugendlichen nicht nur bekannt, sie leiden darunter. Aber sie leiden nicht darunter, daß sie Ausländer sind, dieses Stadium der Selbststigmatisierung haben sie längst hinter sich. Sie leiden vor allem darunter, daß sie als Ausländer *behandelt* werden. Kadriye fragte: „Warum fallen wir denn immer auf?" Und Tülay antwortete: „Weil wir Ausländer sind! Wir Türken werden als Ausländer bezeichnet." Sie hatten die Erfahrung gemacht, daß immer, wenn über Ausländer und die sog. Ausländerproblematik gesprochen wurde, die Türken gemeint waren. Natürlich war mir das alles auch nicht unbekannt, gerade deswegen versuchte ich, die jungen Frauen zu den Gesprächen einzuladen, das sie sich sehr reflektiert und differenziert zu diesem Thema äußerten. Von ihnen wollte ich über diese Themen etwas erfahren. Beging ich, indem ich Interesse an ihnen zeigte, einen weiteren Tabubruch? In einer traditionellen türkischen Kultur war es nicht üblich, daß die Frauen von den Männern interessiert befragt wurden.

Hier ging es nun vor allem um Themen wie Scham und Wut. Darin kam eine Geschlechterspannung latent zum Ausdruck. Direkt konnte der Geschlechterkampf und die darin enthaltenen Lebensskripte der Frauen noch nicht angesprochen werden. Meine Unaufmerksamkeit oder genauer: meine Verdrängung dieses Themas, stabilisierte zunächst noch das Gespräch. Aber die Richtung war nun vorgegeben, den Blick auf das „Dahinterliegende" zu wagen.

Ich wandte mich an die Frauen als ‚Opfer' und trug dazu bei, daß die stereotypisierten Darstellungen zunächst beibehalten wurden. Da sich derart viele Übertragungen auf mich bündelten, fiel es mir schwer, diesen Fehlleistungen zu entgehen bzw. diese im Gespräch zu erkennen und reflexiv zu bearbeiten. Wenn ich dieser Gesprächssequenz weiterhin zu polarisieren versuchte, so zeigten die Frauen doch eine sehr differenzierte Sichtweise. Genau dahin wollte ich doch schließlich kommen. Vielleicht waren sie auch zusätzlich angeregt durch das Hinzukommen von Hüseyin, der nun eine weitere Spielart des Leiterkampfes austrug. Er betonte in seinen Ausführungen einen theorieorientierten Ansatz zur Erklärung der ethnischen und sozialen Ungleichheit und stand damit außerhalb der Erfahrungssphäre der Jugendlichen.

Obgleich Hüseyin – der mitten im Gespräch hinzukam – viel in Gang bringen konnte an Reflexionsprozessen und Deutungsweisen der Jugendlichen, blieb er auf einer bestimmten (theoretischen) Ebene stehen; tauchte nicht so tief in die Struktur des Gespräches ein. Wie am Anfang wiederholte sich, wenn auch mit anderem Ausgang, der Kampf der Männer um die machtvolle Leiterrolle. Und damit um die Frauen. Doch selbstbewußt und intellektuell strukturiert, zeigten sich die Frauen unabhängig von der (gedachten) Machtfülle der Männer. Sie übten sich in einem anderen Diskurs. Teils in der simplifizierenden Übernahme eines doppelbödigen Denkens, das ethnische Zugehörigkeit an Äußerlichkeiten festmacht – Kadriye behauptete, Türken sofort im ersten Augenschein als solche zu erkennen –, aber als Reaktion auf diesen anfänglichen stereotypisierten Diskurs zu verstehen ist. Die Frauen brachten aber eine Menge Vorurteile über türkische Frauen durcheinander, auch und gerade weil sie spielerisch und ironisch diese Vorurteile aufnahmen. Sie führten schließlich vor, daß sie als Frau und auch jenseits der Opferrolle gut leben können. Im Gegensatz dazu konnten sich die Männer (Cahit, Hüseyin, Forscher) nur auf der Ebene der Polarisierung sicher bewegen und die Wahrnehmung auf die kreative Entwicklung der eigenen Skripte von Weiblichkeit, die die Frauen präsentierten, nur schwer bzw. gar nicht entwickeln.

Grenzgänger auf dem Wege zum Verständnis

Hier wird deutlich, daß es ein Spiel mit Kategorien und Stereotypen gab und vor allem die jungen Frauen sich im Gespräch als Grenzgängerinnen präsentierten. Auch ich habe als Forscher enge Grenzen überwunden und mich als weißer, männlicher Forscher – der zunächst die Dominanzkultur repräsentierte – anders dargestellt als vielleicht erwartet. Daß diese Grenzgänger schließlich zu einem gemeinsamen Raum fanden, lag sicherlich an der reflexiven Atmosphäre des Gespräches. Wir hatten gemeinsam einen neuen, dritten Raum gefunden, in dem diese Themen geäußert und aufgehoben werden konnten. Den Begriff des *dritten Raumes* (third space) stammt von dem Literaturwissenschaftler Homi Bhabha, der mit seinen Schriften über Kolonialismus, Identität und Differenz in England und den USA einen wichtigen Beitrag zur Debatte über den Minderheitendiskurs und die darin wirkende Kultur- und Identitäts*politik* geliefert hat. Vor allem als ein pointierter Kritiker des liberalistischen Multikultur-Ansatzes ist er in Erscheinung getreten. Weitere Ausführungen zu den Konzepten von Bhabha behalte ich mir hier vor, um nicht zu weit vorauszugreifen. An anderer Stelle werde ich ausführlicher darauf eingehen, um dann wieder einen Bezug zu der spezifischen Reflexionsleistung der Jugendlichen herstellen. Wichtig ist an dieser Stelle zunächst, daß der dritte Raum, in dem neue Kreativität freigesetzt werden kann, die alte Sicht- und Denkweisen ins Wanken bringt, von Personen eröffnet wird, die sich um den Pol der *Hybridität* versammeln, von Personen inmitten verschiedener Traditionen, Geschichten und Kulturen, von Personen, die übersetzen können und diese Traditionen, Geschichten und Kulturen neu kombinieren. Ziel im dritten Raum ist ein Perspektivenwechsel und ein Auflösen fester Grenzen durch Aushandlungsprozesse.

Über die Geschlechterspannung und die teilweise Identifizierung mit den weiblichen Positionen gelang es aber zunehmend, die Polarisierungen aufzuweichen, und es wurde schließlich doch eine gemeinsame Sprache zwischen den jungen Frauen und mir gefunden. Langsam, Schritt für Schritt hatte sich eine gemeinsame Sprache entwickelt. In dem Maße, wie mein eigenes Skript als nicht eindeutig auszumachen war, präsentierte sich das Lebensskript und die Entwürfe von Weiblichkeit der jungen Frauen als sehr differenziert und *zwischen* den offiziellen Bildern und Vorstellungen (der Männer und der beiden Kulturen, der deutschen und der türkischen) über Weiblichkeit angesiedelt. Als Grenzgänger wollten sie sich beschreiben. Und vielleicht war dies meine Chance, als deutscher Mann, der aber nicht den dominierenden machtvollen Entwürfen von Männlichkeit folgen mußte und nicht die offiziellen Bilder von Weiblichkeit verteidigen wollte (also auch auf einer Grenze wandelte), einen Raum entstehen lassen zu können – was sich auch mehr passiv als aktiv vollzogen hat –, in dem sich diese Entwürfe widerspiegelten und gemeinsam betrachtet werden konnten. Der dritte Raum ließ diese anderen Entwürfe aufscheinen.

Cahit: Was mir aufgefallen ist, in der Türkei, viele sind deutschfreundlicher...
Kadriye: Ja.
Cahit: ...die haben eine Vorliebe für Deutsche, wenn die da sind, sehr freundlich und akzeptiert und [...] das ist auch erstaunlich...
Sven: Mhm.
Cahit: ...die Türken haben die Identität – wenn eine deutsche Fußballmannschaft verliert bei einer Meisterschaft, ja, die Türken sind traurig, genau wie die Deutschen...
Kadriye: ...ja...
Cahit: ...also, die stehen voll hinter den Deutschen, ja.
Sven: Mhm.
Kadriye: ...ja...
Cahit: ...also der Erfolg einer Fußballmannschaft – das ist irgendwie komisch hier, aber die Türken werden hier verbrannt!
Kadriye: Und diese Bevölkerung in der Türkei, die können das unterscheiden, zwischen Deutschen und Rechtsradikalen und mit Kriminellen, weshalb können das die Deutschen nicht?
Tülay: Es gibt viele Leute hier, die haben wegen Deutschland sehr viel verloren. Zum Beispiel sind sehr viele Familien auseinander gegangen...
Kadriye: Ja...
Tülay: ...in Deutschland. Ich kann also meine Familie betrachten. Meine Familie ist wegen Deutschland auseinandergegangen...
Sven: Mhm
Tülay: Ich bin immer noch hier in Deutschland
Sven: Deine Eltern sind jetzt in der Türkei?
Tülay: Ja. Sie haben hier dreißig Jahre geschuftet, für gar nichts. Nur, ich kriege noch nicht mal einen richtigen Aufenthalt.

Aufgrund der hohen Ansprüche an Differenzierungsleistungen und der Ablehnung der schicksalhaften Verbindung zu einem Volk, über die in der vorangegangenen Szene lebhaft diskutiert wurde, und gegen den Versuch von Cahit, die Gruppe noch einmal in gute Türken (Opfer) und schlechte Deutsche (Täter) zu polarisieren, indem er erzählte, daß die Türken sich über einen Sieg einer deutschen Fußballmannschaft freuen, die Türken in Deutschland aber verbrannt werden, wurde das Unterscheiden-Können als wichtige Kompetenz festgehalten. Auch Tülay stieg kurzfristig wieder mit in den Opferdiskurs ein und erzählte, daß sich ihre Eltern *wegen* Deutschland getrennt hätten. Dreißig Jahre hatten die Eltern geschuftet, und dafür erhielten die Kinder nicht einmal eine Aufenthaltsberechtigung. Hier redeten ‚Türken' zu Deutschen, nicht die Jugendlichen sprachen mit mir als Forscher. Kadriye leitete aber das Unterscheiden müssen neu ein. Die beiden Tendenzen zwischen Polarisierung und Differenzierung wurden nun wieder ausgehandelt. Das Thema hieß nun Differenzierung (die Türken können das unterscheiden), und so wurden nun Differenzierungen auch bei uns und von uns vorgenommen. Die zweite mögliche Phase in der Begegnung mit dem Anderen und Fremden, in der Neugier und Interesse Leitmotiv sind, hatte sich auch hier nun eröffnet.

Kadriye: Man muß unterscheiden können.
Sven: Und was meint ihr, warum wird nicht unterschieden, warum unterscheiden die Deutschen nicht?
Mehrere durcheinander: Mhm, ja.
Sven: Ich weiß es auch nicht.
Kadriye: Es kommt sehr viel durch die Medien, z.B. als Beispiel: Im Fernsehen werden türkische Filme gezeigt, mit türkischen Darstellern, das sind meistens Filme, die im tiefsten Anatolien spielen.
Cahit: Ja.
Kadriye: Keine qualifizierte Schauspieler, ja.
(Lachen)
Kadriye: Und sogar ich selbst als Türkin, wenn ich diese Filme sehe, kann ich mir nur an den Kopf fassen und...
Tülay: ...kennt man kaum...
Kadriye: ..ich bin das nicht, ja? Ich meine, wenn man über die Türkei einen Bericht zeigt, außer jetzt diese Tourismusberichte, dann geht man ins tiefste Anatolien, zerfallene Häuser...
Tülay: ...Höhlen...
Kadriye: ...Höhlen genau, das wird alles gezeigt und Frauen in Kopftüchern, Kinder barfuß und was weiß ich, ja? Das wird dargestellt wie so dritte Welt, also so ein Land, was weiß ich, und das ist das nicht! Und dann ist es doch ganz normal, wenn die Deutschen sagen: ‚Ihr Türken kommt doch von einem Dorf, und Türkei ist doch total zurückgeblieben', daß ist doch normal, wenn solche Sachen gezeigt werden.
[...]
Kadriye: Ich meine, ich schäme mich nicht deswegen, meine Oma trägt auch ein Kopftuch.
Hüseyin: Man muß das nicht ablehnen...
Kadriye: Ja, ich lehne das auch keinesfalls ab, ja das ist Realität, die wir haben, das ist die Kultur, die wir haben, ich respektiere es, ja.
Tülay: Das kommt ja davon...
Kadriye: ...aber trotzdem, ja, daß man in den Medien immer wieder dieses

Bild vor die Augen der Deutschen bringt, dann ist es auch ganz normal, daß man die Ausländerfeindlichkeit, also...
Mehrere: (durcheinander) ....die Deutschen...
Sven: Wäre das ein Grund dafür? Also ich weiß nicht, ob das ein Grund wäre, wenn im Fernsehen Leute mit Kopftuch gezeigt werden.
Kadriye: Nein, aber da werden immer nur diese Leute als Ausländer bezeichnet. Da werden keine Leute bezeichnet, die kein Kopftuch haben, sondern diejenigen, die ein Kopftuch haben, werden als Ausländer bezeichnet. Und das ist nicht richtig...
Tülay: Ich würde mich nicht vor meinen Freunden schämen.
Kadriye: Nee, tu ich nicht....
Tülay: Meine Mutter und meine Großmutter tragen auch ein Kopftuch; nur das kommt davon, weil die Deutschen meinen: ‚Ja die Türken, die Ausländer, tragen ein Kopftuch und so, bla, bla', deswegen schämen sich die Jugendlichen dafür.
Sven: Mhm.
Tülay: Es ist ja dann kein Wunder, daß man sich dann zurückhält.
Hüseyin: Man setzt dadurch also die Türken als Zielscheibe hier ein.
Kadriye/Tülay: Ja, genau.

An dieser „Kopftuch-Debatte" hatte sich ein wichtiges Thema festgemacht, eine Art rituelle Re-Ethnisierung, die zum einen das Ziel verfolgte, den Diskurs (über „Ausländer") aufrecht zu halten und Konflikte zu entschärfen, zum anderen zeigte der spezifische Umgang der Frauen mit den eigenen Differenzierungen, daß sie nicht nur über Polarisierungen einen positiven Entwurf herstellen mußten. Im Gegenteil: jenseits traditioneller Bilder und Rollenentwürfe zeigte sich ein Bild der traditionellen islamischen Frau, das dem einer modernen Frau, den jungen Frauen hier im Gespräch nicht dichotomisch gegenübersteht. Das, was sich hier als dritter Raum eröffnete, war die Möglichkeit, daß die jungen Frauen ihre eigenen Skripte ausbreiten konnten, und sowohl die Kontinuität als auch die Diskontinuität zur eigenen Herkunft betonten: Ich bin Deutsche *und* ich bin Türkin, ich bin traditionelle *und* moderne Frau.

Es gab keine Scham über die Herkunft (der Eltern und Großeltern) und auch keine über den eigenen davon abweichenden Lebensweg. Respekt und Realität betonte Kadriye in ihrem Statement, aus diesen zwei Quellen schöpfte sie die Neudefinition ihres Verständnisses. Das Entscheiden müssen zwischen dem Deutschsein und dem Türkischsein hatte sich verflüssigt. Es gab nichts mehr dazwischen, der Raum, den beide Positionen eröffnen, ist unendlich. So sagte auch Kadriye: „Vor allem haben wir ja beide Kulturen." Sie sagte nicht, daß sie sich zwischen den beiden Kulturen entscheiden müsse – ganz selbstverständlich und im Bewußtsein der Gleichzeitigkeit betonte sie das *Haben* der beiden Kulturen.

Das *originäre* Moment, und ich sage bewußt nicht das integrierende, weil hier der Ausgangspunkt von etwas Neuem und Selbstgeschaffenem lag, ist das Anerkennen des Kopftuches als vielleicht sinnstiftendes Symbol der eigenen

Mütter und Großmütter, das nicht verleugnet werden mußte, um als für sie nicht mehr gültig bezeichnet zu werden. In dieser Anerkennung steckte auch und vor allem die Freiheit, wählen zu können, den dritten Raum auszufüllen, mit der *eigenen* Vorstellung von Frausein, mit dem *eigenen* Skript, von dem die jungen Frauen hier gerade den Anfang präsentierten. Diese Präsentation zeigte auch die Notwendigkeit für die Mädchen, sich einen Raum zu erschaffen oder aufrechtzuhalten, in dem sie als Grenzgänger überleben und, sich den Eindeutigkeiten entziehen konnten.

Kadriye: Wieso fallen *wir* denn immer so auf?
Tülay: Weil wir Ausländer sind! Wir Türken werden als Ausländer bezeichnet!
Kadriye: Aber wieso? Ist es erstens von der Religion...
Tülay: ...weil wir ein Kopftuch tragen...
Kadriye: Wieso nur wir?
Ayse: (lacht)
Tülay: Wir sind Moslems.
Kadriye: Ich meine, ich sehe sehr viele Deutsche Frauen, die älter sind, die genauso ein Kopftuch tragen.
Tülay: Ja, sicher...
Sven: Auf dem Land alle...
Kadriye: ...auf dem Land ja, und ich meine, jeder hat eine Religion, ja, irgendwie einen Glauben und ich meine, man muß das respektieren...
Tülay: ...naja, es gibt Leute, die...
Kadriye: ...ich denke, wir sind in einem Land, wo man eine freie Persönlichkeitsentfaltung...
Hüseyin: ..bist du einmal diskriminiert worden, weil du Muslime bist?
Tülay: (unverständlich)
Kadriye: Also, ich hab da wenig Erfahrung was das angeht...
Hüseyin: ...also ich weiß nicht, wir sollten nicht denselben Fehler machen wie viele andere, und zwar das Ganze immer so ein bißchen zu pauschalisieren. Das ist natürlich ein großes Argument, also ein Aspekt Ausländerproblematik oder Einwandererproblematik zu sehen. Erstens, daß die Türken z.B. in der Zahl in der Mehrheit sind als die anderen im Vergleich, und zweitens, wie du auch eben geschildert hast, die kommen aus einem anderen kulturellen Bereich, also religiös und kulturell. Das sind zwei Unterschiede oder drei Aspekte, die die Türken, also – die das Bild der Türken hier in Europa bzw. auch in Deutschland schlecht machen.
Kadriye: Mhm.
Hüseyin: Und aber wir müssen trotzdem nicht den Fehler machen und sagen: Ausländerpolitik ist Türkenpolitik! Das ist ein Fehler! Und wenn sich da Ausländer selbst gegeneinander ausspielen, das ist eine große Gefahr. Und das haben die nämlich jetzt auch gemacht, soweit gemacht, mit der Einführung der Wahl, des Wahlrechts, also bei den Europa-

wahlen z.B. durch die Maastricht-Verträge. Da haben die Ausländer, also, die EU-Ausländer das Wahlrecht bekommen. Und an einem Beispiel kann ich das ein bißchen konkretisieren, und zwar, wenn ein Grieche z.b. ein Jahr hier in Deutschland lebt, hat er das Recht zu wählen.

Hüseyin unterbrach den Bericht der Mädchen und brachte eine gesellschaftliche Ebene in das Gespräch, gerade an dem Punkt, wo wichtige Erfahrungen der Mädchen verhandelt wurden. Hüseyin leistete da Theoriearbeit, wo die Mädchen ihre Skripte – ihre Lebenspraxis – ausbreiten wollten. Die Männer wollten das nicht hören, sie hielten lieber an ihren bestehenden Vorstellungen fest. Hier gelang jedoch ein kurzer Blick auf eine versteckte Spur, eine Möglichkeit, die in der Art und Weise entsteht, wie Mann, (hier der Forscher) die traditionellen Rollenentwürfe und Geschlechternormen fallen läßt und wie ein „dritten Geschlechts" (vgl. Bosse 1995) eingeführt wird, das in dem auszuhandelnden Raum entstehen kann, in dem Widersprüche nicht eliminiert und Grenzgänger erkannt und anerkannt werden.

Ein Drehbuch für ein eigenes Leben

In der Verweigerung, den inszenierten Leiter- und Statuskonflikt weiter auszuspielen, lag ein Motor des Gespräches. Auch und gerade als „schwacher Leiter" konnte ich zeigen, daß man Interesse und Respekt haben kann und vor allem auch ohne Macht überlebt und einen Dialog voranbringen kann. Hier präsentierte ich mein Skript. In dem Maße, wie sich der Dialog dahingehend verändert hatte, daß nicht mehr die Türken zu den Deutschen (und vice versa) sprachen, die Polarisierungen und Stereotypisierungen aufgegeben wurden, gelang auch eine differenzierte und differenzierende Betrachtung der eigenen und der fremden Kultur. Vielleicht ein gangbarer Weg, um das strukturell von Polarisierungen und Stereotypen so nachhaltig geprägte interethnische Verhalten und besonders das zwischen Deutschen und Türken zu verändern und damit dem Drama der Geschichte entgehen zu können.

Ob und wie lange die Tür zu dem dritten Raum aufrecht erhalten werden kann, ist nun die wichtige Frage. Denn nur in diesem dritten Raum können Grenzgänger überleben und die notwendige schöpferische Kraft erbringen, um zum einen in dem Kampf zwischen den Geschlechtern mit eigenen – von den männlichen und kulturellen Bildern und verbindlichen Entwürfen unabhängigen – Skripten von Weiblichkeit (und Männlichkeit) zu bestehen und zu überleben, d.h. auch die Geschlechterspannung produktiv umsetzen zu können; zum anderen können hier Polarisierungen und zementierte Bilder von den Kategorien Geschlecht, Kultur und Ethnie überwunden werden. Widerstrebende und sich den Anforderungen an eindeutige Skripte entziehende Entwürfe an Frau-sein, Mann-sein, Deutscher-sein und Türke-sein wurden in diesem Raum ausprobiert, ausgetauscht und gelebt.

Vielleicht habe ich in der ersten Lesart den Konflikt zwischen Cahit und mir zu stark als Machtkonflikt interpretiert. Mir kam in der späteren Entwicklung der Gespräche die Sichtweise, daß die Gruppe als Familie (bzw. Ersatzfamilie) agiert, daß jeder eine Rolle ausfüllt, die die eigene Familie nicht bieten kann. So hat Cahit die Rolle des Vaters, der sicher sein will, daß „seine" Mädchen auch ungefährdet sind und nicht ohne Kontrolle gelassen werden. So gesehen kann seine Vorsicht auch als „Fürsorge" und als delegierte elterliche Verantwortung gesehen werden.

Ich habe davon gesprochen, daß die Analyse der motorischen Handlungen und die Betrachtung der Form des Rituals jenseits von Übertragungs- und Gegenübertragungsanalysen das Ritual als einen Prozeß kollektiver Sinngebung erscheinen läßt. Die Tatsache, daß ich das Gespräch mit den Mädchen alleine zu Ende führte, die Jungen und auch die potentiellen Leiterkonkurrenten (Hüseyin und Cahit) den Pausenraum verließen, in dem wir das Gespräch führten, ist nur verstehbar in einer Dimension, die das Ritual, d.h. die nichtsprachliche Komponente miteinschließt. Ich verstehe die Aufteilung der Gruppe, das Verlassen der Jungen als Ergebnis des Leiterkonfliktes, als ein Ausdruck der Suche nach einem geschützten Raum, in dem offene Skripte kollektiv verhandelt und angenommen werden.

Es ging hier um Weiblichkeit jenseits kategorisierter Formen, darin sind die Erfahrungen eingespeist, die die Mädchen gemacht haben, als Töchter aus Immigrantenfamilien. Lebensskripte sind – ich greife hier wieder auf die Ritualanalyse von Bosse (1996) zurück – geborgen im Ritual. Neben sprachlichen und anderen kulturellen Äußerungen erscheint hier eine „spezifische Ausdrucksgestalt kollektiver Sinngebung." (ebd. 135) Was im Ritual bearbeitet wird, nennt Bosse „existentielles Paradox". Es besteht in der Erfahrung der eigenen individuellen Endlichkeit angesichts der Fähigkeit, sich durch eigene Unendlichkeit vorstellen und wünschen zu können, wodurch unvermeidliche Unendlichkeitswünsche und -phantasien auftreten können. Die Bearbeitung dieses Paradox in unterschiedlichen Ausdrucksgestalten dient dazu, dem eigen individuellen und kollektiven Leben eine Sinnperspektive zu geben. Diese Sinnperspektive nennt Bosse „Lebensskript" (vgl. ebd. 135). Gerade in der Adoleszenz wird die eigene Endlichkeit erstmals in aller Konsequenz antizipiert. Das Wort Lebensskript, das dem Lebensentwurf sehr nahe kommt, enthält einen Bedeutungsgehalt, der an das Skript, das Drehbuch eines Filmes erinnert. Dieses Drehbuch entwerfen die Adoleszenten im Gruppengespräch. Sie sind die Hauptdarsteller in dem Film, der ihr eigenes autonomes Leben heißt.

Das Skript ist kein verbindlicher Handlungsentwurf, es gibt Verhandlungen und Abweichungen, Vorgaben und Improvisationen. Und es gibt unterschiedliche Vorstellungen davon, wie es mit „Evidenz und Gewißheit" (ebd.) versehen wird. Wie man sein Skript ausfüllt, sich im Film präsentiert und was man spielen möchte. Bosse unterscheidet zwei verschiedene Formen: „Wird in der Formulierung eines Lebensskriptes für Zweifel, Ungewißheit und Veränderung der Perspektive Platz eingeräumt, wird der Endlichkeit jeder Gewißheit

Rechnung getragen. In diesem Fall spreche ich von einem *offenen Lebensskript*. Ist in einem Skript das Paradox von Endlichkeit der Gewißheit und Vorstellungen unendlicher Gewißheit zu letzterem hin aufgelöst, beispielsweise durch Anspruch vollkommener Erkenntnis oder der Abweisung von Zweifel, Korrekturmöglichkeit und Veränderung, spreche ich von einem *geschlossenen Skript.*" (ebd.)

Das Ritual des Verlassens der Jungen aus der Gesprächsgruppe erschließt sich in seiner ganzen Dimension vor allem durch die Veränderungen, die darin eingeschlossen waren. Dazu komme ich gleich. Ich frage noch nach der Bedeutung des Rituals. „Ein Lebensskript muß kollektiv Anerkennung finden, das heißt intersubjektive Geltung erreichen, und drückt jeweils einen bestimmten Modus aus, in dem diese Anerkennung erreicht wird. [...] Skripte stoßen immer auch auf Nichtanerkennung durch andere. Am Umgang mit der Nichtanerkennung entscheidet sich der Charakter des Skripts." (Bosse a.a.O., 136) Ein offenes Skript kennzeichnet sich durch die mögliche NichtAnerkennung des Skriptes durch andere als Möglichkeit der Differenzierung des eigenen Skripts. Die Verhandlung des Skripts der Mädchen, die Kontinuität und auch Diskontinuität zu der eigenen Herkunftsfamilie herstellten, was sich an der Bewertung des Kopftuches als Teil der Tradition der Eltern und Großeltern festmachte, deren sich nicht schamhaft erinnert werden mußte, konnte nur vor dem Hintergrund eines Rahmens geschehen, in dem eine Art prinzipiellen Aushandelns möglich ist.

Daß die Jungen den Raum verlassen hatten, lag meines Erachtens daran, daß die Orientierung auf eine klare Leiterposition hin den Jungen mehr an Anerkennung und Plausibilität geben konnte. Das Zur-Sprache-kommen der Mädchen, die Präsentation ihrer Skripte, die ich als offene bezeichnen würde, schafft und zerstört zugleich eine symbolische Ordnung, durchbricht Grenzen und Kategorien. Die traditionelle Geschlechterungleichheit, auf der sich zum Teil die ethnische Kultur der Herkunftsfamilien begründete, hatte sich nun transformiert. Das Ritual kann gesehen werden als Geschlechterkampf, in dem offene gegen geschlossene Skripte standen.

Die Ressource hegemoniale Männlichkeit

Ein produktives Umgehen mit Modernität und einer ethnischen Tradition stand hier zur Disposition. Die Mädchen hatten sich auf das Wagnis eingelassen, neue Perspektiven zu ergründen, die Jungen sich eher auf einen sicheren Status zurückgelehnt. Die Struktur der Polarisierung und der Stereotypisierung im Gespräch sehe ich als Mittel im Kampf um die Auseinandersetzung dieser verschiedenen Skripte. Die Ethnisierung und die Re-Ethnisierung haben sich auf der formalen Ebene als Strategie, auf die Auseinandersetzung in der Gruppe Einfluß zu nehmen, erschlossen. Meine Rolle als Vermittler zwischen den Positionen hatte sich schließlich zugunsten einer Position auf der Seite der offenen Skripte durchgesetzt, was damit zusammenhängt, daß ich mich aufgrund meiner unklaren Leiterposition der Auseinandersetzung darüber entzog.

Ich hatte mir am Anfang des Gesprächs noch kein definitives Bild gemacht von der Forschungsfrage, wollte den Rahmen dafür aushandeln. Daran hat sich die Bereitschaft der Mädchen angeschlossen, ihre Aushandlungsprozesse anzuknüpfen.

Vor dem Hintergrund der Inszenierung der Geschlechtertrennung der Gruppe und der Aushandlung eines offenen Skriptes der Mädchen und eines (noch) geschlossenen bei der Jungen verstehe ich die Initialszene des Gespräches und auch den weiteren Verlauf als eine Auseinandersetzung um verschiedene Deutungsmöglichkeiten einer scheinbar eindeutigen Tradition: Ethnische Tradition und Kultur erfährt bei den Jungen, die sich am Vorbild des Folklorelehrers orientieren[131], eine Dimension der Verbindlichkeit, der Statik und darin enthalten: der Polarisierung verschiedener Optionen. Für die Mädchen hat Tradition und ethnische Kultur einen anderen Stellenwert: Sie klären durch eine offene Neubewertung die Kontinuität zu ihrer Herkunftskultur, die festgemacht wurde am Tragen des Kopftuches der Mütter und Großmütter, ihre Diskontinuität zu diesem Modell. Mit Respekt und nicht mit Scham sahen sie diese Realität auch als die ihre, nahmen aber andere Optionen wahr. Tradition erscheint so nicht als der Ort der Vergangenheit, eher als ein Ort der Gegenwart und nach vorne gerichtet als ein möglicher Ort der Zukunft. Das Ritual der Trennung hat diesen Übergang markiert und eine andere psychosoziale und kulturelle Praxis aufscheinen lassen.

Was die Jungen im Gespräch inszenierten, die Konstruktion des Geschlechtergegensatzes durch verschiedene Lebensskripte, speiste sich aus einer ihnen scheinbar unbegrenzt zur Verfügung stehenden, immer wieder neu aufgefüllten Ressource einer dominierenden und damit hegemonialen Männlichkeit. Das Konzept *hegemoniale Männlichkeit* hat Robert W. Connell (1995) in seiner Studie „*Masculinities*" entwickelt. Männlichkeit, schreibt Connell, markiert eine schwer faßbare Kategorie, die kaum eindeutig zu definieren ist. Trotzdem beherrschen diese Konzepte ‚Männlichkeit' (und ‚Weiblichkeit') die Konzepte der Sozialwissenschaften und vor allem die Alltagspraxis. „Everyday life is an arena of gender politics, not an escape from it." (Connell 1995, 3) Diese Arena war hier im Gespräch zu finden. Connell meint mit *hegemonial masculinity* keine Charaktertypen oder einen bestimmten ethnischen Zugriff, sondern einen Versuch, Machtanwendung und Machtunterworfenheit entlang der Kategorien Schicht/Klasse, Status/soziale Herkunft, Geschlecht, Alter, Ethnie, Mehrheits-/Minderheitskultur zu bestimmen (vgl. dazu auch Kersten 1997, 106).

---

[131] In einem anderen Gruppengespräch sagte Nesla: „Und bei uns ist es so, die Jungen werden hochgebracht, weißte so richtig osmanischer Typ." Im Hintergrund posierte Murat als Muskelmann und alle lachten. Nesla weiter: „...und die Mädchen werden unterdrückt. Aber wieso soll ich mich unterdrücken lassen. Was issen des?" Der osmanische Typ ist im Prinzip der Verlierer des Aushandlungsprozesses, da er gebunden ist an seine Vorstellung von der eigenen grandiosen Männlichkeit. Hier gibt es nur geringe Spielräume, will er seinen Machtstatus nicht verlieren.

Die Rückversicherung, sich der Deutungskraft diese Konzepts bedienen zu können, läßt Männer fast automatisch den Machtpol besetzen. Nicht biologische, sondern soziale Unterschiede markieren diese Größe. „Hegemoniale Männlichkeit bezeichnet die Reproduktion [...] der ökonomischen, rechtlichen und kulturellen Makro- und Mikrostrukturen, die bis in den Arbeits- und Beziehungsalltag hinein *ohne die Anwendung unmittelbarer Gewalt*, die Vorherrschaft eines Geschlechts in einer grundsätzlich geschlechterungleichen Kultur sichern", so bringt Kersten (1997, 106) das Konzept von Connell auf den Punkt. Es Connell geht in seinem Entwurf um die Frage, „wie eine angemessene Geschlechtertheorie heute auszusehen hätte", (1995a, 61) und er definiert Geschlecht vor allem als soziale Praxis, die sich ständig auf den Körper bezieht, ohne dabei eine auf den Körper reduzierte gesellschaftliche Praxis zu beschreiben: „Mit welchem gesellschaftlichen Setting auch immer wir es zu tun haben, kaum jemals treffen wir nur eine einzige Form von Männlichkeit an. Für gewöhnlich sind es mehrere Formen von Männlichkeit. Das, was man ‚die Männerrolle' genannt hat, läßt sich am besten als das kulturell maßgebliche, autoritative oder hegemoniale Muster von Männlichkeit verstehen." (ebd. 68)

Aber nicht nur Frauen werden unter diese Maßstäbe gestellt, auch in Auseinandersetzung mit anderen Männern, anderen Männlichkeiten (dazu gibt Connell in seinen Fallstudien einen Überblick) wird der Durchgriff von hegemonialer Männlichkeit erzeugt. Dadurch konstruiert sich der Geschlechtergegensatz, der übergeordnete Männlichkeit und untergeordnete Weiblichkeit (und abweichende Männlichkeit) definiert. Das Stereotyp moderner und ethnisch rückversicherter Maskulinität hat sich hier im Gespräch rekonstituiert, wurde aber aus dem Aushandlungsprozeß herausgenommen. Darüber wurde nicht geredet. Übrig blieben die Mädchen, die sich – wie sich gezeigt hat – einen Spielraum eröffnet haben, Weiblichkeit und ethnische Herkunft offen zu entwerfen. Deutsch zu sein, Türkisch zu sein bekam damit eine personen- und geschlechtsspezifische Perspektive.

Außer einer geschlechtspezifischen Differenzierung existierte noch eine weitere Differenzierung, die im nächsten Gruppengespräch erkennbar werden wird: Es geht um Altersklassen und die damit zusammenhängenden unterschiedlichen Erfahrungen von Diskriminierung und Differenz. Unterschiedliche Immigrationsbiographien, die durch Zeitverläufe gekennzeichnet werden und spezifische lebensgeschichtliche Verarbeitungsformen und Skripte erkennen lassen, werden im folgenden Fallbeispiel im Mittelpunkt stehen.

Konkurrenz und Diskriminierung.
Ein Generationenkonflikt:
Inszenierung in drei Akten

Unwägbarkeiten

Der britische Ethnologe und Begründer der modernen Ethnographie, Bronislaw Malinowski, schrieb einmal, daß in der Feldforschung eine Reihe sehr wichtiger Phänomene existieren, die möglicherweise durch Befragung oder Dokumentenanalyse nicht in Erfahrung zu bringen seien. In ihrer vollen Wirklichkeit können sie nur beobachtet werden. Malinowski nannte diese wichtigen Phänomene die *Imponderabilien des wirklichen Lebens* (Malinowski 1984, 43). Diesen Imponderabilien oder Unwägbarkeiten maß Malinowski einen wichtigen Beitrag bei der Erforschung und der Interpretation der sozialen Organisation einer Kultur zu.

In dem nun vorgestellten Gruppengespräch hatten sich die Unwägbarkeiten der Feldforschungssituation so massiv an den Tag gedrängt, daß es bei einzelnen Szenen zu einer kompletten Umkehrung der Forschungssituation kam: Es war mehr als nur einmal nicht nur unklar, *wer* forscht, vielmehr hatten die „Beforschten" ihre Rolle verlassen und befragten nicht nur die Forscher, sondern eine unplanmäßig dazugekommene Jugendgruppe. Gerade diese Dynamik machte das Gespräch so ergiebig. Auf mehreren Ebenen war nun zu beobachten, wie sich ein wichtiges Thema durch den gesamten Gesprächsverlauf entwickelte und Jugendliche unter sich und gegen sich, aber immer gegen die Erwachsenen ihre Positionen und Entwürfe verteidigten. Aus diesem Grund bin ich zu der Einschätzung gekommen, daß sich in diesem Gespräch ein Generationenkonflikt manifestierte, der viel von den Lebensentwürfen und der dahinter verborgenen schöpferischen Kraft der Jugendlichen aus der Gruppe sichtbar machte.

Zur Struktur des Gruppengesprächs

Das dritte Gruppengespräch, das von mir zusammen mit meinem Freund und Forscherkollegen Stefan Rech geführt wurde, fand im Frankfurter Migrantenverein statt. Von der Folkloregruppe, mit der ich bislang Gespräche geführt hatte, waren zwei ehemalige Gruppenmitglieder anwesend. Außer den drei männlichen Jugendlichen Ismael, Fatih und Recep waren noch zwei weibliche Jugendliche, Yasemin und Merwat kurz anwesend. Sie verließen aber schon bald die Runde. Außer den Jugendlichen (die damals zwischen 18 und 20 Jahre alt waren) nahmen noch Cuma Yagmur (46 Jahre alt), der Leiter des Migrantenvereins, und Johnny, ein (45 jähriger) Afrikaner aus Guinea-Bissau, der abwechselnd in Frankfurt und Frankreich lebt, teil. Eine reine Männerrunde. Plötzlich und ganz unerwartet kam eine Gruppe deutscher Pfadfinder und Pfadfinderinnen in den Raum des Migrantenvereins, in dem wir unser Gruppengespräch führten. Die sechs jugendlichen PfadfinderInnen wollten Interviews zum Thema „Ausländer in Deutschland" machen und wurden von einer städtischen Ausländerinstitution, die sie zuvor besucht hatten, an den Migrantenverein verwiesen. Cuma lud sie ein zu bleiben.

Diese etwas chaotische, ungeplante Szene mit den Pfadfindern nährte mein Gefühl und den spontanen ersten Eindruck, bei dem Gruppengespräch handele es sich um eine Inszenierung, extra für uns Forscher arrangiert wurde. Cuma, der Leiter des Migrantenvereins, und seine Darsteller gaben uns eine Vorstellung, die sich aber schließlich der Kontrolle des Leiters und auch der Forscher entzog und verselbständigte.

Das Gespräch beginnt

Die Gesprächsrunde begann ich damit, daß ich erklärte, daß wir uns für Jugendliche interessieren, die in zwei Kulturen leben. Es stellten sich der Reihe nach alle Teilnehmer und Teilnehmerinnen vor. Wir hatten aber die technische Fähigkeit des Aufzeichnungsgerätes überschätzt, und der größte Teil der leise gesprochenen Passagen waren in dem großen Raum nicht zu hören. Vor allem Johnny sprach sehr laut, was die nachfolgenden Gesprächsbeiträge kaum noch hörbar erscheinen ließ.

Sven: (stellt den Cassettenrecorder ein): Das Einverständnis von euch vorausgesetzt.
Cuma/Mehrere: Ja, ja – klar.
Merwat: Ich heiße Merwat und ich komme aus der Türkei (leise, unverständlich) lebe seit zwei Jahren hier und besuche einen Deutschkurs.
Cuma: Sollen wir einfach über (unverständlich) reden, es wurde das letzte Mal vorgeschlagen, daß man unbedingt nicht über Identität oder kulturelle Konflikte redet. Ich denke mir, es ist egal, wir sind verschiedene Leute, jeder hat eigene Erfahrungen, wie man hier lebt und was sie hier in der Aufnahmegesellschaft für Probleme haben und was ist das für uns: die Fremde. Da denke ich mir, daß jeder von sich aus einfach spontan zu reden beginnt, einfach spontan zu sein. Die, die mit der Sprache Schwierigkeiten haben, können einfach dasitzen und hören.
Jemand: Übersetzen!
Cuma: Du kannst nicht Türkisch, Johnny?
(Lachen)
Johnny: Nein, aber ich lerne (lautes Lachen). Ja, ich werde mich auch nachher entschuldigen, weil ich bin nur kurz vorbeigekommen und ich muß nachher wieder weg und will nicht, daß der Kollege denkt, daß mich das nicht interessiert. Aber ich muß meinen Kurs weiter, ich finde das schon interessant, aber schade, daß ich nicht bis zum Ende von dieser Unterhaltung bleiben kann. Ja das....

Cuma: Johnny, du lebst in zwei europäischen Ländern. Du hast lange in Frankreich gelebt und jetzt lebst du in Deutschland...
Johnny: ...ja ich lebe in beiden...
Cuma: ...wie ist die Erfahrung in beiden Ländern? Für dich als Fremder in Frankreich und in Deutschland – du bist kein Europäer, das sieht man an deinem tollen schwarzen Gesicht.
Johnny: Richtig! Wenn ich jetzt schon was sagen werde – kann – ist es so, ich bin verheiratet, habe zwei Kinder ich wohne erst einmal in Frankreich, da wohne ich immer noch. Und dann durch mein Arbeitgeber das war die Nato, allgemeiner sagen wir mal, ja, die es nicht mehr gibt. Mein Arbeitgeber sitzt in Brüssel. Dann gibt es so eine Kundendienstart bei Kunden dieser Allianz. Dann sind wir immer nach Deutschland arbeiten gegangen. Irgendwann habe ich auch eine Wohnung hier gemietet. Der Franzose war bei uns als Kolonial[macht] und einmal ist geteilt: südlich portugisisch, nördlich französisch. Dieser Teil gehört zum Senegal. Und Senegal 1960 Unabhängigkeit, aber keine totale Unabhängigkeit. Es ist so eine *communauté* ja, das die zusammen, wir brauchten damals keine Ausweise. Brauchen wir keine Ausweise, können wir genauso wie in Europa heute verreisen nach Frankreich. Aber unterschiedlich in beiden Ländern ist das Gesetz. In Frankreich ist das anders, ja? In Frankreich war kein Ausländergesetz gewesen. Das Gesetz ist – gilt für jeden...
Cuma: ....das französische?...
Johnny: ...Franzosen. Und es gilt für alle Ausländer. Wenn die ihre ersten fünf Lebensjahre in Frankreich verbringen, dann dürfen die automatisch ihren Ausweis ändern oder französische Staatsangehörigkeit übernehmen.. Und die Kosten sind gleich wenn hundert Franc für die Franzosen für die Briefmarke, die auf den Ausweis geklebt werden, der kostet auch genauso wie für die Ausländer, die da eingebürgert sind. Aber zur Zeit da hat auch das *Loi Pascal* die neue Gesetz nichts mehr so automatisch. Auch die Kinder, die dort geboren sind – damals – sind automatisch Franzosen. Heute geht nix mehr. Man muß erst mal 18 Lebensjahre sein. Da müssen diese Kinder heute fehlerfrei sein, also keine – also sagen wir mal reduziert man nichts mehr, wie wir durch Strafe, mit Kindheit. Da geht es nicht mehr automatisch mit Staatsangehörigkeit. Dann dürfen die französischen Gesetze verwendet werden. Na gut: du warst mit fünfzehn beim Diebstahl erwischt und du bist vorbestraft und darfst nix und dann mußt du noch zehn Jahre warten und wenn dann nix passiert, können sie dem französischen Staat angehörig sein. Und seit ich in Deutschland Aufenthalt brauche, da habe ich gleich durch die Beschäftigung beim Bund befristet Aufenthalt. Und deswegen war ich nur einmal im Ordnungsamt. Aber das ist wieder eine ganz andere Sache. Aber in Deutschland hat man – ich fühle mich auch in Deutschland wohl – aber es gibt immer

Probleme, weil die Gesetzgeber, ohne die Bevölkerung zu fragen, hat immer ein Fremdengesetz extra. Also man kann nur entweder die Werte: Gold, Bronze oder Silber haben. Und es gibt die Ausländergesetz und Einwanderergesetz und dann die richtigen deutschen Bürgergesetze. Aber jetzt ist das Problem, wie ich hier lebe – überall kann das Problem sein. Aber Probleme darüber kann man auch mit anderen darüber sprechen oder versuchen zu lösen. Und diese Kontakte, ich habe viele deutschen Freunde – ich habe auch viele Feinde in Deutschland. Genau wie in Frankreich. Aber nur weil das Gesetz ist da – wir machen Gesetz zum Beispiel zwei Studenten, die sind jetzt fertig...
Cuma: ...jetzt aber – aber wie fühlst du dich mit deiner doch schwarzen Haut?
Johnny: ...ja ich fühle mich schon ...
Cuma: ...schwarze Haut, wobei du...
Johnny: ...nix allgemein. Fällt auf, normal.
Cuma: Ja.

Monolog der Randfiguren

Der Eindruck einer Inszenierung beizuwohnen, wurde auch durch die Gesprächsthemen bestätigt, die über weite Strecken wie eine Satire, eine selbstironische Adaption des Diskurses über Fremde und „Multikultur" wirkten. Der erste Teil des Gesprächs bildet zugleich das Setting des Gesprächs ab: Die beiden „Erwachsenen" Johnny und vor allem aber Cuma wechselten zwischen Dialog und Monolog, bestimmten allein das Thema. Cuma begann, unmittelbar nachdem ich unser Interesse erklärt hatte, daß wir etwas über Jugendliche erfahren wollten, die in zwei Kulturen lebten, die Leiterrolle (entsprechend seiner tatsächlichen Leiterrolle im Verein) zu übernehmen. Er, als der „Regisseur" der Inszenierung, schlug vor, über was geredet werden sollte und über was nicht. Cuma: „Es wurde das letzte Mal vorgeschlagen, daß man nicht unbedingt über Identität oder kulturelle Konflikte reden soll." Er hob diese Einschränkung aber schon kurze Zeit später wieder auf, redete über kulturelle Konflikte und Identität und machte dabei aber auch die Verhältnisse klar: Es reden die *Fremden*. Cuma: „Wir sind verschiedene Leute [...] jeder kann eigene Erfahrungen [einbringen], wie man hier lebt und was sie hier in der Aufnahmegesellschaft für Probleme haben – und was das für uns, die Fremden, ist."

Die Fremden waren aber nicht diese geschlossene Wir-Gruppe, die Cuma hier zu konstituieren versuchte. Im weiteren Verlauf der Analyse wird sich zeigen, daß diese Identifikation mit fremder und eigener Gruppenzugehörigkeit sich einer einfachen Polarisierung widersetzte und besonders die Jugendlichen eine andere Vorstellung davon als die „Erwachsenen" hatten. Das lag zum einen daran, daß ich mit der Einführung des Themas am Anfang des Gruppengesprächs eine bestimmte Haltung eingenommen, vor allem ein „potentielles Lebensskript" angesprochen hatte, an dem sich die Gruppe polarisieren mußte. Das Leben *in* zwei Kulturen blendet eben auch das Leben *zwischen* zwei Kulturen aus, diese negative Deutungsvariante hatte ich ganz bewußt ausgeklammert. Diese Sichtweise spiegelte auch meine Vorannahmen wider, die ich überprüfen wollte. Zum anderen verläuft Differenz nicht unbedingt über ethnische Selbst- oder Fremdbilder, wie sich im Verlauf des Gesprächs herausstellte.

Die Markierung und die Analyse der *Lebensskripte* möchte ich wie bereits in der Interpretation der vorigen Fallstudie benutzen, um die Entwürfe und Selbstbilder vom eigenen Leben, die sich stets an der Wirklichkeit reiben, in ihrer ganzen Bandbreite, Widersprüchlichkeit und Veränderlichkeit beschreiben zu können. Das Lebensskript muß, wie es Hans Bosse beschrieben hat, drei Fragen beantworten: *Wer bin ich, wer war ich, wer werde ich sein?* Diese Fragen der Selbstfindung und Selbstbehauptung stehen in einem engen Zusammenhang mit dem Platz des einzelnen in der Gruppe, dem Erkannt- und Anerkanntwerden. Ausgehend von der These, die Bosse in seinen Rekonstruktionen von adoleszenten Lebensskripten Jugendlicher aus der Sepikregion in Papua-Neuguinea formuliert, wonach im Gruppengespräch zuerst potentielle Lebensskripte ausgebreitet und dann zu einem verbindlichen kollektiven Lebensskript umgewandelt werden (vgl. Bosse 1994, 25), kann auch hier gezeigt werden, daß die Anfangsszene mit einem potentiellen Skript von mir eröffnet wurde, in dem die Spannung des gesamten Gesprächs bereits angelegt ist. Sowohl Cumas als auch Johnnys Reaktionen sind also auch als Erwiderung auf mein präsentiertes (und in der Frage an die Gruppe angesprochenes) erstes Skript zu lesen.

Ich habe bereits gesagt, daß ich den spontanen Eindruck hatte, an einer Inszenierung eines Theaterstückes teilzunehmen. In dem multiethnischen Setting des Gruppengesprächs und in seiner Struktur spiegelte sich auch die Rollenverteilung: Alle Figuren und somit alle Skripte sind in ihrer ganzen Vielfalt vertreten. Den beiden Forschern blieb jedoch im ersten Teil die Zuschauerrolle vorbehalten, sie kamen gegen den Redefluß und die Wortgewalt der beiden Akteure überhaupt nur kurz zu Wort. Die Hauptakteure waren also eindeutig die beiden „Erwachsenen" – der Leiter des Migrantenvereins, Cuma, und Johnny – die Jugendlichen selbst wurden nur als Statisten zugelassen. Das explizite Thema, das die beiden vorgaben, hieß: *Kommen und Gehen*. Das hieß für das von uns vorgegebene Thema „Jugendliche in zwei Kulturen": in eine Kultur Einlaß finden – oder draußen bleiben (müssen). Im Setting fand sich das Thema „Kommen und Gehen" ebenfalls wieder, hier war ein stetiges Kommen und Gehen zu verzeichnen. Vor allem die Mädchen gingen – wie bereits erwähnt – bereits in der Anfangsszene aus der Gesprächsrunde, neue Teilnehmerinnen und Teilnehmer kamen hinzu.

Das implizite Thema, das den ersten Teil prägt, möchte ich „Diskurs der Randfiguren" nennen. Es wurden die Pole markiert, an denen sich die Fremden befinden, zugleich wurde ihre Integrationsfähigkeit geprüft (Gold, Silber und Bronze kann gelesen werden als Wertigkeiten des Fremdseins und der Intergrationsfähigkeit). Die Betonung von Johnnys „tollem schwarzen Gesicht", mit der Cuma ihn vorstellte, verwies auf die ganze Bandbreite der Unterschiede; die sichtbarste Markierung des Andersseins besaß Johnny. Aber auch Cuma – „von Kopf bis Fuß ein Südländer" – bemerkte, daß er im Alltag sofort als „fremdartiger Mann" identifiziert werde. Beide waren mit ihren geschilderten Erfahrungen der Marginalisierung im Alltag „Randfiguren" und manövrierten sich auch im Gespräch in eine Position außerhalb der Gruppe der Jugendlichen. Aus dieser Position dominierten sie zunächst das Gespräch. Cuma, der mit seiner Frage, „wie ich mich mit meiner Kultur in der Aufnahmegesellschaft ein Stück weit durchsetzen kann", auch gleichzeitig eine Antwort für diese Frage anbieten wollte, zeigte in der Art und Weise, wie er sich als Leiter in der Gesprächsrunde durchsetzte, daß man auch als „Südländer" dominieren kann, nicht defensiv sein muß. Damit präsentierte der Leiter des Migrantenvereins ein schon gültiges, weil erprobtes Skript, das er den anderen anbot, um sich behaupten zu können. Zugleich verstehe ich diese Präsentation als Erwiderung auf mein Skript, mit dem ich das Gespräch eröffnete: als *analoges* Skript zu dem von mir vorgestellten über die Leitung der Gruppe und die Frage nach dem Leben in zwei Kulturen.

Die „Entwicklungsphase", die Cuma zum erfolgreichen Leiter machte, basierte auf einer Ersetzung von alten durch neue Orientierungsmuster, was zur Folge hat, daß sie nur auf *einen* Ort bezogen sind: „...eine Entwicklungsphase habe ich erlebt. Wenn ich jetzt nach 24 Jahren in die Türkei zurückfahre, da fühle ich mich dort auch wieder fremd." Cuma baute eine mögliche Welt auf, in der sich expressiv ein Wunsch, eine wünschenswerte Realität abbildet: der erfolgreiche Mann in zwei Kulturen. Daß die gewünschte mögliche Realität eine Einschränkung durch eigene Erfahrungen erfährt, war hier ausgeführt. Kennzeichen eines potentiellen Skripts ist es, revidiert zu werden, es erhebt keinen Anspruch, sich mit der Realität zu versöhnen. Insofern ist es wichtig, weiter zu verfolgen, ob und wie sich das Skript von Cuma verändert, vor allem, wie es sich von den adoleszenten Skripten unterscheidet. Johnny hingegen betonte in seinen historischen Exkursen immer wieder die Wirkmächtigkeit der unhintergehbaren Differenzen.

Vor dem Hintergrund seiner eigenen, jedoch nicht thematisierten Erfahrungen mit Diskriminierung und Ausgrenzung schilderte Johnny dieses Auffallen: „Bevor mich jemand gesehen hat, er hat mich schon zweimal gesehen. Unterschiedlich [sein] fällt auf. Dann weiß man – auch wenn ich schon dritte Generation deutsch bin. Aber ich bin immer noch in dieser Geschichte durch meine Hautfarbe Ausländer."

Cuma betonte aber genau diese spezifische Erfahrung der Differenz, als er gegen Johnnys globale Ausführungen intervenierte: „Es interessiert mich nicht, daß du mir einen Vortrag hältst, ich habe am Anfang gefragt: wie fühlst du dich in dieser Gesellschaft als Schwarzer?" Johnny beantwortete diese Frage, die ihn in der Rangfolge der Integration nach außen rückt, spontan mit einem kurzen und knappen „Schlecht!" Er präzisierte jedoch – wie bereits gesagt – seine Erfahrungen nicht, sondern versuchte sich durch das Kulturthema zu retten, welches er sehr elaboriert vorbrachte, so als wenn er damit sagen wollte: ‚Seht, ich kann mit profunden Geschichtskenntnissen und Zivilisationstheorien aufwarten. Mich interessieren Befindlichkeiten in einer Gesellschaft, die diskriminiert, nicht. Ich stehe außerhalb der Gesellschaft und verfolge übergeordnete Interessen.'

Johnny, der nach seinem Platz in der Gruppe suchte, definierte zunächst seinen Status. Seine Haltung ‚Ich bin nicht nur der Mohr' zeigte auch die Potentialität seines Skriptes. Was er nicht ist, konnte er klären, jedoch nicht – oder besser noch nicht –, was er repräsentieren wollte. Anders als Johnny setzte Cuma mit seinen Erfahrungen nach und erzählte seine Eindrücke und Erfahrungen, als er hier nach Deutschland kam und anfing zu studieren: „Aber ich hatte nie gedacht, daß ich mich mit den fast alltäglichen Diskriminierungen, mit dem alltäglichen Rassismus durchbringen kann."

Er hatte sich aber dennoch weitergekämpft, das Studium erfolgreich abgeschlossen und heute eine etablierte Stellung in der Gesellschaft eingenommen. Johnny kann keinen ähnlichen Erfolg aufweisen, er betonte die Kontinuität der Diskriminierung der Ausländer, die sich aufgrund der deskriptiven Merkmale wie Namen und Hautfarbe ergeben: „Das hat es in der Geschichte gegeben, überall ist es dasselbe. Ob ein weißer Afrikaner in Frankreich lebt oder ein Südafrikaner – wenn er keinen europäischen Namen [hat], dann kommt er nach Deutschland und sagt: ‚Ich bin ein weißer Südafrikaner'. Dann kuckt man blöd und sagt ‚Ja, wieso? In Afrika sind die Weißen nicht Schwarze'." Afrikaner ist man, so fährt Johnny fort, weil man wie ein Afrikaner aussieht. Es zeigt sich schon in dieser Szene, daß Johnny an den Rand gerät. Sein Skript, nicht als anwendbar beurteilt, besteht die harte Probe der Tragfähigkeit nicht – er bekommt einen Platz am Rand.

Es fällt auf, daß die beiden Entwürfe, die von Johnny und von Cuma aufgezeigt werden, eine spezifischen Strategie im Umgang mit Fremdheit und Differenz aufweisen: Bei Cuma, der sich über die Reflexion mit (seiner) Fremdheit gegen Rassismus und Diskriminierung behauptete, hat sich „Universalismus" als wichtige Eigenschaft herausgestellt: „Der Maßstab, deutscher Maßstab, türkischer Maßstab, anderer Maßstab – es gibt keinen Maßstab, das ist ein europäischer, ethnozentrischer Gedanke. Da muß man herausgehen, sich damit auseinandersetzen. Es gibt keine normale, deutsche oder wahre Europäer. Europa ist längst eine multiethnische Gesellschaft geworden. Alle Ethnien können Platz haben in der Gesellschaft." Es zeigt sich für ihn, daß die „europäische Denkweise keine universale Denkweise ist" und vor allem: „Die Ausländerfrage ist eine deutsche Frage." Cuma zeigt sich hier als reflektierender „Macher" eines universalen Gedankens, der sich in machtvoller Position als „Südländer" in einer diskriminierenden Gesellschaft einen etablierten Platz geschaffen hat. Johnny bleibt hingegen der Pendler zwischen den Kulturen: Er lebt abwechselnd in Deutschland, Frankreich und Afrika, kann diese unterschiedlichen Kulturen und Lebensweisen nicht integrieren, denn „Gesetz und Kultur kann man nicht ändern." So wendet er sich gegen die Verknüpfung dieser drei verschiedenen Kulturen: „Und da gingen die großen Fehler [los], diese Kulturen zusammen zu knüpfen."

Gibt es bei Cuma und Johnny und den Jugendlichen im Laufe des Gesprächs eine Entwicklung in der Präsentation und der Beurteilung der Skripte? Schließlich sind die Skripte auch Änderungsprozessen unterworfen. Es stellt sich hier die Frage, wer sein Skript für das dominierende hält, es gegen Infragestellungen verteidigen will und vor allem: ob es im Verlauf des Gesprächs gelingt, diese verschiedenen potentiellen Skripte zu einem kollektiven und verbindlichen Skript zu überführen?

Vor allem Fatih wandte sich entschieden gegen die beiden Präsentationen von Cuma und Johnny. Die folgende Szene zeigt, wie sich an diesem Thema das Aufbegehren gegen diese den Erfahrungen und Entwürfen der Jugendlichen konträren Entwürfe anschließt und ein adoleszentes Skript präsentiert:

Johnny: Stell dir mal vor: eine Türkin, die hier geboren ist, ist immer noch Türkin.
Fatih: (energisch) Nein!
Johnny: Ein Afrikaner, der hier geboren ist, dritte Generation, ist immer noch Afrikaner...
Fatih: Nein!
Johnny: ...wenn er deutsche Kultur...
Ismael: ...auf dem Papier ist es so...
Cuma: Johnny, ich habe eben gesagt...
Johnny: ...erzogen als Deutsche...wenn er eine deutsche Mutter hat, er ist ein Deutscher....
Fatih: Nein, wenn eine Türkin hier geboren ist.

Die Statisten melden sich zu Wort, sie können und wollen *ihre* Erfahrungen und Ansichten nun auf die Bühne bringen. Gegen diese Entwürfe wehren sie sich: gegen Cumas Konzept der unhintergehbaren Differenz von türkischen Jugendlichen, in seiner homogenen Wir-Gruppe der Migranten, und gegen Johnnys Konzept, das sich gegen die Verknüpfung verschiedener Kulturen wendet.

Cuma: Ja, aber die [Jugendlichen] sind nicht wie eine vom Aussehen her, von den Gedanken und dem Empfinden, die sind eine neue Generation. Die sind fremd von der türkischen Gesellschaft. Die sind hier geboren und groß geworden und die Identität ist hier. Aber in dem die Gesellschaft die diskriminiert, die Gesellschaft akzeptiert die Jugendlichen nicht. Und daher versuchen sie sich einfach von dem Gesellschaftsprinzip – und neue Wege zu bewältigen...
Ismael: Ja aber Cuma, werden die deutschen Jugendlichen in der Gesellschaft akzeptiert? Sagen wir es doch so...

Cuma: ...natürlich in der deutschen...
Sven: ...wie in allen Gesellschaften...
Cuma: ...vom Aussehen her...
Ismael: ...die Jugendlichen...
Cuma: ...vom Aussehen her natürlich, es sind Deutsche, sie haben deutsche Merkmale, blonde Haare, blaue Augen...
Stefan: Sie sind hier geboren.
(Lachen)
Johnny: ...es gibt auch...
Cuma: ...es gibt auch Jugendliche, mit anderen Merkmalen, die aus anderen Generationen sind, aber vom Aussehen her bleibt es bei der Frage: Woher kommst du denn?
Fatih: Aber du hast doch vorhin gesagt, ausländische Jugendliche werden hier in dieser Gesellschaft nicht akzeptiert. Zu dieser Gesellschaft gehören nicht nur ausländische Jugendliche, sondern auch die deutschen, ja? Also jugendliche Erwachsene, gerade die gehören auch...
Cuma: Aber ich will Unterschiede sehen, Unterschiede.

Fatih ging in dieser Szene von der *gemeinsamen* Erfahrung von Jugendlichen als von der *erwachsenen* Mehrheitskultur nicht anerkannten und stigmatisierten Gruppe aus. Die Differenzmarkierung betraf also nicht das „Ausländer-Sein" sondern das „Jugendlicher-Sein". Jugendliche sind unabhängig von Nationalität und anderen Merkmalen gemeinsam mehr oder weniger stark davon betroffen. Cuma interessierten jedoch nicht diese Gemeinsamkeiten, er wollte hier Unterschiede sehen und ging auf die von Fatih vorgebrachten Differenzierungen nicht ein.

Diese Positionen gehörten durchaus zum gültigen Skript für Anpassung und Integration, das die beiden Randfiguren vorgelegt haben, welches die Jugendlichen aber nicht annehmen wollten. Den Machtkampf, von Anfang des Gesprächs an deutlich wahrzunehmen, hatten Cuma und Johnny im ersten Teil des Gruppengesprächs gegen die beiden Forscher gewonnen. Sie dominierten das Gespräch mit ihrem Thema. Waren die Jugendlichen nun entschlossen, sich für eines der beiden Skripte zu entscheiden, daraus ein verbindliches kollektives Skript für sich abzuleiten? Und vor allem: welches Skript sollte gelten, das von mir vorgegebene, positiv besetzte Leben in zwei Kulturen oder das von Cuma und Johnny präsentierte, das ein sich entscheiden müssen zwischen zwei Kulturen beinhaltet. Cuma und (eingeschränkt auch) Johnny konnten einen erfolgreichen Lebensentwurf repräsentieren, der aber keine Potentialität besaß, sich in Eindeutigkeit und vor allem fehlender Integration von Differenzen widerspiegelte. Der Kampf um die Leiterrolle kann auch gelesen werden als ein Kampf um die Jugendlichen, ausgetragen vor dem Hintergrund der jeweils präsentierten Skripte. Die Präsentation der Skripte war sozusagen die Leinwand für diesen Konflikt. Die Frage stellt sich, wo die Kraft der Verführung angesiedelt ist: Da, wo die Schweigenden sind – oder da, wo das Redebedürfnis stark und ungebremst ist? Diese Frage war im ersten Teil des Gesprächs noch nicht entschieden.

Die Selbstkompensation, die bei Cuma und Johnnys Skript, also bei den beiden „erwachsenen" Entwürfen erkennbar wurde, verlief über die Achse Autorität und Intellektualisierung. Die Jugendlichen hatten aber den Wunsch nach Zugehörigkeit, Gemeinsamkeit, Integration und Dialog. Diese Bedürfnisse konnten Cuma und Johnny durch ihre angebotenen Entwürfe und vor allem die Betonung der Differenz nicht ausreichend befriedigen.

Cuma und Johnny verstanden die Forschungssituation und die Forschungsfrage möglicherweise als Konkurrenz oder Bedrohung ihrer eigenen Konzepte und Statusentwürfe: Die Frage nach dem „Leben *in* zwei Kulturen" hatten wir bewußt so gestellt (also positiv konnotiert) und nicht etwa als „Leben *zwischen* zwei Kulturen" formuliert (was in den gängigen Fragestellungen zu diese Thema stets mit Anomalität, Devianz und Kulturkonflikt – also mit einem Opferstatus – in Verbindung gesetzt wird). Beide haben diese Akzentuierung nicht für sich als gültig anerkennen können oder wollen. Zudem hatten wir in unserer Eingangsfrage ja nach den Erfahrungen der *Jugendlichen* gefragt und die beiden dadurch vielleicht entwertet und ihr Lebensskript nicht anerkannt. Möglicherweise vor diesem Hintergrund wehrten sie sich mit Macht, Autorität und Lautstärke, ließen anderen Fragen und anderen Sichtweisen keinen Raum.

Aus der Konkurrenz um die Leiterrolle und somit um die Gruppe erwuchs auch die Frage, ob Cuma und Johnny ein Bündnis zwischen den Forschern und den Jugendlichen verhindern wollten? Vor dem Hintergrund dieser Lesart war auch mein erster Impuls zu Beginn des Gruppengesprächs zu verstehen, die beiden rauszuwerfen, damit sich eine harmonische Situation im Gespräch herstellen ließe. Auf dieses Gruppengefühl der Harmonie – das sich als wichtiges Thema fortsetzte – werde ich später zurückkommen. Vorläufig verstehe ich diese Szene als Wettkampf der Lebensentwürfe und als konkurrierende Verführung der Jugendlichen. Wer gibt die Leiter- und Vorbildfunktion ab? Wessen Skript erweist sich als tragfähig und kann schließlich in ein kollektiv verbindliches münden?

Die Jugendlichen setzen sich selbst in Szene

Im zweiten Teil des Gruppengesprächs veränderte sich das Setting. Zum einen durch das Hinzukommen der PfadfinderInnengruppe – die Gruppe stellte sich neu vor – und zum anderen durch den Cassettenwechsel im Aufnahmegerät. Der Bandwechsel markierte einen Szenenwechsel: Nun gab ich die Leiterrolle nicht ab, sondern spielte mit in der Inszenierung, die sich auf die Auseinandersetzung zwischen den Jugendlichen und Cuma (bzw. Johnny) zuspitzte. Zugleich distanzierte ich mich auch von meinem Deutschsein und davon als Repräsentant der Mehrheits- oder Dominanzgesellschaft gesehen zu werden. Es ist schließlich nur in meinem Paß eingetragen, ich mußte mich damit nicht als schlechter Deutscher, der Ausländer diskriminiert und über die bisher soviel geredet worden ist, identifizieren:

Sven: Ich heiße Sven, ich bin hier geboren in Deutschland und arbeite an der Uni an einem Projekt über Minderheiten und jugendliche Ausländer in Deutschland, komme auch öfters hierher.
Pfadfinderin 1: Du bist selber Deutscher?
Johnny: Wer?
Sven: Ja, zumindest ist das in meinem Paß eingetragen.
Johnny: Gut Mann, schön (lacht).

Cuma und Johnny versuchten ihre im ersten Teil gewonnenen Positionen der Leiterrolle zu verteidigen. Cuma bestimmte wieder – wie gewohnt – den Anfang: „Mein Name ist Cuma, ich komme aus der Türkei, ich arbeite hier. Seit 24 Jahren bin ich hier." Auch Johnny deutete in seiner Selbstpräsentation an, daß er viel Raum für sich beansprucht: „Ja, wie soll ich mich vorstellen? Mein Name ist Johnny Mario Dit Kome Safé Kome Safeke. Ich komme aus Guinea-Bissau (lacht)."

Trotz des Versuchs der bisherigen Leiter wieder den Gesprächsverlauf mit langen Monologen und Themenvorgaben zu bestimmen, kamen im zweiten Teil schließlich alle zu Wort, es ergab sich ein *wechselseitiges* Gespräch, in dem es zunächst um zwei für die Jugendliche wichtige Medien ging: um Sprache (lernen und beherrschen) und um Religion. Diese beiden Medien, die auch für Selbstvergewisserung und Selbsttranszendierung (als zwei spezifische Strategien, sich über zementierte Konzepte der Zugehörigkeit und ethnischer Ordnungen hinwegzusetzen) stehen können, verschoben den Diskurs über Differenz schließlich auf das Thema der unterschiedlichen Individualität (und verließen damit das essentialistische Terrain des *Ethnischen*). Mit dem Thema Sprache hatten die Jugendlichen auch ihre Sprache gefunden; sie setzten sich nun selbst in Szene, traten in Dialog zu den anderen.

Zu Anfang des zweiten Teils des Gruppengesprächs traten auch merklich die Integrationswünsche zutage, die Fatih in seiner Aussage zur Selbstpräsentation zusammenfaßte: „Ich heiße Fatih, und ich bin ein Frankfurter Türke. Bin in Frankfurt geboren, habe aber die türkische Staatsbürgerschaft." Fatih erzählte weiter, daß er in letzter Zeit häufig im Migrantenverein war, um zusammen mit den anderen für das Abitur zu lernen. Auch Recep stellte sich vor als „Multimensch": Seine Mutter stammte aus Georgien, sein Vater aus der Türkei – er selbst sei in der Türkei geboren: „Ich kann nicht sagen, ich bin ein Russe oder ein Georgier oder ein Türke – nun bin ich ja ein Multimensch, ne?" Recep und Fatih betonten beide das *„Mehrere-zugleich-Sein"*, das Spiel mit einer uneindeutigen Identität und zugleich ihren Status als Etablierte im deutschen Bildungssystem. Fatih hatte Abitur gemacht und wollte studieren (Ismael ebenfalls), Recep studierte bereits an der Universität. Also waren sie alle potentiell gleich mit Cuma (der in der Türkei Abitur gemacht hatte und in Deutschland studierte), mit Johnny (der als Ingenieur ebenfalls Abitur und Studium hinter sich gebracht haben muß), mit den beiden Forschern (die nach Abitur und Studium weitere Zeit im Bildungssystem aufwiesen) und mit den

Pfadfindern (ich nenne sie im weiteren der Einfachheit wegen, die deutschen Jugendlichen – im Gegensatz zu den deutsch-türkischen Jugendlichen). An dieser Szene zeigt sich auch sehr gut die Veränderung und vor allem die unterschiedliche Entwicklung der Skripte und ihrer Präsentation.

Es war Cuma, der die PfadfinderInnen fragte, warum sie hierher in den Migrantenverein gekommen waren. Sie erzählten von einem Kurs für Schulabgänger, der das Thema ‚Wie leben Ausländer in Deutschland' hatte. Die deutschen Jugendlichen hatten sich auf ihr Thema *Ausländer* in Deutschland so sehr fixiert, daß sie die Aussagen von Fatih (Frankfurter Türke) und Recep (Multimensch) kaum in ihrer Differenzierung wahrzunehmen und aufzugreifen schienen. In ihren Fragen betonten sie vor allem die Unterschiede zwischen sich und den anderen Jugendlichen. Die Polarisierungen, die die deutschen Jugendlichen mit dem fixierten Thema ‚Ausländer in Deutschland' vornahmen, machte sie immun gegen die Nuancierungen, die Recep und Fatih betonten, und ließen sie somit eine wesentliche Erfahrung, die die deutschtürkischen Jugendlichen vermitteln wollten, ausblenden: die Erfahrung nämlich, in zwei Kulturen zu leben, Deutscher und Türke *zugleich* zu sein.

Cuma: Aber mich interessiert folgendes – Fatih hat eben gesagt: ich bin ein Frankfurter Türke. Was heißt das Frankfurter Türke zu sein?
Fatih: Ja, das heißt halt, daß ich – das habe ich letztens auch dem Stefan gesagt – daß ich zwei Kulturen hab. Daß, so fühle, halt weil ich bin hier geboren, hier aufgewachsen [bin]. Ich war nie nur als ich ganz klein war ein Jahr in der Türkei. Aber da kann ich mich kaum dran erinnern. Ich hab halt etwas von der deutschen Kultur bekommen, und ich habe auch etwas von der türkischen Kultur, also ich hab beides. Und das heißt halt, daß ich Frankfurter Türke bin: Frankfurter und Türke zugleich.
Pfadfinderin 1: Willst du nicht wieder zurückgehen?
Fatih: Es würde mich überhaupt nicht interessieren wegzugehen hier aus Deutschland.
Johnny: Zurückgehen kann er nicht, weil er kommt nicht von dort.
Fatih: Zurückgehen könnte ich auch, aber ich könnte mir auch vorstellen....
Johnny: ...er ist hier geboren...
Recep: ...ja, auswandern
Mehrere: ....auswandern...(lachen).

Die deutsche Jugendliche fragte nach dem Zurückgehen, unmittelbar nachdem Fatih erzählt hatte, daß er in Frankfurt geboren sei. Dieser starre Orientierungsrahmen, den die deutschen Jugendlichen an ihre Fragen und vor allem ihre Wahrnehmungen anlegten, konnte diese für sie wohl als Uneindeutigkeit empfundene Aussage von Fatih nur ausblenden. Die Vermutung, zwischen den Kulturen hin- und hergerissen zu sein, stand Fatihs Aussage diametral gegenüber, in beiden Kulturen zurechtzukommen und die Erweiterung als Vorteil zu sehen. Den Charakter dieses Statements, der fast bedrohlich wirkte, wurde entschärft durch den Witz über das Auswandern. Dennoch hatte diese Aussage eine tiefe Bedeutung in der Art, *wie* die deutschen und die türkischen Jugendlichen miteinander redeten, nämlich distanziert.

In der folgenden Szene wirkten die deutsch-türkischen Jugendlichen wie Experten, die auf ironische Art und Weise die deutschen Jugendlichen, die über wenig Kenntnisse der türkischen Kultur verfügten, über „ihre" Kultur aufklärten; Mißverständnisse aufdeckten und Grundlagenkenntnisse über die Türkei vermittelten. Die Unkenntnis der deutschen Jugendlichen über die türkische Kultur äußerte sich vor allem in Fragen nach Festen, Feiertagen und „Bräuchen". Ich verstehe diese Frage aber auch als eine Annäherung an die deutsch-türkischen Jugendlichen, mehr über sie erfahren zu wollen.

Pfadfinderin 1: Wohnst du noch zu Hause?
Fatih: Ich wohn´ zu Hause, ja.
Pfadfinderin 1: Und wie ist das....
Fatih: ...das gehört zur türkischen Kultur dazu....
Mehrere: (lachen)
Jemand: Nein, nein schon gut.
Pfadfinderin 1: ...und wie ist das so – habt ihr da andere Feiertage oder andere Feste?
Fatih: Ja, wir haben auch andere Feiertage und andere Feste.
Pfadfinderin 1: Und die feiert ihr auch?
Fatih: Ja, die werden auch gefeiert. Also, ich kann sagen, ich bin auch noch Moslem und da hat man auch vor allem religiöse Feiertage, habt ihr vielleicht mal gehört, daß es da einen Monat Fasten gibt und danach ist ein Feiertag. Die werden dann zu Hause gefeiert.
Pfadfinderin 1: Und wie ist das so, ich mein...
Fatih: Weihnachten gibt es dann in der Schule, daß muß dann wieder auch sein.

Es war wieder Fatih, der erzählte, wie verschieden die beiden Kulturen – die deutsche und die türkische – sind, und daß es eine Zeitlang für ihn nicht einfach war, beide miteinander zu verbinden. Vor allem zu Hause, in der Familie sei der Weg der Eltern der maßgebliche. Ganz im Unterschied zum Leben „draußen", in der Schule und auf der Straße, wo sich die deutsch-türkischen Jugendlichen einen eigenen Weg suchten:

> „Ja, weil das gesellschaftliche Umfeld sind ja zwei gesellschaftliche Umfelder. Also einmal ist es so, daß man in der Schule ist, da hat man halt mehr – es ist nicht rein deutsch dann, ich hab Freunde Albaner, Jugoslawen, Italiener, Deutsche, es ist halt alles gemischt. Das ist halt eine andere Kultur. Solange ich – ich sag mal europäische Kultur. Und zu Hause, da hat man halt die türkische Kultur, das geht noch

nach alten türkischen Prinzipien zu. Damit klarzukommen, diese beiden kann man schwer verbinden. Damit irgendwann klarzukommen, das war halt auch die Schwierigkeit."

Klarzukommen mit den Eltern und den wichtigen Prozeß zu durchlaufen, der beginnt mit Schwierigkeiten und endet mit der Einsicht, daß das Leben in zwei Kulturen auch ein Gewinn sein kann, so lautet Fatihs Antwort auf die vorsichtige Frage eines deutschen Jugendlichen nach der Mischung der beiden Kulturen.

Pfadfinder 2: Was mich mal interessieren würde, wie das mit den beiden Kulturen geht? Also zu Hause bist du Türke und dann in der Schule bist du dann eine Mischung – aus beiden....
Fatih: ...ja, das war früher so, daß ich zu Hause Türke war und draußen halt Europäer, daß ich das halt irgendwie nicht vereinigen konnte.
Pfadfinder 2: Mhm.
Fatih: Das war halt das Problem früher, weil zu Hause halt noch etwas strengere – nicht streng, aber nicht so freizügig wie draußen in der Schule, in dieser Kultur. Und das irgendwie zu vereinigen, das war ziemlich schwer. Aber jetzt klappt das eigentlich ganz gut so.
Pfadfinder 2: Mhm.

An dieser Szene ist das Zusammentreffen der unterschiedlichen Skripte sehr anschaulich aufzuzeigen. Zugleich möchte ich dabei den Charakter der Aussagen klären. Cuma präsentierte sich als Motor, der die Gesprächsstruktur vorantrieb, gleichzeitig sein gültiges Skript gegen die divergierenden Vorstellungen und Ansichten der deutsch-türkischen Jugendlichen verteidigte. Die Pfadfinder und Pfadfinderinnen, in ihren Fragen vorsichtig die Unterschiede zwischen sich und den anderen Jugendlichen auslotend, konnten ihr potentielles Skript nicht an die gerade erfahrene Wirklichkeit anpassen, verharrten in einer Haltung, die keine kollektiven Skripte zwischen ihnen und den deutsch-türkischen Jugendlichen hervorbringen konnte. Schließlich hatten die Exposés oder besser: die Lebens- und Handlungsentwürfe der deutsch-türkischen Jugendlichen ihre Betonung auf dem Charakter der Veränderbarkeit. Sie zeigten die Vorstufe auf, von der ausgehend sie ihre Skripte an die veränderte Realität anpassen und weiterentwickeln konnten.
Einen weiteren wichtigen Aspekt – ich habe bereits darauf verwiesen – brachte Recep ein, der auch die nächste Szene prägte: Sprache als Weg in eine Kultur, als Medium der Selbstvergewisserung und Mittel, sich zu verorten:

Recep: Also ich komme aus Anatolien und da sind die Verhältnisse fast genauso wie hier, gewisse kulturelle, wirtschaftliche Unterschiede. Ich kam auch mit 14, 15 hierher nach Deutschland und habe natürlich versucht, die deutsche Sprache zu lernen. Ja, also wenn man mehrere

Kulturen hat, ist es genauso, wie wenn man mehrere Sprachen beherrscht. Denn man sagt ja Sprache *beherrschen*. So würd´ ich auch bei kulturellen....

Cuma: ...aber du bist in der Türkei geboren! Also was....

Recep: ...ich bin 14, 15 gewesen, als ich nach Deutschland kam.

Cuma: ...mit 14 bist du nach Deutschland gekommen. – hat dich einiges gestört, natürlich war es schwer die Sprache zu lernen....

Recep: ....natürlich, einen gewissen Kulturschock hat man schon erlebt! Ja, einen Kulturschock erlebt man immer und überall nicht nur als Jugendlicher, auch als Erwachsener. Das ist vielleicht...

Cuma: ...was war es für dich?

Recep: ....ja, hab ich doch gesagt, daß ich die deutsche Sprache nicht beherrschen konnt´ und daß ich mich auch – am Anfang war es natürlich so, die Suche nach Freunden, die Suche nach Leuten, mit denen ich Kontakt haben konnte, mit denen ich mich unterhalten konnte, mit denn ich ausgehen konnte und das ganze halt. Das was ein Jugendlicher halt überhaupt braucht so: Disko gehen, Party, was weiß ich, ausgehen. Ja, und wenn man diesen Grad nicht richtig erreicht hat, die Sprache nicht beherrscht – die Sprache ist genauso wichtig wie Religion, also ist natürlich mehr, aber wenn man die Sprache besser beherrschen kann, kann man eine gewisse Identität [aufbauen].

Sprache wird hier als „Schlüssel zur Integration" bezeichnet. Integration wird dabei nicht im Sinne einer Integration (dem „formalen" Sprachgebrauch folgend) verstanden, die eine Kultur in die andere aufnimmt, vertilgt und Spuren verwischt, sondern vielmehr in dem Sinne, daß zwei (oder mehrere) Elemente zusammengefügt werden können in ein neues und vor allem selbst geschaffenes Drittes. Das ist die persönliche Integration, die hier Thema der deutschtürkischen Jugendlichen ist. Über das Thema ‚Sprache', das sich aus dem Thema ‚muttersprachlicher Unterricht' und der Reserviertheit der deutschen Jugendlichen gegenüber Türkisch als eventueller dritter Fremdsprache in der Sprachenfolge der Schulausbildung herausarbeitete, schob sich nun immer stärker das implizite Thema der Gruppe: Integration und Harmonisierung. Vielleicht auch deshalb, weil sich die deutschen Jugendlichen dem Dialog noch entzogen. Für die deutschen Jugendlichen schien es sich nicht zu „lohnen", Türkisch zu lernen. Dies kann auch gelesen werden als Abweisung eines Angebots der türkisch-deutschen Jugendlichen. Dies Angebot lautet: Wir haben Gemeinsamkeiten, und es gibt eine gemeinsame Basis des Verstehens. Ihr müßt uns nur anerkennen in unserer Differenz, diese Anerkennung äußerte sich auch in der Anerkennung der türkischen Sprache:

Recep: Wie wäre es zum Beispiel, wenn in dem Gymnasium Türkisch anerkannt werden würde und ihr zum Beispiel als zweite oder dritte oder vierte Fremdsprache wählen könntet, würdet ihr zum Beispiel die türkische Sprache als dritte Fremdsprache wählen? (Pfadfinderin 2: Also, ich...), Also statt Französisch oder Englisch (Fatih: Spanisch oder so)

Pfadfinderin 1: Also, ich weiß nicht – es wäre ganz interessant eine ganz andere Sprache zu lernen, aber vielleicht würde ich auch eher Französisch nehmen, weil ich überlege mir: was kann ich mit der Sprache anfangen. Und ich hab´ eigentlich – ich kenne zu Hause niemand eigentlich, der Türkisch sprechen kann und ich glaub´ (Fatih: Also bei denen, da wars anders) und ich glaub´ ich würd´ es auch nie anwenden und Französisch – ich fahr öfter mal nach Frankreich, da könnt´ ich die eher anwenden, deswegen würd´ ich...

Recep: ...aber zum Beispiel brauchst du nicht in die Türkei fahren. Hier sind ja genug Türken da, du könntest zum Beispiel die türkische Sprache besser beherrschen, also dadurch, daß du mit Türken Kontakt aufnimmst und....

Pfadfinderin 1: ....also ich weiß nicht, da müßt ich mal länger drüber nachdenken (lacht)

Die Integrationswünsche, die sich im zweiten Teil als Gruppenthema herauskristallisiert hatten, machten sich fest an Fatihs Beobachtung, daß sich deutsche und türkische Jugendliche mit zunehmendem Alter trennen (und wie es auch im Gruppengespräch spürbar war):

Fatih: Was mir so aufgefallen ist, in meinem kurzen Leben bisher: Als Kind erinnere ich mich, hatte ich überwiegend noch deutsche Freunde, muß ich sagen. Und im Laufe der Zeit, das nimmt so ab. Ich meine, das ist klar, natürlich ist es so, daß jetzt andere Kinder aus ärmeren Schichten oder reicheren Schichten, die trennen sich auch. Irgendwann bekommt man das zu spüren, daß man gesellschaftlich anders liegt. Und das ist halt schade, daß man halt auch das irgendwann als Türke zu spüren bekommt, gesellschaftlich doch irgendwo anders zu sein, als Türke. Also als Kind merkt man das ja noch nicht, da ist einem alles egal, da ist man halt zusammen, spielt, feiert oder was weiß ich was. Also im Laufe der Zeit hab ich gemerkt, daß mein Freundeskreis immer mehr türkisch wird. Ich hab jetzt immer noch europäische Freunde, sag ich mal, auch deutsche, aber es ist nicht mehr so, das Verhältnis, wie es als kleines Kind war. Das hat sich also verändert.

Stefan: Woran...

Fatih: ...woran das liegt? Das ist halt diese gesellschaftliche Abspaltung. Irgend wann merkt man: Ach, der ist ja anders! Und das spaltet sich halt irgendwie. Ich mein – er ist zwar okay, aber er ist anders, er ist Türke, er hat andere Tradition, das kommt auch noch hinzu, er hat andere Religion und das trennt sich irgendwann. Nicht jetzt vollkommen, so daß man jetzt Feind ist, aber es ist nicht mehr so wie ein engere Beziehung. Und das finde ich eigentlich schade, irgendwo.

Der Verlust der Freundschaften und die Trennung in ethnische Kategorien wurde von Fatih durchaus als Verlust angesehen, ein Zustand, den er beklagenswert fand, aber er hatte gelernt (lernen müssen), damit zu leben. Fatih verwies hier auch auf ein wichtiges Merkmal sozialer Differenzierung, ganz unmerklich und nur in einem Nebensatz über Statusunterschiede versteckt („Kinder aus ärmeren Schichten und Kinder aus reicheren Schichten, die trennen sich auch"). Er hatte dieses Thema im dritten Teil noch einmal aufgegriffen und vertieft. Es bleibt zunächst festzuhalten, daß die Differenzierung, wie sie Fatih beschrieben hat, nicht nur eine ethnische sein muß.

Von der Theorie zu den Erfahrungen

Fatih: Kann ich noch mal was zu den Kindern sagen?
Cuma: Multikulturelle Gesellschaft und Multikulturalität ist was vom Nationalstaat. Ich denke auch der Nationalstaat ist überholt. Anstatt multikulturelle ist es auch besser von multiethnischen Gesellschaften zu sprechen. In Deutschland leben doch verschiedenen Nationalitäten, die deutsche Monokultur, davon sollte man Abschied nehmen zu versuchen und alle Ethnien in der Gesellschaft können Platz haben. Ich bin nicht so gegen Nationalstaat, aber Nationalstaat bedeutet Probleme für die Minderheiten. Die können im Nationalstaat keinen Platz haben. Da denke ich: multiethnische Gesellschaft, da können alle Ethnien Platz haben. Multikulturalität, da geht man überhaupt nicht von den historischen Merkmalen von deutschen Nationalstaat aus. Ich lebe seit 40 Jahren und da ist die Monokultur auf der einen Seite und auf der anderen Seite ist die Minderheitenkultur. Die totale falsche Illusion ist, daß man auch die multikulturelle Gesellschaft und den Nationalstaat...
Fatih: ...also, so waren die ganzen Lehren da: alles abschaffen. In Deutschland.....
Cuma: ...du hast mich völlig falsch verstanden. Ich sage; wenn ich seit 40 Jahren hier eine neue Geschichte mit denen, die hier als Gastarbeiter angefangen haben und das waren Menschen, die leben jetzt in der dritten Generation, die haben eine neue Heimat gefunden. Die sind ein rechtloser Bestandteil dieser Gesellschaft. Die Gesellschaft sollte neu definiert werden, der Nationalstaat sollte...
Fatih: ...wieso soll...
Cuma: ...soll die deutsche Kultur nicht mehr nur Monokultur sein, sondern soll auch eine neue Verfassung herausarbeiten, in der Minderheitenrechte grundsätzlich Minderheiten berücksichtigen. Man muß auch vom Nationalstaat Abschied nehmen und Deutsche sollen sich auch Gedanken machen über Ausländergesetze und über das Zusammenleben. In dem Moment, in dem du den anderen Teil von der Gesellschaft ausgrenzt, und versuchst zu sagen, wir leben eine multikultu-

relle Gesellschaft. Und versuchst den Nationalstaat wieder hochzuheben und die Ausländer die – in Frankreich die Linken, die definieren multikulturelle Gesellschaft als eine Le Pen-Idee. Weil Le Pen versucht den Nationalstaat zu retten, Schönhuber will auch den Nationalstaat retten und die deutsche Identität. Daher denke ich, muß man versuchen davon Abschied zu nehmen und versuchen eine Einwanderungsgesellschaft und eine europäische Gesellschaft...

Johnny: ...ja aber Cuma, wieso sagst du deutsche Kultur? Deutsche Kultur gibts nicht. Die sind schon multikulturell. Die haben deutsche Fahne und deutsche Menschen, die als deutsch bezeichnet werden. Gehst du nach Bayern, in der Kultur bewegen sie sich anders. Gehe ins Elsaß und siehe, wo sie herkommen, gehe nach Norddeutschland, da sind so viele Unterschiede. Und Le Pen sein Stellvertreter Brenecki, der ist vor 25 Jahren aus Polen ausgewandert. Also, die Wahrheit: jeder versucht sich nur Platz zu machen. Wie vorhin erwähnt, die Führer, so wie der Bundeskanzler, wenn jemand wagt ein Gesetz zu bringen, dann folgen wir diesem Gesetz und ändern unser Verhalten und sagen: Das sind wir. Aber multikulturell wird niemand geboren und es gibt sie nicht. Wir sind schon gemischt genug. Um sich Platz zu machen, durchzusetzen (Cuma: Aber Johnny!) da muß man sich nicht multikulturell bezeichnen. Die deutsche Kultur, da gibt es schon zu viele Kulturen. In Frankreich auch.

Cuma: Ja, aber erst sagst du es gibt eine multikulturelle Gesellschaft und dann gibts keine...

Johnny: ...ja, diese Nation ist schon multikulturell...

[...]

Stefan: Das wird zuviel, das ist eine theoretische Debatte...

Johnny: ...ja, ja....

Stefan: ....das wird zu global. Es ist wichtig, global zu denken, nur, wir müssen in ein (unverständlich) das Problem, das angesprochen ist, heißt immer: wie kann man Differenz positiv bewerten, ohne daß man sie gleichzeitig als Folklore abwertet (Johnny: Ja, Ja) Das ist das Problem, über das wir hier reden. Aber ich glaube, um jetzt wieder in die Diskussion zu kommen: Die Jugendlichen so wie die beiden, die jetzt gesagt haben, sie müssen irgendwie beides leben und wenn wir jetzt auf den Ist-Zustand, wie die Verhältnisse hier sind, zurückkommen, dann sind vielleicht gerade solche Jugendliche notwendig, oder wir müßten vielleicht mehr darüber rauskriegen, weil vielleicht Fähigkeiten da verborgen sind, die man zunehmend braucht. Wo es gar nicht mehr theoretisch wird, sondern wo es ganz konkret praktisch wird, mit den Erfahrungen, wo Respekt gegenüber einem anderen, wo es ganz natürlich wird, Respekt zu haben. Wo man gar nicht mehr so theoretisch abgehoben darüber reden muß. Und daß vielleicht das Problem, wenn man es noch im europäischen Rahmen sieht, daß wir es hier mit Jugendlichen zu tun haben, die mit außereuropäischen Kulturen oder Gesellschaften wahrgenommen oder identifiziert werden und deshalb außerhalb stehen. Mehr außerhalb als innerhalb Europas und deshalb mit Problemen konfrontiert sind, über die wir konkreter reden könnten. Was die Erfahrungen sind.

Ich möchte mit der Interpretation der Sprache fortfahren. Nachdem der Monolog der Erwachsenen durch den Dialog der Jugendlichen durchbrochen wurde (der bei allen Schwierigkeiten und Problemen doch bestand – nur hatten die deutsch-türkischen Jugendlichen die deutschen Jugendlichen interviewt, die jugendlichen Forscher wurden schließlich zu Beforschten), konnte sich ein Austausch über eine gefundene Sprache vollziehen. Cuma und Johnny versuchten schließlich noch einmal das Thema vorzugeben, sich in allgemeines und globales Sprechen zu retten und eine theoretische Debatte über Multikultur zu starten. Mit der gelungenen Intervention von Stefan, der nun als Gruppenleiter agierte, wurde das Thema der Jugendlichen wieder eingebracht und auf konkrete Erfahrungen verwiesen, die in der Gesprächsrunde vermittelt wurden.

Das Thema ‚Sprachunterricht und Sprachenfolge', sowie Fatihs Vorschlag, Türkisch als dritte Fremdsprache in der Schule wählen zu können, können vor dem Hintergrund des bestehenden Integrationswunsches auch als Vorschlag gelesen werden, eine „dritte Sprache" zu schaffen – eine eigene, selbst geschaffene Sprache, die zwischen den deutschen und den deutsch-türkischen Jugendlichen eine Verbindung schafft, die nicht mehr auf der Grundlage der eigenen Kultur Differenzen betonen muß, sondern Gleichberechtigung herstellen kann.

Der deutsch-türkische Publizist und Lyriker Zafer Senocak, der sich in seinen Schriften auch an dem Dialog in der „dritten Sprache" maßgeblich beteiligt, hat diese *dritte Sprache* wie folgt charakterisiert: „Die Sprache ist nur für uns selbst geschaffen, sie erklärt den Anderen nicht, sondern verklärt ihn. Haben wir einmal erkannt, daß unsere Sprachen unbrauchbar sind, verabschieden wir uns vom Definierenmüssen des Anderen, um uns selbst zu definieren. Wir müssen ihn nicht fesseln, um uns zu befreien. Wir sind gezwungen, eine neue Sprache zu schaffen, gemeinsam mit dem Anderen. Für diese neue Sprache besitzen wir kein Lehrbuch." (Senocak 1994, 62)

Diese Sprache durchbricht sowohl den Rechtsdiskurs der Erwachsenen als auch den Kulturdiskurs der deutschen Jugendlichen im Gruppengespräch und wäre ein gangbarer Weg und ein Vorschlag in Richtung gleichberechtigter Dialog und Anerkennen des Anderen; schließlich ein Instrument der Integration im oben beschriebenen Sinne. Die vorläufig geringe Tragweite dieses Entwurfes sahen die deutsch-türkischen Jugendlichen skeptisch, wollten aber diesen für sie existenziellen Weg gehen und Differenzen nicht (nur) konstatieren, sondern damit umgehen lernen, diese Differenzen nicht unausgesprochen lassen. Der Diskurs über Differenz wurde durch diesen vorgeschlagenen Weg verschoben auf das Thema der unterschiedlichen Individualität bei gemeinsamer Erfahrung des Jugendlichseins.

Dialog über Diskriminierung und Differenz

Den dritten Teil des Gruppengesprächs begann Stefan mit einer Diskussionsleiterfrage, die zugleich auch wieder unsere Forschungsfrage ins Zentrum rückte. Wir Forscher hatten unsere Rolle als Forscher wieder einnehmen können und teilten uns nun die Leitung. Vielleicht war dies auch möglich, weil die Pfadfinder wieder gegangen waren, die Forschungskonkurrenz nicht mehr zu spüren war – überhaupt die Frage, wer ist „Forscher", wer „Erforschter", wieder eindeutiger zu beantworten war, da ein Raum eröffnet wurde, in dem das explizite Thema gemeinsam reflektiert werden konnte. Die deutsch-türkischen Jugendlichen hatten sich ja im zweiten Teil ebenfalls als Forscher gezeigt, in der Umkehrung der Rollenverteilung die deutschen Jugendlichen beforscht.

Das explizite Thema des dritten Teils kann mit dem Titel ‚Diskriminierung und Differenz' wiedergegeben werden, das implizite Thema lautete ‚Ambivalenz der Wünsche' und brachte die Einsicht zutage, daß es nicht einfach ist, Integration und Harmonisierung herzustellen. Dieser Zustand wurde jedoch nicht beklagt, vielmehr zeigte es sich, daß die deutsch-türkischen Jugendlichen diese Spannung aushalten können. Darin lag ein wesentlicher Unterschied zu den „erwachsenen" Verarbeitungstechniken von Diskriminierung und Differenz, zu den gültigen Skripten, welche Cuma und Johnny präsentierten. Fatih thematisierte in der Szene gleich zu Beginn des dritten Teils die fast alltägliche Diskriminierung, die zum Teil schmerzlich erfahren wird, gleichzeitig wies er auf seine spezifische und entlastende Verarbeitungstechnik hin: Er entzog sich eindeutigen Zuordnungen und kokettierte mit seinem untypisch türkischen Aussehen, das ihn als deutschen Jugendlichen erscheinen ließ – obwohl (oder gerade *weil*) er einen türkischen Paß besaß. Zugleich zeigte sich auch, wie ein potentielles Skript sich in ein definitives Skript verwandeln kann.

Fatih: Ich wollte mal auf die Diskriminierung eingehen. Also, ich bin mir sicher, daß die gesellschaftliche, die rechtliche Diskriminierung vorhanden ist. Also, ich persönlich, ich hab nicht so diese – in Anführungsstrichen – typisch türkische Ausstrahlung, sage ich mal, ja? Vom Aussehen her.
Sven: Gibt es die?
Fatih: Also, man stellt sie sich vor, ich hab ja gesagt in Anführungsstriche, man stellt sie sich vor.
Johnny: (lacht) Das hättest du mit mir machen sollen, das ist noch besser (Cuma: gleichzeitig, unverständlich), ja, Entschuldigung.
Fatih: Ja, also dazu muß ich sagen, ich hätte es mir vorstellen können, wenn ich – ich bin manchmal mit deutschen Freunden weggegangen, oder mit anderen türkischen Freunden, die auch nicht diese Ausstrahlung

haben, weggegangen einfach, abends. Jetzt gesellschaftliche Diskriminierung in der Disco und so muß ich sagen, ich hab da nie Probleme irgendwo reinzukommen, einfach wegen der Ausstrahlung (Johnny: Gesichtskontrolle); andererseits ich hab auch halt andere Freunde, die, ich sag mal, typisch türkisch aussehen. Ich hab das auch bewußt, ich bin mit denen gerne weggegangen, aber extra nochmal bewußt, vielleicht deswegen auch, um nochmal zu prüfen, wie die Wirkung ist. Da merkt man, daß man größtenteils nirgends reinkommt. Das ist klar. Und rechtlich gesehen, als Jugendlicher hab ich mal eine Straftat begangen – sag ich mal – und wir wurden halt erwischt. Wir waren dann im Polizeirevier, mein Freund neben mir, der sah in Anführungsstichen typisch türkisch aus. Ja, ich sah nicht türkisch aus, ich muß dazu sagen: mir ist nichts passiert. Mich haben die, die haben einfach meine Daten genommen (Ismael: Ja, bestimmt) obwohl ich hab zwar auch den türkischen – und so aber irgendwo wurde es denen wohl nicht bewußt, die haben meine Daten genommen und die haben mich einfach losgelassen. Und den anderen, erstens haben sie ihn auf dem Polizeirevier geschlagen, also klipp und klar – ich war daneben: geschlagen! Also die Bemerkungen will ich gar nicht aufzählen, von Scheißtürke bis zu anderen Beleidigungen, da war alles da. Das ist ganz offen, wer das leugnet, dem glaube ich einfach nicht. Sowas ist vorhanden bei der Polizei, auch der wurde klipp und klar neben diesen Bemerkungen auch geschlagen. Und dann in Handschellen ins Auto und nach Hause gebracht. Also ein ganz anderes Verhalten. Und das ist nur auf sein Aussehen zurückzuführen (Johnny: Ja), ein ganz anders Verhalten.

Was ich selbstreflexives Skript nennen möchte, spiegelt sich in dieser Szene, es ergibt sich aus der Spannung zwischen Wunsch und Erfahrung: Die Begrenztheit der Wünsche kann einbezogen werden in das Bild der Realität. Die Spannung muß nicht getilgt werden, damit die Wünsche weiterexistieren können. So zeigte Fatih, daß er aus einem potentiellen Skript ein Skript entwickeln kann, das aufgrund der gemeinsamen Erfahrung der deutsch-türkischen Jugendlichen zu einem verbindlichen kollektiven Skript ausgearbeitet wird.

Das Thema der Diskriminierung griff Cuma auf und versuchte vor dem Hintergrund seiner eigenen Erfahrungen und seines Skripts, die aktuellen Erfahrungen der Jugendlichen in Übereinstimmung zu bringen und damit das Interesse in eine bestimmte Richtung zu lenken.

Cuma: Mich interessiert, ihr geht beide ins Gymnasium. Wie ist das mit Diskriminierung? Oder leidet ihr da, in der Schule?
Fatih: Dazu kann ich unsere Schule erstmal loben, das ist ja sowieso eine Projektschule mit 50 % Ausländern und 50% Deutschen.
Ismael: Nee, woher hast du denn die Zahlen her?

Fatih: Ja, du brauchst nur in der Schule zu kucken. Das reicht schon... (Ismael: Nein, Nein)
Cuma: Wie reagieren eure Mitschüler?
Ismael: Also so viele Ausländer existieren in unserer Schule nicht – leider nicht...
Fatih: Wie viele denn? 40%?
Ismael: So 20%
Fatih: Ja, das ist jetzt nicht der entscheidende Punkt. Es ist halt so, daß relativ gesehen zu anderen Schulen in Frankfurt unsere Schule im Vergleich die höchste Ausländerrate hat...
Ismael: ...okay, schön – aber nicht 50%...
Fatih: ...ja, da ist aber jetzt nicht das entscheidende...
Cuma: ...ja, ob das 40% oder 60% sind ist ja egal – aber wie reagieren eure Mitschüler?
Ismael: Es sind ja viele Ausländer vorhanden und ich denk mal, daß die Deutschen halt – die deutschen Mitschüler, die bekommen halt richtig mit, daß die Ausländer halt nicht Barbaren sind oder so wie man sich das vorstellt in Rechtskreisen, oder so. Ich hab weder bisher – ich bin seit 4 Jahren da – ich hab weder ne Schlägerei gesehen noch irgendwie wegen der Nationalität oder der Farbe oder der Religion oder irgend etwas anderes, daß da deswegen Streit entstanden ist. Es ist ein sehr harmonisches Zusammenleben, kann man sagen.
Cuma: Wenn ihr als Ausländer bessere Noten kriegt, sind die Mitschüler da ein bißchen neidisch, weil ein Ausländer, weil ein Ausländer bessere Noten gekriegt hat, als ein Deutscher?
Ismael: Da würd´ ich vielleicht schon eher sagen, daß da – ich war immer in einer Klasse, wo sehr viele Ausländer drin waren, aber trotzdem ist in diesem Bereich schon etwas vorhanden, also: Der als Türke, das gibts doch nicht, daß der in Deutsch besser schreibt als ich. Da ist schon so eine Kleinigkeit vorhanden, jetzt nicht so dieses gewaltsame Große, nein, obwohl wie gesagt, das ist auch zwischen Türken vorhanden. Ich mein, das ist was menschliches, weil der eine schreibt halt eine bessere Note.

Die von Cuma vermutete Konkurrenz und der Neid zwischen Deutschen und Ausländern (hier der Türken) spiegeln einen Teil seiner eigenen Geschichte, seine eigene biographische Erfahrung wider. Er erzählte aus seiner Zeit an der Universität: „.....bei den Studenten. Eine griechische Studentin hatte eins, eins, eins bekommen, und neben mir saß eine Frau, die sagte: ‚Scheiße, jetzt kriegen die Griechen eins, eins, eins, und ich als Deutsche nur eine drei'."

Ismael und Fatih negierten das von Cuma vorgebrachte Beispiel als eine *spezifisch* türkische Erfahrung oder eine spezifische Beziehung zwischen Türken und Deutschen und brachten dieses Verhalten auf eine andere Ebene, weg von der ethnischen Markierung: Es ist schließlich etwas *Menschliches* und gilt daher für Türken untereinander wie auch für Deutsche untereinander gleichermaßen.

Cuma betonte in dieser Szene sehr stark das Türke-Sein von Fatih und Ismael. Sie müßten ähnliche Erfahrungen mit Diskriminierung und Konkurrenz gemacht haben, wie er auch („leidet ihr da in der Schule?"), ihre Verarbeitungsmechanismen und Strategien damit zurechtzukommen, so folgerte Cuma, müßten demnach auch die „der Türken" sein – und damit meinte er das Spezifische seiner eigenen Generationenerfahrung. An dieser Szene trat ein Generationenkonflikt offen zutage, widergespiegelt in Cumas Haltung und seiner Art, auf abweichende Meinungen und Erfahrungen zu reagieren. Cuma beharrte darauf, daß seine Vermutung universelle Gültigkeit hatte, die anderen müßten also seinem Erfahrungen gemäß antworten. Er konnte hier nicht die Unterschiede erkennen und vor allem anerkennen, die sich zwischen seine Erfahrungen und Verarbeitungstechniken schoben. Es waren andere Erfahrungen von der in Deutschland geborenen sogenannten zweiten Generation. Die Erfahrungen waren ähnlich, die Verarbeitungsstrategien jedoch unterschiedlich.

Auf der Folie des Kulturkonfliktes wurde hier ein Generationenkonflikt bearbeitet, der Generationenkonflikt, den Fatih und Ismael und alle anderen täglich zu Hause mit ihren Eltern erlebten. Im Gruppengespräch wurde dieser Konflikt aktualisiert durch die väterliche Autorität von Cuma und vor allem von dem davon divergierenden Bild der Autorität, die durch die beiden Forscher repräsentiert wurde. Nirgends wurde der Bruch mit dem von Cuma präsentierten gültigen „Erwachsenen-Skript" deutlicher als in dieser Szene. Den *Weg des Vaters* gehen, was in der traditionalen türkischen Kultur unhinterfragt für die Jugendlichen galt, hat in der deutschen Gesellschaft für die hier geborenen Kinder der Migranten nur noch geringe Verbindlichkeit. Der Vater besteht zum überwiegenden Teil auf seiner Autorität, der Verbindlichkeit seines Entwurfes, die Jugendlichen versuchen aber einen Bruch mit diesen ihnen fremden und zugleich vertrauten Motiven. Ohne diesen Bruch, die Trennung vom Vater, kann sich die adoleszente Loslösung und damit verbunden die Entwicklung eines eigenen Lebensskriptes nicht vollziehen.

In diesem Bruch, in dieser Trennung steckt auch die Freiheit, sein eigenes Skript zu entwickeln und schließlich sein eigenes Leben als erwachsene Persönlichkeit zu entfalten. Das ist ein wesentliches Ergebnis der Adoleszenz. Die Ablösung ist auch ein Stück Kulturkritik: Kritik an der Kultur der Eltern, der Tradition, der Herkunftsfamilie. Mit der Herausbildung eines eigenen potentiellen Skriptes, das offen ist für Veränderungen oder Reflexionen und keine frühe Festlegung und Einengung erfahren möchte, geht die Weigerung einher, geschlossene Entwürfe zu akzeptieren. Totalisierende Konzepte werden abgelehnt.

Die Erfahrungen und Entwürfe der deutsch-türkischen Jugendlichen durchlöcherten zum einen den Versuch, die homogene türkische Migrantengruppe zu konstituieren, die sich aufgrund der gemeinsam geteilten Erfahrung des Fremdseins und der Diskriminierung ergab. Sie stellten diese rigiden Trennungen in Frage, verweigerten sich dem ethnisierten Kultur- und Rechtsdiskurs und präsentierten statt dessen ihren Entwurf, der ihre eigene Syntheseleistung als individuelle Praxis hervorhob. Fatih hatte dies „europäische Kultur" oder „europäische Identität" genannt. Gleichzeitig erkannten sie die Statusunterschiede und Differenzen an, mußten diese aber nicht mehr (allein) auf ethnische Kategorien zurückführen. Gerade Fatih hatte in seiner Geschichte den Integrationswunsch betont und in seiner Reflexion darüber als Beispiel genannt, daß die sozialen Entdifferenzierungen entlang von Statusunterschieden entstehen, die sich allein aufgrund von sozialer Schichtung ergeben. Die Differenz wurde so auf eine strukturelle gesellschaftliche Ebene transportiert.

Fatih: Ja, ich sag jetzt nicht gerade deutsch, sondern ich sag immer, ich hab europäische – als ich klein war hatte ich vielleicht überwiegend deutsche Freunde, das hat im Laufe der Zeit abgenommen. Da habe ich auch vorwiegend die deutsche Kultur kennengelernt oder auch teilweise einiges übernommen. Aber mit der Zeit hat sich das abgeschwächt und da kam halt mehr so die türkische Kultur – hat mehr türkische Kultur das Hauptgewicht gehabt, das heißt natürlich dann automatisch mehr türkische Freunde oder so. Aber ich hab auch heute – ich sag mal europäische – italienische oder jugoslawische oder deutsche Freunde. Mit denen ich auch öfter [was mache] – natürlich hab ich auch deutsche Freunde, aber mit denen erlebt man nicht alles zusammen, nicht in dem Sinne, daß man halt immer zusammen ist und sich alles erzählt. Sozusagen von der Schule noch oder von früher noch, die ich von klein aus kenn, mit denen ich im Kindergarten war oder in der Schule war, man grüßt sich und man redet miteinander, aber man geht nicht zusammen aus. Das ist halt nicht mehr vorhanden.

Stefan: Aber ich höre da zwei Stimmen: das ist einerseits die Freude, etwas gemeinsames zu teilen, aber auch die Klage – du hast es auch beklagt, daß du eher so jetzt auf einmal so mit den...

Fatih: ...ja, es ist halt auch irgendwo dann wieder ein Verlust. Man hat diese Kultursachen nicht – noch mehr Kontakt oder ich hab vielleicht das wesentliche – das liegt vielleicht auch daran, es ist schwer, daß die einen so akzeptieren, wie man ist.

Stefan: Das ist gemacht, also du spürst, daß diese gemachte Trennung...

Fatih: ...ja, ich bin halt – ich sage: Ich will meine Kultur nicht aufgeben, meine eigene, also entweder muß man ganz aufgeben – ich kenne sowas – die haben dann ihre türkische Kultur ganz aufgegeben und die sind dann nur noch mit Deutschen zusammen. Da muß man halt ganz aufgeben. Und wenn man das nicht will (Stefan: Ja) und dann ist es schwer, da noch eine engere Beziehung zu führen.

Sven: Hast du Angst...
Fatih: ...Angst, nee, nicht wovor?...
Sven: ...eine Kultur aufzugeben?...
Fatih: ...es liegt nicht an der Angst, ich sehe halt die positiven Seiten an meiner Kultur, an der türkischen. Und die will ich halt nicht verlieren.
Sven: Aber es ist ja auch nicht die türkische Kultur. Es ist ja deine eigene Kultur, die türkische Kultur ist ja in der Türkei, deine Kultur ist die türkische Kultur in Deutschland. Und da...
Fatih: ...nein, ich weiß nicht. Ich nenn es trotzdem türkische Kultur, weil mein Vater ist in der Türkei [geboren] – er kann wenig Deutsch, meine Mutter kann fast gar kein Deutsch (Sven: Mhm), aber die haben nichts mit der deutschen Kultur zusammen. Also: Null, da gibt es gar nichts. Da gibt es nur die türkische Kultur zu Hause. Also meine Mutter kann kaum Deutsch, sozusagen. Und wir haben auch gar keine außertürkischen Bekannten oder so, familiär gesehen. Bei mir ist es anders, ich hab halt andere Freunde. Aber bei meinen Eltern ist es anders. Ich würd´ darauf bestehen, daß es wirklich die türkische Kultur ist, die noch aus der Türkei ist. Also jetzt traditionell oder religiös oder in der Hinsicht. Deswegen sag ich auch, es ist eine türkische Kultur.
Sven: Wie ist es bei der türkischen Kultur oder der deutschen Kultur – wie lebst du beide Kulturen?
Ismael: Ja, gut, also meine Familie, mein Vater, der kann – der arbeitet zum Beispiel über 20 Jahre bei der Firma Opel, der kann nicht so gut wie ich Deutsch beherrschen, und wir haben natürlich auch familiär gesehen, viele Bekannte und Verwandte und meine Mutter kann auch kein Deutsch. Sie ist natürlich auch erst seit wenigen Jahren jetzt hier in Deutschland.
Fatih: Deswegen ist es bei mir so, daß ich einfach sage, es ist halt die türkische Kultur. Ich kenn´ auch viele Freunde von mir, die haben auch, bei denen ist es schon so, daß die Eltern schon mehr so deutsch – aber das ist dann schon ein Mischmasch. Aber es ist bei mir nicht so, ich sag jetzt nicht, das ist gut oder schlecht, es ist halt einfach so, das ist Tatsache. Und deswegen sag ich, ich hab halt die türkische Kultur und die deutsche Kultur habe ich eher von meiner Kindheit noch. Also von klein auf hab ich da das mitbekommen, da war ich mehr mit Deutschen zusammen, also ich war mit sieben Türken in der Grundschule, aber meine Freunde waren überwiegend Deutsche. Ich ging halt mehr mit denen weg, zu denen nach Hause. Und die haben halt ganz anders gelebt, als kleines Kind merkt man das nicht so, aber nach einer Zeit spürt man das. Die haben halt dahinten in dieser Frauenlobstraße, das ist die nobelste Gegend in Frankfurt, die haben da gewohnt. Die sind also erst mal deutsch und zusätzlich noch reich. Das ist wieder zwei Stufen höher eigentlich.

Stefan: Also, wie du das schilderst, gibt es eigentlich wenig die Alternative, so wie du sie gerne leben möchtest, gesellschaftlich gibt es sie nicht?
Fatih: Ja, das gibt es nicht, man ist gezwungen zurückzugeben. Man kann nicht mithalten sozusagen oder vielleicht sind es – also von meinen Eltern hab ich nie etwas gehört, daß man da nicht hingehen soll, oder so. Ich weiß nicht, wie es bei denen aussieht, vielleicht wollte man nicht haben, daß so ein Türke kommt. Ich weiß nicht, wie es bei denen lief. Also das ging, aber so nach einer Zeit hat das abgebröckelt.
Stefan: Ich meine eher das, was du vorher gesagt hattest, daß ich darauf sehe: entweder individuell paßt man sich an und legt alles ab (Fatih: Ja, genau) oder man wird auf ein Kollektiv festgelegt, mit dem man auch nicht ...
Fatih: ...wie gesagt, entweder muß ich vieles ablegen – was ich nicht wollte, und deswegen kam dann nach einer Zeit die Trennung, sozusagen.
Cuma: Trennung von den Deutschen?
Fatih: Von den Deutschen ja, eher von den Deutschen, das heißt nicht, daß ich dann nicht nur türkische Freunde hatte. Ich hatte sehr gute Freunde aus Afghanistan, Albanien oder Serbien, Kroatien, aus diesen Gegenden habe ich sehr viele Freunde. Aber, wie gesagt, die deutschen Freunde haben dann abgenommen. Und mit diesen anderen, mit denen ist es ja auch das gleiche Schicksal irgendwo, weil sie sind ja auch Ausländer (Cuma: Mhm) Da ist es einfacher eine Beziehung herzustellen, weil wir einfach das gleiche Schicksal haben.

Fatihs Aussagen zeugen von einer starken Autonomie, die individuelle Sichtweisen ausdifferenziert und ein Kennzeichen eines gelungenen selbstreflexiven Skripts ist. Vielleicht blicken Cuma und Johnny (stellvertretend für die Elterngeneration) etwa neidvoll oder aber zumindest nicht mit ausreichender Anerkennung auf diese Syntheseleistung der deutsch-türkischen Jugendlichen, die Integration zum einen umdefiniert haben und zum anderen diese Integration nicht unbedingt und um jeden Preis vollziehen müssen. Sie hatten sich mit der Vorstellung versöhnt, *diese* Integration zu leben, wenn es sich ergibt, sie aber nicht leben zu müssen, wenn sie nicht erreicht werden kann. Diese Spannung hatten sie gelernt auszuhalten. So entwickelten sie eigene, konträre Verarbeitungstechniken, Verarbeitungstechniken, die Cuma und Johnny als Vertreter der Elterngeneration nicht zur Verfügung standen: das Spiel mit Identitäten und das reflexive Zusammennehmen beider (oder mehrerer) Kulturen, in unserem Beispiel der deutschen und der türkischen. Von diesem Standpunkt aus gesehen wehrten Cuma und Johnny diese Entwürfe ab, erkannten sie nicht an (nicht nur, um ihre eigenen, für sie gültigen zu retten).

Vor allem Johnny warnte vor der Integration, die für ihn nur eine Preisgabe an eine dominante Kultur bedeutete, dies vor allem vor dem Hintergrund, daß er das veränderte Integrationskonzept der Jugendlichen nicht als gültig und gleichberechtigt anerkennen konnte und wollte. Integration, so kann Cuma verstanden werden, bedeutet Selbstpreisgabe. So ist es auch kein Zufall, daß er seinen Entwurf der multiethnischen Gesellschaft sehr stark betonte. In der multiethnischen Gesellschaft sind alle gleich – aber auch alle verschieden und müssen sich nicht mit Assimilationsangeboten auseinandersetzen und – vor allem – Konfrontationen mit der Mehrheitskultur bestehen.

Schluß mit Differenz

Cumas Topos der Mißgunst zwischen den Gruppen/Ethnien und den unüberbrückbaren Differenzen setzten die Jugendlichen die Figur der *gemeinsamen* Erfahrungen Jugendlicher allgemein und eine nicht ethnisch definierte, europäische Identität entgegen. Fatih beharrte aber trotz dieser Syntheseleistung auf der türkischen Kultur – seiner Ansicht nach die für ihn gültige. Er übernahm dieses Muster der „türkischen Kultur", weil er sah, daß er gesellschaftlich (von beiden Kulturen) gezwungen ist, etwas zurückzulassen von den beiden Kulturen, sich festzulegen, sich eindeutig zu machen. So hatte er sich für die Kultur seiner Eltern entschieden und konnte dadurch eine Harmonisierung wenigstens mit den widerstrebenden Elementen der türkischen Kultur in Deutschland erreichen. Vielleicht steckte in dieser Identifikation aber auch eine Absage an die ethnisch homogen konstruierte und gedachte deutsche Volksgemeinschaft, die sich entgegen der Realität der deutsch-türkischen (und anderen mehrbezüglichen) Jugendlichen über das Abstammungsprinzip definiert. *So* einer Gesellschaft wollte er auch formal nicht angehören.

Es ist aber nicht von der Hand zu weisen, daß Fatih sowohl zu Hause bei seinen Eltern (qua Sprachvermögen und besserer Orientierung in der deutschen Kultur) als auch hier im Gruppengespräch als Motor der *Übersetzung* zwischen den Kulturen in eine *gemeinsame* Kultur wirkte und den Zwang zum Eindeutig-Sein, dieses Entscheiden-Müssen, abgelegt hatte. So konnte er, in einem in der Adoleszenz aufbrechenden Prozeß, auch auf diese Weise den Weg des Vaters gehen und trotzdem damit brechen. Fatih integrierte die beiden verschiedenen Sozialisationsmuster der deutschen und der türkischen Kultur, indem er den vorgegeben Weg des Vaters verließ, aber trotzdem Türke blieb. Die Vater-Sohn-Beziehung hatte so eine spezifische Modernisierung erlebt, die sich in der individuellen Syntheseleistung der Jugendlichen manifestierte. An der Autonomiebildung kristallisierte sich eine wichtige Fragestellung heraus, die für den weiteren Gang der Untersuchung der spezifischen inneren Modernisierung der Beziehung zwischen Adoleszenten der sogenannten zweiten Generation und ihren Eltern bestimmend sein wird:
a) Verläuft der Ablöseprozeß von den Eltern über Anerkennung?
b) Verläuft er über Entwertung?
c) Wie gehen die Jugendlichen (und ihre Eltern) mit der in diesem Ablöseprozeß freigesetzten Trennungsaggression[132] um?

---

[132] Trennungsaggression erscheint hier als heftiger Affekt in der Abgrenzung von den Eltern.

Der dritte Teil des Gruppengesprächs endete schließlich mit einer solidarischen Handreichung zwischen Forscher und den Jugendlichen, nachdem vor allem im letzten Abschnitt die Verbindung zwischen Forschern und Jugendlichen über die Inszenierung der Randseitigkeit von Cuma und Johnny gelang. Die Jugendlichen hatten sich ja vollständig mit den Erwartungen und Vorannahmen der Forscher über das „Leben in zwei Kulturen" getroffen", und der von ihnen gezeichnete Weg fand wiederum bei uns Forschern Interesse und Anerkennung. Da wir als Forscher kein Ende finden konnten, wir in unserer unersättlichen Neugier immer mehr wollten, setzen die Jugendlichen den Schlußpunkt:

Ismael: So, ich glaub, das reicht jetzt!
Alle: (lachen)
Fatih: Okay, machen wir Schluß für heute.
Sven: Danke!
Jemand: Bitte.
Stefan: Danke für das Gespräch.
Cuma: Es war toll.
Ismael: Hoffentlich wird es irgendwann wieder weitergehen (Bandende).

Es kam schließlich zu einer versöhnlichen Gruppenlösung, d.h. Cuma und Johnny mußten nicht außerhalb der Gruppe stehen bleiben, sie wurden nicht ausgeschlossen. Fatih sagte: *Wir* machen Schluß für heute, und er schloß in dieses *Wir* alle aus der Gruppe mit ein. Gruppenanalytisch gesehen bedeutete dies eine Erleichterung für die Gruppe, die ihren Wunsch nach Verbindung und Kohäsion, also dem Verbinden der Gegensätze, so leichter nachkommen konnte. Die verschiedenen Entwürfe, der Weg des Vaters, den Cuma und – etwas weniger – Johnny repräsentierten, und die eigenen, davon verschiedenen Entwürfe der Jugendlichen, sich eher überschneidend mit denen der Forscher, kamen daher als eigentliche Differenzmarkierung zum Tragen.

Die Konflikte und Ambivalenzen der sogenannten zweiten Generation stellten sich so besehen nicht als unlösbare und destruktive Konflikte dar, vielmehr hatten die Jugendlichen gezeigt, daß sie eine Sprache und einen Raum gefunden hatten, diese Konflikte auszudrücken, die Spannungen und Ambivalenzen nicht negieren zu müssen. Sie hatten gelernt, diese Spannungen auszuhalten und kreativ umzusetzen. Dieser Raum und diese Sprache müssen aber gegenüber Angriffen aus beiden Richtungen – also seitens der Herkunftskultur der Eltern und seitens der Mehrheitskultur – verteidigt werden; sie sind ein spezifisches Produkt eben dieser adoleszenten Schöpfungskraft von Migrantenjugendlichen. Schließlich ist es die gelungene Verteidigung dieses Raums und dieser Sprache, die entscheidend ist für den gelungenen Balanceakt einer tragfähigen Ablösung und zukünftigen Autonomie. Es ist nicht mehr die bei der ersten Generation der Migranten charakteristische „Defensivkultur", die Waldhoff (1995, 217) in ihrer Wirkmächtigkeit für Etablierte-Außenseiter-Figurationen beschrieben hat, welche die Jugendlichen übernehmen. Sie gehen einen Schritt nach vorne, in Richtung Konfrontation und Auseinandersetzung mit Fremdheiten und den Ambivalenzen, sowohl der eigenen als auch der Mehrheitskultur. Durch den Bruch mit dem Weg des Vaters, der in der Regel ein gültiges und verbindliches Skript präsentiert, und die Differenzen zwischen den Kulturen nicht integrieren kann und daher keine Potentiale eröffnet, wie damit zu verfahren ist, verläuft diese spezifische Syntheseleistung, die aus dem „Leben in zwei Kulturen" einen tragfähigen Entwurf macht. Dieser Entwurf hat als ein wesentliches Kennzeichen ein *selbstreflexives* Skript hervorgebracht.

Wie sich ein selbstreflexives Skript zu bewähren hat, was die inneren Kämpfe um Autonomie und Ablösung von der Familie und damit verbunden auch der Herkunftskultur der Eltern kennzeichnet, das ist das explizite Thema des nächsten Gruppengespräches, das einiges an Vorstellungen und Annahmen über das Spannungsfeld zwischen den Generationen und den Geschlechtern in Immigrantenfamilien präzisiert.

Der „leere Raum".
Trennungen und Autonomie in der Narration über die Familie

Tagesthemen: Im Abspannbeitrag, kurz nach dem der Wetterbericht den Spannungsbogen der Tagesereignisse in die allgemeine Entspannungsphase einleitet, lief ein Bericht über die zweite und dritte Generation von jungen Türken in Deutschland. Sie haben es satt, am Rand zu stehen und haben dagegen nun eine gemeinsame Sprache gefunden, den Rap. Berichtet wurde über die türkischen Rapper aus Berlin, die Gruppe *Cartel*, die mittlerweile große Konzerthallen füllt und ihre Konzerte als riesige Hip-Hop Party zelebriert. Und da war es wieder, das Thema: Zwischen den Stühlen sitzen und sich nicht für einen zu entscheiden. Wir sind Türken in Deutschland, *türksün alman'yalar*, singen *Cartel*, vergeßt das nie! Die Fans jubeln. Die Gruppe trifft mit ihren Songs genau ihr Lebensgefühl.

Meine Tagesthemen sahen ähnlich aus: Wie sehen sich junge Türken und Türkinnen in Deutschland? Wie ist ihre Selbstverortung um die beiden Pole: Deutsche werden – Türken bleiben. Während die Tagesthemen liefen, kam ich von einem Gruppengespräch mit der Folkloregruppe und sah mir die mediale Inszenierung türkischer Jugendlicher an. Die Jugendlichen aus der Folkloregruppe schilderten ihre Erfahrungen nicht ganz so enthusiastisch und mediengerecht, wie die aus der Fernsehen, dafür aber ungleich differenzierter und reflektierter. Ein Vergleich drängte sich auf. Nicht zwischen den Jugendlichen, die Hip-Hop hören und denen die Folklore tanzen – da gibt es keine eindeutigen Zuordnungen –, der Vergleich entstand eher zwischen den Differenzierungen, die entstanden und den daraus ableitbaren theoretischen Implikationen.

Im folgenden stelle ich den Anfang des Gesprächs dar und die daraus entstandene Gesprächssituation:

Wer beginnt?

Das Gespräch mit der Gruppe begann mit einem Angebot. Es war zu dieser Zeit sehr ruhig, keine Wettbewerbe oder ähnliches standen auf der Tagesordnung, es mußten also keine Tänze und Choreographien intensiv geübt werden. Das gab einen Freiraum an Zeit und die Gespräche störten nicht den Ablauf der Proben. Wir saßen im Büro des Migrantenvereins. Die Atmosphäre war geprägt von großer Offenheit, und jeder achtete darauf, andere ausreden zu lassen, und aufmerksam zuzuhören.

Sven: Was ich mir für heute ausgedacht habe, worüber wir reden könnten, das sind eigentlich drei Fragen. Und zwar ist das: Deutsche werden –

Türken bleiben, könnt ihr das, wollt ihr das oder sollt ihr das? Das denke ich mir, ist ein ganz guter Einstieg.
Fatma: Ja, natürlich (Lachen, Unruhe, viele durcheinander)
Saladin: Ihr fangt an? Du Ali...
Gülüm: Also fangen wir an... Ali
Sven: Ali?
Ali: Was soll ich?
Fatma: Deine Meinung sagen.
Serkan: Deine Meinung!

Wer als erster anfangen wollte, war noch unsicher, es ging darum, seine Meinung zu sagen, zugleich waren es sehr viele Fragen, die ich gestellt hatte. Wo also anfangen? Wer wagte sich vor? Saladin entschloß sich doch, den Anfang zu machen, und erzählte.

Saladin: Ich würde gerne Deutscher sein. Ja, zum Beispiel – wenn wir so – unsere Väter und Mütter und Opas und Omas und so, seit dreißig Jahren sind die hier, die können nicht so Deutsche werden. Die müssen erst acht oder zehn Jahre hier sein, dann kriegen sie den deutschen Paß. Ich würd´ es auch gerne so machen, deutsch sein. Das ist meine Meinung.
Ece: Deutscher sein oder deutschen Paß haben?
Saladin: Ja egal, deutsch oder türkischer Mensch ... (unverständlich)
Taner: ...deutscher Paß.
Sven: Das ist doch ein Unterschied, oder?
Saladin: Nur die Länder oder? Die Türken haben Augen, die Deutschen haben Augen. Das ist meine Meinung.

Weil einige noch nicht so lange in Deutschland waren und noch nicht so flüssig sprechen konnten, nahmen wir uns viel Zeit und gingen auf das Tempo und die Sprachkenntnisse der anderen ein, es wurden Rückfragen gestellt, und der Ablauf der Reden geschah diszipliniert ohne Zwischenbemerkungen und Störungen. Saladin sprach den Unterschied zwischen den Generationen an, den Bruch, der sich aus den unterschiedlichen Wünschen und Erwartungen an die Emigration ergab. Differenzierte Ece die Bedeutung des Paß-Habens und des Deutschseins, spielte diese Unterscheidung für Saladin keine Rolle. Hier eröffnete sich bereits ein erster Blick auf zwei Sichtweisen, die sich das ganze Gespräch durchhielten und die insgesamt für zwei unterschiedliche Haltungen standen: für eine differenzierende und eine polarisierende (gleichwohl provozierende) Sichtweise.

Das Spiel der Masken

Ece: Und für mich gibt es keinen großen Unterschied zwischen Istanbul und hier. (Ali kichert, Serkan: Pscht!) Es gibt einen Unterschied be-

	stimmt. Es ist Ordentlich, die Sauberkeit hier, es ist sehr ordentlich, das hat mir gefallen. Aber es ist kein großer Unterschied. Aber zwischen Osttürkei und hier ist es ein großer, sehr großer Unterschied. Und für mich am Anfang habe ich gedacht, nein ich habe gehört, in der Türkei, daß die Deutschen sehr kalt sind.
Ali:	(lacht)
Sven:	Kalt?
Ece:	Ja, ich hab das gehört; kalt die Deutschen...
Ali:	Ja.
Ece:	Am Anfang ich bin hierher gekommen und dachte, daß ist nicht korrekt, sie sind nicht so kalt. Am Anfang habe ich das gedacht...
Sven:	Hm, ja.
Ece:	Aber ich habe gemerkt, das ist eine Maske. Ich spreche nicht über alle. Aber meistens sie haben immer eine Distanz. Und das ist der große Unterschied zu uns. Die Türken sind mehr- ich glaube ....
Taner:	....freundschaftlicher...
Ece:	...nein, das ist nicht das richtige! Mehr sie können schneller Kontakt haben. Aber die Deutschen machen immer Distanz.
Serkan:	Warmblütiger!
Ece:	Ich weiß es nicht. Was?
Serkan:	Die türkischen Leute sind warmblütiger.
Saladin:	(Lachen) Die Türken, ja?
Sven:	Warmblütiger?
Ali:	Weiß nicht.
Ece:	Vielleicht gegen Ausländer oder miteinander auch?
Ali:	Manche sind sehr nett gut, manche sind korrekt, manche sind...
Ece:	Ich habe viele sehr nette deutsche Freunde hier...
Saladin:	Ja, ich hab auch...
Ece:	Aber die allgemeinen...
Gülüm:	Also, ich will auch was sagen. Ich heiße Gülüm – eh ich bin auch hier geboren. Ich hab eine Freundin, die ist Marokkanerin. Sie wollte ein Praktikum machen. Das ist immer ein Unterschied, weil die Deutschen sagen: Ausländer raus. Das ist auch wahr. Die wollen, daß die Ausländer alle raus...
Ali:	Nazis – oder was sind die?
Gülüm:	Die sind auch keine Nazis, sie sagen alle „Ausländer raus". Also, die wollte ein Praktikum machen in einer Apotheke und die bei der Apotheke hat gemeint: sie hat ein Kopftuch an, sie darf nicht hier Praktikum machen. Also bei vielen Lehrstellen, die ist hingegangen und nur wegen ihrem Kopftuch konnte sie nicht die Lehrstelle haben. Also das finde ich nicht so gut. Außerdem auch: wir Türken und auch andere arbeiten alle in Putzstellen. Jetzt, wenn wir in der Putzstelle arbeiten, wir sind in deren Augen so klein. Wir sind so klein bei denen, wirklich, das habe ich gemerkt, ich habe auch bei einer Putzstelle gear-

beitet. Die haben mich so wie ein Schwein behandelt, ich schwörs – ja...
Saladin: Ist doch normal, ich wurde auch so behandelt...
Taner: Ja, ich....
Saladin: ...ja...
Ali: Ich will was sagen...
Sven: Ja?
Ali: Sie hat gesagt, die Deutschen sagen „Ausländer raus". Sie hat gemeint, daß so alle Deutschen sprechen, also ob Faschisten oder nicht. Kann man sagen, alle Deutschen denken das? Also ich bin seit drei Jahren hier und habe zwei Jahre mit Deutschen zusammengewohnt. Die haben zu mir überhaupt nicht gesagt, daß ich ein Ausländer bin, also, die wußten das schon, daß ich Ausländer bin, aber die haben zu mir nicht gesagt: du darfst nicht hier leben oder was. Das ist meine Meinung. Aber das heißt nicht, daß alle Deutschen [so sind].

Wenn auch der Anfang des Gespräches noch zwischen Polarisierung und Pauschalisierung hin und her wechselte, so kam es schließlich im weiteren Verlauf zu einer differenzierten Betrachtungsweise. Vor allem durch das Votum, seine eigene Meinung zu sagen, über seine Ansichten und Reflexionen zu berichten, wurde diese Offenheit und damit eine sehr breite Präsentation eigener Entwürfe und adoleszenter Thematiken ermöglicht. Stereotypen hatten in den Erzählungen der Jugendlichen dann weniger Gewicht. Gleichwohl war es immer wieder an einzelnen, sich für diese eine oder andere Position zu entscheiden. Die Gruppe funktionierte wie ein Prisma, durch das verschiedene Sichtweisen gehen, die dann gebündelt und jede in einer anderen Farbe nach außen treten.

Der stereotype Ausländerdiskurs, der innerhalb der Gruppe aufgegriffen wurde, funktionierte als eine Art rituelle Bearbeitung der sozialen Konstruktionen von Differenz, Kultur, Ethnizität und Rasse. Das Türkischsein schlechthin war genau die Differenzmarkierung, die im Alltag immer wieder erlebt wurde, und die als Raumzuteilung oder Platzanweisung, wirken soll. Werden diese Kategorien hinterfragt, öffnet sich der oberflächliche Diskurs, der genau diese Annahmen und Markierungen bestätigt, aber nur holzschnittartig nachzeichnet. Gelang es im Gespräch jenseits dieser Kategorien, die (eigene) soziale Praxis anzusprechen und die Auseinandersetzung darüber zu suchen, wurde dieses ironische Spiel fallengelassen und – im günstigsten Fall – die Selbstethnisierung im Zusammenhang mit allgemeinen, also gesellschaftlichen Ethnisierungsprozessen, gesehen. Oder davon abgetrennt, je nach Standpunkt. In der Gruppe waren diese Prozesse der Differenzierung durch zwei Sprecher vertreten, durch Ece und auch Ali. Die kollektive Schöpfung, innerhalb der Gruppe eine differenzierte und differenzierende Sichtweise zu entwickeln, die jenseits der ritualisierten Form des Identitätsdiskurses angesiedelt ist, zeigte eine neue Form der Selbstvergewisserung auf. Lebenswirklichkeiten wurden demaskiert.

Ein Blick hinter die Masken wurde gewagt, wie es Ece ausdrückte. Damit meine ich, daß eigene Reflexionen den Raum bestimmten, in dem sich sicher bewegt werden konnte, das heißt, daß alle Entwürfe und Vorstellungen in der Gruppe darin aufgehoben sein konnten. Diese Schöpfungen haben trotzdem einen unverbindlichen Charakter, sie mußten nicht gemeinsam geteilt oder als Gruppenkonsens etabliert werden. Wichtig war vor allem, daß sie ihren Platz in der Gruppe hatten. Abweichende Meinungen konnten auch geäußert werden, wenn sie nicht von der Gruppe getragen wurden, es bestand kein Zwang zu Homogenisierung, zu einer einheitlichen Gruppenmeinung oder einem zwingenden Konsens. Das sehe ich als eine wichtige Leistung, die in der Gruppe gewachsen ist und keine negative Kontrolle nach sich zieht.

Was die Jugendlichen aus der Folkloregruppe in diesem Gespräch leisteten und ich – sozusagen als Grenzgänger – in einen Rahmen brachte, war so etwas wie die Rückholung der Migranten in den Diskurs der Moderne. Das klingt vielleicht übertrieben, kam aber ganz ungeplant, aus dem Gespräch heraus, zustande. Es wurden lediglich – aber das scheint mir das Wichtige – andere Sichtweisen ausgehandelt. Die Perspektive hatte sich verändert. Wurden Migranten immer nur als *Kollektiv* gesehen, die, geprägt von Normen und Werten, ihre Handlungen mechanisch darauf ausrichten, so galten Subjektivierung und Individualisierung, der Diskurs über Modernisierung nicht für sie. Sie kamen darin praktisch nicht vor. Sowohl *dem* homogenen und stereotypen Migranten als auch *dem* Deutschen wurde im Gespräch eine klare Absage erteilt und damit der Blick auf die Subjekte, auf sich selbst freigelegt. Jugendliche aus Immigrantenfamilien (und ihre Eltern) unterliegen genauso den Prozessen der Modernisierung, die beschrieben werden als Individualisierung, Differenzierung und Pluralisierung von Lebensstilen. Die „*Risikogesellschaft*" (und die damit verzahnte Individualisierungstheorie von Ulrich Beck[133]) ist keine Veranstaltung von deutschen Paßinhabern mit mittleren bis überdurchschnittlichen Einkommen, bevorzugt aus akademischem Milieu. Gleichwohl gilt die herrschende Praxis der Unterscheidung, die sich allerdings nicht an ethnisch konstruierten Zugehörigkeiten festmacht.

Wie Bernhard Nauk zu Recht kritisiert, wurde die Frage einer zunehmenden Individualisierung der Lebensführung und einer Pluralisierung der Lebensverläufe zumeist ausschließlich anhand von empirischen Befunden zur Bevölkerung (west-)deutscher Nationalität diskutiert und problematisiert (Nauk 1991, 704).

Als kleinster gemeinsamer Nenner von Modernisierungstheorien kann gelten, daß ein Kennzeichen moderner Gesellschaften Migrationsprozesse großen Umfangs und weiter Entfernungen sind (Nauk ebd., 705). Mit Blick auf die Aspekte der individuellen Modernisierung in der privaten Lebensführung bei Migranten, die beispielhaft u.a. am generativen Verhalten festgemacht werden, resümiert Nauk: „Die Auswirkungen der Migration auf die private Lebensfüh-

---

[133] Vgl. Beck 1986, 205ff.

rung der Einwandererminoritäten in Deutschland sind somit keineswegs so einheitlich, wie es die linearen makrosoziologischen Trendhypothesen der traditionellen Modernisierungs- und Akkulturationstheorien vorsahen. Vielmehr durchkreuzen sich hier Tendenzen der Modernisierung und Rationalisierung der Lebensführung im Sinne einer keineswegs zu einem Abschluß gekommenen funktionalen Differenzierung einerseits mit Tendenzen der Entdifferenzierung, Abschließung und Traditionalisierung andererseits, die sich keineswegs einer zunehmenden Individualisierung zuordnen lassen." (1991, 713)

An dieser Stelle möchte ich den Fokus erweitern und weitere Aufmerksamkeit auf das Generationenverhältnis lenken, da sich vor allem bei Jugendlichen aus Immigrantenfamilien eine Individualisierung fast zwangsläufig aus der unterschiedlichen Lebensplanung und Erwartungshaltung im Vergleich zu den Eltern ergibt. Zudem gelten die traditionellen und auf ethnische Gruppen bezogenen engen Orientierungen nicht mehr so unverbindlich für die Kinder und Jugendlichen aus den Immigrantenfamilien. Nauks Aussage trifft für die Eltern durchaus zu, aber eben nicht mehr für die Kinder und Jugendlichen aus Immigrantenfamilien. Gegenüber traditionellen Herkunftsbedingungen und Alltagspraktiken, die für die Eltern noch selbstverständlich waren, ist ein Riß durch die Generationen entstanden. Nicht nur genährt durch unterschiedliche Standards der Ausländerpolitik, die – wie schon gezeigt wurde – auf eine uneindeutig definierte (zwischen den Polen Verbleib und Remigration pendelnd) Integration der sog. zweiten Generation abzielte. Die Generation der Eltern wurde nicht explizit in diese verrechtlichte Ambivalenzpolitik miteinbezogen. Für sie galten – wenn überhaupt – andere Programme und politische Strategien.

Mehr als eine Warnung vor Entstellungen der Realität denn als Anregung verstehe ich von daher Sighard Neckels Votum für eine Erweiterung des theoretischen Verständnisses dieser maßgeblichen Theorierichtung: „Der Individualisierungsdiskurs sollte aus der bloßen Verfallssemantik befreit werden, will er sich die Perspektive auf die Entwicklung unserer Gegenwart von Vorurteilen freihalten. Denn es ist überhaupt nicht ausgemacht, daß nicht neue Gruppenbildungsprozesse in der Gesellschaft stattfinden, die man in Ermangelung besserer Begriffe schon ‚posttraditionale Vergemeinschaftung' genannt hat. Die Ausbildung kollektiver Identitäten prinzipiell an den Bestand traditionsfester Kulturen zu binden, ist eine durch und durch konservative Weltsicht, die überdies den Realitäten nicht gerecht wird und nur denunzieren kann, wo die Analyse nicht weiterkommt." (Neckel 1993, 79)

Die Hartnäckigkeit von traditionsfesten Kulturen hat sich nicht nur im Diskurs der Wissenschaften gezeigt, auch im Binnendiskurs in der Minderheit selbst spielt sie eine große Rolle. Hier erfüllt sie aber durchweg andere Zwecke. Sie entlastet vor allem vom Zwang zur Reflexion und damit der Auseinandersetzung mit Ansprüchen und Aufgaben, die von den Eltern, der ethnischen Kolonie und auch der Gesellschaft gestellt werden. Dagegen gilt es für die Jugendlichen eine eigene Stimme zu finden. In der Gruppe haben sich im Gespräch zwei Stimmen erhoben, zwei Sprecher gebildet, bzw. ein Sprecher und eine Sprecherin, die jeweils einmal den traditionalistischen Rahmen vertreten, zum anderen aber einen differenzierten und differenzierenden Blick wagen. Saladin steht für den traditionalistischen Diskurs, Ece für den differenzierenden. Es geht in der nun folgenden Szene um Sprachschwierigkeiten und damit verbunden die Probleme und Lösungsvorschläge der Gruppe, mit deutschen Mitschülern in Kontakt zu kommen, nicht nur um die Sprache besser zu lernen.

Saladin: Weil, kuck mal, ich wollte auch [Kontakt] haben, aber so – hab´ ich nicht bekommen.
Fatma: Kriegst nicht mit Leuten gut Kontakt!
Saladin: Nein. Kuck mal in jeder Schule. Zum Beispiel hundert Prozent in dieser Schule gibt´s Ausländer. Weniger Deutsche.
Ali: Wo war das. Da gibt´s bestimmt Deutsche...also Jugendliche mein ich.
Saladin: Nein, wo ich wohn´ gibt es immer Ausländer.
Ali: Aber wir sind in Deutschland, wir leben nicht in England.
Saladin: Na und? ich hab immer Freunde bekommen. Ausländer, alle waren Ausländer. Ich hab immer deutsche Freunde gesucht. Für meine Sprache, ich wollte mehr lernen. Ich hab nicht bekommen. Ich hab mit Italiener und Marokkanern, mit allen immer Deutsch gesprochen, weil ich wollte mein Deutsch...
Ali: ..wie lange bist du hier?
Saladin: Seit vier Jahren
Ali: Ich bin noch nicht vier Jahre hier, ich bin fast drei Jahre hier, ich bin noch nicht seit vier Jahren hier. Ich hab viele Freunde, das sind nicht alles Ausländer...
Saladin: ...ja ich wollte auch...
Ali: ...wenn jemand will, weißt du, man muß nicht denken: ich bin ein Ausländer, ich kann nicht mich mit einem Deutschen unterhalten. Wenn jemand will – mit Herz, weißt du – dann kann man reden. Brauchst keine Angst haben, mußt nicht denken: ich kann nicht so gut Deutsch...
Taner: Genau!
Ali: ...kannst du einfach reden und unterhalten, egal...
Saladin: Die Deutschen sind so, die...
Ali: Schon wieder *die* Deutschen!
Taner: Scheiße!

Schon wieder *die* Deutschen! Saladin wird von der Gruppe zurechtgewiesen, endlich zu unterscheiden. Serkan schlägt ihm vor: „Du sprichst persönlich, sprechen wir ein bißchen gemeinsam." Nun wendet sich Ece als Sprecherin der Differenzierung an die Gruppe, zeigt ihre Sicht der Dinge auf. Zugleich spricht sie für die Gruppe ein Thema an, das schon in vorherigen Gesprächen immer wieder zum Vorschein kam. Wir sprechen gemeinsam, gemeinsam selbstreflexiv und suchen die Auseinandersetzung mit dem Einwanderungsdiskurs. Aber auch Antworten sind zu formulieren. Vor allem aber wird eine wichtige adoleszente Thematik angesprochen: die Trennung vom Elternhaus und der Prozeß der Ablösung. Die Entwicklung und vor allem Entdeckung anderer Ziele als derjenigen, die von den Eltern formuliert wurden, um den Aufenthalt in der Emigration zu legitimieren, steht im Zentrum.

Das Vakuum Familie

Ece: Ich glaube, das Problem der jungen Türken, die hier wohnen, kommt von ihren Familien. Die Türken, die hier wohnen, vorher, die sind nicht hierher gekommen, nicht um Ausbildung zu bekommen, nicht [um] eine gute Note zu sehen. Sie sind hierher gekommen, um Geld zu verdienen.

Sven: Um zu arbeiten.

Ali: Zum Arbeiten.

Saladin: Ja.

Ece: Weil sie in der Türkei nicht in einem guten Zustand sind. Sie hatten keine Ausbildung in der Türkei, sie hatten kein Geld in der Türkei.

Taner: Sie kommen aus den Bergen? Aus der Osttürkei.

Ece: Ja, aus der Osttürkei meistens. Vielleicht gibt es Ausnahmen. Aber meistens kommen sie aus der Osttürkei, da ist es sehr hart.

Ali: Anatolien zum Beispiel.

Ece: Die sind hierher gekommen, diese alten Leute, sie sind vielleicht nicht einmal von ihrem Dorf in eine Stadt gegangen in der Türkei. Sie sind hier in eine große europäische Stadt gekommen und sie haben angefangen, Geld zu verdienen. Plötzlich sie sind reich geworden, für eigene [Vorstellungen], und sie haben in der Türkei niemals gedacht, daß sie das haben werden. Dann sie haben Kinder gehabt, diese Kinder sind hier geboren...

(Jemand flüstert leise etwas, Taner: Pssssscht! Nicht reden.)

Ece: ...sie waren keine Türken, weil sie sind hier geboren. Und diese Familien, Mutter und Vater, wollten immer, [daß] die Kinder Türken sein müssen. Aber was bedeutet, ein Türke sein? Sie dachten nur an Gelegenheit und sehr starke – was bedeutet (fragt auf türkisch nach)...

Serkan: Gesetze

Ece: ...ja aber hier ist es verschieden...

Ali: Kulturell.

Ece: ...eine gute Sache von der Kultur wollten sie ihren Kindern geben. Verstehen Sie?

Sven: Ja.

Ece: Und sie wollen zum Beispiel, daß die Tochter keine Freunde hat. Dürfen keine Shorts anziehen...

Fatma: Minirock..
Ece: ...Sie dürfen nicht rausgehen, sie dürfen keinen Alkohol trinken. Ja? Sie müssen es so machen. Aber diese Kinder sind hier geboren, nicht in der Türkei. In der Türkei in den großen Städten ist das nicht so. Ich habe in der Türkei gelebt und ich habe wie europäische Leute gelebt. Und nun sind sie hier, sie gehen in die Schule mit Deutschen, sie sehen eine deutsche Stadt. Ja aber im Haus, sie müssen Türken sein, das ist sehr schwer für sie. Sie haben deshalb Probleme, glaube ich. Das ist die Schuld der Familie. Und ich bin kein Rassist.
Ali: Rassistin.
Ece: Und ich bin eine Türkin. Aber manchmal finde ich, daß die Deutschen die keine Ausländer mögen, finde ich, haben recht.
Serkan: Die haben auch ein bißchen recht, gell?
Ece: Ja. Viele Türken, die hier wohnen, mag ich auch nicht. Das ist für mich auch ein Problem. Weil sie stören die Leute hier. In der U-Bahn, sie sprechen sehr laut, sie lachen sehr laut....
Serkan: ...auf der Straße...
Ece: ..sie bewegen sich sehr schlecht, das gefällt mir auch nicht. Nicht nur Türken, viele Ausländer machen das. Aber manchmal, die Deutschen machen das auch. Ja...
Serkan: Aber die Deutschen müßten sich mehr mit den Ausländern beschäftigen.
Ece: Ja aber, die Türken, die hier sind – oder die Ausländer, meistens machen die das. Weil die Familien haben nichts ihren Kindern zu geben. Verstehen Sie? Sie haben nichts zu geben.
Sven: Den Kindern?
Ece: Keine Ausbildung, keine gute Mentalität, sie haben nichts. Aber die Kinder, die wollen etwas bekommen. Aber sie können nichts finden. Und die Kinder hier, die türkischen oder Ausländer leben in einem großen Loch. In einem leeren Raum. Ich merke das, die junge Leute hier, die sind sehr leer. Es tut mir leid, ich meine jetzt nicht Euch!
Taner: Ja, wir kennen dich gut.
Ece: Sie sind unglaublich leer. Sie sind wie ein Kind. Ich kann mit 15 oder 16-jährigen in der Türkei sprechen, ich kann mich unterhalten. Aber hier sind sie wie ein Kind, weil sie keine Möglichkeit haben, etwas zu bekommen.

Noch in keinem Gespräch davor wurde die Erfahrung der Jugendlichen mit ihrer Elterngeneration eindringlicher und expliziter geschildert. Das Leben in diesem Vakuum bringt Entscheidungszwänge mit sich, verlangt Auseinandersetzungen. Diese Leere wird schmerzlich entdeckt in der Adoleszenz, wo sich die Fähigkeit, sich selbst als Person in der Kontinuität oder der Diskontinuität zu der Kultur der Eltern zu positionieren, unabhängig davon zu werden – ohne die Herkunft daraus zu verleugnen – herauszubilden hat. Auf der Schwelle der

Ablösung von Zuhause, der Trennung von den Eltern, müssen die Adoleszenten, so wie sich die Aussagen im Gruppengespräch lesen lassen, eine doppelte Aufgabe lösen: In der Lebensphase, der Adoleszenz, die – psychoanalytisch betrachtet – am heftigsten von Progressions- und Regressionswünschen geprägt ist und ein eigenes Lebensskript entworfen wird, gleichzeitig aber „adoleszente regressive Bedürfnisse nach Heimat, Versorgung und Schutz bestehen" (Bosse 1995, 8) da wird der Raum, der diese Bedürfnisse bisher befriedigen konnte (oder besser: sollte), als *Vakuum* erlebt.

Die Auseinandersetzung um die Einwanderungssituation, von den Eltern entweder geleugnet, in einer Lebenslüge der potentiellen Rückkehr aufgehoben oder nicht diskutiert, entsteht in diesem Spannungsfeld. Die Eltern, deren Wanderung bislang ohne Ankunft war, müssen sich auseinandersetzen, mit ihren Kindern, die schon keine Kinder mehr, aber noch nicht ganz Erwachsene sind und die schon lange da ankamen, wo die Eltern eigentlich nicht hinwollten.

Renan Demirkan schildert dieses Dilemma so: „Da weder der Entschluß der ersten Einwanderungsgeneration, wegzugehen, ein wirklich freiwilliger autonomer war, noch das Hierbleiben einer ist, hat sich ein Dazwischen-Leben in zwei Köpfen entwickelt. Der eine Kopf hat den Blick nach hinten gewandt, der andere den Blick nach vorn. Ein türkisches Sprichwort sagt: ‚Eine Sprache, ein Leben – Zwei Sprachen, zwei Leben' weil mit jeder neuen Sprache die phantastische Welt der jeweiligen Kultur erschlossen werden kann." (Demirkan 1993, 80) Das Dazwischen-Leben kann als Beschreibung noch mehr oder weniger eindeutig für die Eltern herangezogen werden. Die Kinder und Jugendlichen aus Immigrantenfamilien haben – wie schon ausgeführt – dieses Dazwischen in ein Inmitten überführt und weigern sich, sich für eine Zugehörigkeit zu entscheiden. Zwei Sprachen sprechen sie schon lange.

Vielleicht haben sie damit einen unbewußten Auftrag ihrer Eltern erfüllt, die die Auseinandersetzung vertagt und damit an ihre Nachkommen delegiert haben. Die Kinder und jetzt Adoleszenten haben sich mit der Einwanderungssituation ihrer Eltern auseinandergesetzt und nach *ihrem* Ort in dieser Situation gesucht. Dieser Ort muß aber den Eltern vermittelt werden, er braucht Anerkennung, um auf Dauer erfolgreich aufrecht erhalten zu werden. Zugleich klären die Adoleszenten in dieser Auseinandersetzung den aktuellen Status der Eltern in der persönlichen Geschichte der Gegenwart und der Zukunft des Migrationsprozesses.

Demirkan bilanziert über ihre persönliche Erfahrung der Migration für die Biographie: „Für uns und unsere Kinder hat sich die Emigration der Eltern und Großeltern durchweg gelohnt. Dabei haben wir von kleinauf mitangesehen, wie sich die Eltern zerrissen und ausgelaugt haben. Das ganze Drama der Emigration fand in unseren wenigen Quadratmetern statt. Wir empfinden ihnen gegenüber eine Mischung aus unendlicher Dankbarkeit, schlechtem Gewissen und einer starken Verpflichtung – weit mehr als gleichaltrige Deutsche. Aber oft genug sind wir überfordert." (ebd. 82)

Ich frage mich aber, wo die Wut bleibt, die Enttäuschung, die auch besteht und die bei der Bilanz von Demirkan kein Patz zu haben scheint. Diese Harmonisierung wird von den Adoleszenten aus der Folkloregruppe nicht durchgeführt. Sicher ist es kein Zufall, daß sich gerade Ece, die schon als Postadoleszente kaum mehr durchgehen kann und ihre Ablösung von den Eltern schon lange vollzogen hat, als Sprecherin dieses Gefühls in der Gruppe hervortut.

Das betrifft in gleichem Maße Ali, wenngleich er jünger als Ece ist. Beide repräsentierten in der Gruppe das, worum die Entwürfe der anderen noch kreisen: Sie beide lebten längst schon ohne Einflußnahme und Beaufsichtigung der Eltern, unabhängig von ihrer Familie. Sie konnten ihre Sichtweise und Entwürfe als tragfähig präsentieren. Hier in der Gruppe hatten auch Gefühle der Wut, Trauer und Enttäuschung Platz, konnten als regressive Momente eingebracht werden. Erarbeitet wurden in diesem Rahmen gleichwohl auch Versuche einer kreativen Lösung dieser Spannung, und die Entwicklung von eigenen Strategien und Entwürfen konnte eingeübt werden.

Die Dankbarkeit, welche Demirkan anspricht, und die sicherlich auch besteht und ihre Berechtigung hat, sehe ich aber transformiert in eine diffuse Bindung an die Herkunft der Eltern, das heißt als ethnische Bindung an das Türkischsein und als Verpflichtung, die Herkunft der Eltern nicht zu „verraten". Eine gemeinsam geteilte Erfahrung des Ausländerseins, des Lebens am Rande der Gesellschaft, als „Kanake" vereint Eltern und Kinder in ihren doch unterschiedlichen Erwartungen und Erfahrungen. Diese Exklusion bildet eine Basis, die gemeinsame Erfahrung reflektiert, vor allem das Isoliertsein. Reagieren die Eltern mit Rückzug und der Flucht in die Sprachlosigkeit und verlängern somit diese Isolation, so stehen die Adoleszenten vor der Aufgabe, sich aus dieser Sprachlosigkeit und Leere zu befreien, eigene Entwürfe dagegen zu stellen.

Beispiele schöpferischer adoleszenter Entwürfe bilden sich in diesem Spannungsfeld zwischen dem Wunsch nach Regression und dem Drang nach Progression. Als Typus, der einer traditionellen Orientierung verpflichtet ist, hat sich schon Saladin herauskristallisiert. Wenn er auch anfangs die potentielle Gleichheit betonte: „Die Türken haben Augen, die Deutschen haben Augen", so konnte er nicht von seinen eigenen, in diesem Gruppengespräch durchweg negativ aufscheinenden Erfahrungen abstrahieren. Er sah einfache Lösungen gerade in Polarisierungen und bediente sich dabei stereotyper Erklärungsmuster: „Zum Beispiel bei der Arbeitserlaubnis, wenn du da – die fragen: woher kommst du und so und wenn du sagst, du kommst aus der Türkei oder irgendwo. Die machen viele Probleme und so. Wenn du den deutschen Paß hast, es ist leichter, nicht so schwer, die machen nicht so viele Probleme." Dabei sehe ich seine Präsentation der Probleme und Schwierigkeiten als Anfrage an die Gruppe, ihm Lösungen anzubieten. Bequeme Positionen zu verlassen, war nicht seine Sache, lieber ließ er andere komplexe Fragestellungen und Probleme ausarbeiten.

Diese Interpretation ergänzt sich auch mit meinen Beobachtungen: Saladin hatte oft seine Schulhausaufgaben mit in die Folkloregruppe gebracht, damit Mitglieder aus der Gruppe sie für ihn machen konnten. Einmal fragte er auch bei mir an, ob ich ihm nicht helfen könne. Seine Vorstellungen von Hilfe sahen aber so aus, daß ich die Hausaufgaben alleine machen sollte. Die Gruppe schien durch diese Art der Hilfeleistungen eher genervt und wies Saladin einmal mehr barsch zurecht. So zum Beispiel als er erzählte, daß er von einer alten Frau beschimpft worden sei, weil er eine Bananenschale auf den Boden geworfen habe. „Wenn du dich auch nicht normal benimmst!" Als er sich beschwerte, daß er keinen guten Praktikumsplatz bekommen hatte, und dies in den Zusammenhang mit ausländerfeindlichen Deutschen brachte, wurde er darauf aufmerksam gemacht, daß es auch an seinem unzureichenden Sprachvermögen liegen könnte. Damit wurde implizit seine Passivität beklagt.

In einer Systematisierung, nach der die verschiedenen Charaktere einzuordnen wären, müßte gefragt werden, wie auf die spezifischen Krisen und Probleme in der Adoleszenz reagiert wird. Dann läßt sich herausarbeiten mit welchen Mustern der Adoleszente seine Eltern verläßt, wie er sein eigenes Leben als Erwachsener aufbaut. Saladin erschien mir als ein Typus, der sich mit der eigenen Autonomie schwertut. Er präsentierte sich in der Gruppe oft als „Spaßmacher", riß gerne Possen und Witze. Seine Entwürfe ließen erkennen, daß er Konflikten gerne aus dem Weg geht und sich an einem noch kindlichen Erfahrungsraum festhält.

Nach der Typologie[134], die Hans Bosse (1995) für verschiedene Muster der Adoleszenz entworfen hat, ließe sich Saladin dem Typ zuordnen, der sich durch eine vermiedene Adoleszenz charakterisiert. Vielleicht ist es nicht unbedingt das Aussparen dieser Themen, die Saladin auszeichnet, eher das Delegieren an die Gruppe, diese Themen für ihn zu lösen, ihm Vorschläge zu unterbreiten, wie er diese Phase der Umbrüche am besten – und das heißt für ihn am einfachsten und ohne Widersprüche – leben kann.

Andere Entwürfe, beispielsweise von Ali, haben eher etwas von einer schöpferischen Kraft und spiegeln einen erwachsenen Entwurf wider.

Best of both worlds

Diese schöpferischen Entwürfe wurden in der Gruppe verschieden beurteilt: daß es einerseits schwierig ist, in zwei Kulturen zu leben, aber andererseits auch eine Chance beinhaltet, eine Möglichkeit eröffnet. Zwei Sprachen – zwei Kulturen, wie es Demirkan geschildert hat, das ist die Realität von Kindern aus Immigrantenfamilien. Oder präziser formuliert: die Kinder aus Immigrantenfamilien sprechen in und durch zwei Sprachen, zwei Kulturen leben in ihnen und durch sie.

Fatma: Für uns ist es ja auch schwer, zwei Kulturen, zwischen zwei Kulturen zu leben. Deutsch sprechen, Türkisch sprechen, das ist für uns sehr

---

[134] Ich gehe später ausführlich darauf ein.

	schwer.
Sven:	Aber ihr macht das doch. Ihr wechselt ja auch die Sprachen.
Ali:	Das ist aber doch toll, wenn jemand zwei Sprachen reden kann.
Fatma:	Ja, es ist toll, aber...
Ali:	...ich zum Beispiel bin hierher gekommen, und mein Onkel hat gesagt, du mußt in die Türkei fahren, deine Eltern sind nicht hier, ich hab hier genug Probleme. Ich hab mir Sorgen gemacht, wie kann ich hierbleiben? Ich will hierbleiben, auch wenn ich keine Eltern hier hab. Danach habe ich die Eltern kennengelernt, ich konnte überhaupt nicht Deutsch reden, also gar nichts. Ich konnte nichts sagen Wie gehts? Oder: Ich hab Hunger. Oder was. Bin ich dorthin gekommen und die haben ganz andere Kultur gehabt. Und ich hab auch eine ganz andere Kultur gehabt. Aber wenn jemand will, vom Herzen, da kann man zusammenleben und die zwei Kulturen auch leben. Das ist nicht einfach, vielleicht, ich weiß das schon [...].
Ece:	Ja, multikulturell sein ist gut. Aber ich glaube man muß von allen Kulturen die guten Sachen, die guten Teile bekommen. In allen Kulturen gibt es schlechte Teile und gute Teile. Ich glaube das. Man kann das Gute für sich bekommen, man muß nicht – 'tschuldigung – kalt sein, weil man ein Deutscher ist.
Sven:	Mhm.
Ece:	Oder man muß nicht so stark sein, weil man ein Türke ist. Man kann alles bekommen.
Sven:	Aber von euren Eltern habt ihr anscheinend außer Leere – wie du sagst – wenig bekommen. Oder nichts Gutes?
Ece:	Ja, ja...
Sven:	...aber heißt das, sie haben euch etwas nicht geben können, was ihr hier braucht?
Ece:	Sie verstehen das nicht!
Fatma:	Die Freiheit!
Ece:	Sie zwingen sich nicht, sie wollen sich nicht ändern, niemals.

Das Eröffnungsstatement von Fatma verwies auf eine Spannung, die sich ausdrückt in der Verwendung des Adverbs *auch*: „Für uns ist es ja auch schwer, zwei Kulturen, zwischen zwei Kulturen zu leben". Die Formulierung: „auch schwer" beinhaltet eine andere, zusätzliche Möglichkeitsform: das andere, ist es vielleicht nicht schwer und einfach? Fatma ließ diese Frage offen. Keinen Zweifel ließ Fatma an dem Ziel der Anstrengung: *Freiheit*. Man kann alles bekommen, bedeutet für Ece, daß es darauf ankommt, die „guten Teile" jeder Kultur für sich zusammenzubasteln zu einem stimmigen Bild. Dieses Bild repräsentiert sich durch die „*Heimatländer der Phantasie*" – um diesen pointierten Begriff von Salman Rushdie aufzugreifen. Aber es kommt – will man diese Heimatländer erreichen – vor allem auch darauf an, sich selbst zu verändern. Die Eltern, kritisierten Ece und Ali, wollen sich nicht ändern, sie konservieren die Herkunftskultur in ihren Vorstellungen. Ihre Phantasie haftet – metaphorisch gesprochen – an einem konkreten Ort, der sich aber nicht mehr erreichen läßt. Wie in einer Zeitmaschine sind die Eltern aus ihrer Herkunftskultur in eine neue, ihnen fremde Heimat gereist. Diese Maschine wirkt aber auf der Zeitachse in beide Richtungen, sowohl nach vorne in die Zukunft als auch nach hinten in die Vergangenheit. Das heißt, da sich der Ort ihres Aufbruches nicht mehr herstellen läßt, haben sie ihn mit sich genommen. Wie eine Insel ist er aus dem ursprünglichen Raum herausgelöst. Eingefrorene Zeit charakterisiert diese Insel.

Der Ort der Kinder und Jugendlichen ist von dem der Eltern grundsätzlich verschieden; es ist ein utopischer, ein phantastischer Ort, er existiert nirgendwo. Weder im Herkunftsraum der Eltern noch in dem aktuellen Raum, den sie gestalten. Vielleicht existiert er nur vorläufig. Die Freiheit, die Fatma ansprach, fängt also nicht zu Hause an, sondern erst in der Trennung von den Eltern. Veränderung bringt Freiheit. Serkan und Taner ergänzten diese Sichtweise durch ihre Erfahrungen, die aufzeigten, daß die Eltern die Veränderung nicht aus mangelnder Einsicht verweigern, sondern eher aus Unkenntnis oder der Unfähigkeit die Entwürfe ihrer Kinder zur Kenntnis zu nehmen und zu besprechen. „Sie verstehen das nicht", ergänzte Ece. Hätten die Eltern die Möglichkeit der Veränderung reflektiert, vielleicht wäre dann eine andere Erziehungspraxis und ein anderes Verhältnis in der Binnenfamilie entstanden. Dann würde es den Adoleszenten leichter fallen, eigene Entwürfe zu realisieren, sich an den Eltern zu orientieren oder abzuarbeiten. Da aber hier nur diese Leere anzutreffen ist, die Ece so eindrucksvoll schilderte, fehlen die (notwendigen) Reibungspunkte.

Serkan: Ja. Die Eltern wissen selbst nicht, wie z.B. ein Mann sein Kind erziehen kann. Und wenn sie es selbst gewußt hätten, hätten sie es ihren Kindern gelernt.
Taner: Die Eltern wollten immer nur Geld verdienen und zu Hause bleiben. Also zum Beispiel meine Eltern, ich will eine Ausbildung machen, die sagen mir, wenn du 18 bist, dann mußt du arbeiten. Keine Ausbildung und was weiß ich. Ich hab gesagt: Nein, ich mach das so. Und so, was weiß ich, die wollen immer nur Geld verdienen und so, die wollen nichts verändern.

Dieser Aufbruch, der Wille nach Veränderung muß den Eltern vorkommen wie ein Bruch mit den Idealen der auf Familiensolidarität[135] ausgerichteten Vorstellung des Lebens in der Migration. Das Familienprojekt Migration gerät so in ein Spannungsfeld, da sich die Kinder ihren Eltern bzw. ihren Vorstellungen und Planungen entziehen. Hier kommt eine aus eigener Verantwortung entstandene schöpferische Kraft zustande, die versucht, eigene und vor allem

---

[135] Als Überlebensstrategie in der Emigration.

tragfähige Entwürfe zu konstruieren, aus dem Treibholz, das an den Stränden der eigenen Biographie angeschwemmt worden ist.

Das Prinzip Herkunft und die Mischung

Es klopfte an der Türe, und Nesla kam herein. Mitten in das Gespräch mischte sie sich jetzt ein (eigentlich wollte sie nur kurz telefonieren) und beanspruchte mit ihrer Präsenz eine neue Auseinandersetzung. Diese Rolle hatte Nesla oft in den Gesprächen übernommen. Sie wirkte immer als Verstärker oder Motor von und für Aussagen über sich selbst und bestimmte Situationen. Doch zuerst mußte sie durch das Spiel hindurch, das Fatma, Saladin und andere inszenierten. Es hieß: *Ausländer raus!*, und es zeigte, wie der Einwanderungsdiskurs in der Wahrnehmung von der Gruppe erlebt und ironisch gespiegelt wurde. Es war zugleich ein Spiegel, der der Gesellschaft und mir als Forschenden vorgehalten wurde. Es war wie ein Zerrspiegel, denn er vergrößerte die Wirklichkeit. Darauf machten die ironischen Spiele immer wieder aufmerksam. Sie führten die Mehrheitsgesellschaft mit ihren beschränkten Kategorien, Wahrnehmungsapparaten und Ausgrenzungsstrategien vor.

Nesla: Ich bin nicht da, ihr habt mich nicht gesehen, macht weiter!
Sven: (lacht)
Nesla: Was ist das Thema?
Fatma: Ausländer (kichert)
Nesla: Immer noch?
Saladin: Du!
Gülüm: Du bist es. Raus!
Taner: Ausländer raus!
Ece: Macht nichts.

Natürlich war Nesla da! Sie füllte den folgenden Abschnitt aus mit ihrer Sichtweise, die in der Gruppe immer wieder für eine sehr kontroverse Atmosphäre sorgte. Dieses Spiel kann auch gelesen werden als Unmöglichkeit weiterzumachen, die Präsenz von Nesla, von den Frankfurter Türken, von den Adoleszenten inmitten von zwei Kulturen nicht zu bemerken und zu respektieren. Ali schließlich brachte ein neues Thema ein, das Prinzip Herkunft und seine Bedeutung im Einwanderungsdiskurs. Es entstand daraus ein Dialog über die Lebenssituation in der Dominanzgesellschaft, die zu eindeutigen Zugehörigkeiten zwang. *Entweder-Oder* galt hier nicht mehr. Der Impetus der Rede von Ali ging in Richtung Vermischung und Uneindeutigkeit.

Ali: Wenn jemand sagt, zum Beispiel, wenn ein Lehrer fragt: Wo kommst du her? Ich hab nicht geantwortet. Ich hab gesagt: Hauptsache bin Mensch. Sie hat gelacht, ich weiß, daß du Mensch bist, aber wo kommst du her? Ich hatte gesagt, ich komme aus der Türkei, aber ich fühle mich nicht Türke, ich fühle mich auch deutsch. Habe ich weiter-

	geredet, hat sie gesagt, das darfst du nicht sagen. Ich habe gesagt: ich bin ein internationaler. Sie hat gesagt, nein, das darfst du niemals sagen! Entweder bist du Türke oder Deutscher oder Italiener oder was weiß ich. Also wenn jemand sagt, ich bin international, ist das schlimm? So gemischt.
Taner:	So alle.
Ali:	Hauptsache, ich bin Mensch, also manche denken, das kannst du niemals sagen. Wenn du aus der Türkei kommst, dann daß du Türke bist, wenn du aus Italien kommst, daß du Italiener bist. Was heißt eigentlich ein Papier. Ich weiß es nicht. Ich hab ein Papier, da steht, er ist Türke. Oder er ist Deutscher oder Italiener oder was weiß ich noch, und er ist hier geboren und so weiter. Also wofür brauch´ ich das Papier. Ich weiß schon, daß ich Mensch bin.
Ece:	Was auf deinem Paß ist, das ist nicht wichtig. Das ist so, daß wenn du wie ein Türke dich bewegst, wie ein Türke denkst, das heißt, daß du ein Türke bist.
Taner:	..nee, auf dem Papier...
Nesla:	Ja, aber was heißt das, ob du wie ein Türke denkst oder wie ein Türke sprichst oder was weiß ich – das ist einfach so, du siehst aus wie ein Ausländer. Du siehst wie ein Ausländer aus, so. Ich denk nicht wie ein Türke, ich red´ net wie ein Türke, aber ich sehe aus wie ein Türke. Und das ist mein Problem. Und das können hier die meisten net akzeptieren. Die meisten sagen nur wir, immer Ich – das sind alles nur Ich-Personen hier auf der Welt, die immer sagen: Aha, Ausländer: Und *das* sind eigentlich die Ausländer! Das isses Problem. Weil jeder ist überall Ausländer.

Das Problem, welches Nesla nun in den Vordergrund stellte, war das der Fremdwahrnehmung: Nicht Ausländer zu sein – vielmehr *als* Ausländer behandelt zu werden, darunter litt sie. Wie sich die Veränderungen in der Beziehung zu der Elterngeneration ergeben, wie sich daraus eigene Verhaltensweisen, quer zu den Anforderungen von Eltern und Gesellschaft, herausstellen, erzählte Nesla im weiteren. Auffallend war dabei der Wechsel der Ebenen. Die Großeltern waren noch Gastarbeiter, die Eltern schon nicht mehr, und sie selbst als Türkin, Frankfurterin oder Oberräderin nicht auf eine eindeutige Person zu reduzieren. Je nach Situation erschien hier ein anderes Bild, eine andere Selbstethnisierung. Waren die Eltern noch eines, sind deren Kinder schon *alle*, wie es Taner formulierte.

Was Philip Cohen (1992) pointiert als „wandernde Identitäten" bezeichnet und zugleich als Reflex sowohl auf Rassismus und den herrschenden Einwanderungsdiskurs als auch als Mittel der Selbstverortung gilt, scheint hier auffällig durch. *Diaspora-Identitäten* als Intervention gegen den dominanten Diskurs des Anderen sind in die eigene Biographie eingebaut. Wie Einwanderung erlebt wird – als Rückzug oder Vorwärtsgehen spiegelt sich, so Cohen, in der

Art wider, wie darüber geredet wird und welche Sprache man dabei spricht. „Identität ist weder konstant, noch entsteht sie durch einen mechanischen Prozeß der Addition, Multiplikation, Subtraktion oder Teilung gegebener Elemente. Sie ist zugleich mehr oder weniger die Summe transitorischer Identifikationen, die durch die Zufälle einer Lebensgeschichte aufgeworfen werden. Der Prozeß ist besser zu beschreiben als provisorische, immer bewegliche Linienführung einer Geschichte, die sich nach bestimmten Prinzipien einer kohärenten Erzählstruktur entfaltet, aber trotz allem offen ist für beständige Neuverhandlungen, die das Ergebnis innerer Konflikte und sozialer Widersprüche sind, die im Fortgang der Ereignisse bearbeitet werden müssen." (Cohen 1992, 80)

Cohen benutzt, um die Identifikationsmuster der Kinder aufzuspüren, die er an einer multiethnischen Grundschule in London befragte, den Begriff des „Familienromans". Dabei handelt es sich um die Art, wie in und über die Familie gesprochen wird. Ich möchte das Familiennarration nennen. Noch einmal Cohen dazu: „In dieser Erzählgeographie ist die Reise, nicht die Herberge das wichtige." (1992, 81) Nesla ist sich der eigenen Migrationsgeschichte bewußt, verarbeitet in ihrer Rede, in ihrem Entwurf der Familiennarration das Problem der eingewanderten Eltern bzw. Großeltern, die sich nicht mit der Einwanderungssituation auseinandersetzten, die sich zum Teil an ethnische Gemeinschaften klammern, weil sie einem Konflikt mit den Kindern und damit der Auseinandersetzung mit deren veränderter Herkunftskultur aus dem Weg gehen. Aber die Veränderung beginnt mit der Frage an sich selbst. Die Herberge ist in der Narration nicht gefunden worden, weil die Reise noch nicht abgeschlossen ist.

Nesla: Das Problem ist so seit Jahren, und es wird auch immer so sein. Wie wir mal gesagt haben, wir sind keine Gastarbeiter mehr. Das ist es. Meine Eltern, die waren net mal Gastarbeiter.
Sven: Mhm.
Nesla: Zwei Generationen vorher waren die Gastarbeiter.
Sven: Ja, eigentlich läßt man Gäste nicht arbeiten, oder?
Nesla: Ja, des isses.
Sven: Ja.
Nesla: Und da denk´ ich mir, wenn man schon das Wort Gastarbeiter benutzt und das sind zwei Wörter, ein Wort das aus zwei Wörtern besteht, da soll man erst einmal jedes Wort für sich erst mal intensiv durchgehen. Daß man sich überhaupt mal überlegen soll, was ist des Wort eigentlich. Das ist genauso wie Kanake. Was ist ein Kanake? Das wird häufig benutzt, aber was ist denn des, das weiß nicht jeder.
[...]
Ali: Muß man was tun, das muß nicht immer so bleiben.
Nesla: Das muß net so bleiben. Zum Beispiel unsere Generation, hat es geschafft, weil zu uns kann keiner mehr Gastarbeiter sagen, weil wir

sind keine Gastarbeiter. Meine Eltern waren auch keine Gastarbeiter. Vielleicht die vorigen – und das geht mit der Zeit. Wir haben zwei Generationen dafür gegeben. Mit Problemen – ist Okay, aber das haben wir geschafft, jetzt müssen wir weiter. Unser Problem ist – ich denk mir – Ausländer, Jugendliche, die bilden immer eine Clique, die nur aus Ausländern besteht. Man versucht überhaupt keinen Kontakt gegenseitig zu nehmen. Das isses. Wer weiß von uns? Wir wissen überhaupt, Ausländer wissen überhaupt net, wie deutsche Kultur überhaupt is? Ich mein' Kultur – die wirkliche Kultur, jetzt nicht die Kultur, modern angezogen zu sein, das ist für mich keine Kultur...

Ali: ...das ist keine Kultur..
Nesla: Ja, aber das hängt alles von dir ab. Es hängt von dir ab, wie du des machst. Und wenn du des selber net machst, dann kannst du von deinem Kreis das net verlangen. Die Leute müssen sich erstmal selbst in so einem Weg reinbringen und danach erstmal bei den anderen fragen und nicht sagen: Macht mal des, wieso seid ihr net so? Des is des Problem. Man soll *sich* erstmal befragen. Man soll erstmal die Fragen bei *sich* stellen. Was ist eigentlich mit mir? Und ich kann net sagen, sagen wir mal so, ich kann mir net vorstellen, daß du ne Deutsche heiraten würdest. Kann ich mir net vorstellen.
Ali: Wieso?
Nesla: Weil eure Wege ganz anders sind. Weil du von der deutschen Kultur net soviel hast. Ich mein deutsche Kultur in dem Sinn, von Deutschland überhaupt net soviel weißt.
Ali: Aber des kann man doch so machen, ich hab auch eine deutsche Freundin gehabt. Ich hab nicht so große Probleme gehabt. Stimmt, hast recht, habe ein Problem gehabt, ich bin seit drei Jahren hier, ich bin nicht hier geboren. Vielleicht wenn ich hier geboren wäre, hätte ich nicht soviel Probleme gehabt.
Nesla: Des hat mit der Sprache net so viel [zu tun].
Ali: Ja, ja, das ist die andere Kultur, aber wenn jemand sich so – wie heißt das? (auf türkisch: *kardesle*)
Nesla: Gegenseitig
Ali: Ja, gegenseitig verstehen kann, dann können beide lernen...
Nesla: ..aber das können nicht alle denken. Das isses Problem. Das ist nicht nur bei der älteren Generation so, gerade jetzt bei den Jugendlichen, taucht das ja wieder auf. Das isses Problem.
Ece: Die jugendlichen Leute haben auch Vorurteile....
Nesla: ...ich kann jetzt sagen, wenn ich heute hierher kommen würde sagen: He Leute, Freunde, ich heirate den, und der Typ ist Deutscher, da möchte ich euch mal sehen, wie ihr darauf reagieren würdet.
Ali: Ist doch ganz normal. Was heißt hier Deutscher? Mensch ist Mensch.
Nesla: Sagt ihr, vielleicht du – aber die anderen?
Ali: Also, wenn ich...

Nesla: ...weißt du, was die sagen würde?
Sven: Welche anderen? Sind das deine Eltern oder....
Nesla: ...nein, ich meine nicht die Eltern. Die Jugendlichen, diese Generation hier...
Sven: ...die wiederholen das, ja?
Nesla: ...die wiederholen das, die wiederholen das doch dauernd.
Ece: Ja, ja, ja, weil die in der Familie so sind – sie lernen das so...
Nesla: ...ja...
Ali: ...also, wenn ich mit jemand jetzt...
Nesla: ...also, du heiratest jetzt einen Deutschen – da frag ich mich manchmal, was ist denn da der Unterschied? Ich hab heutzutage ein Problem mit meinem Arbeitsplatz, ich hab ein super Arbeitsplatz, aber ich weiß ganz genau, daß mein Chef gegen Ausländer ist. Und ich bin der einzige Ausländer in der ganzen Firma. Und ich bin trotzdem da! Und wenn er zu mir sagt, du bist ein Deutscher, sag ich: Stop! Ich bin Türkin. Ich bin als Türkin geboren – in Deutschland. Aber es gibt Momente, wo ich sag: He, Leute, ich bin Deutsche, ich bin Frankfurterin, ich bin Oberräderin, ja? Das sag ich auch. Aber es gibt Momente, wo du das benutzen kannst – wenn man dir was sagt, als Beleidigung, dann sag ich dagegen was. Und des isses Problem. Ich kann zu mir selbst Kanake sagen, aber kein anderer kann zu mir das sagen – kein anderer hat dazu das Recht. Ich kann mir weh tun, die anderen nicht.

Türke bzw. Türkin zu sein, erscheint in dieser Aussage als Reaktion auf einen scheinbar rassistischen Vorgesetzten am Arbeitsplatz. Mit dieser Sichtweise, mit dieser Ausprägung des Deutschseins brach Nesla. Ist der Chef ein Deutscher, ein Rassist, so ist sie Türkin. Beide Pole stehen sich dann unvereinbar gegenüber. Die Rassisten sind die Anderen. Keine Gemeinsamkeiten im Ausgrenzungsdiskurs. Nesla spaltete hier – vereinfacht beschrieben – das Bild der Deutschen in eine gute, weil differenzierende und eine schlechte, weil rassistische Hälfte. Das situative Wechseln der Identifikationen – es wäre falsch, von Identitäten zu reden – kam zur Anwendung. Gleichzeitig waren in Neslas Geschichte auch die Diskontinuitäten zur eigenen Familiengeschichte eingearbeitet. Die Eltern haben schon den Sprung geschafft, sich aus dem Gastarbeiterdasein herauszulösen. Wo aber nun der Ort ist, sich in dieser neu arrangierten gesellschaftlichen Position festzusetzen, war noch offen.

In einer sehr persönlichen Sichtweise warnte Nesla davor, die alten Fehler, die von den Eltern noch begangen wurden, zu wiederholen, sich in einen ethnisch geschlossenen Raum einzuschließen. Nachdem die Sichtbarkeit der Ausländer erarbeitet und präsent war, galt es auch die engen Grenzen von ethnisch definierten Gemeinschaften zu durchbrechen. Kontakt miteinander aufnehmen, wie Nesla sagte. Ich denke, daß sich Nesla sehr ausführlich mit ihrer eigenen Familiennarration auseinandergesetzt hat, um sich in der Lage zu sehen, ihren Entwurf von einem selbstverantwortlichen Leben, der aber die Erfahrungen der Migrationsgeschichte mitreflektiert, in der Gruppe stark zu machen.

Am Ende des Gespräches forderte Ece mich dann auf, meine eigenen Gedanken zu sagen. Und Serkan setzte hinzu: „Ja, wir wollen es wissen!". Was diese starke Neugier mitprägte, so verstehe ich diese Aufforderungen, war vor allem die Frage nach meiner Bewertung der in diesem Gespräch geäußerten Lebensentwürfe und Strategien der Lösung adoleszenter Themen und Problematiken. Meine Einschätzung und Anerkennung gliche einer Ermutigung der freigelegten Autonomiebestrebungen der Vermischung und Undefinierbarkeit der Identifikationen, die sich als die spezifisch eigenen Strategien der Adoleszenten in der Gruppe herausgestellt haben. Die Suche nach Anerkennung und Bestärkung des eingeschlagenen Weges bekam dann auch außerhalb der Gruppe, die schon als Verstärker wirkt noch eine weitere Dimension. Diese Dimension wurde eröffnet durch die Reflexion meiner Forscherrolle. Als *Mentor*, der für bestimmte kulturelle Bezugssysteme steht, und in Komplementarität zu dem eigentlichen Mentor der Gruppe, dem Folklorelehrer, bot ich einen Raum, in dem die fehlende Anerkennung durch die Eltern angesprochen und bearbeitet werden konnte. Das nächste Gespräch wird explizit darauf Bezug nehmen und das Problemfeld aufreißen, das ich – nach Abschluß der Fallstudien – in der zusammenfassenden Typologie der Ablösungsmuster diskutiere.

Im dem nächsten Gespräch, das einen Settingwechsel vom Gruppen- zum Einzelgespräch markierte, wird noch einmal Bezug genommen auf den Status der Kinder in der Familie und die inneren Kämpfe um Autonomie. Daß sich dabei zwei Schwestern mit verschieden Konzepten präsentieren, zeigt, wie unangemessen es ist, pauschalen Erklärungsversuchen zu *den* türkischen Mädchen und deren Familien zu folgen. Ein differenziertes Bild der Familien wird danach zu erarbeiten sein.

Das gestohlene Zimmer und der Traum vom Glück.
Über Ablösungsangst und Größenphantasien Adoleszenter aus Immigrantenfamilien

Der Anfang ist nicht leicht

Am Anfang war das Warten. Über einer Stunde saß ich vor dem Migrantentreff und wartete auf Gülüm, mit der ich für 18 Uhr einen Interviewtermin verabredet hatte. Langsam senkte sich die Sonne und versank hinter den Bergen des Taunus. Die Farbe des Himmels wechselte in ein tiefes Nachtblau. Wie lange sollte ich noch warten? Eigentlich reichte es jetzt. Gerade als ich beschloß zu gehen, kam Cahit Tufan, der Folklorelehrer, zum Treff. Zusammen gingen wir hinein und unterhielten uns eine Weile, bis schließlich doch noch Gülüm, in Begleitung ihrer Schwester Fatma, eintraf. Cahit redete kurz mit ihnen und erinnerte sie – nachdem ich mich über ihre Unzuverlässigkeit bei der Wahrnehmung der verabredeten Termine beklagt hatte – an die Verabredung mit mir zum Interview. Ohne Kommentar gingen die beiden mit ins Büro des Treffs, wo wir zusammensaßen und das Interview durchführten. Nach und nach trafen die anderen Mitglieder der Folkloregruppe ein. Im Büro hörten wir die anderen, die sich unterhielten, während wir mit dem Gespräch begannen.

Das Gespräch

Sven: Okay, ich wollte mit euch allen noch mal einzeln reden. Habe ich schon mal gesagt. Mit der Gruppe noch ein Gespräch machen und mit allen aus der Gruppe noch mal einzeln reden. Weil ich euch gerne besser kennenlernen wollte, zum einen, und zum anderen über Sachen, die wir das letzte Mal oder davor besprochen haben, weiter reden. Mit dir, Gülüm, wollte ich besonders ein Punkt besprechen, und zwar, habe ich schon gesagt...

Gülüm: ...türkische Mädchen....

Sven: ...türkische Mädchen. Du sagtest, daß die türkischen Mädchen hier strenger erzogen werden als in der Türkei. Und da würde ich gerne weiter reden.

Gülüm: Auch nicht.

Sven: Hier in Deutschland werden sie strenger als in der Türkei erzogen, ne?

Gülüm: Hier auch.

Sven: Habe ich so verstanden.

Gülüm: Doch. Hier ist es streng, in der Türkei ist auch streng. Aber manche Mädchen werden nicht streng erzogen, das liegt bei den Eltern.
Sven: Ja. Da sagtest du, ich habe das so verstanden, daß die Eltern hier mehr aufpassen auf die Kinder als in der Türkei.
Gülüm: Ja. Aber wenn die in der Türkei sind, da sagen die, hier sind wir in der Heimat, da kann nichts passieren. Aber in Deutschland passen sie gut auf.

Bei einem Gruppengespräch mit der Folkloregruppe einige Wochen zuvor war mir aufgefallen, daß besonders Gülüm immer wieder das Thema der besonders strengen Erziehung von türkischen Mädchen in Deutschland ansprach. So fragte ich sie, ob wir zusammen über dieses Thema noch weiter reden könnten. Spontan sagte sie zu, und wir verabredeten ein Treffen. Zu diesem Treffen erschien Gülüm nicht. Auch bei einem zweiten Termin wartete ich vergeblich. Endlich, beim dritten Anlauf, fand das Gespräch statt. Warum die beiden verabredeten Termine ohne Gespräch ausgingen, hatte sicherlich viele Gründe. Ein türkisches Mädchen darf sich nicht mit einem Mann alleine treffen, diese Möglichkeit der Erklärung ging mir zuerst durch den Kopf.

Daß diese „ethnische" Erklärung aber nicht (oder nicht ausschließlich) ausschlaggebend war, wurde schließlich im Interview und in der Reflexion des Forschungskontextes klar. Ich werde diesen zentralen Punkt später aufgreifen. Das Thema, das sich im Interview nach und nach herauskristallisierte, war das Thema der Ablösung und Autonomie. Wie sich diese beiden zentralen Topoi im Gespräch widergespiegelt haben, wie sie erlebt und verarbeitet wurden und welche Rolle sie schließlich für die Forschungssituation hatten, das werde ich im folgenden zu analysieren und vor dem Hintergrund einer doppelten Inkonsistenz zu erklären versuchen. Diese Inkonsistenz bildete sich auf den Ebenen der Eltern der Mädchen, den Lebensplanungen der Mädchen selbst und implizit auch auf der Ebene der gesellschaftlichen Wirklichkeit der Bundesrepublik Deutschland ab[136].

---

[136] Die gesellschaftliche Inkonsistenz werde ich hier nicht ausführen. In Kapitel 2 habe ich die paradoxe Situation beschrieben, der sich Jugendliche aus Immigrantenfamilien ausgesetzt sehen: in einem Land zu leben, daß beständig Integration fordert und vermeintlich befördert und gleichzeitig eine Visumspflicht für (türkische) Jugendliche unter 16 Jahren einführt. Ich meine, daß diese Inkonsistenz sich abbildet im Spannungsfeld, welches die Gesellschaft aufbaut, indem sie als demokratisch verfaßte, plurale Demokratie einen Gleichheitsgrundsatz als Ideal postuliert und gleichzeitig an einer ethnischen oder besser völkischen Kategorisierung der in der Gesellschaft lebenden und zu Fremden gemachten Minderheiten festhält. Die Ungleichheit ist also ethnisch markiert. Als Kinder türkischer Arbeitsmigranten stehen auch Gülüm und Fatma diesen Kategorien gegenüber, die sie – obwohl in Deutschland geboren – zu Türken machen.

Die Inkonsistenz der Eltern oder das Abenteuer der kurzen Freiheit

Die Inkonsistenz der Eltern in bezug auf Erziehungs- und Moralvorstellungen möchte ich hier zuerst beschreiben. Zunächst fällt auf, daß es ein Mißverständnis in der gerade auszugsweise wiedergegebenen ersten Szene gab: Werden nun die türkischen Mädchen in Deutschland strenger erzogen, so fasse ich die Aussage von Gülüm aus den Gesprächen davor in eine Frage. Oder doch nicht? Gülüm sagte: „Auch nicht". Was heißt *auch* nicht? Für mich verweist dieses *auch nicht* auf eine Vielzahl an Möglichkeiten, die auf die Frage nach der strengen Erziehung türkischer Mädchen in Deutschland gegeben werden können. Sie werden strenger erzogen, sie werden aber auch nicht strenger erzogen. Und Gülüm wies das Bild *der* türkischen Mädchen zurück und antwortete relativierend, das „liegt bei den Eltern". Diese individualisierte Perspektive verweist auf den eigenen Erfahrungsraum, den Gülüm und Fatma nun beschrieben. Wir reden nicht über türkische Mädchen, wir reden auch über sie beide. Daß wir überhaupt über sie reden können, ist als Ergebnis eines vielleicht langen inneren Kampfes zu sehen: Soll Gülüm da weiterreden, wo sie das letzte Mal bei den Gruppengesprächen aufhörte? Will sie weiter gehen in ihrer Erzählung? Über sich reden – in einem noch unklaren Rahmen? Das Gespräch hatte ja erst beim dritten Anlauf schließlich stattgefunden, zu dem Gülüm ihre Schwester mitbrachte und zu dem es letztlich vor allem durch die Vermittlung oder besser: Ermahnung des Folklorelehrers gekommen war. Hier bildete sich eine sehr komplizierte und komplexe Anfangsgeschichte ab, die viel von der Spannung verriet, von dem inneren Kampf, der sich in Gülüm abgespielt haben muß, dieses Thema aufzugreifen und zu vertiefen. Aber Gülüm hatte sich entschieden.

Ihre eigene Erziehung beschrieben die beiden als „schlimm", und Gülüm sagte, daß sie Probleme mit den Eltern habe. Wie diese Probleme in der Familie K. – so möchte ich sie hier nennen – aussehen, schilderte Gülüm zum einen in der Beschreibung der familiären Wohnsituation. Sie erzählte, daß die Familie mit insgesamt neun Personen in einer Vier-Zimmer-Wohnung lebt. „So kann man nicht wohnen", meinte Gülüm. Es ist zu vermuten, daß dieses beengte Wohnverhältnis aus einer Rückkehrorientierung der Eltern resultiert, sie ihren Aufenthalt in der BRD nur als vorübergehend betrachten und möglichst viel sparen wollen. Das heißt also, daß nicht viel Geld für eine „luxuriöse" Wohnsituation ausgegeben werden soll oder kann, da auf ein Leben in der Türkei gebaut wird. Die Eltern von Gülüm und Fatma haben in der Türkei investiert, sich ein Haus gekauft. Trotzdem sind sich die Eltern nicht einig, wie die Zukunft geplant wird. Die Rückkehrillusion scheint vor allem der Vater der beiden Mädchen aufrecht zu erhalten. Er möchte irgendwann in die Türkei zurückkehren. Die Mutter hat eine abweichende Meinung, sie möchte nicht wieder zurück in die Türkei und plant das Leben in Deutschland. Es scheint so, als habe die Mutter der beiden eine neue Position gefunden, die ihr eine neue Sicherheit und Anerkennung bietet, die sie nicht mehr aufzugeben bereit ist.

Fatma: Mein Vater hat meine Mutter entführt.
Sven: Entführt? (lacht) Und streitet ihr euch deswegen, wenn die sagen, wir planen zurückzugehen, wir Eltern, und ihr habt zu gehorchen?
Gülüm: Meine Mutter will nicht.
Sven: Die will nicht, ja, aber dein Vater.
Gülüm: Aber wenn meine Mutter nicht will, kann mein Vater auch nicht gehen. Weil mein Vater hört auf meine Mutter.

Aus der entführten, zuerst schwachen Frau war nun eine starke Frau geworden, die das Leben und die Zukunft der Familie bestimmt und in den Händen hält. Die Mutter ordnet die Familie, schafft Orientierungen. Die Mutter hatte vielleicht nicht beschlossen, hier in Deutschland zu bleiben. Sie kann vielmehr nicht weg, will sie nicht einen bestimmten Freiraum, den sie hier gewonnen hat, aufgeben. Der Vater fällt aus dem biographischen Raum, den Gülüm und Fatma beschrieben, heraus. Als ehemals Entführender, also starke Persönlichkeit, hat er nun keine klare und vor allem bestimmende Kraft mehr. Der Vater muß sich dem Willen der Mutter wohl beugen, es zeigen sich zumindest keine Anzeichen eines Verhandelns oder Kämpfens zwischen den Eltern um die Absicht des Vaters. Die Gegenwart von Familie K. hat keine konkreten Auswirkungen auf die Zukunft: Wenn die Mutter nicht in die Türkei zurückkehren möchte, dann wäre es eigentlich sinnvoll, das Haus in der Türkei zu verkaufen und sich hier ein Haus zu kaufen, zumindest aber eine größere Wohnung zu nehmen. Der biographische Raum von Gülüm und Fatma bleibt vaterlos[137], die Mutter füllt diese Leerstelle mit aus. Auf die spezifische Bedeutung dieser Leerstelle werde ich später noch einmal im Zusammenhang mit der Bedeutung der Folkloregruppe als wichtigen sozialen Ort, als Familienkompensation für die Jugendlichen hinweisen.

Von den unsichtbaren zu den bedürftigen Vätern

Als Alexander Mitscherlich 1963 seine Gedanken zur *vaterlosen Gesellschaft* veröffentlichte, hatte er die Entwicklungen der Nachkriegszeit vor Augen. Was Mitscherlich beobachtete, das spurlose Verschwinden des Vaters und eine nicht mehr sichtbare Tätigkeit des Vaters, nannte er das unsichtbare „Arbeitsbild des Vaters" (1963, 180). Es prägt die folgenden Generationen dadurch, daß es keine unterweisende Funktion des Vaters mehr gab, die Autorität des Vaters sich wandelte. Früher hatte die Autorität noch die Bedeutung, daß der „gute Vater" sie nicht vom Befehlen und unbedingten Gehorsam ab-

---

[137] Das heißt nicht, daß er nicht präsent wäre. Er hat nur für seine Präsenz keine ausfüllende Kraft und Orientierungspunkte zu geben, er bleibt letztlich kraftlos und scheint resigniert.

leitete, sondern von Schutz- und Versorgungsfunktionen. Durch die Trennung der Bereiche Arbeit und Familie fielen die Vaterfunktionen immer mehr auseinander und die positiven Eigenschaften der Autorität wurden mit dem Erlöschen des Vaterbildes aus der Erinnerung gedrängt. In dieser Zeit versuchte eine Generation sich von dem Trauma des Krieges zu befreien und versank in eine Art Lähmung, die es der jungen Generation nicht einfach machte, sich mit ihren Eltern auseinanderzusetzen. Was als eine treibende Kraft der Studentenbewegung zu spüren war, die Auseinandersetzung mit der nationalsozialistischen Vergangenheit, war weniger der Grund, als vielmehr nur der Ausdruck eines Generationenkonflikts[138].

Was ist aus diesem Generationenkonflikt geworden, mehr als dreißig Jahre später? Wie hat sich die vaterlose Gesellschaft weiterentwickelt – was sind ihre aktuellen Formen gerade in migrationsspezifischer Ausprägung?

Was heute als moderne Familie[139] apostrophiert wird, ist in allen denkbaren und unmöglichen Varianten ausdifferenziert (Beck/Beck-Gernsheim 1990) und hat so viele Erscheinungsformen, daß kaum ein einziger Begriff allein dieses vielschichtige Potential auszudrücken vermag. Was aber geblieben ist, das sind die unsichtbaren Väter. Die Väter sind nicht mehr nur unsichtbar, sondern unterliegen vor allem im Fall der Generationenbeziehung der Einwandererfamilien und ihren Familienvorstellungen einer spezifischen Dynamik. Je mehr Zeit vergangen ist, seit der Prozeß der Migration vollzogen wurde, und je sicherer sich die nächste Generation in der „neuen" Kultur bewegt, desto eher wird versucht, die Kinder über traditionelle Erziehungs- und Verhaltenskonventionen an die Herkunftskultur zu binden. Es entsteht ein timelag, so als gäbe es keine (vergangene) Zeit zwischen der Migration und der aktuellen Situation in der neuen Gesellschaft, die als Zielort ausgewählt worden ist – so als hätte es keine Veränderung gegeben und die Herkunftskultur wäre gleichsam mit dem Auszug aus ihr eingefroren und damit erstarrt.

Die Eltern, besonders aber Väter, konservierten ihr Erziehungsideal, und es galt noch immer eine bedingungslose Unterordnung unter die Autorität des Vaters. Diese Autorität ist für den Vater aber lebensnotwendig, so schreibt Vassaf Gündüz: „Durch Arbeitslosigkeit und Rassismus bedroht, wird er am Arbeitsplatz unterdrückt und benachteiligt. Er, der die fremde Sprache nicht beherrscht und sich den ganzen Tag stille Beschimpfungen gegen den einhei-

---

[138] So Bernhard Schlink (1995, 161) in seinem Roman „*Der Vorleser*", der sich mit der Frage der persönlichen Schuld und dem Generationenkonflikt der Generation von 68 beschäftigt.

[139] Vgl. dazu die Kritik von Nauk (1990), der aus struktur-funktionaler Perspektive der Modernisierungstheorie in Migranten ein „Musterbeispiel von Individualisierungstendenzen" erkenne. Doch – führt Nauk weiter aus – die „Auswirkungen der Migration auf die private Lebensführung der Einwandererminoritäten in Deutschland sind somit keineswegs so einheitlich, wie es die linearen makrosoziologischen Trendhypothesen der traditionellen Modernisierungs- und Akkulturationstheorien vorsahen." (Nauk 1990, 712)

mischen Vorarbeiter ausdenkt, will Zuhause voll akzeptiert werden. Er lebt und arbeitet doch nur für seine Familie, für seine Kinder. Er sieht in der Lebensweise der Kinder, die seiner tradierten Lebensweise widerspricht, eine Bedrohung der väterlichen Autorität und wird Zuhause doppelt streng." (Gündüz 1985, 4) Außerhalb der Familie war die Zeit nicht eingefroren, in der Gesellschaft herrschten die Bedingungen der Mehrheitskultur, die ihre Parias spüren ließ, wer dazugehört und wer nur am Rand teilhaben darf. Die Autorität der Väter, der Männer, die die Familie repräsentierten, erfuhr hier einen dramatischen Statusverlust.

Cem Özdemir, der heute für Bündnis 90/Die Grünen Mitglied im Bundestag ist, berichtet aus dem Leben eines „Spätzlestürken" über die Deprivationen der Väter: „Bei einem Ferienjob in derselben Fabrik, in der mein Vater arbeitet, wurde mir klar, warum mein Herr Papa solch große Schwierigkeiten mit der korrekten deutschen Anrede hat. Während alle Kollegen im Betrieb natürlich Herr Müller, Maier oder Lehmann hießen, wird er, immerhin bereits über 50 Jahre auf dem Buckel, schlicht mit seinem Vornamen angesprochen. Dies, so wurde ich von den ausländischen Arbeitern aufgeklärt, ist ein ungeschriebenes Gesetz in deutschen Betrieben, ausländische Arbeiter werden, unabhängig von Alter, wie selbstverständlich ungefragt geduzt." (Özdemir in Holler/Teuter 1992) In dieser gespaltenen Situation hatten viele Väter resigniert, einen Rückzug in die ethnische Kultur vollzogen und sich nicht der Herausforderung gestellt, eine Veränderung der eigenen Familienstruktur und des eigenen Erziehungsstiles zu erwägen. Sie lebten weiter wie auf einer Insel.

Aus dieser Situation sind viele Konflikte entstanden, denn wie kann die Autorität der Väter behauptet werden, wenn die Kinder zum einen die Kränkung der Väter erleben (darunter leiden) und zum anderen über ein besseres Orientierungsvermögen in der neuen Gesellschaft verfügen? Sie sind nicht nur Übersetzer der Sprache und Wegweiser in der neuen Gesellschaft, sie bilden eine Brücke zwischen den beiden Gesellschaften und bekommen dadurch eine neue Kompetenz: Die Eltern, besonders die Väter, müssen die Kinder um Rat fragen und deren Hilfe in Anspruch nehmen. Daß sich diese Versorgung der Eltern durch ihre Kinder mit einem autoritären Erziehungsstil nicht mehr vereinbaren läßt, ist leicht nachzuvollziehen. Die Kinder nehmen sich Rechte und Freiheiten, die ihnen in der ethnischen Kultur nicht zustünden, gleichzeitig wehren sich die Väter gegen ihren damit einhergehenden Macht- und Statusverlust. Gülüm und Fatma beschrieben ihren Vater als einen, der ehemals ihre Mutter entführte, nun aber, weil die Mutter nicht will, seine Pläne, in die Türkei zurückzukehren, aufgibt. Er hört auf seine Frau, die Mutter von Gülüm und Fatma. Der Vater ist nicht unsichtbar, er bietet vielmehr in seiner Sichtbarkeit ein Bild der Hilflosigkeit, er hat seinen Status verloren.
Eigentlich müßte sich Enttäuschung und Trauer in die Beschreibung der Mädchen mischen, ein Zeichen, daß sie die Bedürftigkeit ihres Vaters sehen und ihn vielleicht unterstützen. Aber noch waren keine Anzeichen dafür zu erkennen. Die Beispiele, die Gülüm und Fatma schilderten, betrafen ihre eigene

biographische Situation. Zur Bestätigung können auch die über die Einzelfallbetrachtung hinausgehenden Verallgemeinerungen hinzugezogen werden, die sich aus Filmen vor allem des französischen *cinéma beur* herauslesen lassen und die sich explizit mit der Lebenssituation von Jugendlichen aus Migrantenfamilien auseinandersetzen, dabei authentische soziologische Beschreibungen der Gesellschaft liefern.

Ein dramatisches Bild von dieser Situation der beschädigten Vaterbilder schildert der Film von Mehdi Charef *„Der Tee im Harem des Archimedes"* (1986), der die Situation maghrebinischer Einwanderer in den Vorstädten Frankreichs thematisiert. Eine Szene hat sich mir besonders eingeprägt, eine Szene, worin die ganze Verzweiflung und Hoffnungslosigkeit der Väter und die nicht weniger hoffnungslose Situation der Kinder, in diesem Beispiel der Söhne, sich kreuzen. Vater und Sohn gehen spazieren, und ein Freund des Sohnes (ein Franzose, vaterlos aufgewachsen und Nachbar in der tristen banlieu) taucht auf und beginnt den Vater zu necken, nimmt ihm schließlich seine Mütze vom Kopf und versucht, damit wegzulaufen. Zitternd vor Angst und Hilflosigkeit fängt der Vater an zu weinen und bleibt, einem Kleinkind gleich, völlig schutzlos angesichts der Tat. Der Sohn nimmt ihn am Arm und führt ihn nach Hause, wo er wieder die Versorgungsleistungen seiner Frau und des pausenlos laufenden Fernsehgerätes in Anspruch nehmen kann. Diese Väter sind teilweise unsichtbar, sie sind aber vor allem bedürftig. Fast zehn Jahre später lieferte Mathieu Kassovits Film (1995) „La haine" (Haß) Anschauungsmaterial für die (in diesem Beispiel) unsichtbaren Väter der Kinder aus Immigrantenfamilien.

Keiner dieser wunderbar drittelparitätisch besetzten Adoleszenten im Film hat einen Vater, der im Film präsent ist: Weder der Jude Vince noch der Araber Rashid noch Hubert, der Sohn afrikanischer Einwanderer. Sie alle drei sind vereint im Haß auf die Gesellschaft, die sie in den perspektivlosen Vororten festhält. Diese Beispiele aus den beiden Filmen haben durchaus ihre Entsprechung im „realen Leben" – das Kino hat hier eine Art ethnographische Dokumentation erstellt, die eine gesellschaftliche Realität abbildet, in einem künstlerischen Genre mit den entsprechenden Stilmitteln erzählt, eine Fiktion über wahre Verhältnisse.

Das bisherige Bild von der traditionellen Sozialisation verändert sich völlig. Der Generationenkonflikt ereignet sich zwar noch zwischen Vätern und Söhnen, (Müttern und Töchtern, Müttern und Söhnen und Vätern und Töchtern). Aber er hat sich durch das Verschwinden der Väter und ihre Kraftlosigkeit verfestigt zu einem Kampf mit einem Phantom: Wenn die Jugendlichen, um auf die Beispiele aus den eben erwähnten Filmen zurückzukommen, gegen die Polizei – als Vertreter des verachteten Staates – kämpfen, dann steckt darin vielleicht auch ein Kampf gegen die Väter[140], die sich haben erniedrigen lassen, die ihren Kindern und vor allem den Söhnen keine Orientierung mitga-

---

[140] Gegen die legitimen Vertreter von „Vater Staat".

ben, die ihnen jetzt nutzen könnte[141]. In der ethnischen Kultur war der Vater ja uneingeschränkt Patriarch und Oberhaupt der Familie. Er war mit Macht ausgestattet und leitete die Familie. In der Migration ist er aber auf einmal machtlos. Wie erleben die Kinder und Jugendlichen diesen Machtverlust, diesen Statuswechsel? Schämen sie sich für ihre nun schwachen und bedürftigen Väter, oder nehmen sie ihn, da sie nun selbst einen Macht- und Statuszuwachs bekommen haben, nicht mehr ernst. Verunsichert sie seine Machtlosigkeit, sein Statusverlust? Oder fühlen sie sich befreit? Welche Gefühle erwachsen hieraus?

Es deutet sich eine geschlechterspezifische Verarbeitungsweise dieser Enttäuschungen, dieser so mächtigen Gefühle, an. Die Töchter, so wie Gülüm und Fatma es schildern, schonen den Vater, wenden sich nicht an ihn und kommen damit seiner Bedürftigkeit vielleicht ein Stück weit entgegen. Durch ihre Vermeidung der Ansprache entlasten sie ihn; bleiben dadurch aber auf ihren Gefühlen von Trauer, Wut und Enttäuschung sitzen. Sie wenden sich nach innen. Die Jungen, so wie es aus den Beispielen aus Literatur und Filmen erkennbar ist, gehen eher den Weg der Aggression und schlagen sich z.B. mit „Ersatzvätern", sie werfen ihre Wut hinaus und treffen, das haben sie dann mit den Mädchen gemeinsam, nicht den eigentlichen Verursacher ihrer Gefühle.

Die Ehre als traditionelles Erziehungskonzept und als Mangel

Der unklaren Zukunft, ob die Familie in Deutschland bleiben oder doch in die Türkei übersiedeln wird, der offenen Zukunftsgestaltung zum Trotz hat sich Familie K. mit dem Leben, wie es sich zur Zeit für sie ergibt, arrangiert. Die Erziehung der Kinder ist bei Familie K. aber dennoch an einem traditionellen Rahmen orientiert. Die Ehre der Mädchen bzw. der Frauen gilt als die Ehre der Familie und vor allem des Mannes als Familienoberhaupt, so wie es Werner Schiffauer (1983) in seiner ethnologischen Betrachtung über die „Gewalt der Ehre" im dörflichen Kontext der Türkei beschrieben hat.

Gülüm drückte das so aus: „Für uns in der Türkei ist es ganz wichtig, daß du Jungfrau bist [...] Meine Mutter hat gemeint, ich kann alles machen was ich will. Aber nur sollst du nicht verlieren, was für dich am wichtigsten ist." Das

---

[141] In seinem Aufsatz über türkische Jugendbanden, die sich gegen neonazistische Aggression zunehmend militant wehren, schreibt der Journalist Eberhard Seidel-Pielen: „Es wäre interessant zu untersuchen, wie viele innerfamiliäre Konflikte dadurch ‚gelöst' und verdrängt werden, daß die Jugendlichen ihre Wut und Trauer über väterliche Verbote, Einschränkungen und Gängeleien durch ‚Glatzenjagden' abarbeiten." (Seidel-Pielen 1993, 47) Dringende Auseinandersetzungen mit den Eltern würden somit überlagert werden. Ich glaube nicht, daß sich hier eine derart typisierende monokausale Erklärung ableiten ließe, stimme jedoch damit überein, daß sich hier ein wichtiger, bislang nicht angemessen in Erwägung gezogener Interpretationsrahmen eröffnen könnte, der zusammen mit anderen Konflikten Gewaltpotentiale erklären könnte. Siehe dazu auch meine Lesart der Studie über die Turkish Power Boys von H. Tertilt in dritten Kapitel.

Primat der Jungfräulichkeit, das sexuelle Beziehungen außerhalb der Ehe strikt untersagt und welches von den Eltern, vor allem von Vater und Sohn rigoros überwacht wird, gilt hier als allererstes Erziehungsgebot: „Die Ehre des Mannes ist zerstört, wenn jemand sexuelle Beziehungen zu den Frauen seiner Familie aufnimmt." (Schiffauer 1983, 27)[142] Gülüms Mutter vertraute aber ihrer Tochter und ließ sie zu Festen, Hochzeiten und Freunden und auch zur Folkloregruppe gehen. Das bedeutet, daß das Ehrkonzept nicht nur den Umgang der Beziehungen von Männern und Frauen gestaltet und begrenzt, sondern auch die weiblichen Beziehungen untereinander. In diesem Fall ist damit die Mutter-Tochter-Beziehung gemeint. Strenge Erziehung ist nicht mehr so leicht durchzusetzen. Sie muß nun begründet und in einen Zusammenhang gebracht werden, der für die Mädchen nachvollziehbar ist. *„Meine Mutter hat gemeint, ich kann alles machen, was ich will",* diese Aussage enthält viel offenen Raum, den Gülüm ausfüllen kann. Ein Angebot der Individuierung oder auch eine vordefinierte Form dessen, was wichtig ist, steckt in diesem Angebot.

Gülüm: Früher haben die mich streng erzogen. Aber jetzt nicht mehr. Die verstehen langsam, daß ich erwachsen werde.

War es nur das Vertrauen auf die – ehemals – strenge Erziehung der Eltern, auf ihre ungebrochene Autorität und auf das Fortbestehen der Verbote und gesetzten Normen, oder war es schlicht Arglosigkeit oder schlimmer noch: Desinteresse, als die Eltern ihre Töchter einen Monat lang unbeaufsichtigt ließen und ihnen einen Monat lang eine Zeit des Abenteuers und der ungeahnten, aber auch angstvollen Freiheit bescherten. Ich fragte die beiden, wie sie zur Folkloregruppe gekommen waren.

Gülüm erzählte, daß es sicherlich mit der aserbaidschanischen Herkunft ihrer Mutter zusammenhinge und weiter:

Gülüm: Sie [die Eltern] waren ja auch damals[143] in der Türkei. Wir waren alleine hier.
Sven: Ja.

---

[142] Diese Aussagen gelten für den von Schiffauer beschriebenen Kontext der traditionalen dörflichen Struktur in der Türkei. Wie das Primat der Jungfräulichkeit und das Konzept der Ehre unverändert angewandt oder besser nach eigenen Regeln definiert wird und daraus ein klassisches kulturelles Mißverständnis entsteht, schildert Schiffauer eindrücklich. Aber verändert wird es auch und vor allem in der Migration: So fahren z.B. die Eltern eines Mädchens aus der Folkloregruppe ihre Tochter in eine Disko und holen sie zu verabredeter Zeit wieder ab, oder die Söhne wissen von den Freunden der Töchter, verleugnen aber vor den Eltern diese Kenntnis, um nicht sanktionierend eingreifen zu müssen.
[143] Das heißt zum Zeitpunkt, als Gülüm und Fatma das erste Mal die Folkloregruppe besuchten.

Gülüm: Das erste Mal waren wir alleine hier.
Sven: Wo wart ihr da?
Fatma/Gülüm: Zu Hause.
Sven: Ja.
Gülüm: Wir sind natürlich auch weggegangen. Nachts, morgens gekommen (Fatma: lacht).
Sven: Die Eltern waren in der Türkei?
Gülüm: Ja, die waren in der Türkei.
Sven: Und ihr wart alleine hier?
Gülüm: Mhm, und mein kleiner Bruder war auch da.
Sven: Aber da hat eine Großmutter auf euch aufgepaßt?
Gülüm: Nein, niemand hat uns besucht, niemand.
Sven: Wie lange wart ihr alleine?
Gülüm: Einen Monat.
Sven: Und eure Eltern haben Urlaub gemacht?
Gülüm: Die haben da Urlaub gemacht, aber auch meinen Bruder verlobt deswegen.
Fatma: Wir haben hier Urlaub gemacht!
Sven: Mhm. Ihr habt Urlaub von den Eltern gemacht.
Gülüm: Das war schön.
Sven: Wann war das?
Gülüm: September letztes Jahr.
Sven: Aber ihr wart ja schon groß und habt euch selbst versorgt?
Gülüm: Das war sehr schön. Sehr romantisch irgendwie.
Sven: Das habt ihr genossen, die Zeit ohne Eltern.
Gülüm: Morgens nach Hause kommen, müde, dann schlafen.
Sven: Jeden abend in der Disko?
Gülüm: (lacht) Zweimal waren wir schon. Wir waren vorher noch nie in der Disko. Das erste Mal waren wir da in der Disko, türkische Disko.

Der reale Gehalt dieser Szene war mir im Gespräch zuerst völlig unklar. So habe ich die Aussage von Gülüm nicht in einen klaren Zeitrahmen bringen können. Ich dachte zuerst daran, daß die Eltern die Kinder alleine ließen, als sie noch jünger waren, und sich in dieser Zeit Verwandte oder die Großeltern um sie kümmerten. Unvorstellbar schien die Tatsache, daß die beiden Mädchen ohne Aufsicht gelassen wurden. Schließlich ging es in der Familie um die Ehre des Mannes und um die Schande, die geschehen könnte.
Pierre Bourdieu hat diese potentielle Gefährdung in seinen ethnologischen Untersuchungen der kabylischen Gesellschaft aufgezeigt (die für moslemische Gesellschaftsstrukturen – mit großen Unterschieden in der Auslegung – allgemein verbindlich gelten kann) und die Symbolik des Hauses in der kabylischen Gesellschaftsordnung, welches die Geschlechtsbeziehung spiegelbildlich verkehrt ausdrückt, akribisch genau beschrieben. „Das Ehrgefühl des Mannes", so schreibt Bourdieu, „stellt ja den einzigen Schutz für die weibliche Ehre dar, oder besser den einzigen ‚Schutzwall' gegen die Schande, die jede

Frau als potentielle Bedrohung in sich trägt. ‚Die Schande ist das junge Mädchen'." (Bourdieu 1979, 51)

Die Mädchen hatten also in dieser Zeit keine Eltern, die sie beaufsichtigten, sie waren auf sich alleine gestellt und mußten nun mit der gewonnenen und ungewohnten Freiheit umzugehen lernen. Die Eltern, vor allem der Vater und der Sohn hatten die potentielle Schande entweder herausgefordert, verdrängt oder so modifiziert, daß sie sich der Gefährdung zwar bewußt waren, aber sie, da sie nicht vor ihren Augen stattfand und sie sich in gehöriger Distanz dazu befanden, entschärfen konnten.

Bei der Beschreibung der beengten familiären Wohnsituation sprach Fatma von einem „geklauten Zimmer", welches die Eltern Fatma und Gülüm entzogen, um es dem verheirateten Bruder und seiner Frau zur Verfügung zu stellen. Dieses geklaute Zimmer steht – das wir sich gleich herausstellen – in unmittelbarem Zusammenhang zu dieser Szene.

Fatma: Die haben uns die Zimmer geklaut!
Sven: Die Zimmer geklaut?
Gülüm: Mein Bruder hat geheiratet.
Sven: Und der wohnt noch zu Hause?
Gülüm: Ja. Vielleicht im Wohnzimmer schlafen... (lacht).
Sven: Obwohl er verheiratet ist, will er nicht ausziehen?
Gülüm: Doch er will, aber meine Mutter hat gemeint, sie sollen noch ein bißchen bleiben. So zwei, drei Monate.
Sven: Aha, um zu kucken, ob es gutgeht?
Gülüm: Ja. Um zu helfen und so.
Sven: Deine Mutter will ihnen helfen?
Gülüm: Am liebsten ist es der türkischen Familie, wenn die Kinder heiraten, daß sie da bleiben. Die Mutter will nicht, daß der Sohn heiratet und sie dann alleine bleibt.
Sven: Wollen türkische Mütter ihre Kinder nicht loslassen?
Gülüm: Ja. Deswegen, wenn ich heirate, ich gehe nicht zu dem Jungen, der Junge kommt zu uns (lacht).

Das *geklaute Zimmer* war nicht nur das Zimmer, welches Gülüm und Fatma an den Bruder und seine Frau abgeben mußten, es ist vor allem eine Metapher für den in der Adoleszenz wichtigen Raum, der Gülüm und Fatma nicht eröffnet wurde, in dem sie Ablösung und Freiheit einüben konnten. Der notwendige Abschied von den Eltern und die Aussicht auf ein eigenes, selbstverantwortlich individuiertes Leben sowie die Wiederannäherung an die Eltern füllen diesem Raum aus. Familie K. hatte nicht nur aufgrund der beengten Wohnsituation den beiden Mädchen diesen Raum für ein psychosoziales Moratorium vorenthalten und dem Sohn übergeben. Vielmehr lag, so vermute ich, dieser Mangel in der widersprüchlichen Familiensituation begründet. Es ist nicht klar, wer die Familie „führt": der Vater oder die Mutter, es ist nicht klar, ob die Familie in Deutschland bleiben wird oder in die Türkei übersiedeln wird. Familie K. kann ihren Kindern, zumindest Gülüm und Fatma, keine klare Orientierung bieten.

Die beiden Mädchen haben ihre Eltern erlebt als Eltern, die ihre Kinder in der Familie „festhalten" wollen, ihnen aber keine Struktur in diesem Rahmen bieten. Diese unklare Familiensituation verhinderte genau die Handlungskompetenz und damit verbunden die Erkundung des Raumes, in dem die Mädchen ihre Wünsche und Ängste von Freiheit und Ablösung artikulieren und vor allem finden konnten. Die Balance von Festhalten und Loslassen hatte sich nicht hergestellt. Dennoch hatte Gülüm schon angefangen, mit der Tradition zu brechen, und sagte, daß, wenn sie heirate, sie nicht zu dem Jungen gehe, sondern der Junge zu ihr komme. Sie plante ein anderes Leben als ihre Eltern.

Denkbar ist, daß sich durch die Zwanghaftigkeit der Erziehungsnorm eine Entweder-Oder-Situation ergeben hat: entweder Loslösung und eine Erkundung im Gebiet der Welt außerhalb der Familie (dann lastet aber der Makel der Schande auf ihnen) oder das Festhalten am Prinzip Familie, was zumindest Gülüm nicht durchhalten wollte. In dieser Situation der Suche nach Möglichkeiten und dem minimalen Handlungsrahmen verließen nun die Eltern die beiden Mädchen: Sie warfen sie sozusagen aus dem starren Rahmen der elterlichen Autorität (d.h. der anscheinend prägenden mütterlichen und der abwesenden und bedürftigen väterlichen) und gingen für einen Monat in die Türkei, um den Sohn zu verheiraten[144]. Was Gülüm als „romantisch" bezeichnete, war das Abenteuer, in diese neue Situation der Freiheit und kurzfristigen, erzwungenen Ablösung hineingeworfen zu sein und vor allem das Abenteuer zu bestehen. Sich selbst Regeln herzustellen, die Eltern ersetzen zu müssen, von denen kein eindeutiges Handlungs- und Orientierungsmuster hinterlassen wurde, das war die Aufgabe für Gülüm und Fatma während dieser Zeit. Die Inkonsistenz der elterlichen Autorität und des Erziehungsmodells wirkten jedoch auf die beiden Mädchen unterschiedlich, abhängig auch von Lebensalter und Temperament. Für beide galt aber zunächst, in dieser Zeit der Freiheit einen Schritt auf bislang verbotenes Terrain zu wagen, die Welt außerhalb der Familie zu erkunden.

Gülüm: Wir waren vorher noch nie in der Disko. Das erste Mal waren wir da in der Disko, türkische Disko.
Sven: Durftet ihr nicht vorher?
Gülüm: Türkische Disko. Deutsche oder amerikanische kenne ich net.
Sven: Wo wart ihr da?
Gülüm: Scala. Nur Türken, in der Scala. Sie kennen doch die Scala?
Sven: Ja.
Gülüm: Die türkische Disko, das hat viel Spaß gemacht. Aber dann nicht mehr.

---

[144] Vielleicht – aber das bleibt Spekulation – ist in der Wahrnehmung der Eltern das Schicksal des Sohnes in diesem Fall wichtiger als das der Töchter.

Sven: Hätten deine Eltern länger wegbleiben sollen?
Gülüm: Eigentlich net. Also ich hab meine Mutter schon vermißt. Weil ich bin ja nicht gewöhnt, in Diskos zu gehen.
Sven: Ja?
Gülüm: Also, ich mein, da waren so viel Jungen da. Wir zwei Mädchen und lauter Jungen um uns herum. Deswegen habe ich mich irgendwie geschämt. Da hab ich gemeint, wenn meine Eltern hier gewesen wären, wäre ich nicht in der Disko gewesen.

Unabhängigkeit und Ablösung blieben ambivalent, die Entweder-Oder-Situation konnte nicht aufgelöst werden, und Gülüm reagierte mit Scham auf die Potentialität der Ehrverletzung in der Disko. Auch wenn nichts „passiert" war, es hätte doch passieren können. Diese Betonung der Potentialität erklärt Schiffauer mit der „Situationsgebundenheit" des Ehrbegriffes: „Die Identität des Handelns liegt in der Außenwelt, die in sich geschlossen ist und die das Individuum mit Aufgaben konfrontiert, denen es gerecht zu werden versucht. Der einzelne empfindet sein Verhalten als konsistent, weil die Situationen, in denen er sich bewegt, konsistent sind, und nicht, weil er sich in den unterschiedlichen Situationen gleich verhält. Die Identität des einzelnen liegt außerhalb von ihm, im Kontext, in dem sich die Situationen ergeben, und nicht in ihm als Person. Die Kategorie der Person ist im Dorf irrelevant. Entsprechend unterliegen Situationen und nicht Personen der sozialen Kontrolle [...]. Diese Form äußerer Kontrolle macht verständlich, weshalb die türkische Kultur mit gewissen Zuschreibungen so schnell bei der Hand ist: Wer sich in eine bestimmte Situation begibt, wird sich ihr entsprechend verhalten – besonders leidvoll erfahren das Frauen." (Schiffauer 1983, 90f.)

Wie sagte Gülüm über ihren Ausflug in die Verführungen der Disko: „Also ich hab meine Mutter schon vermißt. Weil ich bin ja nicht daran gewöhnt, in Diskos zu gehen." Was als Ausdruck einer inkorporierten Autorität gelesen werden kann, verweist auch auf die Unsicherheit und das Nicht-daran-gewöhnt-Sein, einen eigenen, vielleicht lustvollen Umgang mit Verführung zu erleben und vor allem selbstbestimmt zu gestalten. So griff Gülüm auf ein „ethnisches" und in diesem Zusammenhang bewährtes, für sie aber völlig inadäquates Muster der Verarbeitung zurück: das der Ehre. Das heißt, daß das „Böse" nicht von außen kommt, sondern auch in einem steckt. Gülüms Polarisierung[145] in: Westen = Deutschland = Drogen, Jungen, Disko und Verführung einerseits, Osten = Türkei = Familie, Moral, Ehre und Scham andererseits, negierte in diesem Beispiel – oder besser: neutralisierte die eigene Neugier und die Sehnsucht nach dem Fremden und Unbekannten. Gülüm entwickelte keine Vorstellung davon, in dieser Situation zurechtzukommen. Sie blieb passiv, und die Männer „machen" etwas mit ihr, sie macht nichts. Es stellt sich

---

[145] Diese Polarisierung, das wird der weitere Gang der Interpretation zeigen, ist alles andere als ein klares und eindeutiges Bild. Das Verhältnis Osten-Westen ist für die Mädchen viel komplexer.

jedoch die Frage: *Durfte* Gülüm nichts machen oder *wollte* sie nichts machen[146]?

Was Gülüm zu fehlen schien, war die Stärke, das Wagnis, diese Spannung auszuhalten und kreativ für die Individuation zu nutzen. Hier beginnt auch die rein ethnologische Erklärung (wie ich sie weiter oben von Schiffauer und Bourdieu, bezüglich der Ehre und der Situationsgebundenheit, skizzierte) für Gülüms Verhalten die erklärende und verbindliche Aussagekraft zu verlieren[147]. Sie bleibt als eine mögliche Lesart zwar bestehen, aber gerade die biographischen Spuren zeigen, daß sich die ethnischen Erklärungsmuster eher als imaginäre und paradoxe Muster reproduzieren, d.h. als Muster schon wirken, aber keine Bodenhaftung haben. Sie bekommen eine individuelle Wertung und werden mit eigener Bedeutung aufgeladen. Sie sind so etwas wie Notnägel, die helfen sollen, ein schwankendes Terrain wieder zu stabilisieren. Ich komme am Ende der Interpretation darauf zurück.

Nachdem ich nun die Inkonsistenz der elterlichen Autorität der Familie K. und ihre Folgen für den Prozeß der Ablösung und das Ausbalancieren von Festhalten und Loslassen der Mädchen in bezug auf ihre Familie beschrieben habe, werde ich jetzt die daraus resultierenden Verarbeitungsformen oder besser die Handlungskompetenz von Gülüm und Fatma darstellen und aufzeigen, daß der oben beschriebene fehlende Raum zumindest im Beispiel von Gülüm eine eigene Inkonsistenz hervorbringt. Das Fremde bleibt bedrohlich. Vielleicht ist Gülüm auch aus diesem Grund in eine ethnisch homogene türkische Disko gegangen. Eine ethnisch heterogene Disko hätte möglicherweise eine zweifache Fremdheit bedeutet.

Die Inkonsistenz der Töchter

Ich fragte Gülüm und Fatma nach ihren Lebensplänen und den Vorstellungen der Erziehung eigener Kinder:

Sven: Würdest du deine Kinder oder dein Kind anders erziehen?
Gülüm: Ja. Ich würde die streng erziehen, aber nicht so streng.
Sven: Was heißt streng?
Gülüm: Also, ich mein, die können alles machen, die können rausgehen, aber ich muß wissen, wo die sind.

---

[146] Sicherlich fließen ihre Erfahrungen, die sie mit Männern insgesamt gemacht hat, hier mit ein. Mit ihrem Freund, der sie ungerecht behandelte, ihrem Vater, der ihr, statt Orientierung zu geben nur Bedürftigkeit entgegenbringt, und schließlich auch mit ihrem Bruder. Gülüm sagt: „Manchmal verstehe ich die [Jungen] nicht. Zum Beispiel mein Bruder: Der war früher auch mal so schlecht, der hat mich immer geschlagen. Deswegen mag ich den nicht."
[147] Es zeigt sich eine mechanistische Sichtweise, die diesen Erklärungen zugrunde liegt, so als ob das Subjekt seiner „Kultur" zwingend folgen muß. Persönliche, ethische, soziale und biographische Faktoren scheinen bei dieser kulturalistischen Erklärungsweise keine Rolle zu spielen.

Sven: Aha.
Gülüm: Wenn die mit den Jungen zusammen gehen, daß die Jungen mit denen nicht was machen und so. Wenn ein Junge was von ihr will, das muß dann ernst sein, also heiraten.
Sven: Wenn es ein Mädchen wird.
Gülüm: Sie kann einen Freund haben, wenn sie keine Chance hat einen zweiten, aber den dritten darf sie nicht haben. Das will ich net, den dritten darf sie nicht haben, als Mädchen. Abends immer öfter raus und so, zweimal oder dreimal aber mehr nicht.
Sven: Aber auch in die Disko?
Gülüm: Nee! Diskos nicht, niemals. Geburtstage und so, Parties, aber ab neun ist sie zu Hause.
Sven: So wie bei dir jetzt auch?
Gülüm: Ja.
Sven: Und was ist so gefährlich in den Diskos?
Gülüm: Da ist vieles. Da sind Drogen...
Sven: ...aber die mußt du ja nicht nehmen, wenn du nicht willst.
Gülüm: Wenn die schöne Mädchen sehen, die trinken Cola, dann machen die Schlaftabletten rein, dann passiert was.
Sven: Habt ihr das schon erlebt?
Gülüm: Was soll ich machen?
Fatma: Für mich ist es egal, ob meine Tochter in die Disko geht oder einen Freund hat.
Gülüm: Sie schimpft immer, wenn ich so rede!
Fatma: Weil es ist egal, weil ich bin jetzt auch in so einem Alter und ich möchte nicht, daß meine Tochter das auch so erlebt. Sie kann mir alles sagen, sie macht. Vielleicht gehe ich auch mit ihr zusammen in die Disko.
Sven: Mhm.
Fatma: Kann alles sagen, was sie will. Keine Schläge und Angst haben oder so. Die sagt, wenn sie einen Jungen hat, will sie ihn schlagen, da soll er alles lernen. Ganz hart sein.
Gülüm: Nee, ich mein Kinder, die müssen als kleine streng behandelt werden.
Sven: Als kleine Kinder?
Gülüm: Ja, ja. Wenn ich die immer nur liebe, liebe, liebe – dann können die mir alles sagen. Alles mögliche. Zum Beispiel: bei uns darf man zur Mutter nicht Dummkopf sagen, Kuh oder was anderes. Das dürfen die nicht bei uns sagen. Das darf auch meine kleine Schwester nicht sagen, die schlägt die immer, wenn sie so was sagt. Das mache ich auch nicht mit meinen Kindern. Als kleine erst mal streng, danach eher – ein Junge der kann machen was er will. Ich kann – wenn er erwachsen wird – sagt der, ich höre nicht mehr auf dich, ich bin Junge, ich kann machen, was ich will. Aber bei den Mädchen, kann man das ganz gut – die Mädchen sind immer auf Mutters Seite. Aber die Jungen, die

denken immer an Mädchen, mit denen schlafen, Diskos gehen. Das ist bei den Jungen so, bei den Mädchen auch, natürlich, aber wenn man die gut erzieht...

Vor dem Hintergrund der eigenen Biographie ist es auffällig, daß Gülüm die Erziehung, die sie seitens ihrer Eltern erfahren hat, als eigenes Leitbild, wenn auch geringfügig modifiziert, aufrechterhielt: „Streng erziehen, aber nicht so streng." Gülüm redete ganz selbstverständlich von ihrem Erziehungsstil für Mädchen, sie ging davon aus, daß sie eine Tochter erziehen wird. Dies bedeutete sicherlich, daß ihr eigener Erfahrungsraum geprägt war von dem Topos des „streng Erziehens". Dieser Rückgriff auf das am Anfang des Gespräches zurückgewiesene Bild *der* türkischen Mädchen, die unter strenger Erziehung besonders leiden, verweist auf die bereits beschriebene Ambivalenz in bezug auf Freiheit und Ablösung, die Gülüm in der Zeit des elterlichen Urlaubs erfahren haben mußte. Diskos bleiben Orte der Gefahr, die sinnbildliche Hölle. Gülüm will oder kann ihrer Tochter keinen Vergil zur Seite stellen, wenn in Zukunft einmal die Tiefen des Unbekannten ausgekundschaftet werden. Hier ist wieder die Potentialität die größte Bedrohung. Die Bedrohung in dieser Hölle der Verführungen kam wiederum von außen, d.h. Gülüm entwarf ein Bild des hilf- und willenlosen Mädchens, das sich der diffusen Bedrohung in Form von „Tabletten im Cola" nicht erwehren kann. Wenn auch dieser Topos sicherlich dem Reich der Phantasie entspringt, verwies er auf eine stereotype Erklärung der Schande der Mädchen. Die Möglichkeit des sinnlichen Umgangs mit der Verführung wurde in dieser Szene verleugnet und nach außen verlagert. Gülüm erschien hier nur als Opfer äußerer Mächte. Gleichzeitig steckte in dieser Szene auch viel Angst vor einem enormen Bedrohungspotential und gleichzeitig Hilflosigkeit.

Verwunderlich ist, daß Gülüm an anderer Stelle ganz anders über die Entwicklung der weiblichen Sexualität urteilte. Bei dem Gruppengespräch am 1.11.95 urteilte Gülüm über die Ablösung der Mädchen folgendermaßen: „Aber man muß doch mit einem Jungen zusammen sein, man muß doch wissen, wie das Leben ist! Irgendwann mal wird sich ein Mädchen doch verlieben, das muß doch sein, die können das nicht verändern. Die [Eltern] können das überhaupt gar nicht ändern." Jede Trennung enthält auch Freiheit, doch diese Freiheit muß gestaltet werden. Daß die Eltern diese notwendige Freiheit der Mädchen, das Leben kennenzulernen, unmöglich machten, diese Aussage hat sich im Kontext der aktuellen Szene in den Vordergrund geschoben. Vielleicht war ein Motiv für diese „Selbstzensur" aus der Unsicherheit entsprungen, das eigene Leben mit seinen unbekannten und Angst hervorrufenden Elementen nicht verarbeiten zu können.

Fatma reagierte eher gelassen: Ihr war es egal, ob ihre Tochter in eine Disko geht oder einen Freund hat. Sie konnte ihre aktuelle Erfahrung als Legitimation für ihr späteres Erziehungsmodell heranziehen: „Ich möchte nicht, daß meine Tochter das *auch* so erlebt." Vielleicht lag diesem Entwurf auch Fatmas

Temperament zugrunde und entsprang ihrem Selbstkonzept als „starke Frau" – ähnlich ihrer Mutter. Fatma hatte einen spielerischen Umgang entwickelt, sich dem anderen Geschlecht zu nähern, sie machte Späße mit den Jungen in der Folkloregruppe, schlug sich mit ihnen und pflegte somit einen körperlichen, aber doch „kumpelhaften" Umgang: Eine erste Annäherung an das andere Geschlecht. Fatmas projektive Empathie mit ihrer Tochter – auch sie ging wie Gülüm davon aus, daß sie eine Tochter gebären würde – lag vielleicht in der Erfahrung begründet, daß ihr die Mutter näher stand[148] und mehr Orientierung als der Vater bot.

Fatma betonte explizit, daß sie ihre Tochter bzw. ihre Kinder „bestimmt in die Folklore schicken werde." Fatma hatte wohl die wichtige Bedeutung der Folkloregruppe für die Entwicklung eines Freiraumes und die Ablösung erkannt. Die spezifische Bedeutung dieses Raumes für die Jugendlichen werde ich weiter unten noch genauer ausführen. Was bisher festzuhalten ist: Es existiert ein inkonsistentes Erziehungskonzept von Gülüm, die sich weiter einer traditionellen Orientierung verschreibt und gerade das Bild, welches sie verwirft, wieder aufbaut, nämlich *das* Leiden *der* türkischen Mädchen an *der* Erziehung. Fatma schilderte ihr Konzept differenzierter. Ich denke, daß sich bei Gülüm die eigene Erfahrung mit den mangelnden Handlungsmöglichkeiten und Verarbeitungskompetenzen hier verdichtet hatte zu einem Muster, welches strenge Gebote und Verbote sowie die ethnischen Muster von Ehre und Scham aufrechterhalten *mußte*, um nicht in eine Leere zu fallen und damit die Unzulänglichkeit der eigenen Entwürfe schmerzlich zu erfahren. Die Szene mit den Schlaftabletten im Cola mag hier ein Beleg sein – Gülüm fragte: „Was soll ich machen?" Sie präsentiert sich als ihrer Handlungsmöglichkeiten beraubt.

Die eigenen Größenphantasien reichten – so scheint es – nicht aus, um den Verlust des Raumes zu kompensieren, der in der Adoleszenz eröffnet werden muß, um in der Welt zu bestehen, oder wie es Gülüm formulierte: „Man muß doch wissen, wie das Leben ist!" Daß sich in diesem Fallbeispiel das Bild eines abwesenden und hilflosen Vaters, in Verbindung mit einem insgesamt unklaren Bild von der Familie, herauskristallisierte, verweist auf eine strukturelle Ähnlichkeit der Biographien von Kindern aus Immigrantenfamilien[149]. Die Entmachtung der Väter paßt nicht in das Bild türkischer Männer, die sich im traditionellen Rahmen dem Bild des Patriarchen verpflichtet sehen. Da der Vater als Gegenpol zur Mutter fehlt, nehmen sich die Frauen, so wie Gülüm es schilderte, einen großen Freiraum und bestimmen das Schicksal der Familie. Es scheint so, als ob der Vater allein das Exilschicksal trüge, er zum Symbol der Heimatlosigkeit geworden ist. Ich neige hier zu der These, daß es vor al-

---

[148] S. dazu: Schiffauer 1983, 77f. über die normative und faktische Verantwortung in der Familie: Die Mutter von den beiden Mädchen scheint beide Ebenen für sich zu vereinen.

[149] Vgl. die biographisch orientierten Arbeiten von Schiffauer 1983, Tertilt 1994, Bielefeld et al. 1982 über die Eltern – besonders die Vaterbeziehung.

lem für die Väter von großer Bedeutung ist, ihren Status von ihren Kindern klären zu lassen. *Sie* sollen ihnen sagen, was die Gesellschaft ihnen hier in der Bundesrepublik bedeutet, welche Gegenwart und Zukunft sie ihnen bietet. Was sie in der Gesellschaft und was sie für ihre Familie repräsentieren. Diesen unbewußten Auftrag erteilte wahrscheinlich auch der Vater von Gülüm und Fatma an seine Kinder. Er bleibt, bis dieser Auftrag durchgeführt ist, seltsam präsent: Nur als Schatten taucht er auf.

Wir redeten über den verheirateten Bruder von Gülüm, dem sie das Zimmer abgeben mußten.

Sven: Wenn er verheiratet ist, muß er bei seiner Frau bleiben?
Gülüm: Ja, nur bei seiner Frau.
Sven: Mhm. Da hat er es nur kurz genossen in die Disko zu gehen?
Gülüm: Ja, ganz kurz. Er hat das zwei Jahre gemacht. Mit 18 ist er verlobt. Mit 17 hat er schon angefangen...
Sven: ...aber er hört noch auf die Eltern, auch wenn er jetzt erwachsen und verheiratet ist?
Gülüm: Ja.
Sven: Er kommt nicht auf die Idee zu sagen, ich bin erwachsen, ich ziehe aus und mache, was ich will.
Gülüm: Er ist 19, er sagt das auch, aber meine Mutter will das nicht.
Sven: Und die hat das Sagen, bei euch in der Familie.
Gülüm: Ja. (lacht)

So hatte die unsichtbare Präsenz von Gülüms und Fatmas Vater und die normative und faktische Verantwortung der Mutter für die Familie, schließlich die Inkonsistenz der Familie K. bezüglich des Erziehungsmodells und der normativen Regelung die Möglichkeit verbaut, anzusprechen und auszuprobieren, wie Ablösung stattfinden könnte, wie ein sicherer Umgang mit dem Fremden und Unbekannten aussehen sollte. Dieses unklare Bild der Familie schrieb sich in das Erziehungsmodell von Gülüm ein.

Die Folkloregruppe als utopischer Raum und als Bühne

Vor dem Hintergrund dieser Thematik bekommt die Folkloregruppe und vor allem deren Leiter eine wichtige Funktion. Die Folkloregruppe war *der* soziale Raum für Gülüm und Fatma (und sicherlich für viele andere aus der Gruppe), diesen Mangel der realen Familien zu kompensieren und die ungestillten Bedürfnisse nach Nähe, Zuwendung und Schutz zu befriedigen. Jenseits dieser narzißtischen Befriedigung erfüllte die Folkloregruppe als peer-group noch eine wesentliche Aufgabe: Sie bot den geschützten Raum, die Lebenswelt, für eine erste Annäherung zwischen den Geschlechtern jenseits der traditionellen und damit für diese Jugendlichen funktionslos gewordenen Normierungen der elterlichen Erziehungskonzepte.

Sven: Und wie ist es für euch, in der Folkloregruppe zu sein?
Gülüm: Ich bin hier zufrieden. Wenn ich zu Hause bin, da sind viele Geräusche und so, wir sind zu neunt in einem Haus, so kann man nicht wohnen. Aber wenn ich hierher komme, bin ich zufrieden. Ich kann nur hier lachen und Spaß machen und so. In der Schule kann ich keinen Spaß machen. Mit den anderen zu reden, das mag ich nicht. Ich kann mich mit denen nicht verstehen.
Sven: Warum?
Gülüm: Weiß ich nicht. Ich verstehe mich mit denen nicht. In der ganzen Klasse habe ich mit jedem Streit.
Sven: Mhm.
Gülüm: Deswegen sitze ich immer alleine. Wenn die mich nicht wollen, will ich die auch nicht.
Sven: Ja. Und hier ist deine Familie, deine Insel, wo du dich erholen kannst, in der Folkloregruppe?
Gülüm: Ja! Hier bin ich zufrieden.

In der Folkloregruppe war der Raum eröffnet, den viele Jugendliche, Kinder von türkischen Einwanderern in diesem Fall, zu Hause nicht finden. Hier fanden Gülüm und Fatma den Ersatz für ihr geklautes Zimmer. Allein der wichtige Topos des *Kommen* und *Gehen*, der die Folkloregruppe beherrschte, verwies auf das Thema der Ablösung. Viele neue Jugendliche kamen in den zwei Jahren meiner Beobachtung hinzu, andere, die schon lange dabei waren, waren gegangen. Fast die gesamte Gruppe hatte sich in diesen zwei Jahren aufgelöst und wieder neu konstituiert. Abschied, Nähe und Distanz wurden somit eingeübt, und das vor allem in einem Klima, das weniger von Aggression und Angst (wie in der Disko, der Schule oder der Familie) geprägt war, als vielmehr von Expression. Hier war, wie ich schon ausführte, der Ort, wo eine Geschlechterbegegnung anderer Ausprägung möglich erschien.

Das Konzept der „Situationsgebundenheit" ist hier in seiner Verbindlichkeit, die es noch für die Eltern der Jugendlichen beanspruchte, außer Kraft gesetzt. Es besteht keine Identität der Person, wohl aber eine der Perso*nen*; oder besser: der Gruppe.

Trat die Folkloregruppe auf die Bühne, präsentierte sie sich bei einem öffentlichen Auftritt, dann eröffnete sich eine neue Erfahrung, bildlich gesprochen, ein Tor zur Welt. Der Mehrheitsgesellschaft, die sich sonst nur marginal (oder problemfokussiert) für das Leben und die Lebenswirklichkeit der deutsch-türkischen Jugendlichen interessiert, wird bei einem öffentlichen Auftritt[150] Anerkennung abverlangt. Das Interesse der Mehrheitskultur an dieser Präsentation mag vielleicht einen exotischen Zug haben und sich auf die ästhetisierte Darstellung einer vom Kontext gelösten Folklore[151] beschränken.

---

[150] Viele Auftritte finden aber auch innerhalb der ethnischen Kolonie statt, d.h. bei türkischen Hochzeiten und Festen etc.
[151] Dann wäre von einer *Fakelore* zu sprechen.

Die Bedeutung der Folkloregruppe als Ort der Anerkennung und der öffentlichen Präsentation als Identitätsfixierung, d.h. „jemand eindeutig sein", möchte ich an anderer Stelle weiter ausführen. Hier nur soviel: Bei einem Folklorewettbewerb einen Pokal, den ersten Preis, zu gewinnen, hieß auch und vor allem „Sieger" zu sein und damit das negative Stigma des Migrantenstatus, des Ausländers hinter sich zu lassen.

Die Folkloregruppe war also ein wichtiger sozialer Raum für Gülüm und Fatma, wie für alle darin wirkenden Jugendlichen, indem sie ihre unbefriedigten Bedürfnisse erfüllt bekamen und Ablösung sowie Hinwendung zum Fremden einüben konnten. So war es nur folgerichtig, daß der Folklorelehrer mehr als nur der Ausbilder der Gruppe im Volkstanz war. Er war für die Gruppe vor allem wichtig, er wurde ihr Mentor, weil er den unsichtbaren, bedürftigen und unklaren Vater ein Stück weit ersetzte. Das implizierte, daß er sich um die Belange und Probleme der Jugendlichen („seiner" Kinder) kümmerte, zuhörte und konkrete Hilfe leistete, von der Hausaufgabenhilfe bis zur Jobsuche. An ihn konnten sich die Jugendlichen wenden, wenn sie zu Hause, in der Schule oder sonstwo Probleme hatten. Das lag sicher auch an seiner eigenen Migrationsgeschichte. Die Fragen, woher die eigenen Eltern stammten und was sie für eine spezifische Kultur tradierten, so wie sie in der Folkloregruppe eine Rolle spielte, war ebenfalls eine wichtige Funktion der Folkloregruppe und des Lehrers. Er übte eine Art Brückenfunktion in Richtung der Herkunftskultur der Eltern aus. Gülüm und Fatma kamen ja, so ihre Aussage, auch deshalb zur Folkloregruppe, weil ihre Mutter aserbaidschanischer Herkunft war.

Welche Rolle spielt dabei nun das „Ethnische"? Die Folkloregruppe als eine „ethnische Gruppe" fixieren und ihr eine „ethnische Identität" etikettieren zu wollen, verstellt den Blick auf wichtige – jenseits dieser Kategorie liegende – Erkenntnismöglichkeiten, die nur aus dem Gruppenkontext und der spezifisch adoleszenten Situation heraus erklärt werden können (z.B. die Vaterkompensation des Folklorelehrers). Außerdem ist es in der aktuellen Lebensphase der beiden Mädchen – in der Adoleszenz überhaupt – dringender eine jugendliche und geschlechtliche Identität zu finden als eine wie auch immer verstandene ethnische Identität.

Der österreichische Soziologe Bernhard Perchining sieht in seinen kritischen Anmerkungen zu den Themen Ethnizität, Minderheit und Assimilation die ethnische Identität als einen der komplexesten Begriffe der Gesellschaftstheorie. Ethnische Identität kann nur im Gruppenkontext bestehen, so Perchining. So sieht er in der Frage nach der Gruppenidentität eine Frage nach der Entstehung und Weiterentwicklung der Gruppe, nach dem Prozeß der Gruppe: „Selbst- und Fremdwahrnehmung als Gruppe ist keineswegs Norm oder irgendwie natürlich gegeben, sondern nur als doppelter Interaktionsprozeß verständlich. Zuerst als Prozeß, der Interaktion zwischen Individuen mit bestimmten Charakteristika größerer Relevanz zuschreibt, als mit anderen. Dieser Prozeß der Gruppenkonstituierung wird begleitet von der Herausbildung einer spezifischen Gruppenwahrnehmung seitens der Umwelt, Interaktionen innerhalb der Gruppe wie zwischen Gruppe und Umwelt konstituieren in weiterer Folge die Gruppe ständig neu." (Perchining 1988, 132) Ethnische Identität gibt nur im Gruppenkontext demnach nur prozeßhaft und ist lediglich eine *mögliche* Form der Gruppenformation. Hier wäre vielleicht anzumerken, daß auch die Art, wie die Umwelt über die Gruppe kommuniziert, diese Formation mit beeinflußt. Unterschiede sollen keine gesellschaftliche Diskriminierung bedeuten, so Perchining in seinem Resümee. „Dies verlangt auch die Öffnung der Kultur von Mehrheit und Minderheit hin zu Perspektiven, die nicht ethnisch im Sinne von Grenzziehungen sind. Unter diesen Bedingungen würde auch für die Individuen eine Form der Identität denkbar, die es erlaubt, in mehreren Kulturen zu leben, ohne auf eine Identität festgelegt zu sein." (Perchining 1988, 139)

Die Gruppenanalyse spricht in diesem Kontext von der Herkunftsmatrix[152] der Gruppe, das ist der gemeinsame (biographische) Hintergrund aller Gruppenmitglieder, der die Dynamik der Gruppe prägt. Die Gruppensituation mobilisiert alte und vertraute Kommunikationsmuster, weil diese eine gewisse Sicherheit versprechen, macht gleichzeitig aber auch Unbearbeitetes sichtbar. Nach Pühl (1988, 113) arbeitet die Gruppenanalyse mit diesen Kommunikationsmustern folgendermaßen: „Nicht in erster Linie durch Deutung des Widerstandes und des Unbewußten wird eine positive Entwicklung eingeleitet, sondern durch eine neue nachholende Erfahrung im Sinne einer Erweiterung der Kommunikation."

Gülüm und Fatma fanden in der Folkloregruppe eine Verbindung zu einer ethnisch gedachten Herkunftskultur (in der Perspektive innerhalb der Gruppe) als eine Form der Interaktion innerhalb der Gruppe nach außen und der – wie ich es nennen möchte – Selbstentdeckung, der Interaktion mit den eigenen Wünschen, Träumen und Vorstellungen. Hier wurden sie formuliert, ausgetauscht und gemeinsam präsentiert.

Die Angst vor und die Sehnsucht nach dem Fremden

Nach der Analyse der von mir aus dem Gespräch herausgearbeiteten Inkonsistenzen der Eltern und der Töchter, möchte ich mich der Interpretation des Gesprächs mit Gülüm und Fatma zuwenden. Besonders die Entwicklung der Angst vor und der Sehnsucht nach dem Fremden werde ich aufzuzeigen versuchen. Das *Fremde* stand in der Wahrnehmung von Gülüm für den Westen, für Deutschland. Hier konnte etwas „passieren", die Gefahren waren u.a. Drogen, Diskos und Jungen. Es war eine Herausforderung. Im Osten, in der Türkei dagegen galten die schutzgebenden Werte der Familie, Moral, Scham und Ehre.

Aber es gibt noch eine weitere Ebene des Fremden. Sie wird durch die reflexive Bearbeitung des Gesprächs und der Forschungssituation sichtbar, in der das Gespräch eingebettet ist. Diese Ebene des Fremden erschließt sich in einer Doppelstruktur, die sich durch einen Blick auf den institutionellen Cha-

---

[152] Dazu gehören z.B. Alter, Geschlecht, Sprache, Herkunft, persönliches Leiden usw.

rakter der Forschung – auf den Forschungsraum eröffnet: Zum einen ist das Fremde die Herausforderung und die Abwehr einer von mir veränderten Forschungssituation; d.h. der durchgeführte Settingwechsel vom Gruppengespräch zum Einzelgespräch schlägt sich hier nieder. Ich hatte eine neue Situation hergestellt und den schutzgebenden Raum der Gruppe verlassen, um biographisch orientierte Einzelgespräche durchzuführen. Zum anderen bin ich selbst – als Forscher und als Person – der Fremde. Um aufzuzeigen, wie alle am Dialog beteiligten Parteien, Gülüm, Fatma und ich als der Forscher, mit dieser Fremdheit umgingen, sie bearbeiteten, möchte ich die Initialszene beispielhaft – vor dem Hintergrund meiner Gegenübertragung – analysieren und durch eine reflexive Bearbeitung zeigen, daß der Forschungskontext auch als eine homologe Struktur zur biographischen Situation der beiden Mädchen sichtbar wird. Damit meine ich, daß sich im Forschungskontext entsprechende und gleich verlaufende Muster wie in der Familienstruktur der beiden Mädchen aufzeigen lassen, sie also entsprechend reagieren.

Sven: Okay, ich wollte mit euch allen noch mal einzeln reden. Habe ich schon mal gesagt. Mit der Gruppe noch ein Gespräch machen und mit allen aus der Gruppe noch mal einzeln reden. Weil ich euch gerne besser kennenlernen wollte, zum einen, und zum anderen über Sachen, die wir das letzte Mal oder davor besprochen haben, weiter reden. Mit dir, Gülüm, wollte ich besonders ein Punkt besprechen, und zwar, habe ich schon gesagt...

Gülüm: ...türkische Mädchen....

Sven: ...Türkische Mädchen. Du sagtest, daß die türkischen Mädchen hier strenger erzogen werden als in der Türkei. Und da würde ich gerne weiter reden.

Gülüm: Auch nicht.

Sven: Hier in Deutschland werden sie strenger als in der Türkei erzogen, ne?

Gülüm: Hier auch.

Sven: Habe ich so verstanden.

Gülüm: Doch. Hier ist streng, in der Türkei ist auch streng. Aber manche Mädchen werden nicht streng erzogen, das liegt bei den Eltern.

Sven: Ja. Da sagtest du, ich habe das so verstanden, daß die Eltern hier mehr aufpassen auf die Kinder als in der Türkei.

Gülüm: Ja. Aber wenn die in der Türkei sind, da sagen die, hier sind wir in der Heimat, da kann nichts passieren. Aber in Deutschland passen sie gut auf.

Sven: Mhm.

Gülüm: Hier ist ja Deutschland.

Sven: Ja, aber ....

Gülüm: ...die haben Angst wegen Drogen und so, daß wir Drogen nehmen oder Jungen treffen und Diskos gehen.

Dieses wiederholt formulierte *Ich,* welches hier mein Eröffnungsstatement so stark markiert, ist aus der Ohnmachtserfahrung heraus entstanden, verbindliche Verabredungen zu den Gesprächen zu bekommen. Nachdem das Gespräch drei Mal gescheitert war, war mir wichtig, daß der verabredete Termin endlich zustande kam. Dazu gehörte ein Stück „geborgte Autorität", die ich mir vom Folklorelehrer nahm: Ich nutzte seine Macht und Durchsetzungsfähigkeit, indem ich meinen Ärger über die Unzuverlässigkeit der Mädchen äußerte, die die Verabredungen zum Gespräch nicht einhielten. Dadurch, daß *er* sie ermahnte, stärkte er meine Autorität für dieses Gespräch. Ohne diese Autorität wäre dieses Gespräch wahrscheinlich nicht zustande gekommen. Ich werde dies später genauer erklären. Es war etwas Ungeklärtes in der Situation, warum ich überhaupt den Settingwechsel durchführte, aus welchem Grund ich also Einzelgespräche durchführen wollte. Ich wollte etwas ganz Konkretes von Gülüm und Fatma, wollte *ihre* Erfahrungen und Ansichten hören. Gleichzeitig verwies ich aber auf *die* türkischen Mädchen. Die Verallgemeinerung läßt sich als eine Art Distanz verstehen, die vor einer nahen und noch ungeklärten Beziehung schützen soll. Es sei ein allgemeines Gespräch, beruhige ich Gülüm, da könne nichts passieren, und nehme damit Bezug auf die Polarisierung, die sie aufbaute, sowie auf das Ungewisse und Ungeklärte des Gesprächs. Die isolierte Autorität wird erst durchbrochen und die Distanz vermindert, als ich schließlich in eine selbstreflexive Ebene wechsele, die das *Verstehen* anspricht: „Habe ich so verstanden" heißt, ich habe etwas gehört und aufgenommen, ich habe dich so wahrgenommen.

Der Einstiegssatz von mir sollte eine Verbindung zu den vorausgegangenen Gesprächen in der Gruppe herstellen, als Verlängerung dieser Forschungsphase gelten und somit legitimiert sein. Als Teil des alten Settings sollte die neue Situation eindeutig gemacht werden. In Verbindung mit der geborgten Autorität des Folklorelehrers war ich aber gefangen in einer Legitimierungsfalle, die eine wichtige Erkenntnis- und Wahrnehmungsebene verdeckt. Das Einzelgespräch auch als eine Positionsverschiebung von der Geborgenheit in der Gruppe zu einer riskanten Autonomie zu deuten, hatte ich weder theoretisch für mich noch praktisch für die Mädchen erkannt. Das gelang erst in der Retrospektive. So gesehen reagierten Gülüm und Fatma wie in der biographischen Situation: mit dieser Ambivalenz aus Sehnsucht nach und Angst vor dem Fremden. Wie auch in der Familie K. hatte ich die Freiheit und die Möglichkeiten der Individuierung nicht angesprochen und den Mädchen als Angebot unterbreitet, das sie mit Unterstützung von außen wahrnehmen konnten. Auf beiden Seiten ging es hier um eine Grenzerweiterung und -überschreitung. Die Grenze, die die Eltern von Gülüm und Fatma gesetzt hatten, wurde durch die Reise in die Türkei erweitert, und die beiden Mädchen konnten nicht anders, als die Grenze zu überschreiten, um das Dahinterliegende zu entdecken. Hinter der Grenze hatten sie das Fremde angesiedelt. So war der Weg dahin schon festgelegt.

Ähnlich galt für die Forschungssituation: Die Grenzerweiterung, das Verlassen der schützenden Gruppe und die Grenzüberschreitung lag in einer Gesprächssituation – außerhalb der Gruppe – mit den beiden Mädchen. Die Homologie der lebensgeschichtlichen Phase der Ablösung war die des Settingwechsels vom Gruppengespräch zum Einzelgespräch.

Hier wie dort war kein angemessener Raum zur Verfügung, um das neue Wagnis der Freiheit anzunehmen und Aussicht auf das Fremde und Unbekannte in einer gewinnbringenden Art und Weise zu gestalten. Noch stärker als Fatma reagierte Gülüm mit einer adoleszenten Inszenierung, die mit Größenphantasien und Ohnmachtserfahrungen gleichermaßen angefüllt war. Aber dennoch – so bleibt als Ergebnis festzuhalten – gingen beide nicht als „Erwachsene" aus dem Gespräch, und die Erfahrung im Einzelgespräch hatte sich genau wie im biographischen Kontext nicht zu einem neuen Erfahrungshorizont verdichten lassen, der auf die Klärung adoleszenter Themen vorbereitet und befähigt, die Adoleszenz als reife, erwachsene Persönlichkeit zu verlassen. Die Begegnung mit dem Fremden hatte (das versuche ich anhand der folgenden Szene aufzuzeigen) eher einen regressiven Zug angenommen. Die Entstehung eines vorläufig definitiven Selbstbildes als Erwachsene und damit verbunden die Klärung der adoleszenten Themen, wie zum Beispiel die Trennung und Ablösung von der Herkunftsfamilie, die eigene weibliche Geschlechtsidentität, das Bewußtsein, die Jugendphase abgeschlossen zu haben, und die Bindung an eine gesellschaftliche Institution (vgl. Bosse/King 1998), hatte sich – das zeigen die Aussagen aus den Gesprächen – noch nicht eingestellt. Der Kampf zwischen Regression und Progression im noch offenen Prozeß der Adoleszenz war bei Gülüm noch zugunsten der Regression verlaufen.

Das Glück und das Erdbeben

Ich möchte an der folgenden Szene beschreiben, wie die Größenphantasien in der Gruppe, die Träume von eigener Größe und Grandiosität bei der Präsentation der Folklore im öffentlichen Raum wirken und wie dem eine diffuse Angst der Bedrohung, die Erwartung einer Katastrophe, gegenübersteht. Die Angst, Träume, das eigentliche Leben, nicht realisieren zu können, war hier der Motor für die starken Affekte.

Ich fragte Gülüm nach der Bedeutung, die die Folkloregruppe für sie habe.

Gülüm: Hier ist mein Glück, zweimal in der Woche (lacht).
Sven: Schön, wenigstens das.
Gülüm: Zweimal in der Woche.
Fatma: Wenn wir auf Auftritte gehen, es ist das schönste.
Gülüm: Das ist wie im Traum.
Sven: Ja? Wenn ihr auf der Bühne seid.
Fatma: Ja.

Dem ruhmvollen und traumhaften Auftritt, bei dem die Mädchen ihren Raum gefunden haben, der ihnen als Bühne die Welt draußen eröffnet, steht die

Angst vor der ungewissen Zukunft gegenüber. Fatma eröffnet diese Perspektive in der nächsten Szene.

Fatma: Im Jahr 2000 sterben alle.
Sven: Ja?
Fatma: (macht ein explosionsartiges Geräusch) PAFF – das ist die Welt! Stimmt das eigentlich? Manche glauben das.
Sven: Wer sagt das?
Fatma: Bücher.
Sven: Welche Bücher?
Gülüm: Ich hab meine Biologielehrerin gefragt, die hat gemeint, das stimmt überhaupt net.
Sven: Nee, das stimmt auch nicht. Das haben die Leute 999 auch geglaubt, als die Jahrtausendwende davor war, daß die Welt untergeht.
Fatma: Stimmt's?
Sven: (lacht) Wir sitzen doch noch hier. Das glauben anscheinend viele Leute alle tausend Jahre wieder. Aber das macht euch doch keine Angst, oder?
(beide gleichzeitig durcheinander)
Fatma: ...sterben oder was...
Gülüm: ...ich denke immer...
Sven: Dann müssen wir uns beeilen zu leben.
Gülüm: Ich denke immer, wenn wir sterben, wird alles ganz anders.
Fatma: Wir haben noch viel Zeit bis 2000.
Gülüm: Du kannst aber jeden Moment sterben, wenn du jetzt hier raus gehst auf der Straße, kannst du auch sterben.
Fatma: Nein, das meinte ich net.
Gülüm: Du kannst auf der Straße – oder die S-Bahn runterfallen.
Fatma: Dann lieg´ ich aber im Krankenhaus. Dann leb ich doch noch.
Gülüm: Wenn du aber dein Fuß – wie sagt man – ?
Sven: Verknackst?
Gülüm: Ja, vor der S-Bahn, dann kommst du nicht ins Krankenhaus, dann gehen deine Knochen ins Krankenhaus (lacht).
Sven: (lacht)
Fatma: Ich sterb´ nie!
Gülüm: Ja, sagt die.
Sven: Hast du denn Angst vor der Zukunft? Wenn du sagst, daß alles untergeht.
Gülüm: Ja. Weil ich hab Träume. Die will ich nicht verlieren. Ich will das erst leben, was ich mir denke und so.
Sven: Aber trotzdem denkst du, es ist bald zu Ende?
Gülüm: Ja, denke ich.
Fatma: (gähnt)
Gülüm: Ich glaub's jedenfalls, alle glauben das. Die türkischen Leute. Die

haben gemeint, wenn das stimmt, dann fängt das in der Türkei an. Erst vor der Türkei aus, dann in andere Länder. Zum Beispiel Izmir und so, ist ja auch Erdbeben gewesen. Deswegen glaub ich das.
Fatma: (seufzt)
Sven: Du meinst, daß die Welt durch ein Erdbeben kaputtgeht?
Gülüm: Ja, ja. Wenn ich immer das höre – zum Beispiel China, nee, Japan meine ich. Ja, in Japan war das. Wenn ich das immer höre, dann glaube ich das einfach. Wenn ich sage, daß glaube ich net, dann kommt was in den Nachrichten, wo ein Erdbeben ist. Dann glaube ich das einfach.
Sven: Mhm. Das ist eine komische Bedrohung.
Gülüm: Ja irgendwann bin ich auch tot. Und ich mein, ich seh´ die Leute, die gestorben sind. Irgendwann kann ich das auch sein. Ich kann auch da drinnen sein, wenn es auch in Deutschland passiert. Hier in Frankfurt passiert. Es kann alles passieren.

Gülüms Satz „Es kann alles passieren" hieß auch und vor allem: Es gibt keine Sicherheit, es kann keine verbindliche Aussage für die Zukunft gefunden werden. In ihrer Phantasie lebte Gülüm folgerichtig ihre Träume. Die Bedrohung eines wie von ihr befürchteten katastrophischen Endes der Welt bedeutete, daß sie die Möglichkeit zu verlieren glaubte anzufangen zu leben, d.h. ihre Träume zu leben. Die Katastrophe war eine Bedrohung ihrer Träume, die eine große Rolle vor allem für Gülüm spielten. Sie spaltete ihr Leben in zwei verschiedene Bereiche auf: einen, der schon existierte, der aber nur das halbe Leben war und einen Teil, der im Traum, in der Zukunft spielt und das *eigentliche* Leben repräsentierte. Diese Spaltung kann auch verstanden werden als Spaltung zwischen einem modernen und einem traditionellen Lebensentwurf, also als Grenze zwischen den Eltern und Gülüm. Die Erdbebenmetapher kann auch gelesen werden als Zeichen einer Diskursverweigerung: Ich fragte nach der Zukunft der Mädchen und bekam eine klare Zurückweisung. Paff – Schluß damit! Dies kann sicherlich auch auf die Forschungssituation bezogen werden. Fatma hatte keine Lust mehr und zeigte sich sichtlich gelangweilt, indem sie laufend gähnte. Innerlich hatte sie sich bereits verabschiedet und reagierte mit Müdigkeit. Erwachsene und adoleszente Entwürfe stellten sich hier gegeneinander: Nicht die Zukunft zählt, sondern das *Jetzt*, aber das ist bedroht! In der Adoleszenz wird die Endlichkeit des eigenen Lebens, anders als zuvor in der Kindheit, erstmals antizipiert. In dieser Szene kam die Endlichkeit mit aller Macht zu Tage. Sie wurde antizipiert und gleichzeitig negiert („Ich sterb´ nie!").
Als eine radikale Abgrenzung gegen die Angst vor dem Weltuntergang setzte ich mein rationales Weltbild, das auf Zukünftigkeit gerichtet war: „Nee, das stimmt auch nicht"; dennoch bezweifelte Gülüm den realen Gehalt meiner Aussage (die Erde sei auch bei der letzten Jahrtausendwende nicht untergegangen) und auch die Relativierungen der Biologielehrerin. Die Erwachsenen hatten hier nichts zu sagen. Diese Sichtweise kann gelesen werden als adoles-

zente Omnipotenzphantasie, die mit einer Katastrophenangst gepaart ist. Und sie kann vor allem gelesen werden als Umkehr einer angstbesetzten Seite und war gleichzeitig Ausdruck einer Aggression. Welches Ziel hatte diese Aggression? War diese Aggression gegen die Türkei gerichtet? Gülüm sagte, das Erdbeben fange in der Türkei an: „Erst von der Türkei aus, dann in andere Länder. Zum Beispiel Izmir und so, ist ja auch Erdbeben gewesen."

Der Leser/die Leserin mag sich gefragt haben, was aus der latenten Aggression von Gülüm wurde, ihrer Hilflosigkeit, die im Laufe des Textes immer sichtbarer wurde. Erinnern wir uns: Gülüm hatte ihren Vater als einem schwachen Mann beschrieben, der nicht mehr kämpfte, anscheinend resigniert hatte. Ihre Wut blieb in ihr verschlossen. Sie fühlte sich schutzlos ausgeliefert in einer Situation der Abwesenheit der Eltern, in der ihr Handlungsunsicherheit schmerzlich vor Augen geführt wurde. Hier in dieser Szene fand dieses Gefühl ein Ventil. In der nächsten Szene erfuhr es schließlich eine Dramatisierung: Die Aggression und Wut suchte ihr eigentliches Ziel – und verfehlte es.

Passiv erlebte Gülüm – so lese ich ihre Schilderungen – verschiedene zentrale Phasen der Adoleszenz, wie z.B. das Verliebtsein. So wie in einem Traum, in der Phase, in der der Körper eigentlich passiv ist, nur der Geist auf Wanderschaft geht, fand sie sich in der Begegnung mit dem anderen Geschlecht wieder. Sie blieb dabei abwartend, beobachtete, was geschah. Gülüm sagte: „Irgendwann find ich die Liebe. Das kommt plötzlich raus". Der aktive Prozeß der Liebe, der schwebende Zustand des Verliebtseins, das Sich-Begegnen wurde hier aufgehoben zugunsten einer schicksalhaften und fast vorbestimmten, unveränderbaren und unbeeinflußbaren Erfahrung. Die Liebe kommt nicht selbstbestimmt, sondern ereignet sich, und Gülüm ist nicht mehr als eine passive Zuschauerin.

Gülüm entwickelte in ihren Anschauungen und Entwürfen keine Weltsicht, die ein gestaltgebendes Werken an der eigenen Geschichte auszeichnet. Sie dachte in einem Bezugsrahmen, der durch Entweder-Oder-Stereotypen und Polarisierungen strukturiert war. Die Abhängigkeit von Handlungsanweisungen, die sich aber durchweg nicht finden lassen, hat seinen Preis: Freiheitsspielräume können nicht entdeckt und für sich selbst gewinnbringend abgesteckt werden. Die bereits beschriebene Abspaltung wirkt daher entlastend auf die immer wieder neu auftretenden Anforderungen, diese Freiheitsräume selbst zu gestalten.

Es gab – und das wurde Gülüm jenseits der Gefühle der Grandiosität deutlich – keine Muster für eine fertige Identität als deutsch-türkisches Mädchen, auf dem Weg zur Frau, diese müssen selbst gefunden werden, setzen einen aktiven Prozeß voraus, der bestehende Spannungen aufnehmen und in einem kreativen Prozeß bearbeiten kann. Diese nicht zu neutralisieren, sondern vielmehr neben anderen bestehen zu lassen, ist genau der Typus einer geglückten Balance zwischen alten und neuen Orientierungen. Vergleiche ich dieses Muster mit dem Lebensentwürfen von Kadriye, die im zweiten Gruppengespräch prototypisch an dem Topos des Kopftuches der Mütter und Großmütter erkennbar wurden, so wird hier deutlich, daß Gülüm – anders als Kadriye, die dieses Beispiel wählte[153], um ihren Entwurf in die eigene Biographie einzubetten – die Kontinuität in ihrer eigenen Geschichte nicht sah und als Diskontinuität zu ihrer eigenen Geschichte begreifen konnte. Die Scham über das unmoderne Leben in der Türkei, die Abwertung der ethnischen Lebensweise und damit der eigenen Herkunft war in der folgenden Szene maßgeblich und erfuhr eine Zuspitzung.

Kühlschränke und Kuhscheiße

Gülüm erzählte über das Leben in der Türkei und kontrastierte dabei sehr stark zwei verschiedene Lebensformen. Moderne und traditionelle Lebensformen, die sie als Leben in Deutschland und als Leben in der Türkei polarisierte.

Gülüm: Zum Beispiel, die Toiletten gefallen mir nicht in der Türkei.
Sven: Die Toiletten?
Fatma: (lacht laut)
Sven: (lacht)
Gülüm: Die Toiletten gefallen mir nicht, die Duschen gefallen mir nicht. Die sind nicht so wie hier. Ich mag das nicht in der Türkei.
Fatma: Die stinken, die Straßen.
Sven: Hier ist es moderner?
Gülüm: Ja.
Sven: Mhm.
Gülüm: Ja auch die Straßen. Da kommt ein Pferd und (lacht) scheißt da hin. Alles mögliche, es stinkt nach Schaf, es stinkt nach Eselscheiße.
Fatma: (lacht)
Gülüm: Die Türken machen mit der Eselscheiße...
Fatma: ...den Kanal lassen die offen...
Sven: Ja?
Gülüm: ...im Sommer trocknen die das...
Fatma: Nein Kuh.
Gülüm: Esel.
Fatma: Kuh!
Fatma: *Inek*! (beide kurz auf türkisch)
Gülüm: Ach Kuh, ja stimmt.
Sven: Kuh?
Gülüm: Die kleben das an die Wand im Sommer, das trocknet aus und im Winter machen die damit Feuer.
Sven: Ja?
Gülüm: Oder Gemüse, die trocknen das auch und essen das im Winter.
Sven: Ja?
Gülüm: Die machen alle ihren Einkauf im Sommer fertig bis zum Winter, weil

---

[153] Siehe dazu Kapitel 10: Grenzgänger.

die können ja im Winter nicht raus. Da ist soviel Schnee und so.
Sven: Für euch ist das unmodern?
Gülüm: Ja.
Fatma: Wir haben Kühlschränke.

In der eben geschilderten Szene wurde viel über Fäkalien gesprochen: Die Toiletten sind nicht in Ordnung, die Straßen sind voller Eselscheiße, und die Kanäle stinken, sogar die Kuhscheiße wird getrocknet und zum Feuermachen verwendet. Diese Szene ist auch als eine massive Entwertung der Herkunftskultur der Eltern zu lesen: ‚Die Türkei ist Scheiße'. Warum die Türkei abgewertet und als unmodern charakterisiert wird, ist vor dem Hintergrund der Auseinandersetzung mit der persönlichen Situation von Gülüm und auch dem gesamtgesellschaftlichen Kontext zu verstehen. Gülüm strickte in ihren Aussagen an einem Ethnizitätsdiskurs mit, der das hinterging, was Gülüm eigentlich zu Anfang des Gesprächs einforderte: Es wurde nicht mehr differenziert. Die Entwertung der Türkei ist dabei zu lesen als Abrechnung mit den Eltern, vor allem des Vaters, und erfüllte drei verschiedene Funktionen: Enttäuschungen wurden benannt und verarbeitet, dies diente als Projektionsfläche von Aggressionen, und – dieser Punkt ist der wichtigste – wo eine Auseinandersetzung konkret geführt werden mußte, d.h. eine Auseinandersetzung mit den Eltern anstünde, da eröffnete sich ein historisches Bild der Türkei und deckte die geforderte Auseinandersetzung wieder zu. Dies bezieht sich vor allem auch auf den Rekurs von „ethnologischen" Erklärungen, wie z.B. des Ehrkonzeptes oder der traditionellen Erziehung. Dieser Zugriff auf eine abstrakte Ebene verdeckte die noch offene Auseinandersetzung mit der Herkunftskultur der Eltern. Da Gülüm (viel stärker als Fatma) keine direkten Ansprechpartner für ihr Gefühl der Wut und Ohnmacht/Grandiosität hatte (die Eltern), verlagerten sich ihre Gefühle auf ein undifferenziertes und historisches Bild der Türkei. Sie ethnisierte damit ihre persönliche Geschichte. Gleichzeitig sagte sie aber auch „Wir haben Kühlschränke", was heißen sollte: Wir sind nicht so, wir sind modern!

Gülüms Lebensentwurf, so wie er aus dem Gespräch und meinen Beobachtungen rekonstruiert wurde, ist gekennzeichnet durch eine abwartende, passive Haltung sowie eine wechselseitige Idealisierung und Abwertung der verschiedenen, sie umgebenden Kulturen. „Es scheint so", schreibt Hans Bosse zu dieser Haltung, „als ob das Leben in (mindestens) zwei Kulturen nur durch Spaltung möglich ist: wird die eine Kultur idealisiert, muß die andere entwertet werden; und umgekehrt. Und dies oft in raschem Wechsel. Diese Spaltung mit wechselnden Vorzeichen führt im Ergebnis zu einer opportunistischen und instrumentalistischen Haltung gegenüber beiden Kulturen: Benutzt wird in jeder der beiden Kulturen [...], was gerade im Augenblick der Aufrechterhaltung oder Wiederherstellung der eigenen Grandiosität nützt." (Bosse 1993, 124) Aus der biographischen Lücke einer eindeutigen und klaren Orientierung, die ausgehend von den Eltern und dem gesellschaftlichen Kontext (siehe oben) entstanden ist, gelang es Gülüm nicht, eine Handlungskompetenz in Richtung eines selbstbestimmten und Spannungen auszuhaltenden Lebens, eine Ambiguitätstoleranz zu entwickeln. Ihre Gefühle und Erwartungen an ein individuiertes Leben wurden von den Eltern eingeschränkt, eine Auseinandersetzung darüber war mit den Eltern aber nicht möglich.

Dennoch müssen die verschiedenen Entwürfe der Schwestern zusammen gelesen werden. Sowohl die vorsichtigen und abwartenden von Gülüm als auch die „zupackenden" (alles wird anders) von Fatma. Beide repräsentierten zwei Seiten einer Verarbeitungsform und inszenierten eine Zweiseitigkeit. Wieviel adoleszente Aufarbeitung können sie leisten, welche Behinderungen und Bedrohungen stehen im Wege? Ich habe schon darauf hingewiesen, daß es nicht möglich ist, eine endgültige Aussage über den noch offenen Verlauf und das Ergebnis der Adoleszenz der beiden Mädchen zu geben. Es zeigt sich aber ein durchaus konstruktives Vorgehen mit den begrenzten Möglichkeiten der Individuation und eine sehr komplexe Ablösesituation. Die Vaterlosigkeit bzw. die Orientierungslosigkeit, die der Vater repräsentiert, wirkte sicher als Verstärker für die Suche nach einer Mentorfigur. Diese Mentorfigur fanden Gülüm und Fatma im Folklorelehrer. Gülüm inszenierte im Gespräch das Drama der inkonsistenten Familie: abwesender und hilfloser Vater, hoher moralischer Druck und keine eindeutigen anwendbaren Muster der Ablösung.

Bei der Analyse meiner Gegenübertragungen zeigte sich, daß ich mich väterlich autoritär, anerkennend und sorgend, aber auch ablehnend verhielt. Auch in meiner Forscherrolle hatte ich wie ein Mentor agiert: Ich beriet die Mädchen bezüglich einer Berufsfindung, erteilte erwachsene Ratschläge und holte – wie in der Erdbebenszene – das Realitätsprinzip wieder in das Weltbild der Mädchen. Fatma fragte mich am Ende des Gespräches mehrere Male, ob ich ein Deutscher sei. Versuche ich die Frage vor diesem Hintergrund zu verstehen, bieten sich folgende Lesarten an: Fatma suchte in mir den Deutschen jenseits aller Stereotypen; sie wünschte sich mich als Türken, um Vertrautheit herzustellen, oder schließlich: ich darf kein Deutscher sein, um nicht bestimmte Erwartungen und Reaktionen auszulösen. Ich bin mir nicht sicher, welche Lesart der Wirklichkeit am nächsten kommt.

Ein Blick auf den Forschungsraum, d.h. den institutionellen Rahmen der Forschung, konnte den Blick auf den verborgenen Gehalt des Gespräches freigeben und eine weitere wichtige Dimension ausloten, die sonst vielleicht nicht beleuchtet worden wäre, für die Interpretation des Gespräches aber einen wichtigen Impuls freisetzte. Der biographische Raum war geprägt von dem abwesenden Vater bzw. dem anwesenden, aber nicht die Welt eröffnenden Vater. Hieraus resultierten Stereotypen und Abspaltungen in böse und gute Anteile, die eine regressive Markierung waren und hauptsächlich der Aufrechterhaltung der Träume und der eigenen komplexitätsreduzierenden Weltsicht dienten. Die Grandiosität entsprang sicherlich als ein Resultat hieraus. Wichtig war die Bewahrung des einzigen Raumes, der so etwas wie Einübung in Freiheit bieten konnte. Die Folkloregruppe war daher der Ort, der für

Gülüm (und in weiten Teilen auch für Fatma) das Tor zur Welt eröffnen, die inkonsistente Elternbeziehung kompensieren konnte – und vor allem den Nährstoff für zurückhaltende, aber doch im Keim angelegte, abweichende Lebensentwürfe in sich barg.

Adoleszenz inmitten verschiedener Kulturen ist vielfältig, braucht aber eine Bereitschaft zum Wagnis, die Bereitschaft, alte Wege zu verlassen und neue Synthesen zu erarbeiten. So kann Vielfalt als Gewinn und Reichtum erlebt werden. Gülüm hatte aber (weniger als Fatma) aus der Erfahrung der beschriebenen Inkonsistenzen heraus diese Synthese bislang nicht erarbeiten können und blieb auf für sie verbindliche Orientierungen von außen angewiesen, die ihr die Richtung wiesen. Das Wagnis der Adoleszenz und die Chance, den Traum von Freiheit auch zu erfüllen, hatte Gülüm vor diesem Hintergrund (noch) nicht eingehen wollen und können. Sie lebte vor allem in ihren Träumen. Ganz so, als habe sie die Adoleszenz noch aufgehoben und warte auf eine Gelegenheit, sie unter besseren Bedingungen zu leben. Das Ende blieb offen.

Die Begegnung der beiden Kulturen hatte sich bisher nicht in einem darauf beziehenden und beide gleichermaßen synthetisierenden Lebensentwurf eingefügt. Gülüm lebte so gesehen ein zweifach geteiltes Leben: Zwischen den beiden Polen, die von der Adoleszenz getrennt werden – Kindheit und Erwachsenenleben –, hatte sie sich eingerichtet. Zwischen Idealisierung und Abwertung der ethnischen Kultur bestand der zweite Pol, der sich in den Entwürfen von Gülüm sichtbar machte. Ihre eigene jugendliche Identität, ihre Selbstverortung spiegelte auch ein ambivalentes Bild der Weiblichkeit wider, was z.B. in ihrer Vorstellung von Jungfräulichkeit zum Tragen kam. War dies ihre Entscheidung oder hatte sie keine andere Wahl? Wenn Gülüm in Deutschland leben wollte – und das hatte sie in den Gesprächen bekräftigt – muß sie sich dem Zwang zur Individuierung beugen. Die mangelnden materiellen Voraussetzungen, wie z.B kein eigenes Zimmer zu haben, erschweren sicher den Schritt zur Autonomie, unterbinden können sie ihn nicht. Wenn sie ihr Konzept der Jungfräulichkeit statt als traditionelles Verbot als selbst gewählten Entwurf auffaßte, dann ist darin auch ein Versuch zu sehen, sich eine eigene und selbstgewählte ethnische Identität herzustellen und autonom gegenüber den Entwürfen von Mädchen aus der deutschen Mehrheitsgesellschaft zu sein.

Diese ethnische Identität vollzog sich nicht konstruktivistisch, sondern situativ und ist nur rekonstruierbar über eine spezifische adoleszente Kultur.

Teil III

Aushandlungsräume autonomer Lebenspraxis

Ablösungsinszenierungen. Adoleszenz und Autonomie von Adoleszenten aus Immigrantenfamilien

Die Lebenswelten der Adoleszenten aus Immigrantenfamilien sind genauso vielschichtig und vielfältig wie die anderer Adoleszenter. Dennoch ist hier eine spezifische Erfahrung zu verzeichnen, die eine weitergehende Analyse erfordert. Nicht das Aufwachsen unter den demütigenden Diskriminierungen des Alltags in einer Mehrheitskultur ist damit gemeint. Es wirkt dennoch bis in die Bereiche, die ich im folgenden beschreiben möchte. Es ist wichtig, zu sehen, daß die Ablösung von den Eltern in der Adoleszenz von Jugendlichen aus Immigrantenfamilien durch eine besondere Ausformung geprägt ist. Viele Gruppengespräche mit der Folkloregruppe (und auch die Einzelgespräche) haben gezeigt, daß es im Lebensverlauf der Jugendlichen unterschiedliche Wahrnehmungen und Strategien gibt, wie die Ablösung vor dem Hintergrund einer selbstreflexiven Ethnisierung gestaltet wird. Mit selbstreflexiver Ethnisierung möchte ich eine bestimmte Strategie im Umgang mit „Ethnizität" im Alltag von Jugendlichen aus Immigrantenfamilien bezeichnen.

Im folgenden werde ich verschiedene Wege nachzeichnen, wie und wodurch die Ablösung initiiert wurde, welche Lebensentwürfe sich dahinter verbergen, welche geschlechtsspezifischen Wege der Autonomie eingeschlagen wurden und wie in diesem Konnex Selbstverortungen und ethnische Zuschreibungen eingesetzt werden. Ziel dieses abschließenden Teils, der die Fallstudien in einer Zusammenschau rekapituliert, ist es schließlich, eine Typologie zu entwerfen, die unterschiedliche Verlaufsformen erkennen läßt.

Der Versuch einer Systematisierung soll nicht zu generalisierbaren Verläufen führen, vielmehr soll exemplarisch anhand verschiedener Ausformungen, deren Ende offen ist, aufgezeigt werden, welche Risiken und welche Chancen darin enthalten sind, und vor allem: ob sich die vorgeschlagenen Entwürfe als tragfähig erkennen lassen. In der Adoleszenz – das ist die tragende Prämisse dieser Überlegungen – wird lebensgeschichtlich die eigene Herkunft – ihre Klärung und Einbettung in die eigenen Lebensentwürfe – ein zentrales Thema. War es davor einfach eine unhinterfragbare Realität, ein Kind seiner Eltern zu sein, so steht jetzt eine distanzierende Auseinandersetzung mit der eigenen Herkunft als Schritt in Richtung Ablösung und Autonomie als Ausgangspunkt adoleszenter Phantasien und Entwürfen bevor. Diese Klärung setzt eine wichtige Antriebskraft in der Ausbildung und Verfestigung eigener Lebensentwürfe frei.

An diesem Punkt angekommen, möchte ich nun abschließend einen systematischen Vergleich der unterschiedlichen Muster der Ablösung von der Herkunftsfamilie und den daran angekoppelten Autonomievorstellungen anstellen, so wie sie aus den Gruppengesprächen rekonstruierbar sind. Aus den Interpretationen der Gespräche ist bisher deutlich geworden, daß es unterschiedliche Muster der Ablösung bei den jungen Männern und den jungen Frauen gibt. Aufgezeigt werden können diese Muster der Ablösung an der Identifikation und/oder Desidentifikation mit den vorhandenen Mentorfiguren und über die Anerkennung und kreative Verarbeitung der eigenen Migrationsgeschichte. Wie wird das Familienprojekt Migration in eigene Geschichte überarbeitet, die Brüche, Zäsuren, Kontinuität und auch Diskontinuität aufnehmen und reflektieren kann? Diese Frage schließt sich hier an und eröffnet einen Blick auf die Verzahnung von individueller Lebensgeschichte und gesellschaftlichen Verhältnissen – oder, wie ich es im methodologischen Teil der Arbeit bezeichnet habe, auf die Wechselwirkung zwischen *inneren* und *äußeren* Verhältnissen.

Gibt es bei diesen Ablösegeschichten eine spezifische, adoleszente Strategie? Ich meine, daß, wenn man die Perspektive erweitert und auf die kulturelle und soziale Praxis handelnder Subjekte blickt, deutlich wird, warum es dem *mainstream* der dominierenden Jugendforschung einigermaßen schwerfällt, spezifische Jugendsubkulturen als Motor von Veränderungen und Wandel zu betrachten, als Subjekte der eigenen Geschichte und nicht nur als ausschließlich reagierende Objekte im Sog von Modernisierung und Individualisierungstendenzen – die Reihung ließe sich beliebig fortsetzen. Wird der Status der etablierten Deutung von der Sozialisationsforschung relativiert, dann ist die Richtung offen für ein Wahrnehmen von kreativen Verarbeitungsformen der gegebenen Welt, ohne dabei einen ethnisierenden Diskurs zu produzieren.

Was können darüber hinaus – so läßt es sich pointiert formulieren – Erwachsene von Jugendlichen und/oder Kindern lernen? Diesen Punkt verstehe ich nicht normativ, sondern als Öffnung des Verständnisses in eine thematisch wichtige Richtung: Was können die Eltern von ihren Kindern lernen (hier im Forschungskontext Immigrantenfamilien)? Ein wichtiges Anliegen war es, zu klären, wie sich ein Prozeß innerer Modernisierung darstellen läßt. Es hat sich in den Gesprächen gezeigt, daß in vielen Fällen die Kinder aus Immigrantenfamilien ihren Eltern in Konfliktbearbeitungskompetenzen und kreativen Lösungen von ambivalenten Konstellationen um ein reichhaltiges Repertoire voraus sind. Insofern beantworte ich die Frage nach einer spezifischen Strategie mit einem klaren: Ja, es existieren spezifisch adoleszente Strategien! Diese müssen aber rekonstruiert werden, denn sie sind außerhalb des Kontexts nicht sicht- und vor allem verstehbar.

Mit Ambivalenzen zu leben und darin selbstreflexive Zugänge zu Ethnisierungstendenzen zu entwickeln, bezeichne ich als Motive einer inneren Modernisierung, die sich verbindet mit der Fähigkeit, Aushandlungs- und Gestaltungsprozesse aufzugreifen und Subjekt seiner eigenen Geschichte zu werden. Diese kreativen Verarbeitungs- und Umdeutungsformen lassen sich besonders gut aufzeigen in der Selbstethnisierung und der instrumentellen Benutzung von Ethnizität.

Ein Resultat meines differenzierenden Blickes war es, hinter die Kategorien zu schauen, sich nicht von dem Vordergründigen fesseln zu lassen und zu rekonstruieren, zu verstehen, was diese Strategien für Entstehungsorte und Kontexte haben. Es bestehen aber unübersehbar – das zeigen die unterschiedlichen Aussagen und Haltungen in den Gesprächen und Rekonstruktionen der Lebensentwürfe und damit die lebensgeschichtlich bedingten Positionen – erhebliche Unterschiede der Verläufe und Typen *innerhalb* der Geschlechtergruppe und damit auch verschiedene Zugriffsweisen auf diese „ethnische Ressource".

Ich habe bisher viel von Ablösung und Autonomie gesprochen. Dabei erscheint mir wichtig, darauf hinzuweisen, daß das Prinzip der Individuation nicht gleichzusetzen ist mit einem durch europäische Werte repräsentierten Ideal der Individualisierung des Subjekts, sondern eine lebensgeschichtliche Markierung meint, die sich in ihrer Struktur transkulturell beobachten läßt. Die Ausgestaltungen jedoch sind unterschiedlich. Eine Definition von Ablösung auf die ich aufbauen möchte, sieht Ablösung als *schöpferische Phase*, die einen Übergang markiert: „Ablösung im emphatischen Sinne umfaßt vielmehr das Maß der produktiven Verarbeitung der Lebensgeschichte innerhalb der Adoleszenzphase, die Vermittlung der Konfliktpotentiale mit schöpferischen Lösungsmöglichkeiten und die partielle Korrektur kindlicher Konstruktionen bei der Umgestaltung innerer und äußerer Realität. Sie impliziert insofern ein Moment von Selbstaufklärung und Reflexivität in Hinblick auf die eigene Geschichte." (Bosse/King 1998, 217) Blicke ich auf die Gesamtdynamik der Gruppen- und Einzelgespräche, so stellte sich im Verlauf der Forschung mit der Folkloregruppe immer klarer heraus, daß die schöpferische Phase der Adoleszenz hier zum einen an den sozialen Raum der Folkloregruppe und damit auch an den darin wirkenden Mentor gebunden ist.

Verschiedene Entwürfe – komplementäre Mentoren

Der Leiter der Folkloregruppe, Cahit Tufan, ist in den Gesprächen mit den Jugendlichen immer wieder als Vaterfigur und die Gruppe als Familie bezeichnet worden. So habe ich ihn auch oft erlebt. In Kapitel 7 und 8 habe ich schon darauf hingewiesen, daß es enge Rahmenbedingungen gab, in denen die Gespräche überhaupt stattfinden konnten. Die Gespräche waren abhängig von der verfügbaren Zeit, die während oder nach den Übungsstunden übrig blieb, und abhängig von der Zustimmung des Leiters der Folkloregruppe. Er lud mich immer wieder freundlich ein, zur nächsten Probe zu kommen, war aber dann wiederum die Autorität, die entschied, ob es einen Freiraum für die Gespräche gab. „Heute haben wir keine Zeit, wir müssen für einen Wettbewerb üben", so wurde ich oft empfangen. Also gab es keine Gespräche. Dennoch blieb ich dann dabei, beobachtete die Gruppe, den Ablauf der Proben und führte am Rande informelle Gespräche. Ich hatte durch meine konstante Anwesenheit und Aufmerksamkeit einen Platz in der Gruppe gefunden, dieser Platz war aber nicht stabil und endgültig, sondern mußte jedes Mal wieder neu ausgehandelt werden. Wenngleich dadurch die Forschung immer in einer unvorhersehbaren und unplanbaren Situation blieb, ermöglichte dieser Status überhaupt erst einen Verbindlichkeitsrahmen, in dem die Kontinuität der Arbeit mit der Folkloregruppe möglich wurde.

Anfangs erlebte ich diese Zurückweisungen des Folklorelehrers als Konflikt um die Gruppe: Die Frage nach der Funktion der Gruppe als Tanz- oder als Gesprächsgruppe stand dabei im Vordergrund, und wurde schließlich immer deutlicher als Konflikt um die Art der Leitung der Gruppe erkennbar. Der väterlich autoritäre Leiter der Tanzgruppe zentrierte die Gruppe um sich, versorgte sie mit Anerkennung und Zuwendung. Die Jugendlichen akzeptierten ihn als Leiter und darüber hinaus als Vaterfigur. „In der Folkloregruppe, das sind alles meine besten Freunde. Und der Cahit ist auch korrekt. Manchmal ist der genau wie ein Vater" sagte Taner, und ergänzend meinte Serkan dazu: „Unser Lehrer, der Tanzlehrer ist auch so – er erzieht auch." Der *soziale Raum* Folkloregruppe war, wie sich aus den Gesprächen herauskristallisierte, mehr als nur ein Freizeittreff, in dem exotische und/oder heimatliche Sehnsüchte gestillt wurden. Folklore ist nur *ein* Aspekt in einem großen und vielgestaltigen Raum, in dem die Bedürfnisse nach Nähe, Körperlichkeit und Freundschaft und Anerkennung ebenso aufgehoben, benannt und befriedigt werden wie narzißtische Inszenierungen und adoleszente Größenvorstellungen; expressive und performative Handlungen spielen hier eine große Rolle. Die Tanzgruppe als Tor zur Welt und Bühne von progressiven und regressiven Inszenierungen habe ich schon hervorgehoben.

Dieser Raum ist geprägt von der zentralen Figur des Tanzlehrers. Er hilft den Jugendlichen bei den Hausaufgaben, er vermittelt Praktika oder auch Jobs, legt für ein Fest, das die Jugendlichen machen wollen, zweihundert Mark in einen Topf, fährt einige der Mädchen nach der Folklore nach Hause etc. Er genießt das Vertrauen der Eltern, und – viel wichtiger – er genießt das volle Vertrauen der Jugendlichen. Der Tanzlehrer ist ihr Mentor, er erzieht sie, wie Serkan sagte, zu einer Art der Rücksichtnahme, die unter anderem das Ziel hat, den Deutschen ihre Stereotypen über *die* Ausländer vor Augen zu führen. „Er sagt auch", so erzählte Serkan, „wenn du in der U-Bahn oder in der Straßenbahn bist, und wenn eine alte Frau kommt und du sitzt, dann mußt du aufstehen, damit wird sich die Meinung der deutschen Leute langsam, langsam ändern."

Schlage ich einen Bogen zurück zu dem dritten Gruppengespräch „Konkurrenz und Diskriminierung", zeigt sich das Thema Generationenspannung als charakterisierend für den Dialog über Differenz und Anerkennung zwischen der Elterngeneration und den Jugendlichen. Diese Spannung hat in der Beziehung zwischen dem Mentor der Folkloregruppe und den Jugendlichen kaum Bestand, sie ist eher und vor allem eine Kompensation für die von vielen aus der Gruppe erlebte und vielfach beschriebene Entfremdung von den Eltern, deren Sprachlosigkeit und Desinteresse gegenüber ihren Kindern. Cahit Tufan fängt das auf, bietet konkret Anerkennung und Hilfe an, und vor allem leistet er mit und durch die Folklore *Identitätsarbeit*. Das heißt, daß er den Jugendlichen auf einer sichtbaren Ebene vermittelt, wie die folkloristischen Tänze getanzt werden, welche Beziehung sie zu dem Teil der Ost-Türkei haben, aus dem er (und einige andere aus der Gruppe) entstammt. Er bildet dadurch so etwas wie eine Brückenfunktion in die Heimat der Eltern oder im Fall der aus der Türkei eingewanderten Jugendlichen eine Aufrechterhaltung der Verbindung.

Auf der verborgenen Ebene zeigt die Art und Weise, wie er den Jugendlichen seine Vorstellungen zum Beispiel über das korrekte Verhalten Deutschen gegenüber vermittelt, wie er den Unterricht gestaltet, in einem als positiv autoritär zu bezeichnenden Stil (da er Anerkennung bietet, Grenzen setzt und Handlungsanweisungen liefert), seine Rolle für die Vaterkompensation, er ist eine Person, die eine große Identifikationsfläche bietet. Er zeigt Wege auf, sich hier zurechtzufinden, und bietet Reibungs- und Orientierungspunkte. Im eigentlichen Wortsinne ist die *Orientierung*, die er bietet, der Osten, der Orient. Als Figuren einer wechselseitigen Identifikation standen in den Gruppengesprächen mit der Folkloregruppe neben dem Folklorelehrer als Repräsentant der ‚Herkunftskultur' der Eltern auch ich als Repräsentant einer ‚deutschen Kultur' – und damit einer Kultur der Vermischung der Adoleszenten – Seite an Seite. Ich repräsentierte dabei Interesse, Neugier und Anerkennung (ohne Bewertung vorausgegangener Leistungen), genau das, was die Jugendlichen in den Gesprächen immer wieder betonten, von den Eltern nicht zu erhalten. Also war die Orientierung, die ich bot – komplementär zu der vom Folklorelehrer – der Westen (der Okzident) und eine von mir repräsentierte Aushandlungskultur. Cahit Tufan als Identifikationsfigur und Mentor der Gruppe war der Vater, der die Gruppe strukturierte und zusammenhielt. Auch er vermittelte Anerkennung, die aber anders geprägt war, nämlich vom Erfolg der Tanzgruppe und ihren Leistungen, damit verbunden wuchs auch sein Ansehen. Meine Autorität war daher eine andere.

Versuchte ich die Jugendlichen auf eine Art und Weise zu den Gesprächen zu bewegen, die ihnen die Freiheit ließ, zu kommen oder nicht, so war ich zu einem prinzipiellen Aushandeln der Forschungssituationen bereit. Wie ich als

Forscher erlebt wurde, spiegelt sich dabei wider: Zunehmend geriet ich in die Rolle eines zweiten Mentors, der die Gruppe da unterstützte bzw. Angebote machte, wo die Vaterkompensation des Folklorelehrers nicht hinreichte. Qua Aufgabe und eigener Motivation stand für ihn das Vermitteln der Technik der Tänze im Vordergrund, bildete die Gruppe für ihn einen Raum, in dem er aber auch Bestätigung und Anerkennung als versorgende Vaterfigur fand.

Ein Treffen der Folkloregruppe machte mir dies besonders deutlich: Als sich Ende 1996 die Struktur der Gruppe für kleinere Kinder von 3-10 Jahren öffnete, die nicht „professionell", d.h. ohne Wettbewerbe und sportlichen Ehrgeiz tanzen wollten, gab es an einem Sonntag ein unübersehbares und bis dahin nicht gekanntes Gewusel im Übungsraum. Viele Mütter mit kleinen und größeren Kindern und deren Geschwister standen herum, schauten während der Stunde zu, und die Kleinen übten die Tänze. Ein türkisches Elternpaar war da, das sich die Folkloregruppe ansehen wollten, weil sie auf der Hochzeit ihrer Tochter tanzen sollte. Cahit Tufan sagte, als ich fragte, woher sie den Kontakt zur Folkloregruppe bekommen hätten, daß sie alle mehr oder weniger aus dem selben Dorf in der Osttürkei kämen. Alle, die von dort nach Deutschland bzw. Frankfurt emigrierten, treffen sich nun hier in der Folkloregruppe. Wir sind alle irgendwie miteinander verwandt, ergänzte Cahit. Er ist uneingeschränkt der Patriarch und wichtigster Bezugspunkt der Gruppe.

Maschine im Kopf

Meine Position in der und für die Folkloregruppe war anders. Es ging mir vor allem darum, offen zu sein für alle Äußerungen der Gruppe. Cemil (13, er tanzte bei den jüngeren in der Gruppe) fand ein passendes Bild dafür. Er hatte mit mir während eines Folklorewettbewerbes auf der Zuschauerbank gesessen und die Gruppe angefeuert. Was ich denn eigentlich mache, warum ich immer dabei sei, fragte er mich schließlich. Ich erzählte ihm, daß ich ein Buch über türkische Jugendliche und über die Tanzgruppe schreiben wolle. „Der hat", sagte Cemil dann halb im Spaß und halb warnend zu seiner Nachbarin, „so eine Maschine im Kopf, die nimmt alles auf, was wir sagen." Dabei war ich aber kein *mechanisches* Aufzeichnungsgerät, sondern als Subjekt lebendig in der Auseinandersetzung, im Dialog, im gemeinsamen Reflexionsraum mit den Jugendlichen und in Auseinandersetzung mit ihrer und meiner eigenen lebensgeschichtlichen Erfahrung und meinen Lebensentwürfen. Dadurch war ich unausweichlich beteiligt an dem gemeinsamen selbstreflexiven Prozeß. Ich war Teil der Forschungssituation und damit auch Teil der Suche nach Verstehenswegen, nach Lesarten. In diesem Prozeß vertraute ich vor allem auf Interesse, Neugier und Respekt. Nicht immer haben diese Kräfte allein gewirkt.

In der vorletzten Fallstudie habe ich beschrieben und analysiert, wie und warum ich nur mit einem Stück geborgter Autorität zu einem Gespräch gekommen bin. Aber dieses notwendigerweise permanente Aushandeln war – glaube ich – eine zentrale Position in der Wahrnehmung durch die Gruppe. Durch die Forschungssituation, die eng gebunden war an die knappen Zeitressourcen der Gruppe, die sich nur zu einem Termin in der Woche verabreden konnte, war ich gezwungen, die Gesprächstermine und gemeinsamen Treffen immer neu auszuhandeln. Vor oder nach der Übungsstunde, in den Pausen – oder wenn die Übungsstunde ausfiel und wir statt dessen zusammen saßen und redeten. An den Aushandlungsprozessen waren die Jugendlichen direkt mitbeteiligt. Ich war auf ihre Mitarbeit und Übereinkunft angewiesen, wollte ich die Forschung kontinuierlich aufrechterhalten. Die Neugier, mehr über sich selbst zu erfahren, in der Gruppe zu reflektieren, Erfahrungen und Sichtweisen auszutauschen und meine Meinung dazu hören zu wollen – der offene Aushandlungsprozeß an sich –, das war eine neue und ungewohnte Erfahrung für viele der Jugendlichen aus der Folkloregruppe.

Genau das stellte sich für den Leiter der Folkloregruppe aber als Bedrohung dar. Für ihn bedeutete ich eine personifizierte Verführung, sich auf eine der scheinbar dichotomisch gegenüberstehenden Seiten zu schlagen: *entweder* türkische *oder* deutsche Kultur. Seine Art der Identitätsarbeit qua Folklore war zwischen diesen beiden Polen – dem Westpol und dem Ostpol – angesiedelt. Meine Aufmerksamkeit wurde in den Anfängen der Forschung immer mehr gebunden durch die Konkurrenzsituation mit dem Folklorelehrer und meinem Eindruck, wir versuchten jeweils vor der Gruppe als „bessere" Vaterfigur zu erscheinen. Was ich als Angebot einer wechselseitigen Identifikation ansah, war für Cahit Tufan möglicherweise ein Angriff auf seine Autorität.

Je mehr ich dieser Irritation folgen konnte und dies nicht mehr als lästige Störung im Arbeitsbündnis mit der Gruppe wahrnehmen mußte, desto mehr und weiterreichende Lesarten eröffneten sich. Die unvermeidliche und in diesem Fall ergiebige Konkurrenz wurde zu einer Komplementarität zwischen den beiden Mentorfiguren, mit unterschiedlichen Entwürfen von Männlichkeit und Autorität, fokussierte den Blick auf den Prozeß der Ablösung und Autonomie der Adoleszenten von der Familie. Wir waren mitten im Zentrum der Auseinandersetzung angelangt, die komplementären und unterschiedlichen Modelle waren für die Jugendlichen aus der Gruppe Ersatz und Kompensation für ihre eigenen als zum großen Teil ohnmächtig und bedürftig erlebten Väter. Insofern hatte sich so etwas wie eine Reinszenierung von Familienbildern aus der Gruppe zwischen Cahit Tufan und mir hergestellt.

Der verborgene Gehalt der Tätigkeit als Folklorelehrer, den Jugendlichen eine Kompensation und verbindliche Identifikationsfigur – anstelle der in den Gesprächen beschriebenen ohnmächtigen türkischen Väter – zu bieten, sie damit an eine ethnisch homogen definierte türkische Herkunftskultur zu binden, das war Cahit Tufans Aufgabe. Die Auseinandersetzung mit den Vätern hatte sich in der Beziehung zu und zwischen den beiden Mentoren der Gruppe gespiegelt, zwischen dem Tanzlehrer und mir, dem Forscher. In den Gesprächen wurde die Ablösungsphase und die gelungene oder vermiedene Auseinandersetzung mit den zwischen Autorität und Hilflosigkeit changierenden Vätern reinszeniert.

Für die Jugendlichen aus der Folkloregruppe stellte sich diese Identitätsarbeit aber anders dar. Wie ich schon ausgeführt habe, ist das *Sich-entscheiden-Müssen* von ihnen umgedeutet und aufgehoben worden zugunsten einer reflexiven Ethnisierung, d.h. sie haben sich von der Vorstellung eines einfachen Bezugrahmens verabschiedet und weisen die Eindeutigkeit von *entweder* türkisch *oder* deutsch zu sein zurück: sie sind beides zugleich. Und vor allem: unterschiedlich im Kontext. Auf ihrem Kompaß wird die Nadel vom Ostpol und Westpol gleichermaßen angezogen. Wie der situative Wechsel vor dem Hintergrund der spezifischen Geschichte der Ablösung zu verstehen ist, was dabei meine Rolle als Motor eines reflexiven Schubes war, der die Adoleszenz als Übergangsraum ins Bewußtsein brachte, das möchte ich an einem Beispiel weiter diskutieren. Die Rolle des ethnisierenden Diskurses erscheint dabei als „Zudeckung" ungelöster Konflikte und Abwehr des Themas Autonomie und Ablösung. Die Selbstethnisierung unter geschlechterspezifischer Perspektive zu betrachten, ist dabei besonders wichtig, da unterschiedliche Zugriffsweisen auf die Kategorie Ethnizität bestehen. Anhand von exemplarischen Szenen aus den Gruppengesprächen möchte ich nun diese Thesen verdeutlichen.

Selbstreflexive Ethnisierung

Ich greife dabei nochmals auf das zweite Gruppengespräch und den Dialog zwischen Kadriye, Hüseyin und Tülay über die Rolle der Medien bei der Erzeugung von Xenophobie und Rassismus zurück. Kadriye betonte ihre Haltung, daß sie sich nicht dafür schämen müsse, daß ihre Mutter und Großmutter ein Kopftuch tragen, was sie für ein stereotypisiertes Zeichen der Türkei hält. Es sind vor allem die stereotypen und homogenen Ausländer, die medial inszeniert werden, sagte Kadriye. Es gibt aber ein anderes Bild der türkischen Frau, welches für Kadriye verbindlich ist, das der modernen, türkischen Frau, mit gepflegten blonden Haaren (diese Figur repräsentierte Kadriye selbst). Gleichwohl anerkennt sie die andere Realität. *„Ich lehne das auch keineswegs ab, ja, das ist Realität, die wir haben. Das ist die Kultur, die wir haben. Ich respektiere es, ja?"*

Kadriye betont die Kontinuität der Geschichte, es ist (noch) Realität, gleichzeitig entwirft sie ein Bild der eigenen Diskontinuität: Es ist keine Realität für mich. Sie hat sich davon entfernt, muß sich aber nicht dafür schämen, daß diese Realität vorhanden ist. Wichtig scheint mir, daß Kadriye sagt: „Ich respektiere es". Respekt heißt Anerkennung, aber auch Rücksicht nehmen auf etwas. In Kadriyes Entwurf taucht die rückwärtsgewandte (die retrospektive) Anerkennung auf, der nach vorne in die Zukunft gewandte Blick[154] weist sie

---

[154] Tahar Ben Jelloun hat zu diesem weiblichen Lebensentwurf in seinem Roman „*Mit gesenktem Blick*" (1992) eine sehr bildhafte und ergreifende Figur erschaffen. Kniza, ein junges Berbermädchen aus einem Gebirgsdorf aus dem hohen Atlas, entflieht dem nur noch von verrückten Alten, Kindern und Frauen bevölkerten Dorf und wird – nachdem der Bruder von der Tante vergiftet wurde – mit ihrer Mutter von ihrem Vater nach Frankreich geholt, wohin er als Arbeitsmigrant, wie alle Männer des Dorfes, ge-

jedoch aus als eine „Frau beider Welten" (Bosse 1994b, 68).

Die Frau beider Welten verändert individuelle Sichtweisen, sie ist handelndes Subjekt und Motor von Veränderungen, die nicht als von außen kommend erlebt werden. „Veränderung ist vielmehr selbst Teil ihres Lebensentwurfes, es kommt aus einer eigenen inneren Quelle." (ebd.) Diese Typisierung macht deutlich, daß die Trennung und Integration beider Kulturen – hier der deutschen und der türkischen – im Bewußtsein dieses adoleszenten Entwurfes fest verankert ist. Kadriye war neben Tülay und Nesla immer bei denen in den Gesprächen zu finden, die den Dialog vorantrieben, sich selbstreflexiv mit ihrer Lebenssituation auseinandersetzten und vor allem auch politische Veränderungen einklagten. „Wir leben hier, wir sind hier geboren, wir sind ein Teil dieser Gesellschaft", auf diese Formel haben sie sich festgelegt, allen symbolischen, diskursiven und rechtlich-politischen Ausgrenzungsstrategien beider Gesellschaften zum Trotz.

Kadriye verließ die Gruppe, als sie heiratete und zu ihrem türkischen Mann nach Norddeutschland zog. Zur Hochzeit war die ganze Folkloregruppe eingeladen, dort zu tanzen. Gleichzeitig war es ein Abschied von ihren Freunden und Freundinnen. Die Trennung von der Gruppe wurde markiert durch die neue Familie, die Kadriye jetzt bilden sollte. Die traditionelle türkische Hochzeit, zu der die Eltern eingeladen hatten, scheint zunächst im Widerspruch zu ihrem Entwurf zu stehen. War Kadriye dabei noch die starke und selbstbewußte junge Frau, wie ich sie in den Gesprächen erlebt hatte? Die Trennung von der Gruppe und der Umzug nach Norddeutschland und auch der Wegzug von der eigenen Familie verweist wieder auf die Äußerung von Kadriye, daß die eigene Geschichte respektiert wird. Selbst in dieser Phase des Bruchs mit der *Familie Folkloregruppe* wurden die Erfahrungen, die aus diesem sozialen Raum gewonnen wurden, transferiert in ihren nächsten Lebensabschnitt. Das heißt, daß sie sich mit ihrem Entwurf als moderne Frau – als moderne türkische und als moderne deutsche Frau – soweit durchgesetzt hatte, daß sie die erfolgte Ablösung von der Familie, die durch die Heirat besiegelt war, nicht mehr als Bruch, sondern eher als Übergang wahrnehmen konnte. Ausprobiert und aufgenommen wurde dieser Entwurf in und durch die Folkloregruppe.

Wenn ich dieses Muster der Ablösung – das hier Kadriye und auch in der vorigen Fallstudie Nesla präsentierte – als *selbstreflexive Ablösung* bezeichne, dann vor allem deshalb, weil die Einbeziehung des Kontextes Migrationsgeschichte, der Familienroman Wanderung, mit in diese Auseinandersetzung hereingenommen wurde. Hier entsteht eine spezifische Ausformung von Ge-

---

gangen war. Rebellisch gegen alle Formen der Unterwerfung und Unterdrückung (Rassismus in Frankreich, Unterwerfung der Frauen in Marokko), kämpft Kniza für ihren Lebensentwurf und findet am Ende des Romans, so wie es ihr vorhergesagt war, einen Schatz, eine Wasserquelle in ihrem Herkunftsdorf. Damit versöhnen sich in Kniza Orient und Okzident, da das Dorf nun wieder eine Zukunft hat, und weil sie sich mit ihrer marokkanische Geschichte ausgesöhnt hat. Beide Anteile verbinden zu können – das zeichnet Kniza als Frau beider Welten aus.

schichtsbewußtsein. Dieses Geschichtsbewußtsein beinhaltet die Fähigkeit, sich selbst als Person in der Kontinuität und in der Diskontinuität zu der Kultur der Eltern zu positionieren, unabhängig davon zu werden, ohne die Herkunft von dieser Kultur zu leugnen. In der Adoleszenz wird Geschichtsbewußtsein mehr oder weniger mit Gefühlen der Ambivalenz verbunden, wenn eine Trennung nicht nur von den Eltern, sondern auch und vor allem von deren spezifischen Kultur vollzogen wird. Besonders in Immigrantenfamilien ist diese doppelte Ablösung häufig zu beobachten. Dabei entstehen zwei wichtige Fragen: Wie kann es zu einer Desidentifikation ohne Entwertung kommen und wie zu einer Trennungsaggression ohne Destruktion?

Hans Bosse (1995b, 10) sieht zwei Möglichkeiten der Bearbeitung dieser Ambivalenz. Zum einen die Auflösung durch die Unbewußtmachung einer der beiden gegensätzlichen Positionen oder zum anderen die Integration der Ambivalenzen in ein konsistentes Bewußtsein mit hoher Ambivalenztoleranz. Hier schließt sich eine These zu einem erweiterten Ritualverständnis an, die davon ausgeht, „daß es [das Ritual] die Ambivalenz gegenüber biographischer und historischer Erfahrung darzustellen vermag, so daß die beteiligten Individuen die Ambivalenz und einen Sinn der Geschichte aushalten können, der sie ständig an die konkrete Zwiespältigkeit ihrer Gefühle erinnert, statt sie durch Unbewußtmachung eines Teils ihrer Empfindung zu entlasten." (ebd.) Gerade im Ritual geschieht Sinnbildung durch sinnlich-expressive Handlungen. Zu diesen Handlungen, zu den markanten Ritualen der Folkloregruppe gehörte die Inszenierung von Geschlechtsstereotypen, die sich in den Gespräch aufzeigen lassen. Auch Gülüm tendierte in der Fallstudie über Ablösungsangst und Größenphantasien in diese Richtung und schilderte türkische Mädchen vor allem unter einer Opferperspektive. Sie zeigte, daß eine nicht (zu Ende) geführte Auseinandersetzung mit den Eltern, das heißt diffuse und nicht klar benennbare Adressaten für Aggressions- und Ohmachtsgefühle, dazu führt, daß die Suche nach Deutungspunkten in einer unspezifischen und historischen Vorwegnahme eines ethnisch stereotypisierten Bildes der Türkei endet.

Hier schließt sich das Muster einer *aufgeschobenen Ablösung* an. Der Weg in die Autonomie wird noch nicht für gangbar gehalten, noch wird gezögert und sich in regressiven Bewegungen eingerichtet. Vor allem steht ein historisches und stereotypisiertes Bild *der* Türkei einer selbstreflexiven Auseinandersetzung mit dem Familienroman der Migration im Weg. Dieses spezifische Konfliktbearbeitungs- und Deutungsmuster ist nicht an eine Geschlechtergruppe gebunden, sondern ergibt sich aus einer bestimmten Familienkonstellation. Für die Jungen gibt es aber unbestreitbar größere Freiräume als für die Mädchen. Mädchen stehen unter einem anderen Erwartungsdruck. Diese und die folgenden Typologien habe ich parallel zu den Typologien von Bosse (1994b; 1995) zur Differenzierung unterschiedlicher Adoleszenzverläufe und Bosse/King (1998) über die Bedeutung des Ausmaßes an verfügbarer Adoleszenz für das Verarbeiten von Fremdheitsmustern entwickelt. Dabei geht es darum zu zeigen, daß individuelle Modernisierung unweigerlich mit einer objektiven und strukturellen Trennung von der Herkunftsfamilie und Herkunftskultur verbunden ist (vgl. Bosse 1994b). Mit Blick auf die spezifische Lebenssituation verdeutlichen diese Typisierungen, „wie sich in der lebensgeschichtlichen Umbruchphase der Adoleszenz die kulturelle Anforderung der Verarbeitung von Brüchen, in diesem Fall des Bruchs zwischen der ethnischen Gruppe und dem modernen Individuierungsanspruch, verknüpft mit dem Problem der Ablösung und der Aneignung der Geschlechtsidentität." (King 1995, 360)

Es erhebt sich die Frage, wie männliche Wege der Ablösung verlaufen, wodurch die Jungen überhaupt zu einer Auseinandersetzung genötigt werden oder ob sie ihre Ablösung – um es pointiert zu sagen – noch dreißig Jahre aufschieben können. Eine vermiedene Adoleszenz[155] kennzeichnet nach Bosse folgendes Motiv: Die Jugendlichen bleiben „regressiv auf kindlichen Positionen sitzen. Anhaltspunkt dafür ist die strikte Ausblendung adoleszenter Themen wie der eigenen oder fremden Sexualität oder des Themas von Auszug und Ausbruch, Neuerung und Entdeckung des eigenen und fremden Fremden, das doch gerade für die Jugendphase mit ihren rasanten körperlichen, geistigen und psychischen Veränderungsprozessen naheliegt. Trennungen werden hier passiv erlebt." (Bosse 1995, 20) Dennoch denke ich, daß, wie es auch bei den Entwürfen von Gülüm durchscheint, die Vermeidung nicht unaufhebbar ist. Wie sagte Gülüm: „Ich hab Träume. Die will ich nicht verlieren. Ich will erst leben, was ich mir denke." Die Adoleszenz geht in diesem Beispiel in ein Moratorium, und die Wege in die Autonomie werden erst beschritten, wenn die Bedingungen dafür günstig erscheinen.

Es ist deutlich geworden, daß die Lebensentwürfe der jungen Männer nicht (unbedingt) im Widerspruch zu denjenigen der Eltern liegen. Die Brüche zwischen Moderne und Tradition scheinen nicht sehr groß zu sein. Aber das ist nur eine Illusion. In Wirklichkeit stellen die Anforderungen einer Autonomie, die auf Ablösung zielt, auch die Jungen vor eine Auseinandersetzung. Diese Auseinandersetzung verläuft anders als die der Mädchen, das hat sich bisher gezeigt. Ich habe bereits darauf hingewiesen, daß sich die Aktivitäten der *Turkish Power Boys* (aus der Studie von Tertilt) auch als eine Auseinandersetzung um die Entwertung der Väter, als aggressive Bemächtigung, von der geschmälerten väterlichen Potenz und als Suche nach Anerkennung angetrieben, vor allem nach Anerkennung durch die Familie – und besonders die Väter, lesen läßt.

---

[155] Eine ähnliche Typologie entwirft auch Mario Erdheim (1984). Parallel dazu steht die *eingefrorene Adoleszenz,* sie ist gekennzeichnet durch „die Erstarrung des Ichs in der Phase, da es im Zuge des erneuten Triebdurchbruches – seine sekundäre Autonomie verliert und vorwiegend zu Abwehrzwecken eingesetzt wird." Eine Folge davon ist, daß das Ich sich kaum mehr direkt mit der Außenwelt auseinandersetzen kann und stark von den inneren Konflikten absorbiert wird (S. 318). Sie ist die Voraussetzung für eine fehlende Anpassung. Sie läßt ein Ich zu, das sich zwar der sozialen Realität zuwenden, das Vermögen sie zu verändern aber verloren hat (vgl. S. 319).

Spezifizierte männliche Entwürfe zeigen ein weiteres Motiv einer unterschiedlicher Ausformung der Ablösegeschichte. Hierzu zähle ich den Entwurf Bildung, der schon von Nesla eingebracht worden ist. Ich hatte mit Taner und Serkan in den Einzelgesprächen dieses Thema besprochen. Nach den Gruppengesprächen waren mir beide aufgefallen, als eine Art Brücke zwischen mir und der Gruppe, sie fragten immer, wie es mir gehe, was ich mit den Gesprächen mache, und ich erzählte von meiner wissenschaftlichen Arbeit. Ich glaube, daß sie sich damit identifizierten. Beide haben sich auf dem Weg der Ablösung in einer Zukunft als Männer mit Bildung und Status eingerichtet. Taners Berufswunsch war ausgerichtet auf die Tätigkeit und das Prestige des Bauingenieurs. Auch Serkan hatte vor, nach dem Studienkolleg eine akademische Ausbildung zu beginnen. Was genau er studieren wollte, dazu hatte er sich noch nicht entschieden, vielleicht Wirtschaftswissenschaften, wichtig war ihm aber, daß er in Europa bzw. Deutschland studierte, da ein Studium in der Türkei nicht als so prestigebehaftet angesehen wird.

In beiden Gesprächen gab es eine signifikante Übereinstimmung, die vorher so nicht vorgekommen war. In den Gesprächen war die Suche nach Strukturierung, die direkte Aufforderung an mich ihnen mit autoritärer Geste ein Thema zu nennen, daß sie bearbeiten sollten, sehr ausgeprägt. Gleich zu Anfang forderten alle beide mich auf, ihnen Fragen zu stellen. Beide drängten mich jeweils zu Anfang der Gespräche in die Rolle einer männlichen Autorität und ihnen durch den Folklorelehrer vertrauten Mentorfunktion, die ihnen sagt, was wichtig ist und was sie tun sollen.

Taner: Frag mal was!
Serkan: In meiner Freizeit lese ich Bücher. Fragen Sie!

Etwas verunsichert über diese Rollenerwartungen ließ ich mich kurz auf diese Haltung ein und suchte nach meinen Fragen. Ich hatte mir ein paar Fragen aufgeschrieben, insistierte aber darauf, daß ich Fragen aus dem Kontext entwickle und warte, bis weitere Fragen bei mir entstehen. Serkan machte in der Mitte des Gespräches eine Pause, er wollte Kaffee trinken, und da kein Kaffee mehr im Treff war, ging er in das Lebensmittelgeschäft um die Ecke, kaufte welchen und kochte eine Tasse für sich. Nach meiner Zurückweisung der Rolle eines strukturierenden Themengebers suchte er nach einer eigenen Strukturierung und entschied sich für einen Bruch: Er machte einfach eine Pause. Vielleicht war das Gespräch auch aus diesem Grund sehr offen, und Serkan erzählte seine Geschichte. Er wurde in Deutschland geboren, seine Eltern waren Landarbeiter, die nach Deutschland emigrierten. „Die armen Leute sind nach Deutschland gekommen, um zu arbeiten", sagte er über seine Eltern und die Leute aus dem türkischen Dorf, in dem sie gelebt hatten.

In Frankfurt, der Station ihrer vorläufigen Heimat, wurde Serkan dann geboren. Trotzdem lebte er achtzehn Jahre in der Türkei, da seine Eltern beide arbeiteten und sich keiner aus der Familie in Frankfurt befand, der sich hätte um Serkan kümmern können. Kurz nach seiner Geburt wurde Serkan in die Türkei gebracht, wo er bei den Großeltern lebte. Seine Eltern sah er nur in den Ferien. In dieser Zeit wurde noch eine Schwester von Serkan geboren, die aber, nachdem sich die Eltern in Deutschland besser zurechtfinden konnte, in Deutschland blieb und in eine Kinderkrippe gebracht wurde. Die Mutter unterbrach in dieser Zeit ihre Erwerbsarbeit und blieb zu Hause. Ich fragte Serkan nach seinen Empfindungen gegenüber dieser Trennung.

Serkan: Ich habe meinen Eltern Recht gegeben. Was sollte ich machen? Die arbeitet für die Zukunft, für mich, für meine Schwester.
Sven: Daß sie Geld haben, aber es war ja trotzdem für dich sicherlich...
Serkan: ...und die haben nicht gewollt, daß ich in Zukunft ein Arbeiter in Deutschland werde...
Sven: ...du solltest es besser haben...
Serkan: ..ich sollte in der Türkei richtig in die Schule gehen, viel üben und die Universität bestehen. Und studieren. Nicht wie die.
Sven: Hm, daß du es besser hast.
Serkan: Das ist gut so.

Der Weg der Bildung und die Entwürfe für ein anderes Leben haben Serkan die Trennung von den Eltern als beste Option für die Zukunft als Akademiker erscheinen lassen. Getragen von dem Verständnis für die Situation der Eltern hat er sich auf diese Jahre der Distanzierung eingelassen und schien dies nicht als ungerecht oder enttäuschend zu empfinden. Hier zeichnet sich ein männlicher Entwurf ab, der die Zurückweisung und Trennung in der Kindheit, und den Verlust der elterlichen Nahbeziehung verarbeitet durch den Entwurf der Bildung. Eine Distanzierung als Akademiker gegenüber den Eltern, deren Herkunftskultur und deren Leben als Bauern erlaubte es nachträglich die Entscheidung der Eltern als einzig richtige darzustellen.

Auch Taner hatte eine ähnliche biographische Erfahrung aufzuweisen. Er lebte mit seinen Eltern in der Türkei, und als der Vater die Familie verließ, um in Deutschland zu arbeiten, holte er seinen Sohn nach acht Jahren nach. Da seine Eltern geschieden waren, und Taner sich mit dem neuen Mann seiner Mutter nicht gut verstand, und er oft von seinen Großeltern betreut wurde, fiel es ihm nicht schwer, zu seinem Vater nach Deutschland zu gehen. Taner ging bald zur Schule und setzte sich, da er gute Noten hatte, gegen den ursprünglichen Wunsch des Vaters durch, eine Ausbildung zu machen, und ging weiter zur Fachoberschule. Aber er hatte seinen Vater bald überzeugt, der nun ebenfalls zustimmte, daß Taner die Schule weiter besuchte. Er wollte weiter die Fachoberschule besuchen und anschließend Bauingenieur studieren. Stolz zeigte mir Taner sein Zeugnis, in Mathematik und Naturwissenschaften hatte er durchweg *gut*. Taner[156] plante, wie Serkan auch, eine Bildungsbiographie,

---

[156] Taner wurde Anfang 1997 abgeschoben, da das geltende Ausländerrecht eine Dul-

einen Weg, um sich von der Familie und der Herkunft zu distanzieren, einen anderen Weg einzuschlagen. Nicht so zu werden wie die Eltern. Trotz allem Respekt gegenüber den Eltern waren die Wege von Serkan und Taner anders ausgerichtet als die elterlichen Lebensentwürfe.

Vor dem Hintergrund der Konstellation zweier männlicher Mentorfiguren und auf der Folie der wechselseitigen Identifikation hatten sich Taner und Serkan beide mit dem Folklorelehrer identifiziert, das zeigt auch ihr Wunsch, mich in einer autoritär gestaltenden Rolle zu erleben. Andererseits repräsentierte ich gerade durch meine wissenschaftliche Neugier und Arbeit, durch meinen eigenen auf Bildung ausgerichteten Lebensentwurf für beide starke Anknüpfungspunkte. In der Zuwendung zu mir eröffnete sich eine weitere Anknüpfungsfläche an eine idealisierte Figur. Dadurch erscheint der Forscher als jemand, der zeigen kann, wie man erfolgreich Bildungsinstitutionen durchläuft. Der Tanzlehrer und der Forscher konstellieren sich zu einem Paar, das verschiedene Zugriffe erlaubt – Serkan und auch Taner holen sich von dort das, was sie in ihre Entwürfe gut einbauen können. An diesem Beispiel wird deutlich, daß die Jugendlichen beide Pole integrieren, sie nutzen Anteile von jeweils beiden Angeboten, spielen damit und nehmen dies dann zusammen in einen Modernitätsentwurf. Es kommt dann darauf an, wie die innere Beziehung zu diesen Polen gestaltet wird.

Eine potentielle Zukunftssicherung durch Bildung scheint vor diesem Hintergrund der eigenen Trennungserfahrungen und brüchigen Sicherheiten wie ein Garant zu wirken, daß mit der eigenen Biographie, so wie sie sich herstellte, eine Deutungs- und Bearbeitungsform der „Zurückweisung" in der Kindheit verbunden wird.

Als nachträgliche Legitimation oder Zurechtrückung und innere Logik der Entscheidung der Eltern wird dieser Zugang erkennbar. Das stellt sich als spezifisch männlicher Mechanismus heraus, der nicht mit dem z.B. von Nesla geäußerten Lebensentwurf zu vergleichen ist, da hier eine wichtige Komponente fehlt, nämlich die Integration der Familiengeschichte in die eigenen Entwürfe und das selbstreflexive Spielen mit den verschiedenen Verortungen. Warum sich die Jungen hier weniger reflexiv zeigten und eine Wiederannäherung an die Elternposition versuchten, hat mehrere Gründe. Sicher überwiegt – wie schon erwähnt – die soziale Erwünschtheit der männlichen Rolle, die viel an Unbehagen und Unsicherheit kompensieren kann.

Aus dem bisher Gesagten schließt sich ein Zugriff auf ethnische Optionen an, der sich durch eine ambivalente Haltung kennzeichnen läßt, da er zwar auf der einen Seite eine Distanzierung gegenüber den Eltern und deren Herkunfts-

---

dung bei geschiedenen Eltern nur akzeptiert, wenn das Kind bei der Mutter lebt. Taners Mutter lebte aber in der Türkei, er hatte keinen Rechtsanspruch darauf, weiterhin bei seinem Vater in Deutschland bleiben zu können. Taner wurde aus allen sozialen und familiären Bezügen herausgerissen, mußte die Fachoberschule unterbrechen und stellte von der Türkei aus wieder einen Einreiseantrag; er lebte daraufhin mit unsicherem Aufenthaltsstatus bei seinem Vater in Deutschland.

kultur vornimmt, die eigene Geschichte aber davon isoliert und nicht als selbst geschaffene Diskontinuität begreift. Für Trauer, Unsicherheit und Verlust scheint es keinen Platz zu geben. Ambivalent bleibt dabei die Suche nach der eigene Geschichte und das Verlassen des sozialen Raumes Folkloregruppe als progressiver Schritt. Die Folkloregruppe ist mein Leben, sagte Taner, so als ob es kein Leben vor oder nach der Folkloregruppe gäbe. Um dieses Muster zu bezeichnen, fällt es schwer, den Begriff Ablösung zu benutzen, da es im eigentlichen Sinne keine Ablösung gab, hier wird viel eher eine *brüchige Autonomie* deutlich.

Bei diesem Typus fällt auf, daß es keine Trennungsaggression zu geben scheint. Sie hat auf jeden Fall keinen Raum. Von der frühen Kindheit wird nur der Fakt (der Trennung) erinnert, nicht die damit verbundenen Affekte wie z.B. Trauer, Melancholie oder Aggression. Taner und auch Serkan haben sowohl die Aggression vermieden, die zum einen durch die Trennung in der frühen Kindheit erfolgte, als auch die Trennung, die sich durch der Ablösesituation ergibt. Der Auszug aus dem ethnischen Kontext ohne Auseinandersetzung mit den Eltern und deren Herkunftskultur führt dadurch zu einer brüchigen Autonomie. Beide bleiben an die Gruppe gebunden. Eine regressive Re-Ethnisierung wird dadurch erkennbar. Eine gelungene Autonomie setzt eine aktive Phase voraus, die einen bewußten Distanzierungsschritt vollzieht: ‚Ich trenne mich von den Eltern, von deren Wünschen und Vorstellungen'. Dieses Durcharbeiten hat im geglückten Fall eine Wiederannäherungsphase zur Folge. Die Bewegung, die damit vollzogen wird, kennzeichnet eine Distanzierung von den Eltern, ohne sie entwerten zu müssen. Aber hier, in diesem Beispiel, wird die Autonomie um den Preis der Verleugnung der Affekte konstruiert. Eine Bearbeitung dieser als traumatisch erlebten Lebensgeschichte mündet hier schließlich in einem Bildungsauftrag.

Aber es gibt in dieser Ausformung noch weitere Typen. Aggressive und kriminelle Identifikationen waren in der Folkloregruppe nicht zu verzeichnen, aber sie sind ebenfalls eine *mögliche* Ausprägung einer in diesem Sinne Pseudo-Autonomie, einer fehlenden und/oder nicht offen gelebten Ablösungsauseinandersetzung. Diese verschiebt sich dann vielleicht in eine aggressive Distanzierung gegenüber dem globalen Bild vom *Westen* – die Power Boys aus der Studie von Tertilt (s.o.) ließen sich unter diesen Typus rubrizieren.

Ein weiteres und extremes Beispiel, das sich diesem Typ zuordnen läßt, schildert Feridun Zaimoglu in „*Abschaum*" (1997). Die wahre Geschichte von Ertan Ongun, dessen kriminelle und dissoziale Identifikation *ein* Beispiel für die Resultate absoluter Leere zwischen den Eltern und den Kindern aus Immigrantenfamilien sein kann, führt die ganze Hoffnungslosigkeit und Verzweiflung, die diese Leere ausfüllt, vor Augen. Ertan sagte, sein Leben resümierend: „Weißt du was, ich scheiß auf die Gesellschaft. Da im Dreck, da war ich wenigstens wer, da war ich Abschaum, weißt du, und jetzt geh ich so unter." (Zaimoglu 1997, 180) Und weiter: „Meine Eltern leben inner Türkei, ich mein, ich hab nie von denen Gefühle gezeigt bekommen, oder doch, die haben

Gefühle gezeigt, aber nur Aggression und Schläge. Meine Eltern haben mich nicht aufgeklärt, wie man fickt oder wie Kinder entstehen, oder mich innen Arm genommen, das gab es nicht [...]. Deswegen fühl ich mich zwischen all den Millionen Menschen hier in diesem Scheiß-Land allein." (ebd. 181)

Der Zwiespalt zwischen Eltern und Kindern

Ein wichtiges Thema der Arbeit waren die Beziehungen zwischen Kindern und Eltern in Immigrantenfamilien, der Prozeß der Ablösung und die Auseinandersetzungen mit den Eltern, besonders mit den Vätern auf dem Weg in die Autonomie, der Selbstwerdung der Adoleszenten. Ich habe viel von den Erfahrungen der Jugendlichen mit ihren Eltern gehört, eindrückliche Schilderungen davon bekommen, und es war in den meisten Fällen so, daß sich die Jugendlichen enttäuscht über ihre Eltern äußerten. Es hat sich gezeigt, daß – wie auch immer ausgeprägt – das Verständnis der Kinder für die komplizierte Lage der Väter/der Eltern größer war als umgekehrt das Verständnis und die Unterstützung der Väter/Eltern für die Lage der Kinder. Es war die Rede von schwachen, ohnmächtigen und abwesenden Vätern und dominierenden Müttern, die wenig Raum zur Verfügung stellten, Familienentscheidungen auszuhandeln oder zu besprechen. Durch die Trennung von der Herkunftsfamilie wird auch der Blick auf die Herkunftskultur der Eltern distanzierter und damit vielleicht kritischer. Ich möchte betonen, daß es mir nicht darum ging, verschiedene Arten von Schuldzuweisungen zu erheben, nach Ursachen in der Vergangenheit der Familie zu suchen, die Eltern gar als unfähig zur Erziehung ihrer Kinder zu entwerten. Weder Verurteilung noch Freispruch standen zur Debatte. Ich wollte weder werten noch für eine Seite Partei ergreifen. In den Gruppengesprächen und im Übertragungsraum Forschungssituation habe ich die aufkommenden Gefühle und Äußerungen auf- und ernstgenommen, nach Hintergründen gesucht und sie in einen erklärenden Kontext gestellt.

Mein Interesse galt dabei aber vor allem den Fähigkeiten und Entwürfen der Jugendlichen, sich mit den geschilderten Situationen und Konflikten auseinanderzusetzen, nach schöpferischen Lösungsmöglichkeiten zu streben oder aber die anstehenden Auseinandersetzungen mit den Eltern nicht auszutragen. Verschiedene Entwürfe sind dabei sichtbar geworden. Diese Entwürfe wollte ich verstehend nachzeichnen und dabei gesellschaftliche Verhältnisse im Auge behalten.

Das Familienprojekt Migration muß immer im Kontext der bestehenden gesellschaftlichen und rechtlich-politischen Verhältnisse gesehen werden. Das heißt, wie ich am Anfang dieser Arbeit schon beschrieben habe, in Verbindung mit der gesellschaftliche Inkonsistenz der Einwanderungspolitik und der Uneindeutigkeit gesellschaftlicher Praxis. Symbolisch gesehen ist die aktuelle Gesetzgebung und die Praxis der Ausländerbehörden so, daß, wenn nicht auf der Schiene ‚öffentlicher Sicherheit' und Kriminalität diskutiert wird, die älteren Migranten und Migrantinnen benachteiligt und abgewertet werden, da immer nur eine „Integration" der jüngeren Generation betont und befürwortete wurde und weiterhin wird (s. 2.6; 3.4). Die älteren Migranten und Migrantinnen bleiben im öffentlichen Raum und Diskurs weitgehend unsichtbar. Anerkennung und Respekt für ihre Leistungen und Kräfte bei der Konsolidierung der wirtschaftlichen Situation in den 60er Jahren haben sie nicht bekommen. Erst langsam werden sie mit eigenen Bedürfnissen und spezifischen Wünschen wahrgenommen, wenn auch primär als Problem z.B. einer noch zu entwikkelnden sogenannten interkulturellen Altenpflege. Manchmal scheint es, daß erst das Projekt Migration einen Riß durch die Familie entstehen ließ. Ein andermal hat sich eine Linie hergestellt zwischen besonderen Familienkonstellationen, die sich durch mehrere Generationen und über verschiedenen Orte abbildeten. Ich denke, daß eine darauf abzielende Studie wichtig wäre, die Symbolkraft der staatlichen *Ausländerpolitik* auf die Spaltung und Entwertung der Elterngeneration hin zu untersuchen.

Der dritte Raum als Aushandlungsprozeß

Was ich bisher als *sozialen Raum* Folkloregruppe bezeichnet habe, möchte ich abschließend unter einer theoretisch erweiterten Betrachtung als einen dritten Raum kennzeichnen, in dem Aushandlungsprozesse stattfanden – ein Reflexionsraum möglich wurde, der ein bestimmtes Handlungsfeld und eine spezifische Praxis der Jugendlichen aus der Folkloregruppe erkennen ließ. Adoleszenz wie auch der selbstreflexive Raum der Gespräche erscheinen dann gleichermaßen als Übergangsräume. Hier schließe ich den Bogen und kehre zurück zu der im Einleitungskapitel aufgeworfenen Frage nach der Relevanz einer anderen – kritischen – Art der Beschreibung und Analyse von „Ethnizität", Minderheitenkulturen, Jugend/Adoleszenz und Geschlechterarrangements. Es ist meine Absicht, zu diskutieren, wie sich die veränderten – methodologischen und theoretischen – Zugriffsweisen eines aus den *Cultural Studies* hervorgegangenen postkolonialen Blickes in eine selbstreflexive und verstehende Adoleszenzforschung fruchtbar einbringen lassen. Die hermeneutische Adoleszenzforschung, die ich bislang skizziert habe, hat unterschiedliche Wege und Strategien aufgezeigt, wie die ohnehin vielstimmige Kategorie des Rückgriffs auf ethnischen Motive in situativ unterschiedlichen Deutungskontexten rekonstruiert werden kann.

Wenn dabei die Kategorien ethnischer Fixierungen dekonstruiert wurden, so vor allem mit dem Ziel, dahinter liegende subjektiv und gesellschaftlich verankerte Konfliktbearbeitungsmuster und -kompetenzen aufzuzeigen, zu typisieren und verstehend zu beschreiben. Adoleszenz als schöpferischer Prozeß und als Übergangsraum von Kindheit zu Erwachsensein und die Begegnung und Vermischung von verschiedenen Kulturen – beides Bezugspunkte dieser Arbeit – verschmelzen aus dieser Perspektive zu einem gemeinsamen Projekt. Dieses Projekt ist charakterisiert durch die Entwicklung von Fähigkeiten, Ambivalenz zu ertragen, in Spannungen und Uneindeutigkeiten zu leben und eigene (adoleszente) Lebens- und Überlebensräume zu schaffen. Warum halte ich die Durchdringung einer hermeneutischen Adoleszenzforschung mit der „Ethnizitäts"-forschung so wichtig und auch weitreichend?

Drei Antworten biete ich an, die nicht zu trennen sind, sondern eher aufeinander aufbauen:
1. *Selbstreflexive Ebene*: Die eigene Nähe oder Fremde zur Adoleszenz kann selbstreflexiv als Zugangsweg genutzt werden, um die Spannung, die sich durch den Forschungsgegenstand Adoleszenz unabwendbar herstellt, verstehend und erkenntnisleitend aufzulösen.
2. *Kulturanalytische Ebene*: Die Kultur, die der Adoleszenz spezifische Räume zur Verfügung stellt oder verweigert, kann hierdurch einer profunden Analyse unterzogen werden und,
3. auf der *Ebene der Generationenspannung* kann das nachhaltige Interesse einer professionellen Wissenschaftskultur an Jugend, Jugendsubkulturen und

Adoleszenzformen auch verstanden werden als Suche nach Möglichkeiten, in einem scheinbar unverbindlich gewordenen Generationenvertrag und einer unüberschaubaren Segmentierung moderner Lebenswirklichkeiten Orientierungspunkte einer hybriden Jugendkultur zu markieren, um eigene Unzulänglichkeiten und festgefahrene Standpunkte überwinden zu können. Neue Fragen werden da entwickelt, wo sonst starre Antworten angesiedelt waren.

Nicht-Eindeutigkeit, Ambiguitätstoleranz und situative, kontextgebundene Aushandlungsprozesse seien hier als Stichworte genannt. Als Schlüsselbegriffe tauchen Halls *neue Ethnizitäten* und Bhabhas Konzept der *Hybridität* am Horizont auf und ergeben zusammen mit der Ambivalenztheorie von Bauman eine Betrachtungsweise – und das war mein erkenntnisleitendes Verständnis von Theorie –, die sowohl gegenstandsangemessen als auch perspektivenerweiternd ist. Hall versteht unter den neuen Ethnizitäten vor allem eine Politik der Repräsentation. Nationale und kulturelle Identitäten sind für Hall selbst Formen der durch nationale Migrationen und koloniales Erbe entstandenen Hybridbildungen, wobei disparate kulturelle, sprachliche und soziale Elemente neu und prozeßhaft zusammengefügt werden. Kulturelle Praxis und Diskurse, so wie Hall sie bei schwarzen Kulturproduzenten in England beobachtet, haben als eine neue Form kultureller Politik die Tendenz, Differenzen eher zu unterstützen als zu unterdrücken (Hall 1994, 22). Deshalb muß nicht nur Differenz neu theoretisiert werden, es geht auch darum, Ethnizität zu entkoppeln von seinen Äquivalenzen mit Nationalismus, Imperialismus, Rassismus und dem Staat (ebd.). Als Produkte einer neuen Diaspora, die durch postkoloniale Migrationen geschaffen wurde, entstehen überall in modernen Gesellschaften kulturelle Identitäten, die nicht fixiert sind, sondern im Übergang zwischen verschiedenen Positionen gedacht werden (Hall 1994, 218). Den Trägern dieser Identität geht Hall in seinem Essay über *Die Frage der kulturellen Identität* nach. Es geht dabei um Menschen, die als Übersetzer[157] wirken. „Menschen, die zu *solchen Kulturen der Hybridität* gehören, mußten den Traum oder die Ambition aufgeben, irgendwie ‚verlorene' kulturelle Reinheit, einen ethnischen Absolutismus, wiederentdecken zu können. Sie sind unwiderruflich Übersetzer." (ebd.)

Wenn dieses Kapitel auch einen Distanzierungsschritt aus der Begrenztheit des empirischen Materials heraus bedeuten soll, um die Perspektive wieder zu erweitern, müssen hier dennoch Fragen beantwortet werden, die aus den Fallstudien heraus entstanden sind. Damit erscheinen die hier wiedergegebenen theoretischen Reflexionen in einer anderen Spiegelung.
Der Begriff der *Übersetzung* scheint geeignet zu sein, an das empirische Material anzuschließen, und ich greife das Beispiel der *Frau beider Welten* heraus, um diesen Begriff mit Leben zu füllen. Kadriye schilderte ihren Entwurf als Frau, die weder deutsch, noch türkisch ist, sondern ein neues Bild geschaffen

---

[157] Ein Schlüsselbegriff dieses Ansatzes.

hat, sich selbst auf einer anderen Ebene verortet. Diese Syntheseleistung als Art der Übersetzung von verschiedenen möglichen in einen *gelebten* Entwurf zu überführen, schließt genau an die Überlegung von Stuart Hall an und ist dazu geeignet, den Begriff der Hybridität zu exemplifizieren. Wie wäre ein Mann beider Welten vorstellbar? Damit wird die Frage berührt, die Hemmungen und Verhinderungen der *Übersetzung* nachgeht. Ein möglicher Entwurf als Mann beider Welten braucht verläßliche Mentoren in beiden Welten, eine Verdopplung der Welten der Väter (und der Mütter). Die Zugehörigkeit zu beiden Welten war angelegt in den Gesprächen, da sowohl der Folklorelehrer als auch ich als Forscher zu Repräsentanten zweier unterschiedlicher Welten wurden. So wie in den Beispielen von der brüchigen Ablösung oder den ethnischen Stereotypen als männlichem Entwurf ist ein dritter Weg für die jungen Männer/Jungen noch gebunden an den Raum und die Zeit der Folkloregruppe. Dieser Entwurf kann noch nicht außerhalb bestehen.

Es wurde deutlich, daß die Folkloregruppe eine Erweiterung des Experimentierfeldes jenseits der festen und verbindlichen Vater- und Muttergestalt dargestellt und einen Raum für Potentialität eröffnet hat. Die Jugendlichen hatten mehr oder weniger die Wahl, zu kommen und zu gehen, die Folkloregruppe mit unterschiedlichen Sinnbedeutungen zu füllen. Dieser Raum wurde produktiv genutzt, das heißt, daß genau das geprobt wurde, was für die Ablösung notwendig ist. Beide Mentoren standen dabei nicht eindeutig für die Eltern respektive die Väter, sie repräsentierten vielmehr zwei Welten, die außerfamilial geprägt sind. Kennzeichen moderner und individualisierter Mentorenbeziehungen ist es, daß sie verzeitlicht sind, das heißt, sie haben ein definitives Ende, sie sind nicht endgültig. Die Jugendlichen konnten mit dieser Situation sicher umgehen, sie agierten mit zwei Mentoren und unterschiedlichen Entwürfen. Für sie bedeutete dies keine Sensation, sondern eine alltägliche Erfahrung, sie sind geübt im Umgang mit zwei Welten. Individuelle Sinngebung wird unter dieser zweifachen Perspektive ausgeführt.

In einem Interview mit Jonathan Rutherford (1990) hat Homi Bhabha sein Konzept der *hybridity* vorgestellt und in Bezug zu relativistischen oder universalistischen Sichtweisen gesetzt, die alle beide auf Differenz aufbauen. Statt Differenz (difference), die kulturelle Repräsentationen ausschließlich nach eigenen dominanten Wertmaßstäben und kulturellen Konzepten begreift, ließe sich auch Vielfalt (diversity) hervorheben. Bhabha benutzt den Begriff *difference* weiterhin, jedoch in einer ideologiekritischen Weise, und untersucht damit die Formen der Symbolgebung und Bedeutungsverleihung. Für das ubiquitäre Vorhandensein von Rassismus in modernen und sich multikulturell verstehenden Gesellschaften liefert Bhabha die Erklärung, daß hier der Universalismus nachhaltig eingreift: „This is because the universalism that paradoxically permits diversity masks ethnocentric norms, values and interests." (Bhabha 1990, 208) Und den eigenen Zugriff begründend: „My purpose in talking about cultural difference rather than cultural diversity is to acknowledge that this kind of liberal relativist perspective is inadequate in itself and doesn't generally recognise the universalist and normative stance from which it constructs its cultural and political judgements [...]. With the notion of cultural difference, I try to place myself in that position of liminality, in that productive space of the construction of culture as difference, in the spirit of alterity or otherness." (ebd., 209)

Hier setzt Bhabha mit der Idee der Übersetzung (translation) an. Übersetzung meint dabei (unter Bezugnahme auf Walter Benjamin), daß alle Kulturen miteinander verknüpft sind, da sie – so unterschiedlich sie auch sein mögen – Formen der Symbolbildung und Bedeutungsverleihung sind und damit Repräsentationssysteme. „By translation I first of all mean a process of alienation and of secondariness *in relation to itself.*" (ebd. 210, Hervorh. i.O.) Dieser Prozeß der distanzierten Beobachtung, der Selbst-Befremdung hat eine besondere Qualität für die kontextuelle und rekonstruktive Betrachtung einer spezifisch adoleszenten Ethnisierung.

Meiner Ansicht nach liegt hier genau die Stärke einer methodologischen und theoretischen Durchdringung eines postkolonialen Blickes mit hermeneutisch rekonstruktiver (Adoleszenz-) Forschung. Ethnische Kategorien werden dekonstruiert und mittels der selbstreflexiven Zugänge auf subjektiv und gesellschaftlich induzierte Strategien und Handlungsformen zugespitzt. Als kultureller Praxis kommt dieser Strategie ein wichtiges – weil subversives Element zur Seite: Hybridität.

Was versteht Bhabha unter diesem Konzept? „Now the notion of hybridity comes from two prior descriptions I've given of the genealogy of difference and the idea of translation, because if, as I was saying, the act of cultural translation (both representation and as reduction) denies the essentialism of a prior given original or originary culture, then we see that all forms of culture are continually in a process of hybridity. But for me the importance of hybridity is not to be able to trace two original moments from which the third emerges, rather hybridity to me is the ‚third space' which enables other positions to emerge. This third space displaces the histories that constitute it, and sets up new structures of authority, new political initiatives, which are inadequately understood through received wisdom." (ebd. 211)

Wichtig für das Verständnis von Hybridität ist zudem, daß Bhabha selbst die aktuelle Konstitution moderner Nationalstaaten als hybrid ansieht. Da es keine lineare Geschichtsentwicklung geben könne, durchdringen und vermischen sich koloniale mit modernen Strategien, Erscheinungen und Narrationen (vgl. Bhabha 1994, 139ff.).

Dieser dritte Raum wird von Bhabha mehr als Metapher denn als „Identität" verstanden, obgleich er auch über eine psychoanalytische Analogiebildung Hybridität als Identifikationsprozeß sieht, der sich mit und durch ein anderes Objekt – ein fremdes Objekt – identifiziert und auf eine ambivalente Haltung im Subjekt und seiner Handlung verweist. Ambivalenz wird dabei nicht negativ – als Defizit – verstanden, sondern als *Handlungskompetenz* und Möglichkeit, die Spannungen zwischen Wünschen und Realitäten kreativ aufrechtzuerhalten. Vor diesem Hintergrund wurde in meiner Arbeit auch nicht die Frage gestellt, ob bestimmte Selbstpräsentationen, ethnische Kategorien oder präziser: Selbstethnisierungen authentisch sind. Authentisch war und ist immer die Gesprächssituation, der Aushandlungsrahmen, in dem diese Zuschreibungen und Präsentationen verhandelt wurden.

Und genau hier ist mein Ansatzpunkt: Hybridität zu sehen als Aushandlungsprozeß, der nicht endgültig und definitiv in eine bestimmte Richtung verweist, eine Position eindeutig belegt. „The process of cultural hybridity gives rise to something different, something new and unrecognisable, a new area of negotiation of meaning and representation." (Bhabha 1990, 211) Betonen möchte ich dabei noch einmal das Ziel der Anstrengungen, die darin münden, subjekthafte Widersprüchlichkeiten und Konfliktdeutungsmuster entgegen dem Druck zur Homogenisierung und Eindeutigkeit aufrechtzuerhalten: „by exploring this Third space, we may elude the politics of polarity and emerge as the others of our selves." (ebd.)

Der dritte Raum der Folkloregruppe hat somit auf Handlungskompetenzen Einfluß genommen, die je nach individuellen Geschichten und Lebensskripten ausgestaltet wurden und den Umgang mit Differenz kennzeichnen. Eine Differenz muß hier aber noch einmal eingehender betrachtet werden, nämlich die Geschlechterdifferenz. Es ist eine wichtige Frage noch immer offen: Warum haben die jungen Frauen/Mädchen einen anderen, reflexiveren Zugang zu den Hybriditätsentwürfen? Ich greife damit noch einmal die letzte Fallstudie auf, die genau diese Frage im Kern noch unbeantwortet ließ. Bei den Mädchen und den jungen Frauen hat sich gezeigt, daß sie bestimmte Ablöseprozesse schon abgeschlossen haben. Von Interesse dabei ist die Tatsache, daß sie auf Mentorinnen in der Herkunftskultur der Eltern zurückgreifen (z.B.: Kadriye auf Mutter und Großmutter, Gülüm auf ihre dominante Mutter) und unterschiedliche Grade der Differenzierung aufweisen.

Die Stärkung der weiblichen steht damit in unmittelbaren Zusammenhang mit der Schwächung und Fragmentierung der männlichen Rolle. Die jungen Männer/Jungen sind von daher auf die realen, aber außerfamilialen Mentoren angewiesen. Diese lebenswichtigen Figuren werden außerhalb der Familie gesucht. Die Folkloregruppe in diesem Fall bekommt eine wichtige, zusätzliche Funktion. Was die Mädchen und jungen Frauen fast jeden Tag zu Hause in der Familie durchspielen und thematisieren, nämlich die Ablösung, das wird von den jungen Männern und Jungen nur einmal – jedenfalls zeitlich begrenzt – geleistet. Männliche Ablöseprozesse bleiben unter dieser Perspektive offen.

Um diese Thematik noch einmal zusammenzufassen: Außerfamilial haben die jungen Männer/Jungen erschaffen, was den Mädchen/jungen Frauen schon gegeben war. Die jungen Frauen/Mädchen haben das Thema Ablösung schon länger und verbindlicher bearbeitet, sie kommen zum Teil schon autonom und abgelöst in die Folkloregruppe. Sie haben mit den Müttern, mit den weiblichen Mentoren ihre Ablösegeschichte bewältigt. Nun suchen sie männliche Mentoren in beiden Welten. Was auf der einen Seite die Bezugnahme auf zum Beispiel die Großmutter mit Kopftuch im traditionalen Kontext und die Mutter ohne Kopftuch im Übergang darstellt (Kadriye), das markiert auf der anderen Seite die Identifikation mit zwei Mentoren (Serkan). Die jungen Männer/Jungen haben die Ablösephase von den weiblichen *und* den männlichen Mentoren mehr oder weniger noch vor sich.

Die Differenzen und Ähnlichkeiten im Prozeß der Individuierungsarbeit der Geschlechter der Jugendlichen aus Immigrantenfamilien dürfen nicht darüber hinweg täuschen, daß hier immer wieder unterschiedliche Bezugspunkte gewählt werden, von verschiedenen Perspektiven aus geschaut wird. Nicht ein *Entweder-Oder* steht dabei im Zentrum, sondern ein *Sowohl-Als-Auch*. Das bedeutet, daß unterschiedliche Welten und Repräsentationen aufgenommen und verhandelt werden. Die Synthese aus Angewiesenheit und Autonomie wird genau in dem unendlich weiten Raum zwischen der Herkunftswelt und modernisierter Welt erschaffen.

Nachdem ich die Möglichkeiten dieser erkenntniserweiternden Durchdringung hervorgehoben habe, möchte ich anschließend die Grenzen dieses Ansatzes markieren. Zunächst vielleicht noch einige Überlegungen zu den Bedenken, die ich zunächst mit dem Begriff Hybridität verbinde. Im deutschen Sprachgebrauch hat sich – das ist im angelsächsischen Sprachraum anders – Hybridität mit einem bestimmten Zugriff auf menschliches oder tierisches, pflanzliches Erbgut verbunden. Bleibt Hybridisierung untrennbar gebunden an diese Bedeutungsfelder? Sicher gibt es weitere und positiv konnotierte Bedeutungsfelder. An die besetzten Begriffe ‚Rasse', ‚Kultur', ‚Ethnie' wird aber in spezifischer Weise gedacht. Kann – und das ist die Frage, die sich hier anschließt – mit scheinbar rassisch aufgeladenen Begriffen eine anti-rassistische Intervention geführt werden?

Sabine Grimm greift in ihrem Überblick über aktuelle postkoloniale Theorie diese Gedanken auf und bestätigt, daß der Begriff der Hybridität in den Rassentheorien des letzten Jahrhunderts eine zentrale Rolle spielte. „Doch kann die Verwendung des Begriffes Hybridität im rassistischen Diskurs nicht dazu dienen, das Hybriditätskonzept der postkolonialen Kritik als rassistisch zu denunzieren." (Grimm 1997, 55) Als Intellektuellenprojekt und akademische Spielart ließe sich die postkoloniale Kritik leicht auf diese Einbahnstraße festlegen.

Aber es geht in diesem Ansatz um mehr. Es hat sich gezeigt, das ist bisher deutlich geworden, daß eine Möglichkeit der Intervention gegenüber den dominierenden Ansätzen und Betrachtungsweisen kultureller Politik und Deutungskonzepte in der postkolonialen Theorie enthalten und wirksam ist. Es geht in der postkolonialen Kritik von Bhabha (und Hall) darum, „eine Theorie des Widerstands gegen den Kolonialismus zu entwickeln. Hier setzt sein Konzept an. Nach Bhabhas Vorstellungen bezeichnet Hybridität eine dem kolonialen Diskurs inhärente Ambivalenz, die er zugleich als die Bildung seiner Subversion ausmacht." (Grimm 1997, 52) Grimm greift zu dem Prozeß von der Hybridität zur Subversion auf Bhabhas Essay *„Signs taken for wonders"* zurück: „Wenn wir den Effekt kolonialer Macht in der Produktion von Hybridisierung sehen und nicht in der lauten Herrschaft kolonialer Autorität oder der stummen Verdrängung indigener Traditionen, findet ein wichtiger Perspektivenwechsel statt. Er offenbart die Ambivalenz am Ursprung traditioneller Diskurse über Autorität und ermöglicht eine Form der Subversion, die in dieser Unsicherheit gründet und die diskursiven Zustände der Herrschaft in den Nährboden der Intervention verwandelt." (Bhabha zit. in Grimm ebd. 53)

Hybridität eröffnete dann das Feld, das sich als Synergieeffekt kennzeichnen ließe und neue, fruchtbare Interventionsmöglichkeiten, Deutungsfelder und kreative Kompetenzen zusammenführt, die sich jenseits eines ethnisierenden und ethnozentrischen Diskurses bewegt.

„Intervention" kann sowohl das vermittelnde Eingreifen in einen Disput als auch das machtvolle, bewaffnete Eingreifen bezeichnen. Es ist durchaus legitim und aus dem Kontext begründet von Subversion zu sprechen, gerade vor dem Hintergrund der hegemonialen Deutungspraxis, wie es in der Analyse der Ausländerforschung deutlich wurde. Dennoch scheint mir diese Spannung zwischen beiden Bedeutungsfeldern von Intervention einen wichtigen Anhaltspunkt zu geben. Aushandeln sehe ich als Praxis von Subjekten in einer reflexiven Situation der Betrachtung diskriminierender Praktiken einer Gesellschaft. Dies geschieht im Kontext eigener lebensgeschichtlicher Verortungen. Die Fallstudien haben zu diesem Verständnis ihren Teil beigetragen.

Ganz konkret – und damit bin ich bei den Grenzen des Ansatzes postkolonialer Theorie angelangt – muß sich diese Betrachtungsweise mit einer Bodenhaftung versehen, die die Prozesse der Hybridisierung nicht nur aus einer Makroperspektive betrachtet, sondern den Perspektivenwechsel so vornimmt, daß gerade aus einer Mikroperspektive subjektives Handeln als Überlebensstrategie – also als spezifische Kultur gesehen werden kann. Nur wenn eine Makro- und eine Mikroperspektive zusammengebracht werden können, wenn sich die Perspektivenerweiterung sowohl theoretisch als auch methodisch begreift (sich gegenseitig durchdringend), dann ist das Projekt gegen die Vorwürfe gefestigt, nur dekonstruktive, intellektuelle Spielarten zu deklamieren.

Statt einer Schlußbetrachtung: Selims Vermächtnis

In dem Roman „*Selim oder Die Gabe der Rede*" von Sten Nadolny (1994), der eine Geschichte über die Beziehung zwischen Deutschland und der Türkei ist, zusammengesetzt aus vielen kleinen Facetten einzelner Lebensgeschichten, gibt es am Ende eine Szene, die mich sehr ergriffen hat. Selim, einer der beiden Protagonisten im Roman, ist ein eingewanderter Ringer aus dem Nordwesten der Türkei. Selim ist bei einem Unfall ums Leben gekommen, und Alexander, der andere Protagonist im Roman und Freund von Selim, reist mit dem Flugzeug von der Beerdigung in der Türkei nach Hause. Alexander, ein Intellektueller, der eine Schule des Redens gegründet hat, versuchte sein Leben lang, so zu werden wie Selim (der Ringer und Gelegenheitsarbeiter), ein so begnadeter Redner.

Da droht durch einen Defekt im Triebwerk das Flugzeug abzustürzen. Alexander nimmt das brennende linke Triebwerk wahr und hört auch schon den Flugkapitän, der meldet, daß das Triebwerk defekt sei und er es jetzt ausschalten werde. Man könne auch mit einem Triebwerk landen. Aber der Kapitän sagt, das rechte Triebwerk werde ausgeschaltet. Hat sich der Kapitän getäuscht – oder will er tatsächlich das noch funktionierende Triebwerk ausstellen? Alexander ist beunruhigt, sieht sich in einer Flugzeugkatastrophe enden und warnt die Stewardeß. Doch die meint, der Kapitän wisse schon, was er mache: Kein Grund zur Aufregung. Alexander besteht auf der Korrektur dieser Entscheidung. Er hat nur noch wenig Zeit.

Was würde Selim tun fragt sich Alexander. Er würde eine Geschichte erzählen. Und Alexander erzählt eine Geschichte, so unwahrscheinlich wie nur möglich und so glaubwürdig, wie eine Geschichte von Selim immer war. Noch nie in seinem Leben war Alexander seinem gerade verstorbenen Freund Selim so nah wie in dieser Szene, im Angesicht seines Todes. Die Geschichte ist im wahrsten Wortsinne phantastisch und zeigt Wirkung, man hört auf Alexander. Als das Flugzeug mit dem wiedereingeschalteten rechten Triebwerk, das brennende linke ist ausgeschaltet worden, notlandet, treffen der Pilot und Alexander aufeinander: „...dann faßt er mich ins Auge. Was wird er wohl sehen? Er kennt mich nicht, aber oft ist das Sehen dem Kennen überlegen. Was sieht er, jetzt, während er mich anblickt? Ich weiß über mich nicht alles, das ist eine meiner Chancen." (Nadolny 1994, 9)

Ich weiß über mich nicht alles, das ist eine meiner Chancen. Diese Erkenntnis hatte (nicht nur) Alexander das Leben gerettet und ihn gleichzeitig Selim sehr nahe gebracht. Ich denke, daß dieser Satz auch als ein Leitmotiv für diese Arbeit gelten kann. Für die Jugendlichen aus Immigrantenfamilien, die in den Gruppengesprächen ihre Themen wie Ablösung und Autonomie inszenierten und präsentierten, damit verbunden Aufbruch und auch Enttäuschungen benannt und verarbeitet haben, stellte sich ein reflexiver Zugang zu der eigenen Symbol- und Deutungswelt her. Sie haben sich in diesem Möglichkeitsraum des selbstreflexiven Verhandelns adoleszenter Themen positioniert: zu den Eltern, zu der Herkunftskultur der Eltern und zur Mehrheitsgesellschaft. Dies geschah unter einer neuen Perspektive, die durch diesen Prozeß möglich gemacht wurde. Auch ich habe meine Perspektive erweitert: Der Zugang zu einer unbekannten Symbol- und Deutungswelt wurde mitgeteilt und vermittelt. Über meine ursprüngliche Forschungsfrage hinausgehend, habe ich meine Vorannahmen relativiert, neue Spuren verfolgt, habe über die Gruppe, über mich und vor allem über unvollständige Kategorien, die viel von der Vielstimmigkeit, die hier geäußert wurde, ersticken würden, mehr erfahren. *Das Sehen ist dem Kennen oft überlegen.*

Vielleicht ist darunter ein Plädoyer für die Unvollständigkeit der Kategorien zu verstehen, für das notwendig immer neu zu Entdeckende, das viele Chancen und schließlich das Bekenntnis für einen kreativen und konstruktiven Umgang mit Unbestimmtheit enthält.

Literatur

Adler, Matthias: Ethnopsychoanalyse. Das Unbewußte in Wissenschaft und Kultur. Stuttgart; New York 1993.
Adorno, Theodor W.: Gesellschaftstheorie und Kulturkritik. Frankfurt a.M. 1981.
Akpinar, Ünal/ Andrés Blasco-López / Jan Vink: Pädagogische Arbeit mit ausländischen Kindern und Jugendlichen. Bestandsaufnahme und Praxishilfen. München 1980
Aktas, Celal: Zur Situation ausländischer Jugendlicher in der Bundesrepublik Deutschland. In: Bericht '99. Zur Situation der ausländischen Arbeitnehmer und ihrer Familien. Bestandsaufnahmen und Perspektiven für die 90er Jahre. Hrsg. von Lieselotte Funcke o.O. 1989
Albrecht, Peter-Alexis/ Christian Pfeiffer: Die Kriminalisierung junger Ausländer. Befunde und Reaktionen sozialer Kontrollinstanzen. München 1979
Alter, Peter: Nationalismus. Frankfurt a.M. 1985.
Amit-Talai, Veret/Helena Wulff (eds.): Youth Cultures. A Cross Cultural Perspective. London 1995.
Amit-Talai, Veret: The ‚multi' cultural of youth. In dies. 1995
Anderson, Benedict: Die Erfindung der Nation. Zur Karriere eines erfolgreichen Konzepts. Frankfurt a.M. 1988.
Apitzsch, Ursula: Migration und Ethnizität. In: Peripherie Nr. 50 (1993).
Auernheimer, Georg: Der sogenannte Kulturkonflikt. Orientierungsprobleme ausländischer Jugendlicher Frankfurt a.M. 1988.
Augé, Marc: Orte und Nicht-Orte. Vorüberlegungen zu einer Ethnologie der Einsamkeit. Frankfurt a.M. 1994.
Bade, Klaus J.: Vom Auswanderungsland zum Einwanderungsland? Deutschland 1880-1980. Berlin 1983.
Bade, Klaus J.(Hrsg.): Deutsche im Ausland – Fremde in Deutschland. Migration in Geschichte und Gegenwart. München 1992.
Bade, Klaus J. (Hrsg.): Das Manifest der 60. Deutschland und die Einwanderung. München 1994.
Baier, Lothar: Gleichheitszeichen. Streitschriften über Abweichung und Identität. Berlin 1985.
Baier, Lothar: Die verleugnete Utopie: Zeitkritische Texte. Berlin 1993.
Balibar, Etienne/ Immanuel Wallerstein: Rasse, Klasse, Nation. Ambivalente Identitäten. Hamburg 1990.
Bauman, Janina: Als Mädchen im Warschauer Ghetto. Ein Überlebensbericht. München 1986.
Bauman, Zygmunt: Moderne und Ambivalenz. Das Ende der Eindeutigkeit. Hamburg 1992.
Bauman, Zygmunt: Das Urteil von Nürnberg hat keinen Bestand. Rassismus, Antirassismus und moralischer Fortschritt. In: Das Argument 200/1993.
Bauman, Zygmunt: Das Jahrhundert der Lager? In: Kommune 12/1993 (=1993b).
Bauman 1993c = Gespräch mit Janina Bauman und Zygmunt Bauman. In: Mittelweg 36, August/September 1993.
Bauman, Zygmunt: Parvenü und Paria. Helden und Opfer der Moderne. In: Merkur,

Heft 3, März 1994.
Bauman, Zygmunt: Allosemitism: Premodern, Modern, Postmodern. Unveröffentlichtes Manuskript. 1994. (=1994b)
Beck, Ulrich: Risikogesellschaft. Auf dem Weg in eine andere Moderne. Frankfurt a.M: 1986.
Beck, Ulrich/Elisabeth Beck-Gernsheim: Das ganz normale Chaos der Liebe. Frankfurt a.M. 1990.
Ben Jelloun, Tahar: Mit gesenktem Blick. Reinbek 1992.
Berger, Hartwig: Untersuchungsmethode und soziale Wirklichkeit. Frankfurt/M. 1974.
Berger, Hartwig: Vom Klassenkampf zum Kulturkonflikt – Wandlungen und Wendungen der westdeutschen Migrationsforschung. In: Dittrich/Radtke 1990
Bhabha, Homi K.: The Third Space. In: Jonathan Rutherford (ed.): Identity, Community, Culture, Difference. London 1990
Bhabha, Homi K.: The Location of Culture. London; New York 1994.
Bhabha, Homi K.: Postkoloniale Kritik. Vom Überleben der Kultur. In: Das Argument 215/1996
Bielefeld, Uli: Inländische Ausländer. Zum gesellschaftlichen Bewußtsein türkischer Jugendlicher in der Bundesrepublik. Frankfurt a.M. 1988.
Bielefeld, Uli (Hg.): Das Eigene und das Fremde. Neuer Rassismus in der alten Welt? Hamburg 1991.
Bielefeld, Uli: Das Konzept des Fremden und die Wirklichkeit des Imaginären. In: Bielefeld 1991.
Bielefeld, Uli: Das grausame Idyll der Postmoderne. Zygmunt Baumans Vorschläge zur Soziologie des Nationalstaates und des Fremden. In: Mittelweg 36, August/September 1993.
Bielefeld, Uli/ Reinhard Kreissl/ Thomas Münster: Junge Ausländer im Konflikt. Lebenssituationen und Überlebensformen. München 1982.
Bodenbender, Wolfgang: Zwischenbilanz der Ausländerpolitik. In: Ronneberger 1977.
Bommes, Michael: Migration und Sprachverhalten. Eine ethnographisch-sprachwissenschaftliche Fallstudie. Wiesbaden 1993.
Bommes, Michael: Die Beobachtung von Kultur. Die Festschreibung von Ethnizität in der bundesdeutschen Migrationsforschung mit qualitativen Methoden. In: Jahrbuch für Sozialgeschichte, Nr. 94. Opladen 1996.
Bommes, Michael/ Albert Scherr: Der Gebrauchswert von Selbst- und Fremdethnisierung in Strukturen sozialer Ungleichheit. In: PROKLA, Heft 83, Juni 1991.
Bös, Matthias: Ethnisierung des Rechts? Staatsbürgerschaft in Deutschland, Frankreich, Großbritannien und den USA. In: Kölner Zeitschrift für Soziologie und Sozialpsychologie 1993, 45/4.
Bosse, Hans: Defence Alliances. From Anxiety to Method in the Analytic Group. In: Group Analysis XV/1, 1982.
Bosse, Hans: Diebe, Lügner, Faulenzer. Frankfurt a.M. 1984.
Bosse, Hans: Zum Ansatz der Ethno-Analyse und Ethno-Hermeneutik. Unveröffentlichtes Manuskript. Frankfurt a.M., 1988.
Bosse, Hans: Zugänge zur verborgenen Kultur der Jugendlichen. Ethnoanalyse in Papua-Neuguinea und ethnohermeneutische Textinterpretation. In: Combe/Helsper (Hrsg.) 1991.
Bosse, Hans: Das Fremde am Mann. In: Zeitschrift für Sexualforschung. Heft 2, 1992.
Bosse, Hans: Männliche und weibliche Lebensentwürfe. Fallstudien zur adoleszenten

Trennung und Integration ethnischer und westlicher Kultur. Unveröffentlichtes Manuskript, Frankfurt a.M. 1993.

Bosse, Hans: Der fremde Mann. Jugend, Männlichkeit, Macht. Eine Ethnoanalyse. Unter Mitarbeit von Werner Knauss Frankfurt a.M. 1994.

Bosse, Hans: Innere und äußere Determinanten für einen neuen Entwurf weiblicher Identität im Verlaufe „innerer Modernisierung". Junge Frauen beim Übergang von ethnisch-dörflicher zu modern-städtischer Kultur in Papua-Neuguinea. In: Verena Haller (Hg.): Mädchen zwischen Tradition und Moderne. Österreichischer Studienverlag 1994. (=1994b)

Bosse, Hans. Ein Leben für Amban. Unveröffentlichtes Manuskript, Frankfurt a.M. 1994 (=1994c)

Bosse, Hans: Nicht länger Daddys Liebling. Schicksale schöpferischer Weiblichkeit in der Adoleszenz. In: Evelyn Heinemann und Günter Krauss (Hg.): Geschlecht und Kultur. Beiträge zur Ethnopsychoanalyse. Nürnberg 1995.

Bosse, Hans: Festung Europa. Gruppenanalytische Team- und Fallsupervision kulturell gemischter Teams in einer Zeit neuer Barrieren gegen Flüchtlinge in Europa. In: W. Knauss/U. Keller: 9th European Symposium in Group Analysis: Boundaries and Barriers. Heidelberg 1995.

Bosse, Hans: Entstehung und Ritualisierung von Geschichtsbewußtsein. Eine ethnoanalytische Argumentation mit Fallmaterial aus einer sich modernisierenden Gesellschaft. Vortrag auf der Tagung „Geschichtsbewußtsein und Psychoanalyse" der Universität Bielefeld vom 8.-11.2.1995, Manuskript, Frankfurt/M. 1995. (=1995b)

Bosse, Hans: Die Öffentlichkeit des Intimen. Psychoanalytisch-sozialwissenschaftliche Hermeneutik des Rituals in analytischen Gruppen. Aus einer ethnoanalytischen Forschung in Papua-Neuguinea. In: Jahrbuch für Gruppenanalyse und ihre Anwendungen. Bd. 2, 1996.

Bosse, Hans/Vera King: Adoleszenz und die Ambivalenz zwischen der Angst vor dem Fremden und der Sehnsucht nach dem Fremden. Fallstudie einer Gruppe von Spätadoleszenten, interpretiert mit dem Ansatz psychoanalytisch-sozialwissenschaftlicher Hermeneutik. In: Hans-Dieter König (Hrsg.): Sozialpsychologie des Rechtsextremismus. Beiträge zu einer hermeneutischen Sozialforschung. Frankfurt a.M. 1998.

Bosse, Hans/Werner Knauss: Erfahrungen mit Jugendlichen in Papua-Neuguinea. Die Gruppenanalyse als Methode, gesellschaftliche Veränderungen zu verstehen. In: Psychosozial 23. Der Spiegel des Fremden, Reinbek 1984.

Bosse, Hans/Maria Kontos: Die verleugnete Einwanderung. Rückkehrnorm und – phantasie in der Migration in ihrer Bedeutung für die Interaktion zwischen Schule und Migration. Unveröffentlichtes Manuskript, Frankfurt a.M. 1993

Bourdieu, Pierre: Entwurf einer Theorie der Praxis. Frankfurt a.M. 1976.

Boyer, Bryce L.: Die Psychoanalyse in der Ethnologie. In: Psyche 8, 1980.

Breuer, Ingeborg: In der Welt der Touristen und der Vagabunden. Ein Gespräch mit dem polnischen Philosophen Zygmunt Bauman über die Schwierigkeiten des postmodernen Lebens. In: Frankfurter Rundschau vom 19.10.1996.

Brubaker, Rogers: Staats-Bürger. Deutschland und Frankreich im historischen Vergleich. Hamburg 1994.

Buber, Martin (1954): Das dialogische Prinzip. Heidelberg 1984.

Buch, Hans Christoph: Tropische Früchte. Afro-amerikanische Impressionen Frankfurt a.M. 1993.

Büchner, Peter/Heinz-Hermann Krüger/Lynne Chisholm (Hrsg.): Kindheit und Jugend im interkulturellen Vergleich. Zum Wandel der Lebenslagen von Kindern und Jugendlichen in der Bundesrepublik Deutschland und in Großbritannien. Opladen 1990.
Bude, Heinz: Kultur als Problem. In: Merkur 9/10 1995.
Bukow, Wolf-Dietrich/ Roberto Llaryora: Mitbürger aus der Fremde. Soziogenese ethnischer Minderheiten. Opladen 1988.
Castles, Stephen: Weltweite Arbeitsmigration, Neorassismus und der Niedergang des Nationalstaats. In: Uli Bielefeld (Hrsg.): Das Eigene und das Fremde. Neuer Rassismus in der alten Welt? Hamburg 1991.
Center for Contemporary Cultural Studies: The Empire Strikes Back. Race and Racism in 70s Britain. London 1982.
Clarke, John: New Times and Old Enemies. Essays on Cultural Studies and America. London 1991.
Clifford, James: Über ethnographische Autorität. In: Trickster 1988, 16.
Cohen, Philip: Wandernde Identitäten. In: Leiprecht 1992.
Cohn-Bendit, Daniel/Thomas Schmid: Heimat Babylon. Hamburg 1992.
Connell, Robert W.: Masculinities. Cambridge 1995.
Connell, Robert W.: Neue Richtungen für Geschlechtertheorie, Männlichkeitsforschung und Geschlechterpolitik. In: L. Christof Armbruster/Ursula Müller/Marlene Stein-Hilbers (Hrsg.): Neue Horizonte? Sozialwissenschaftliche Forschung über Geschlechter und Geschlechterverhältnisse. Opladen 1995. (=1995a)
Combe, Arno/Werner Helsper: Hermeneutische Ansätze in der Jugendforschung: Überlegungen zum fallrekonstruktiven Modell erfahrungswissenschaftlichen Handelns. In: dies. (Hrsg.) 1991.
Combe, Arno/Werner Helsper (Hrsg.): Hermeneutische Jugendforschung. Theoretische Konzepte und methodologische Ansätze. Opladen 1991.
Chodorow, Nancy: Femininities, Masculinities, Sexualities. Freud and beyond. Lexington 1994.
Crapanzano, Vincent: Tuhami. Portait eines marokkanischen Ziegelbrenners. Stuttgart 1985.
Crapanzano, Vincent: Hermes' Dilemma. The Masking of Subversion in Ethnographic Description. In: James Clifford/George Marcus (eds.): Writing Culture. The Poetics and Politics of Ethnography. Berkely 1986.
Cremer, Günter: Sozialisationsbedingungen ausländischer Kinder und Jugendlicher in der Bundesrepublik Deutschland. Eine Literatur- und Forschungsdokumentation. München 1977.
Cross, Malcolm: Migrants and new Minorities in Europe. In: Portes/Kelley 1989.
Czock, Heidrun/Frank-Olaf Radtke: Sprache-Kultur-Identität. Die Obsession der Migrantenpädagogen. In: Stüwe, Gerd/Friedhelm Peters: Lebenszusammenhänge von Ausländern und pädagogische Problematik. Zur Kritik traditioneller Lernorte und Beispiele aktivierender Sozialarbeit. Bielefeld 1984.
Dahme, Hans-Jürgen/ Otthein Rammstedt: Einleitung. In: Georg Simmel. Schriften zur Soziologie. Herausgegeben und eingeleitet von Hans-Jürgen Dahme und Otthein Rammstedt. Frankfurt a.M. 1983.
Dammann, Rüdiger: Die Dialogische Praxis der Feldforschung. Frankfurt/New York 1991.
Das Argument 195, Heft 5, 1992: Anti-Rassismus Methodendiskussion.

Demirkan, Renan: Die Brücke im Januskopf. Vom Altwerden in einem ungastlichen Land. In: Claus Leggewie/Zafer Senocak: Deutsche Türken. Das Ende der Geduld. Reinbek 1993.

Dench, Geoff: Minorities in the open society. Prisoners of Ambivalence. London/New York 1986.

Deutsches Jugendinstitut (Hrsg.): Ausländerarbeit und Integrationsforschung. Bilanz und Perspektiven. München 1987.

Devereux, Georges (1967): Angst und Methode in den Verhaltenswissenschaften. München 1973.

Devereux, Georges: Normal und Anormal. Aufsätze zur allgemeinen Ethnopsychiatrie. Frankfurt a.M. 1982.

Diamond, Stanley: Anthropological traditions: The participants observed. In: George Stocking (ed.): Observers observed. Essays on Ethnographic Fieldwork. London 1983.

Diehm, Isabell: Großwerden in einer multikulturellen Gesellschaft. Kritische Anmerkungen aus pädagogischer Sicht. In: ‚Kinder in den Mittelpunkt'. Dokumentation der Fachtagung zum Internationalen Jahr der Familie am 9. September 1994 in Frankfurt a.M.

Diehm, Isabell/ Frank-Olaf Radtke (1997): Bildungsinhalte einer „multikulturellen Gesellschaft". Probleme der Thematisierung ethnischer Differenz in der Schule. Erscheint in: Achs, Oskar et al.: Lehrplanreform. Neuvermessung der Landkarte des Lernens. 2. Europäisches Bildungsgespräch. Wien.

Diem-Wille, Gertraud: Karrierefrauen und Karrieremänner. Eine psychoanalytisch orientierte Untersuchung ihrer Lebensgeschichte und Familiendynamik. Opladen 1996.

Dittrich, Eckhard J./Frank-Olaf Radtke: Ethnizität. Wissenschaft und Minderheiten. Opladen 1990.

Dohse, Knuth: Ausländische Arbeiter und bürgerlicher Staat. Genese und Funktion von staatlicher Ausländerpolitik und Ausländerrecht. Vom Kaiserreich bis zur Bundesrepublik Deutschland. Königstein/Ts. 1981.

Dubet, François/Didier Lapeyronnie: Im Aus der Vorstädte. Der Zerfall der demokratischen Gesellschaft. Stuttgart 1994.

Duden Deutsches Universalwörterbuch A-Z. Mannheim 1989.

Duerr, Hans Peter: Nacktheit und Scham. Der Mythos vom Zivilisationsprozeß. Bd. 1. Frankfurt a.M. 1988.

Dwyer, Kevin: On the Dialogic of Field Work. In: Dialectical Anthropology 2, 1977.

Dwyer, Kevin: The Dialogic of Ethnology. In: Dialectical Anthropology 4, 1979.

Dwyer, Kevin: Moroccan Dialogues. Anthropology in Question. Baltimore/London 1982.

Elias, Norbert/ John L. Scotson: Etablierte und Außenseiter. Frankfurt a.M. 1990.

Elschenbroich, Donata: Eine Nation von Einwanderern. Ethnisches Bewußtsein und Integrationspolitik in den USA. Frankfurt a.M. 1986.

Emre, Gültekin: 300 Jahre Türken an der Spree. Berlin 1983.

Erdheim, Mario: Die gesellschaftliche Produktion von Unbewußtheit. Eine Einführung in den ethnopsychoanalytischen Prozeß. Frankfurt a.M. 1984.

Erdheim, Mario: Sigmund Freud. In: Marschall 1990.

Erdheim, Mario/Maya Nadig: Ethnopsychoanalyse. In: Herrschaft, Anpassung, Widerstand (Ethnopsychoanalyse 2). Frankfurt a.M. 1991.

Esser, Hartmut/ Jürgen Friedrichs (Hrsg.): Generation und Identität. Theoretische und empirische Beiträge zur Migrationssoziologie. Opladen 1990.

Fijalkowski, Jürgen: Aggressive Nationalism, Immigration Pressure and Asylum Policy Disputes in Contemporary Germany. In: imr Vol. 27. Nr. 4, 1993.

Firat, Ibrahim: Nirgends zu Hause!? Türkische Schüler zwischen Integration in der Bundesrepublik Deutschland und Remigration in die Türkei. Eine sozialpsychologisch-empirische Untersuchung. Frankfurt a.M. 1991.

Freud, Sigmund: Das Unheimliche. In: Gesammelte Werke Bd. 12. Frankfurt a.M. 1966.

Freud, Sigmund: Totem und Tabu. In: Sigmund Freud. Studienausgabe Band IX. Frankfurt a.M. 1982.

Geertz, Clifford: Angestammte Loyalitäten, bestehende Einheiten. Anthropologische Reflexionen zur Identitätspolitik. In: Merkur, Heft 5, 48. Jg., 1994.

Geiger, Klaus F.: Die Marginalisierung der EinwanderInnen und ihrer ErforscherInnen – Kritische Thesen zum öffentlichen Diskurs über Arbeitseinwanderung in der BRD. In: Leveau/Ruf 1991.

Genazino, Wilhelm: Vorsicht Baustelle. In: Frankfurter Rundschau vom 20.1.1996.

Giordano, Christian: „Miserabilismus" als Ethnozentrismus. Zur Kritik der Kulturkonfliktthese. In: Greverus et al. (Hrsg.) 1988.

Goldhagen, Daniel J.: Hitlers willige Vollstrecker. Ganz gewöhnliche Deutsche und der Holocaust. Berlin 1996.

Greverus, Ina-Maria: Kultur und Alltagswelt. Eine Einführung in kulturanthropologische Fragestellungen. München 1978.

Greverus, Ina-Maria: Ethnizität und Identitätsmanagement. In: Schweizer Zeitschrift für Soziologie 7, No. 2, 1981.

Greverus, Ina-Maria et al. (Hrsg.): Kulturkontakt-Kulturkonflikt. Zur Erfahrung des Fremden. Frankfurt a.M. 1988.

Griese, Hartmut, M.: Ausländer – zwischen Politik und Pädagogik. Beiträge zur Sozialisation und Identitätsproblematik der ‚zweiten Generation' in Kindes- und Jugendalter. Bonn 1981.

Griese, Hartmut M. (Hrsg.): Der gläserne Fremde. Bilanz und Kritik der Gastarbeiterforschung und der Ausländerpädagogik. Leverkusen 1984.

Grimm, Sabine: Postkoloniale Kritik. Edward Said, Gayatri C. Spivak, Homi K. Bhabha. In: Die Beute 2/1997

Grossberg, Lawrence: Cultural Studies. Was besagt ein Name? In: IKUS-Lectures Nr. 17 & 18/1994.

Güc, Fatih: Die geteilte Familie. Auswirkungen des Wanderungsprozesses auf die Familiendynamik. In: Kentenich et al. 1990.

Gümen, Sedef: Die soziale Konstruktion kultureller Differenzen in der bundesdeutschen Frauen- und Migrationsforschung. In: Beiträge zur erziehungswissenschaftlichen Migrations- und Minderheitenforschung, 2. Frankfurt a.M. 1995.

Gündüz, Vassaf: Wir haben unsere Stimme noch nicht laut gemacht. Türkische Arbeiterkinder in Europa. Felsberg; Istanbul 1985.

Gür, Metin: Warum sind sie kriminell geworden? Türkische Jugendliche in deutschen Gefängnissen. Essen 1990.

Haase, Helga (Hg.): Ethnopsychoanalyse. Wanderungen zwischen den Welten. Stuttgart 1996.

Hall, Stuart: Rassismus und kulturelle Identität. Hamburg 1994.

Hall, Stuart (ed.): Representation. Cultural Representations and Signifying Practices. London 1997.
Hausmann, Ulrich: Der Geist der Utopie. Die Moderne und der Holocaust. In: Kommune 12/1993.
Heckmann, Friedrich: Theoretische Positionen der Forschung über Arbeitsmigration in der Bundesrepublik Deutschland. Von der Gastarbeiterforschung zur Migrations- und Minoritätensoziologie? In: Deutsches Jugendinstitut 1987.
Heinrichs, Hans-Jürgen (Hg.): Das Fremde verstehen. Gespräche über Alltag, Normalität und Anormalität. Frankfurt a.M. 1985.
Heinrichs, Hans-Jürgen: Die katastrophale Moderne. Von der Endzeitstimmung zur Alltagsmagie. Frankfurt a.M. 1987.
Heinrichs, Hans-Jürgen: Inmitten der Fremde. Von In- und Ausländern. Reinbek 1992.
Heinrichs, Hans-Jürgen: Grenzgänger der Moderne. Hamburg 1994.
Heitmeyer, Wilhelm/Joachim Müller/Helmut Schröder: Verlockender Fundamentalismus. Frankfurt a.M. 1997.
Herdt, Gilbert H./ Robert J. Stoller. Der Einfluß der Supervision auf die ethnographische Praxis. In: Hans Peter Duerr (Hrsg.): Die Wilde Seele. Zur Ethnopsychoanalyse von Georges Devereux. Frankfurt a.M. 1987.
Hernández, Jesús/ Andrés López-Blasco: Die Integrationsforschung in der Bundesrepublik Deutschland. In: Weidacher/López-Blasco 1982.
Hoffmann, Hilmar/Dieter Kramer (Hrsg.): Anderssein, ein Menschenrecht. Über die Vereinbarkeit universaler Normen mit kultureller und ethnischer Vielfalt (Römerberggespräche 1994). Weinheim 1995.
Hoffmann, Klaus: Leben in einem fremden Land. Wie türkische Jugendliche ‚soziale' und ‚persönliche' Identität ausbalancieren. Bielefeld 1990.
Hoffmann, Lutz: Die unvollendete Republik. Einwanderungsland oder deutscher Nationalstaat. Köln 1990.
Hoffmann-Nowotny, Hans-Joachim: Soziologie des Fremdarbeiterproblems. Eine theoretische und empirische Analyse am Beispiel der Schweiz. Stuttgart 1973.
Holler, Ulrike/Anne Teuter (Hrsg.): Wir leben hier! Ausländische Jugendliche berichten. Frankfurt a.M. 1992.
Holtbrügge, Heiner: Türkische Familien in der Bundesrepublik Deutschland. Erziehungsvorstellungen und familiäre Rollen- und Autoritätsstruktur. Duisburg 1975.
Hoskin, Marilyn: New Immigrants and Democratic Society. Minority Integration in Western Democraties. New York 1991.
Jabès, Edmond: Ein Fremder mit einem kleinen Buch unter dem Arm. München 1993
Jäger, Margret: Fatale Effekte. Die Kritik am Patriarchat im Einwanderungsdiskurs. Duisburg 1996.
Jäger, Siegfried: BrandSätze. Rassismus im Alltag. Duisburg 1993.
JanMohamed, Abdul R./ David Lloyd (eds.): The Nature and Context of Minority Discourse. Oxford; New York 1990.
Jones, Ernest: Das Mutterrecht und die sexuelle Unwissenheit der Wilden. In: Imago 13, 1927.
Jones, Ernest: Sigmund Freud. Leben und Werk. Drei Bände. München 1984.
Kallmünzer-Furtner, Maria: Brüche in der Biographie von ausländischen Kindern und Jugendlichen der zweiten Generation. In: Deutsches Jugendinstitut 1987.
Kaschuba, Wolfgang (Hg.): Kulturen – Identitäten – Diskurse. Perspektiven Europäischer Ethnologie. Berlin 1995.

Kastoryano, Riva: La France, l'Allemagne et leurs immigres: negocier l'identité. Paris 1996.
Kentenich, Heribert/ Peter Reeg/Karl-Heinz Wehkamp (Hrsg.): Zwischen zwei Kulturen: Was macht Ausländer krank? Frankfurt a.M. 1990.
Kersten, Joachim: Risiken und Nebenwirkungen: Gewaltorientierungen und die Bewerkstelligung von ‚Männlichkeit' und ‚Weiblichkeit' bei Jugendlichen der *underclass*. In: Krim. Journal, 6. Beiheft 1997.
King, Vera: Die Urszene der Psychoanalyse. Adoleszenz und die Geschlechterspannung im Fall Dora. Stuttgart 1995.
King, Vera: Zur Frage von Macht und Moral im Selbstverständnis kritischer Sozialforschung. In: Evelyn Heinemann und Günther Krauß (Hg.). Beiträge zur Ethnopsychoanalyse. Der Spiegel des Fremden. Nürnberg 1992.
Klee, Ernst: Die Nigger Europas. Zur Lage der Gastarbeiter. Düsseldorf 1973.
Kluge, Friedrich: Etymologisches Wörterbuch der deutschen Sprache. 22. Auflage. Berlin; New York 1989.
Knetsch, Heidi/ Stefan Richwien: Ich war nicht in mir, ich war außer mir... Impressionen vom Leben türkischer Kinder und Jugendlicher in der Bundesrepublik Deutschland. München 1983.
Kohl, Karl-Heinz: Exotik als Beruf. Zum Begriff der ethnographischen Erfahrung bei B. Malinowski, E.E. Pritchard und C. Lévi-Strauss. Wiesbaden 1979.
Konzept für Jugendarbeit im Einwanderertreff e.V. Herausgegeben vom Einwanderertreff e.V. Frankfurt a.M. o. J.
Korn, Benjamin: Eines Lebens Reise ans Ende der Nacht. In: Die Zeit Nr. 22, vom 27. Mai 1994.
Korte, Hermann: Einführung in die Geschichte der Soziologie. Opladen 1993.
Korte, Hermann: Guestworker Question or Immigration Issue? Social Sciences and Public Debate in the Federal Republic of Germany. In: Klaus J. Bade (ed.): Population, Labour and Migration in 19th and 20th Century Germany. Kanington 1987.
Kramer, Dieter: Die Furcht vor dem Fremden und die Sicherheit im Getto. In: Hoffman/Kramer 1995.
Kramer, Fritz: Verkehrte Welten. Zur imaginären Ethnograhie des 19. Jahrhunderts. Frankfurt a.M. 1977.
Kreimeier, Klaus: „In die schwarze Farbe der Nacht gehüllt..." Afrika und wir. In: Theye, Thomas (Hrsg.): Wir und die Wilden. Einblicke in die kannibalische Beziehung. Reinbek 1985.
Kureishi; Hanif: Wir leben alle in unterschiedlichen Gettos. Ein Gespräch mit dem britischen Erzähler, Drehbuchautor und Regisseur Hanif Kureishi über Kino, Kultur & Politik. In: Frankfurter Rundschau vom 23. 8.1994.
Kürsat-Ahlers Elcin H. (Hrsg.): Die multikulturelle Gesellschaft. Der Weg zur Gleichstellung? Frankfurt a.M. 1992.
Kürsat-Ahlers, Elcin H.: Das Stigma des Einwanderers. Über die Macht, Kultur und Abwehr in Einwanderungsprozessen. In: dies. 1992.
Lamnek, Siegfried: Qualitative Sozialforschung. Methoden und Techniken. (Band 2) München 1989.
Laplanche, J./J.-B. Pontalis: Das Vokabular der Psychoanalyse. Frankfurt a.M. 1986
Leclerc, Gérard: Anthropologie und Kolonialismus. Frankfurt a.M. 1976.
Leggewie, Claus: Das Ende der Lebenslügen: Plädoyer für eine neue Einwanderungspolitik. In: Bade 1994.

Leggewie, Claus/ Zafer Senocak (Hrsg.): Deutsche Türken. Das Ende der Geduld. Reinbek 1993.

Leiprecht, Rudolf (Hg.): Unter Anderen. Rassismus und Jugendarbeit. Duisburg 1992.

Leveau, Rémy/ Werner Ruf (Hrsg.):Migration und Staat. Inner- und intergesellschafliche Prozesse am Beispiel Algerien, Türkei, Deutschland und Frankreich. Münster 1991.

Lévi-Strauss, Claude (ed.): L'Identité. Seminaire interdisciplinaire dirigée par Claude Lévi-Strauss. Paris 1977.

Linkenbach, Antje: Opake Gestalten des Denkens. Jürgen Habermas und die Rationalität fremder Lebensformen. München 1986.

Lütkehaus, Ludger: Dieses wahre innere Afrika. Texte zur Entdeckung des Unbewußten vor Freud. Frankfurt a.M. 1989.

Maffesoli, Michel: Le temps de tribus, le declin de l'individualisme dans les sociétés de masse. Paris 1988.

Malinowski, Bronislaw (1927): Geschlecht und Verdrängung in primitiven Gesellschaften. Frankfurt a.M. 1981.

Maranhão, Tullio: The Interpretation of Dialogue. Chicago 1990.

Marschall, Wolfgang (Hg.): Klassiker der Kulturanthropologie. Von Montaigne bis Margaret Mead. München 1990.

Mecheril, Paul/Thomas Teo (Hrsg.): Andere Deutsche. Zur Lebenssituation von Menschen multiethnischer und multikultureller Herkunft. Berlin 1994.

Mehrländer, Ursula: Situation der ausländischen Arbeitnehmer und ihrer Familienangehörigen in der Bundesrepublik Deutschland. Bonn 1981.

Mehrländer; Ursula: Türkische Jugendliche – keine berufliche Chance in Deutschland? Bonn 1983.

Meillassoux, Claude: Gegen eine Ethnologie der Arbeitsmigration in Westeuropa. In: Blaschke, J./ K Greussing. (Hrsg.): „Dritte Welt" in Europa. Probleme der Arbeitsmigration. Frankfurt a.M. 1980.

Mitscherlich, Alexander: Auf dem Weg zur vaterlosen Gesellschaft. München 1963.

Morrison, Toni: Vom Schatten schwärmen. Essays. Reinbek 1996.

Müller-Doohm, Stefan: Von der Utopie der Erkenntnis. (Harro Zimmermann im Gespräch mit dem Adorno-Forscher Stefan Müller-Doohm). In: Frankfurter Rundschau vom 30.11.1996.

Nadig, Maya: Die verborgene Kultur der Frau. Ethnopsychoanalytische Gespräche mit Bäuerinnen in Mexiko. Frankfurt a.M. 1992.

Nadolny, Sten: Selim oder Die Gabe der Rede. München 1994

Nancy, Jean-Luc: Lob der Vermischung. Für Sarajewo, März 1993. In: Lettre International, Heft 21, II. Vj., 1993.

Nauk, Bernhard: Migration, ethnische Differenzierung und Modernisierung der Lebensführung. In: Wolfgang Zapf (Hrsg.): Die Modernisierung moderner Gesellschaften. Verhandlungen des 25. Deutschen Soziologentages in Frankfurt am Main 1990. Frankfurt a.M. 1991.

Neckel, Sighard: Die Macht der Unterscheidung. Beutezüge durch den modernen Alltag. Frankfurt a.M. 1993.

Nitzschke, Bernd: Bürger Freud auf der Reise nach Inner-Afrika. In: Die Zeit, Nr. 50, 8. Dezember 1989.

Noiriel, Gérard: Les jeunes d'origines immigrée n'existent pas. In: Lorreyte, Bernard (ed.): Les politiques d'integration des jeunes de l'immigration. Situation française

et comparaison européene. Paris 1989.
Oliver, José F. A.: Kanak Sprak – Schreiben am Ufer der Fremde. Eine Rand-Literatur in Deutschland? In: Universitas Nr. 594, 1995.
Parin, Paul: Die äußeren und die inneren Verhältnisse. In: Paul Parin und Goldy Parin-Matthèy: Subjekt im Widerspruch. Frankfurt a.M. 1986.
Parin, Paul/ Fritz Morgenthaler/Goldy Parin-Matthèy: Die Weißen denken zuviel. Psychoanalytische Untersuchungen bei den Dogon in Westafrika. Frankfurt a.M. 1983.
Pinn, Irmgard: Rassismus und Bevölkerungspolitik. In: Forum Wissenschaft Nr. 3/1992.
Poliakov, Léon: Der arische Mythos. Zu den Quellen von Rassismus und Nationalismus. Hamburg 1993.
Portes, Alejandro M./Patricia Fernandez Kelley: Images of movement in a changing world. A review of current theories of international migration. In: International Review of Comparative Public Policy. A Research Annual. Vol. 1: Immigration in Western Democracies. The United States and Western Europe. Greenwich; London 1989.
Potts, Lydia: Weltmarkt für Arbeitskraft. Von der Kolonisation Amerikas bis zu den Migrationen der Gegenwart. Hamburg 1988.
Pühl, Harald: Angst in Gruppen und Institutionen. Frankfurt a.M. 1988.
Radtke, Frank-Olaf: Lob der Gleichgültigkeit. Die Konstruktion des Fremden im Diskurs des Multikulturalismus. In: Bielefeld 1991.
Radtke, Frank-Olaf: Fremde und Allzufremde. Zur Ausbreitung des Ethnologischen Blicks in der Einwanderungsgesellschaft. In: Hans-Rudolf Wicker et al. (Hrsg.): Das Fremde in der Gesellschaft: Migration, Ethnizität und Staat. Zürich 1996.
Rech, Stefan: Differenz und Gleichheit. Zur Innenperspektive einer multikulturellen Cité. Unveröffentlichte Magisterarbeit im Fachbereich 9 der Johann Wolfgang Goethe-Universität, Frankfurt a. M. 1992.
Reiche, Reimut: Geschlechterspannung. Eine psychoanalytische Untersuchung. Frankfurt a.M. 1990.
Reichmayr, Johannes: Einführung in die Ethnopsychoanalyse. Geschichte, Theorien, Methoden. Frankfurt a.M. 1995.
Richmond, Anthony H.: Immigration and Ethnic Conflict. Houndmills/London 1988.
Richmond, Anthony H.: Race Relations and Immigration: A Comparative Perspective. In: International Journal of Comparative Sociology XXXI, 3-4, 1990.
Ringer, Benjamin/Elinor Lawless: Race, Ethnicity and Society. London; New York 1989.
Róheim, Géza: Psychoanalyse und Anthropologie. Drei Studien über die Kultur und das Unbewußte. Frankfurt a.M. 1977.
Róheim, Géza: Psychoanalyse und Anthropologie. In: Psyche 12, 1974.
Römhild, Regina: Die Macht des Ethnischen. Dekonstruktionen und Rekonstruktionen rußlanddeutschen „Deutschseins" Dissertation am FB 09 der Johann Wolfgang - Goethe Universität, Frankfurt a.M. 1996.
Ronneberger, Franz (Hg.): Türkische Kinder in Deutschland. Referate und Ergebnisse des Seminars der Südosteuropa Gesellschaft über Bildungsprobleme und Zukunftserwartungen der Kinder türkischer Gastarbeiter. Nürnberg 1977.
Rushdie, Salman: Scham und Schande. München 1983.
Rushdie, Salman: Osten, Westen. München 1995.

Sandner, Dieter: Gruppenanalyse. Theorie, Praxis und Forschung. Berlin; Heidelberg 1986.

Sauter, Sven: Gefährliche Fremdheit. Bedrohungsphantasien und Rettungsmotive in der bundesdeutschen Ausländerforschung. Erscheint in: Smaus, G./Althoff, M./Cremer-Schäfer, H./Reinke, H./Löschper, G. (Hrsg.): Integration und Ausschließung – Kriminalpolitik und Kriminalität in Zeiten gesellschaftlicher Transformation. Baden-Baden 2000

Schiffauer, Werner: Die Gewalt der Ehre. Erklärungen zu einem türkisch-deutschen Sexualkonflikt. Frankfurt a.M. 1983.

Schiffauer, Werner: Die Migranten aus Subay. Türken in Deutschland – eine Ethnographie. Stuttgart 1991.

Schlüter-Müller, Susanne: Psychische Probleme von jungen Türken in Deutschland. Psychiatrische Auffälligkeit von ausländischen Jugendlichen in der Adoleszenz. Eine epidemiologische Längsschnittuntersuchung. Eschborn 1992.

Schmalz-Jacobsen, Cornelia/Georg Hansen: Ethnische Minderheiten in der Bundesrepublik Deutschland. Ein Lexikon. München 1995.

Schrader, Achim/ Bruno Nikles/ Hartmut Griese: Die zweite Generation. Sozialisation und Akkulturation ausländische Kinder in der Bundesrepublik. Kronberg 1977.

Seidel-Pielen, Eberhard: Politik auf der Straße. Türkische Jugendliche zwischen Ohnmacht und Militanz. In: Claus Leggewie/Zafer Senocak (Hrsg.) 1993.

Senocak, Zafer: Atlas des Tropischen Deutschland. Berlin 1993.

Senocak, Zafer: War Hitler Araber? IrreFührungen an den Rand Europas. Berlin 1994.

Senocak, Zafer: Krieg und Frieden in Deutschland – Gedanken über die deutsch-türkische Zukunft. In: Hoffmann/Kramer 1995.

Sombart, Nicolaus: Die deutschen Männer und ihre Feinde. Carl Schmitt – ein deutsches Schicksal zwischen Männerbund und Matriarchatsmythos. München 1991.

Sommer, Jörg: Dialogische Forschungsmethoden. Eine Einführung in die dialogische Phänomenologie, Hermeneutik und Dialektik. München; Weinheim 1987.

SPoKK (Hrsg.): Kursbuch Jugendkultur. Stile, Szenen und Identitäten vor der Jahrtausendwende. Mannheim 1997.

Stagl, Justin: Die Beschreibung des Fremden in der Wissenschaft. In: Hans Peter Duerr (Hg.): Der Wissenschaftler und das Irrationale Bd. 1. Frankfurt a.M. 1981.

Stagl, Justin: Kulturanthropologie und Gesellschaft. Eine wissenssoziologische Darstellung der Kulturanthropologie und Ethnologie. Berlin 1981 (=1981b).

Stefanov, Nenad/ Michael Werz (Hrsg.): Bosnien und Europa. Die Ethnisierung der Gesellschaft. Frankfurt a.M. 1994.

Stockhammer, Siegfried: Schnappschüsse in Schwarzweiss, oder wo liegt Afrika. Kolonialistische Denkformen in Hegels Geschichtsphilosophie und Freuds Metapsychologie. In: Österreichische Zeitschrift für Soziologie 2, 1985.

Straube, Hanne: Türkisches Leben in der Bundesrepublik. Frankfurt a.M. 1987.

Stüwe, Gerd: Türkische Jugendliche in Berlin-Kreuzberg. Eine Untersuchung. Bensheim 1982.

Stüwe, Gerd: Klischees und Selbstbilder. Lebenslagen, Perspektiven und Identitätsfindung von Jungen und Mädchen aus Migrantenfamilien. Berlin 1988.

Tertilt, Hermann: Turkish Power Boys. Ethnographie einer Jugendbande. Frankfurt a. M. 1996.

Thränhardt, Dietrich: ‚Ausländer' als Objekte deutscher Interessen und Ideologien. In: Griese 1984.

Tillmann, Klaus-Jürgen (Hrsg.): Jugend weiblich – Jugend männlich. Sozialisation, Geschlecht, Identität. Opladen 1992.
Treibel, Annette: Engagement und Distanzierung in der westdeutschen Ausländerforschung. Eine Untersuchung ihrer soziologischen Beiträge. Stuttgart 1988.
Treibel, Annette: Transformationen des Wir-Gefühls. Nationale und ethnische Zugehörigkeiten in Deutschland. In: Transformationen des Wir-Gefühls, Hrsg v. R. Blomert et al., Frankfurt a.M. 1993.
Tselikas, Elektra I.: Minderheit und soziale Identität. Soziale Wahrnehmung und Identitätskonstruktion bei Schweizern und Ausländerkindern. Königstein/Ts. 1986.
Tsiakalos, Georgios: Ausländerfeindlichkeit. Tatsachen und Erklärungsversuche. München 1983.
Tyler, Stephen A.: Das Unaussprechliche. Ethnographie, Diskurs und Rhetorik in der postmodernen Welt. München 1991.
Waldhoff, Hans-Peter: Fremde und Zivilisierung. Wissenssoziologische Studien über das Verarbeiten von Gefühlen der Fremdheit. Probleme der modernen Peripherie-Zentrums-Migration am deutsch-türkischen Beispiel. Frankfurt a.M. 1995.
Wallraff, Günter: Ganz unten. Köln 1985
Walz, Hans, D.: Zur Situation von Jugendlichen Gastarbeitern in Familie, Freizeit, Schule und Beruf. München 1980.
Weber, Cora: Selbstkonzept, Identität und Integration. Eine empirische Untersuchung türkischer, griechischer und deutscher Jugendlicher in der Bundesrepublik Deutschland. Berlin 1989.
Webster, Steven: Dialogue and Fiction in Ethnography. In: Dialectical Anthropology 7, 1982 S. 91-114.
Weidacher, Alois/Andrés López-Blasco: Ausländerpolitik und Integrationsforschung in der Bundesrepublik Deutschland. München 1982.
Weidacher, Alois: Ausländische Arbeiterfamilien, Kinder und Jugendliche. 3 Bände München 1981/1982/1982 (Ausführliche und kommentierte Bibliographie).
Weidacher, Alois: Ausländische Arbeiterfamilien, Kinder und Jugendliche. Situationsanalyse und Maßnahmen. München 1983.
Weische-Alexa, Pia: Sozial-Kulturelle Probleme junger Türkinnen in der Bundesrepublik Deutschland. Köln 1977.
Weiss, Florence: Die dreisten Frauen. Ethnopsychoanalytische Gespräche in Papua-Neuguinea. Frankfurt a.M. 1991.
Weiss, Florence: Die dreisten Frauen. Vortrag im Frobenius-Institut, Frankfurt a. M. vom 21.6.1993.
Wierlacher, Alois (Hrsg.): Kulturthema Fremdheit. Leitbegriffe und Problemfelder kulturwissenschaftlicher Fremdheitsforschung. München 1993.
Wierlacher, Alois: Kulturwissenschaftliche Xenologie. In: ders. 1993.
Willers, Dietrich: Die Schulausbildung türkischer Kinder in der Bundesrepublik Deutschland in Hinblick auf deren Remigration ins Heimatland. In: Ronneberger 1977.
Williams, Raymond: Culture. London 1981.
Willis, Paul: Spaß am Widerstand. Gegenkultur in der Arbeiterklasse. Frankfurt a.M. 1979.
Wilpert, Czarina: Die Zukunft der zweiten Generation. Erwartungen und Verhaltensmöglichkeiten ausländischer Kinder. Königstein 1980.
Wimmer, Andreas: Kultur. Zur Reformulierung eines sozialanthropologischen Grund-

Ethnopsychoanalyse

Bethi Blaser
Der autonome Künstler
*Zur Künstlerexistenz von Mercurius Weisenstein und Joseph Beuys Schriften zur Ethnopsychoanalyse 2
184 S., DM 29,80/öS 218,-/sFr 29,80 vierf. Pb., ISBN 3-86099-164-7*
Ausgehend vom modernen Kunst- und Künstlerselbstverständnis J. Beuys' findet die Autorin in ihrer Untersuchung dessen Vorstellungen vom Ausstellungskünstler auch heutzutage wieder vor. In Gesprächen mit M. Weisenstein untersucht sie, wie J. Beuys' Vorstellungen unbewußt Weisensteins Denken und Handeln als einen modernen Künstler beeinflussen. Ein aktueller Beitrag zum Kunst- und Künstlerselbstverständnis der Gegenwart.

Ute Meiser
Sie leben mit den Ahnen
*Krankheit, Adoption und Tabukonflikt in der polynesisch-tonganischen Kultur Schriften zur Ethnopsychoanalyse 1
216 S., DM 36,-/öS 263,-/sFr 35,- vierf. Pb., Fotos, ISBN 3-86099-301-1*
Im Mittelpunkt steht die ethnopsychoanalytische Interpretation von Gesprächen und Beziehungen der Autorin mit den Tonganerinnen, die sie in Rahmen einer einjährigen Feldforschung führte.
»Das Originäre dieser Arbeit besteht darin, die ethnopsychoanalytische Idee mit dem Konzept der Handlungsforschung zusammenzuführen.« *(Anthropos 1/97)*

Bitte fordern Sie auch unser Gesamtverzeichnis an:

**Brandes & Apsel Verlag
Scheidswaldstr. 33
D-60385 Frankfurt a. M.**
e-mail: brandes-apsel@t-online.de
Internet: www.brandes-apsel-verlag.de

**Ethnopsychoanalyse 1
Glaube, Magie, Religion**
3. Aufl., DM 36,-/öS 263,-/sFr 35,- 224 S., Pb., ISBN 3-925798-20-X
Mit Beiträgen u.a. von M. Erdheim: Sinngebung und Kulturwandel, U. Jeggle: Ordnungsvorstellungen im Aberglauben, R. Apsel: Trümmerberg mit Gedenktafel.
Das Buch enthält »durchwegs fundierte und gut lesbare Aufsätze«.
(Frankfurter Rundschau)

**Ethnopsychoanalyse 2
Herrschaft, Anpassung, Widerstand**
248 S., DM 36,-/öS 263,-/sFr 35,- Pb., ISBN 3-925798-10-2
Mit Beiträgen u. a. von M. Nadig: Frauenräume – Formen gelebter Frauenkultur, M. Erdheim: Revolution, Totem und Tabu, V. Crapanzano: Kevin – Prediger und Soldat in Südafrika.

**Ethnopsychoanalyse 3
Körper, Krankheit und Kultur**
256 S., DM 39,-/öS 285,-/sFr 38,- vierf. Pb., ISBN 3-86099-113-2
Mit Beiträgen u.a. von P. Parin, P. Möhring, M. Erdheim, W.-D. Rost, K. Oester.

**Ethnopsychoanalyse 4
Arbeit, Alltag, Feste**
256 S., DM 39,-/öS 285,-/sFr 38,- vierf. Pb., ISBN 3-86099-114-0
Mit Beiträgen u.a. von V. Crapanzano, C. Roth, R. Haubl, U. Meiser.

**Ethnopsychoanalyse 5
Jugend und Kulturwandel**
264 S., DM 39,-/öS 285,-/sFr 38,- vierf. Pb., ISBN 3-86099-115-9
Mit Beiträgen u. a. von M. Erdheim, M. Weilenmann, R. Waldeck, G. Devereux.
»Gerade dieser interkulturelle Vergleich ... und die immer wieder eingestreuten Fallbeispiele lassen das Buch stellenweise so spannend wie einen Roman erscheinen.« *(DED-Brief, 1/99)*